JN411670

东北亚和平与韩中关系

历史演变与经验

韩中历史论坛
国际关系分科

东北亚和平与韩中关系

历史演变与经验

李熙玉 · 李成日 编

| 发刊词

为构建东北亚和平共同体，东北亚历史财团邀请韩中两国的历史学家和国际关系专家共24人，于2018年8月在首尔举办了学术会议，即第一届韩中历史论坛。

韩中历史论坛召开之时，受北韩连续核试验（2013.2~2016.9）、北美关系恶化及其引发的萨德部署等的影响，韩中关系陷入最糟糕境地。在萨德矛盾演变过程中，中国官方媒体针对韩国的粗暴言论无异于给反韩情绪火上浇油，韩国社会则因已存在的有关“东北工程”的历史记忆，其反华情绪达到历史最高点。这对原本顺畅发展的两国经济、文化交流产生了巨大影响。韩半岛部署萨德导致韩国与北韩矛盾、北韩与美国矛盾、美中矛盾持续白热化，最近，围绕东亚主导权问题，美中关系进一步恶化，导致东北亚地区局势不安，如履薄冰。

为了正面探讨东北亚混乱动荡时代下的韩中关系矛盾因素并巩固与战略合作伙伴关系相符的人文交流，东北亚历史财团提议并举办韩中历史论坛。至今为止，论坛分别在首尔、上海、首尔和北京举办4届，通过讨论整理出的24篇论文已汇编成两本书。

韩中历史论坛与以往的其他会议体所不同的是，其一，分别组成历史分科和国际关系分科委员会，将历史学与国际政治学融合成一个会议体来运营；其二，通过将历史矛盾之根源“民族主义”适用于东北亚国际政治现实来解释论坛研究主题。为体现论坛的大主题 —— 为实现历史认识共享与构建东北亚和平共同体的韩中关系，历史分科（分科长：田寅甲、王元周）以“共享韩中历史认识-民族主义的根源和课题”为主题，国际关系分科（分科长：李熙玉、李成日）以“为实现东北亚和平的韩中关系探索-借鉴历史经验”为主题。此次论坛的成果体现了中国学界对不断加强的习近平新时代思想的历史认识，国际关系分科则分享了韩中两国专家们关于解决北核问题的见解。

此次论坛为摆脱东北亚地区抵抗与矛盾的历史、冷战时期东北亚国际政治对立格局，以及构建处于今天历史转折时期的东北亚和平共同体，尤其是为警惕民族主义并巩固韩中两国战略合作伙伴关系奠定了坚实基础。

诚挚期待以此书为基础，韩中两国能够树立对彼此的正确认识，成为好邻居，两国的学界好朋友们能够齐聚一堂，共同实现东北亚和平共同体。

最后，衷心感谢每次都积极参加会议并热烈讨论、反复修改并补充完善结果报告（原稿）的论坛全体委员和老师们。

2021年11月

东北亚历史财团 理事长

李荣昊

| 卷首语

实现和平与繁荣、构建东北亚共同体是韩半岛人民长久以来的心愿。为了实现这一心愿，多年来，我们一直致力于探索和平体制和扩大共识。由于韩半岛冷战遗产的存在，也因为敌对共存的分裂结构以及东北亚地区不断变化的国家间力量对比，我们面对的是一个高难度的复合方程式，也因此经历了很多弯路和曲折。但是，我们坚信历史是进步的。在这种信念之下，我们不断地努力，不断地实践，终于创出了一个新局面。南北借由首脑会谈得以和解、合作，韩半岛问题也有了突破。在新加坡、越南举行的北美峰会，板门店举行的南北、北美系列峰会，也都为新的和解、合作提供了可能。这一切都是在北韩再次表示出无核化意志，将战略重点放在经济建设上之后，国际社会机敏应对的成果。平昌冬奥会也是成果之一。但是，在长期分裂中形成的相互不信任，依旧有着影响。只要我们不能克服这一影响，局面就容易陷入胶着。我们对历史，对世界，尤其是对每个国家的存在方式，都有着认识上、期待上的差异。也因为这些差异，对话常常被中断。我们对未来也曾提出一个大胆的构想，但是，“语言对语言”、“行动对行动”的原则却未能有所收获。

前路依旧漫漫，但是，对于历史赋予我们时代的任务不能置之不顾。冷战结构在慢慢弱化，韩半岛利害当事国之间也出现了为韩半岛和平而奋斗的志士。以利益共同体和人文共同体为基础的民间合作，为韩半岛高级政治（high politics）的软化做出了贡献。尤其是，在南北民间交流受到制约的情况下，中韩学者起到了至关重要的作用。研究国际关系和韩半岛问题的两国学者，他们彼此分享对韩半岛的新认识，并将其与政治实践联系起来。他们超越了民族和国境，在学术上意气相投，共同推动韩半岛和平和东北亚共同体建设。最重要的是，他们能够“原模原样”地看待韩半岛，学习过去。并且坚持以史为镜，以历史为学术养料构想韩半岛和东北亚的未来之路。

从2018年8月到2019年年底，东北亚历史财团发起了一项名为“中韩历史认识共享和东北亚和平共同体”的研究项目。在财团“只支持、不干预”的原则下，学术自治空间得以大大拓展。与过去单纯的联合研究不同，学者们聚在一起，思维火花碰撞，就共同关心的话题展开了有深度、跨学科的讨论。两国历史和国际关系领域的专家往返于中韩之间，共举行了四次国际学术研讨会。通过讨论，我们加深了对彼此的理解，也为达成共识做了不懈努力。特别是国际关系方向的两国学者，面对当下快速发展的北美、南北、中韩、中北关系，着重讨论了韩半岛和平体制的可能性。此外，我们还通过历史、地缘政治和国际环境等多种视角回顾过去、立足现在、展望未来。在这一过程中，我们既增进了学术之谊，也加深了对彼此学界关心领域的理解。这也是新的收获。

中韩学者，特别是国际关系领域学者的讨论结果大致可以分为如下几个方面：韩半岛的美国因素，中韩、中北关系的复盘，以及实现韩半岛和东北亚和平稳定的政策方案等。

第一，旧金山体制建立后，冷战阵营得以巩固，韩美两国也建立了发展至如今的同盟关系。在此过程中，美国成了影响韩半岛的最重要变数之一。李惠正（中央大学）在《同盟的条件：1954年韩美（非）合意议事录》一文中提及韩美共同防御条约生效的条件－1954年的韩美合意议事录引发的诸多矛盾。文章认为，韩半岛无核化和韩半岛和平体制的核心问题是韩美同盟的拮抗关系。韩美同盟的演进，与其说是按照协议顺利起步，不如说是围绕同盟条件而矛盾频发的一个过程。在韩国实现民主化以后，同盟与独裁的共存局面消失了，但是自那以后美国施加于韩国的同盟条件并没有发生大的变化。特别是，在签署同盟之时韩国就表示反对的美国“日本优先主义”，仍作为推动韩美日军事同盟的逻辑基础而存在，而特朗普的“美国优先主义”也在影响驻韩美军的存在方式。张小明（北京大学）在《地缘政治、历史记忆和韩半岛有关的想象》一文中注意到，韩半岛在地缘政治上占据中心地位，所以历史上一直是大国纷争的重要“场所”。特别是，这种历史想象力对有关国家的外交政策和东北亚地区的国际关系结构产生了很大影响，而地缘政治和历史记忆又有着复杂的联系。尽管科学技术的发展可以挑战这种历史想象力，但是观念的变化总是缓慢而复杂的。因此，摆脱“韩半岛困境”，就需要改变有关国家对韩半岛的想象。

第二，是中韩关系的复盘。李熙玉（成均馆大学）在《韩中建交交涉过程研究》一文中论述了自1992年建交以来中韩关系一直相对稳定的根源所在。当下的中韩，可称得上是相互了解，但是仍然会有一些矛盾因素浮出水面。这个时候，需要的就是不忘初心，不忘建交时的初心。那么，如何确认此一初心，答案就是，我们有必要通过外交官自传和深入采访来还原建交的协商过程。最重要的是，当时的两国都对建交持积极态度，在摆脱冷战这一世界历史的环境变化中，都用新的时代精神武装了自己。在这个过程中，双方甚至不顾与传统友邦的关系恶化，把未来关系的发展作为考量，以大义克服小异。中韩建交是建交前通过各种接触积累信任的结果，正是得益于此背景，两国才能维持相对稳定的关系。董洁（中共中央党校）在《中韩建交中的中国外交决策再探》中分析了中国与韩半岛关系的重要历史分歧点－中韩邦交的正常化。特别是以最近发掘的中国资料为中心，系统地分析了当时中国外交政策的决定过程，并提出了新的观点。1992年的中韩建交具有多种战略意义，这首先是因为中国强调要维持重要的周边环境－韩半岛的和平与稳定。通过这一分析，她指出除非区域或全球范围发生重大变化，否则中国的韩半岛政策将继续保持长期稳定。金东吉教授（北京大学）在《改革开放前的冷战时期（1949～1980年）中国的韩半岛政策研究》中，以改革开放前的冷战时期为中心，分析了当时中国的韩半岛政策，并将其视为是一贯的“维持稳定”。他指出，1953年7月签订停战协定后，维持韩半岛稳定就成了中美韩半岛政策的核心，也因此，韩半岛的战争危险性逐渐降低。中国维持韩半岛稳定的态度因时期不同，目的和背景也不同。所以，他提出有必要对中北、中苏和中美关系的变化过程进行分析。改革开放以后，中国也在致力于维持韩半岛稳定。虽然，这是上承毛泽东时期的韩半岛政策，但是主要还是因为它以政治和战略为中心。

第三，是对中北关系的集中研究。不断变化的战略环境推进了中北新的战略合作。李成日（中国社会科学院）在《新时代中北关系的变化、动因及影响》中认为，2018年以来中北关系的迅速改善，是两国为防止韩半岛战争和混乱而共同努力、调整各自政策的结果。作者从恢复传统友好关系、为韩半岛无核化加强战略沟通，扩大两国交流与合作等角度出发，分析了中北关系的结构性变化。他认为，韩半岛局势的缓和和中北关系的新变化有利于北韩坚持以经济发展为中心的战略路线，推进韩半岛无核化和东北亚地区经济的一体化。朴东勋（延边大学）教授在《地政学的

“再生产”：金正恩时期中朝关系和朝鲜的应对》中，通过对北韩《劳动新闻》中有关中国的论述，分析了中国和北韩关系的变化以及北韩的反应。他指出，于北韩而言，中国之象征是劳动党路线和政策过滤的结果。这反映出中北关系与中韩关系的变化有关，而北韩又试图通过传统手段和过去价值的再生产来管理中北关系，所以《劳动新闻》中有关中国的论述，不是在反映中国现实，而是北韩对中政策的意志表现。对这一点，作者强调还需要持续的追踪与观察。宋文志（南京大学）的《冷战后中国对北战略选择的两难境地：以中国对北核问题的战略决策过程为中心》一文认为，在脱冷战时期韩半岛问题的最重要焦点－北核问题上，中国因设有多重目标，所以陷入了决策的两难境地。即，在维持韩半岛和平与稳定的前提下，韩半岛无核化和北韩的体制稳定都非常重要，但内涵又相互矛盾，所以这就很难维持战略平衡。中国对北政策的两难境地不仅限制了政策决定，还限制了政策效果，因此中国很难控制北韩的核开发。

第四，是重建韩半岛和平的政策方案研究，研究角度包括中韩关系的复盘、边境地区合作和南北关系的变化等。黄载皓（韩国外国语大学）在《中国的韩半岛政策与韩国的对华政策：以习近平第二任期（2018～）为中心》一文中，敏锐地捕捉到韩半岛正在发生大变动的这一事实。中北建立了随时随地都能像亲戚一样见面的新型中北关系，从这一点来看，中韩之间也有了新型中韩关系的可能。但考虑到长期以来中韩关系的发展，为了两国关系的稳定和持续，双方应降低对对方的期待值，将合作制度化。不仅如此，他还认为安保看美国、经济看中国的“安美经中”政策不符合韩半岛现实，因此要警惕越是强调韩美同盟，中国就越会关注韩国价值和中韩应该合作应对北韩体制变化的二分法想法。其解决方法，就是要求同化异，而不是求同存异。车在福（东北亚历史财团）在《习近平时期的中韩矛盾及探索正确的两国关系》一文中，对两国建交以来矛盾因素的增加和解决这些问题的过程及结果进行了追踪分析，特别是就中国的历史研究政策和执行该政策的“中国历史研究院”的性质和意义进行了探讨。由此，作者认为中国很有可能从立足中国的角度来确立世界史。同时作者也指出，这种中国讨论的扩大不仅会影响到中韩关系，还会像过去的例子一样发展成为新的矛盾因素，所以作者强调今后的两国关系不仅对双边关系、对与邻国的交流和沟通而言十分重要，同时考虑对方国家的核心利益，确立新的位置也很重要。因此，作者提出，中韩两国和民间机构“历史对话”渠道的启动，需要一个摆脱“狭隘”爱国主义和民族主义的政治社会化过程。

第五，探索新的南北关系，实现韩半岛完全无核化和构建永久和平机制。金勇炫（东国大学）在《和平再建：韩半岛无核化和平体制与朝鲜体制之发展》中认为，韩半岛无核化、和平机制问题与北韩体制的发展战略和存在方式有着很深的联系。也就是说，选择经济发展的北韩，可以促成韩半岛的和平、无战争和无核。而这样的韩半岛是保证韩半岛全体成员幸福生活的根本。不仅如此，他还认为韩半岛冷战体制的解体是实现东北亚经济共同体、东北亚安保共同体的基础。特别是2018年平昌冬奥会带来的变化是韩半岛版马耳他的开始，也是模式转换的开始。因此，作者认为比起利用现有条件，能动地创造条件更加重要。朴钟哲（庆尚大学）在《北韩与中国边界：合作与管制交融的空间》中认为，边境的意义不是阻断，而是共存与合作。帝国主义侵略时期，韩半岛和中国东北地区的接壤地带从外部被强制地打开。接着，由于解放和中北间的政治矛盾，边境地区又处在反复的交流和管制之中。而后，随着中国的改革开放，中北交流从民族、文化，政治领域转移到经济领域，交流中心也多有变化。中韩建交以后，边境地区变成了中南北，或者包括俄罗斯在内的多边交流现场。再之后，由于多种因素，边境地带又持续有变化发生。但是，中国的东北振兴计划和长吉图开发计划，又在边境上开辟了新的合作空间，而韩国也在积极推进韩半岛和平进程。因此，作者分析中北边境将再次受到瞩目，并提出应该积极努力，使重启的中北边境成为中北两国，更是成为连接世界的桥梁。

“中韩历史认识共享和东北亚和平共同体”研究项目，是一个窗口、一面镜子。它让中韩学者从不同角度看待同一问题，又从同一角度看待不同问题。同时，让我们更加确信，学习过去、理解现在和想象未来是何其重要，也为今后搁置争议，共同研究开启了可能。我们相信这种学术性对话会扩大对韩半岛和东北亚理解的共识，更会成为促进东北亚和平繁荣的知识资产。

代表共同研究者

李熙玉、李成日

| 目录

第一章

同盟的条件：1954年韩美（非）合意议事录

李惠正 _ 韩国中央大学政治国际学系教授

第一节 导论

对韩美同盟起源的记忆和遗忘是政治性的。两国曾围绕《韩美共同防御条约》生效的条件—1954年的韩美合意议事录产生过矛盾。但这一矛盾在官方记录中已经被忘却，甚至连议事录的名字也没有准确的记载，而此前学界的讨论也未能揭露其全貌。

按规定（《条约》第5条），韩美在华盛顿交换国会批准书后，《韩美共同防御条约》即生效。1954年1月，两国完成国会批准，但由于双方在政治（统一）、经济和军事领域的冲突，批准书的交换却被两次（3月和5月）推迟。7月的韩美峰会以后，美国以签署合意议事录的名义，要求韩国全面配合—确切地说，是接受或屈从于—美国政策。但对于用美援助资金购买日货，调整韩币汇率至现实水平等要求，李承晚政府表示了强烈抵制。之后，两国之间的冲突一发不可收拾。韩国政府中断了向联合国部队的预付款/贷款，美国也在考虑铲除李承晚的作战计划，并中断对韩的石油供给。负责经济领域谈判的韩方代表白斗镇回忆说，“我感受到了民族的悲哀”。[1] 1954年11月17日，当韩国最终屈从于美国并在合意议事录上签字时，行驶在首尔街头上的汽车几乎就只剩下李承晚的林肯大陆了。[2]

但是，韩国政府有关韩美同盟起源的正式记录却是：“《韩美共同防御条约》于1953年8月8日临时签署，同年10月1日，外交部长卞荣泰出访华盛顿并正式签署协议。该协议于1954年11月18日起生效。”根据该记录，此协议的签署是一项为获得军事援助而放弃作战指挥权的“明智而又现实的”举措。[3]

这份正式记录无声地、合乎时宜或者说“政治正确”地掩盖了“114天的韩美冲突”，也让其背后的“民族悲哀”归于寂静。甚至连名字，也从“韩美合意议事录”或当时媒体所称的“韩美会谈会议录”，被强行“政治正确”地翻译为“对韩军事与

1) 백두진, 1975,『백두진회고록』, 서울: 대한공론사, pp. 243-244.

2) “Hard Man”, Times (November 29, 1954), pp. 23.

3) 외교통상부, 1998,『한국외교 50년: 1948~1998』, 서울: 외교통상부, pp. 126.

经济援助合意议事录”。[4] 前面的名称客观、忠实地反映了7月峰会后因美国要求而引发的“114天韩美冲突”，被李承晚政府用作正式名称的后者则旨在宣扬韩国在向美索取经济、军事援助方面取得的外交成就。[5]

1954年11月17日签署的《韩美合意议事录》由正文和两个附录组成。[6] 正文部分主要记载了韩国配合美国政策的意向和措施，以及与此对应的各种美国支援举措。而附录A则涉及到日货购买和汇率调整等经济领域的具体争议，附录B则介绍了韩军规模以及美国军事援助方面的细节内容。与美国在9月华盛顿会议上提出的合意议事录草案相比，11月最终案文的唯一不同，就是删除了支持韩国和平统一的声明。[7] 换句话说，合意议事录作为美国强行要求的同盟生效的条件，不是仅关注政治（统一)、经济或军事等某一方面，而是涉及韩美关系的全部。从广义上来讲，该议事录已经等同于战后韩国国家建设的基础，或者是韩半岛冷战结构的源头。

学术界对这一层面含义的探讨，还有待补充。首先，由于历史和思想上的“偏向”[8]，现有研究侧重于强调停战谈判背景下李承晚在签署《韩美共同防御条约》过

4) 1954年韩美合意议事录的正式英文名称是 ‘Agreed Minute between the Governments of the United States and the Republic of Korea Based on the Conferences Held Between President Eishenhower and President Rhee and Their Advisers in Washington, July 27-30, 1954 and Subsequent Discussions in Washington Between Representatives of the Two Governments’. (United States Department of State, The Department of State Bulletin, pp. 810-811). 如白斗镇回忆录中所说，英文名称的直译就是 ‘1954년 7월 27~30일 워싱턴에서 개최된 한 · 미 양국 대통령 및 보좌관 간의회담과 그 후에 한 · 미 양국 대표자 간에 이루어진 협의에 입각하는 한 · 미 합의의사록’이다. 백두진, 1975, 同上, pp. 245.

5) 虽然还尚未查明这一名称是从何时起被记忆，或者记录，但是，李承晚政府编写的《外务行政的十年》一书中就已经采用如此书写。외무부, 1959,『외무행정의 10년』, 서울: 외무부는 ‘한국외교연표’(pp. 520)

6) The Department of State Bulletin, pp. 810-811.

7) Foreign Relations of United States 1952~1954, Vol. XV, Part II. http://db.history.go.kr/item/level.do?sort=levelId&dir=ASC&start=1&limit=20&page=1&pre_page=1&setId=-1&prevPage=0&prevLimit=&itemId=frus&types=o&synonym=off&chinessChar=on&brokerPagingInfo=&levelId=frus_009_0030_0690&position=-1(检索时间：2019. 9. 24.).

8) 유영익 · 이채진 편, 2002,『한국과 6 · 25 전쟁』, 서울: 연세대학교출판부; 유영익, 2005,「이승만 대통령의 역사적 재평가: 이승만 대통령의 업적」,『한국논단』, 183권; 김영호 외, 2012,『이승만과 6 · 25 전쟁』, 서울: 연세대학교 출판문화원; 김명섭, 2016,「6 · 25전쟁 연구동향과 전망: 전쟁해석을 둘러싼 관념충돌을 중심으로」,『군사』 100호.

程中所起到的领导作用，对韩美合意议事录本身的兴趣有限。当然，李钟原（1996）在美国的对日政策研究中涉及到了韩美同盟问题。[9] 洪永杓（1995）和金日永（1999）则强调李承晚的对外国家安保（如北进、反日等）政策与国内政治权力斗争（如对族青系的肃清、改宪和提供政治资金等）之间有着密不可分的联系。这一开创性研究，为合意议事录有关争议的阐释开辟了更广阔的视角。[10] 另外，因为合意议事录而导致的共同防御条约延迟生效问题，[11] 相关研究也已经从韩美共同防御条约的签署，扩大到合意议事录缔结和修订的全过程。[12]

但是，因为视角的不同和资料的不足，这些研究都只关注于军事安全，而忽略了合意议事录本身有着更加广泛的含义。有关韩美协商的现有研究都是以美国国务院官方资料（FRUS）为基础，对当时有“民族悲哀”之叹的报纸或韩方资料（特别是延世大学所保存的李承晚总统资料）却应用甚少。而前者基本不涉及对美“不利”的石油风波，也不涉及美国对1954年“四舍五入改宪”的政治立场。因此，前人研究就忽视了当时两国间的经济冲突。同时，尽管改宪为李承晚开辟了第三任期和终身执政之路，但对“四舍五入改宪”的研究，也远比不上改宪前后的釜山政治风波和安保风波。[13]

此外，对当时国内和国际、安全和政经问题的研究也都侧重于从单一角度出发，而不是进行综合的考察。其结果就是导致了安全和经济/现代化研究的二元化。

9) 이종원, 1996,『東アジア冷戰と韓米日關係』, 도쿄: 도쿄대학교출판회.

10) 홍용표, 1995,「State Security and Regime Security: The Security Policy of South Korea Under the Syngman Rhee Government, 1953~1960」, 옥스퍼드대학교 박사학위 논문; 김일영, 1999,「이승만 정부에서의 외교정책과 국내정치: 북진·반일정책과 국내 정치경제와의 연계성」,『국제정치논총』 제39집 3호.

11) 相关研究参考홍석률, 1994,「이승만 정권의 북진통일론과 냉전외교정책」,『한국사연구』 제85호; 이혜정, 2004,「한미동맹 기원의 재조명: 한미상호방위조약의 발효는 왜 연기되었는가?」,『한국정치외교사논총』 제26집 1호.

12) 이동원, 2018,「이승만 정권기 한미합의의사록의 체결과 개정」,『역사와 현실한국사연구』 제107호; 차상철, 2013,「이승만과 합의의사록의 체결」,『군사연구』 제135호; 장훈각, 2011,「이승만 대통령과 한미동맹: 동맹의 형성요인에 관한 연구」,『사회과학논집』 42권 1호; 이성훈, 2010,「한미상호방위조약 체결을 위한 이승만 정부의 협상전략」,『군사』 제77호.

13) 이철순, 2000,「이승만정권기 미국의 대한정책 연구(1948~1960)」, 서울대학교 박사학위 논문.

前者着重于探讨1953～1954年间李承晚在安保上的领导，而后者则是把着眼点放在始于1955年的美国新对外援助政策和现代化政策上，进而讨论美国的经济援助和韩国的经济发展。[14] 但是，诸如两国间的援助、汇率和日货购买等问题是在1953年12月韩美联合经济委员会成立后提出的。而且，石油风波时流露出了“民族悲哀”，合意议事录把经济问题放在附录的第一条，对汇率的调整也是直到1955年夏季才得以完成。考虑到如上几点，我们必须马上纠正那种将安全和经济发展议题分别加以研究的二元观点。

从宏观层面来看，当时两国之间的冲突，实际上是在冷战、美国霸权、后殖民主义下进行的国家建设的一部分。具体而言，美国的立场是想要通过“新面貌”政策在韩战后构建新的双重封锁和外交政策，而韩国则是试图在东亚冷战—韩半岛分裂（停战体制）的背景下确保对内建设和对外安全。最终，作为韩半岛安全结构和韩美同盟起源的1954年《韩美（非）合意议事录》就包含了结成同盟和“四舍五入改宪”导致独裁这两个方面，即同盟—独裁的双重结构。本文旨在摆脱历来的安全、经济或个人领导等微观视角，转而通过回顾“114天的韩美冲突”，从对内对外角度全面探讨韩国战后体制的起源。

第二节　被遗忘的1954年韩美谈判

要对1954年的“114天韩美冲突”做出评价并不容易，原因大致有二。首先，是相关问题的复杂性。就韩美间的国内外层面而言，政治、经济、军事和外交等诸多问题纠缠在一起，这就让我们很难重构当时会谈的的背景、各项议案的谈判以及冲突的全貌。其次，又存在着多种理念、理论和国家偏见。特别是在韩国，韩美关系和李承晚的领导都带有“问题性质”。例如，美国国务院官方资料（FRUS）中很少

14) 详细内容参见박태균, 2007,『원형과 변용: 한국 경제개발계획의 기원』, 서울: 서울대학교출판부; 이현진, 2009,『미국의 대한 경제원조정책, 1948~1960』, 서울: 혜안.

提及石油风波，这可能是出于“血盟”的外交礼节。韩国也是如此，外交部和国防部记住的是1953年《韩美共同防御条约》的签署，而不是围绕韩美合意议事录产生的冲突。至于对李承晚的评价，仍然存在“专政”和“外交达人”的两分法甚至是有关他的“神话”，如新保守派在大韩民国建国史视角下继续对他进行赞美。举一个典型的例子，李承晚的美国顾问—罗伯特 · T · 奥利弗（Robert T. Oliver）所写的《Syngman Rhee and American Involvement in Korea, 1948～1960》一书，1990年出版时名为《韩国建国秘史：李承晚和韩美关系》(首尔：启明社)，2008年则更名为《建国X档案：没有李承晚就没有大韩民国》修订出版（首尔：东西文化社)。

除此，相关人员的个人回忆也不是客观的。白斗镇作为联合经济委员会的韩方代表，曾经站在韩美冲突的最前沿，就汇率、援助物资的使用和日货购买等问题同美国进行过谈判。但是在他回忆时，仿佛所有的这些问题都是他离开韩国后发生的，与他自己无关。[15]

韩豹顼也是如此。他的两部作品对李承晚领导的评价前后不一。一部是有关韩国统一政策的英文著作，另一部是关于李承晚外交政策的韩文著作。前者的态度是中立的，而后者则基调积极、不乏赞美。如关于李承晚在美国国会的演讲，在前一部书中，李承晚被批评为读不懂美国谨慎介入越南战争的时势，[16] 而在后书中，韩豹顼只引用了奥利弗书中的内容，仅强调国会掌声稀少，甚至把李承晚自称的“最糟糕的失误”也删去了。自然，该书也就不会涉及合意议事录期间发生的韩美摩擦。[17]

为了客观地回顾和评价1954年的韩美会谈，本文将从当时即1954年的媒体评价入手，进而调查韩国政府每10年出版的《韩国外交系列》对此有何种表述。在此基础上，再来探讨“114天的冲突”是如何被遗忘与记忆的。

15) 백두진, 1975, 同上.

16) Han, Pyo-Wook, 1987, The Problem of Korean Unification: A Study of the Unification Policy of the Republic of Korea 1948~1960, Research Center for Peace and Unification of Korea

17) 한표욱, 1996,『이승만과 한 · 미 외교』, 서울: 중앙일보사.

一、回到1954－“114天的韩美冲突”

1954年11月19日，《东亚日报》首先发表社论—《韩美对话的教训》。1954年12月31日，《京乡新闻》又对当时的双方会谈以及韩国的让步做出了详细分析。两家报纸最终得出结论，这是韩国高度依赖美国的结果。特别是《东亚日报》的社论，将韩国政府谈判受挫的领域分为了4大类—汇率、军事、统一以及用援助计划购买物资（日货）等，并认为作出这一决定的是由于韩国对美的不对称安全依赖。

《东亚日报》的社论指出：两国代表已于17日在合意议事录上签字并交换备忘录，这意味着美国在1955年度的7亿美元军事经济援助计划已经生效…（省略）…事态之所以急转直下，是因为最近英加（英国和加拿大）提出，要在“适当的监视下”举行大选。韩国政府想要粉碎这一方案，就须得先解决韩美矛盾，进一步加强双方的关系…（省略）…对于援助计划里的物资购买问题，双方达成一致，“只要是以最好的价格购买所需物资，哪个非共产国家都可以”。以往，韩国政府都是将日本排除在外。但是，从此条协议来看，政府的主张应是做出了不少修改，而在与美的外交角逐中，我们对日本也退了重要一步…（省略）…对于落后的韩国来说，应该努力减少对日经济的依赖，避免成为日本的商品市场。总而言之，这次韩美之间的协议，对于只能依赖美国友谊的韩国来说，无论喜欢与否，都是不得不接受的。[18]

《京乡新闻》则强调：…（省略）…美方以7亿美元援助为由，开出了提高汇率和购买日货等4个条件。政府对此表示不能接受，因而，近来两国冲突不断。但是，最终结果是美方的主张得到落实，汇率将根据实际汇率进行结算，军用汇率则由联合国军直接进行美元拍卖，而且对日购买也得到了允许。必须要指出，在过去114天的冲突中，政府停止了对联合国军的贷款，而美国也中断了石油供给。由此引发的混乱，已经阻碍了我国的经济复苏。同时，我们也要指出，1年前经两国国会批准的韩美防卫条约批准书已于11月18日互换并生效。但是，韩国的要求并未得到应允。[19]

---

18) “한미 회담의 교훈”, 『동아일보』(1954. 11. 19).

19) “행정부 한미방위협정은 발효”, 『경향신문』(1954. 12. 31).

《东亚日报》和《京乡新闻》，都对合意议事录被推迟114天签署的事实和此间韩美矛盾进行了报道。除此，也批评了美国的东亚政策—旧金山体制。随着日本成为东亚的中枢，日本开始从属于美国，韩国则在政治、经济、安全领域从属于日本，从而被迫失去了清算日本帝国主义的机会。《东亚日报》和《京乡新闻》的报道中都指出了这一点，也明确地表现出了反日倾向。但是，两家报纸同时也指出，韩国作为弱小国，与美国的协商和反复让步都是不可避免的，而现在能做的，只有减少对日本的依赖。这些资料所透露出的信息与查尔斯·蒂利（Charles Tilly）式的西方国家建设不同，它们为在冷战、后殖民、美国霸权等背景下经历庇护—被庇护关系的韩国战后国家建设和韩半岛冷战结构的构建，提供了简短的批判性说明。

二、同盟起源的记忆－忘记冲突，重构合意议事录

如果说个别外交政策的制定是在创造历史（making history）或者应对历史的变化，那么以10年为单位整理的“韩国外交系列”[20] 就是在书写历史（writing history），而且是政府层面的书写。作为一种历史书写，“韩国外交系列”并不是在单纯地记录外交政策，而是从执政势力的“政治正确”角度出发进行编辑，以区别于市民社会、政党和学界非主流的视角。[21] 这种编辑大致可分为两类，第一是对近10年韩国外交的重新记录、登记，第二是对之前韩国外交（系列）史的记忆、忘却。这些记录和记忆并不只是在单纯地编辑外交政策的目标和成果，而是在编辑韩国和世界的关系，进而塑造对韩国政治和历史的认同。[22]

20) “韩国外交”系列始于1959年李承晚政府时期的《外务行政的十年》一书，最新的修订版是2009年李明博政府时期外交通商部发行的《韩国外交60年，1948~2008》。

21) 代表性研究有，김헌준, 2017, 「전환기정의 규범의 확산과 그 효과: 한국의 사례를 중심으로」, 『한국정치연구』 제26집 제1호, pp. 101-126; 구갑우, 2006, 「한국의 ‘평화외교’: 평화연구의 시각」, 『동향과 전망』 67호, pp. 127-154; 구갑우, 2017, 「리영희의 ‘비판’과 ‘실천’으로서의 국제정치이론: 탈식민·탈패권·탈분단의 길」, 『한국정치연구』 제26집 제1호, pp. 75-99; 은용수, 2016, 「‘비주류’ IR이론과 한국의 국제정치문제: 탈식민주의를 향한 재조명, 탈식민주의를 통한 재구성」, 『국제정치 논총』 제58집 제3호, pp. 51-88; 황영주, 2003, 「평화, 안보 그리고 여성: ‘지구는 내가 지킨다’의 페미니즘적 재정의」, 『국제정치 논총』 제43집 제13호, pp. 45-68; 권김현영, 2007, 「평화의 정치학을 위한 모성적 사유: 남성중심적 안보 개념에 대한 비판」, 『한국여성철학』 7권, pp. 1-30.

最具代表性的，是1998年外交通商部发行的《韩国外交50年》一书。此书中，不仅对1954年的韩美会谈进行了拆分，而且完全没有提及韩美矛盾，更谈不上揭露全貌。该书将1954年的会谈分为三部分，分别是：(1)《韩美共同防御条约》的生效；(2) 外交援助；3) 联合国外交。但是，以上所有部分都省略了对当时状况的具体说明和两国之间的冲突。在《韩美共同防御条约》的生效一节中，甚至没有1954年韩美会谈的有关记载，也完全没有提及生效延期的情况。只是简单地说明："《韩美共同防御条约》于1953年8月8日临时签署，同年10月1日，外交部长卞荣泰出访华盛顿并正式签署协议。该协议于1954年11月18日起生效。"[23]

合意议事录是7月韩美峰会及其后续会谈的结果。但是，外交部却把它安置在李承晚—赫尔的会谈（发生在9月14日华盛顿谈判破裂之后）之下。这一行为更像是在对合意议事录进行重构。相关记录如下：

> 当时的国家财政欠佳。倘若没有美国的积极支持，我们很难增强自身的安保能力。因此，1954年9月27日，政府首先就军事援助与联合国军总司令约翰·赫尔（John. E. Hull）举行了初步会谈。同年11月17日，双方签署了《对韩军事与经济援助合意议事录》。此议事录中，政府承认，在联合国军司令部负责大韩民国的防卫工作期间，国军的作战指挥权归联合国司令官所有。在恢复对国军整体指挥权的同时，美国将继续提供能与大韩民国经济发展相适应的军事援助。[24]

除了上述内容，外交援助部分也没有对1954年韩美峰会的具体内容做出解释。

韩美之间签署了《经济委员会关于经济协定和财政稳定计划的联合协议》(1953.12)和《韩国政府与联合国援建国家间有关韩国经济援助计划的协定》(1945.5)。以李承晚总统访美为契机，在1954年7月召开的韩美军事经济会谈上，双方确定了经济援助2亿8000万美元、军事援助4亿2000万美元，合计7亿美元的援助数额。从解

---

22) 具体参见，이혜정, 2017,「정부수립 60년의 한국외교 담론」평화학회 국제학술대회 발표문(6월 21일).
23) 외교통상부, 2009, 同上, pp. 126.
24) 외교통상부, 2009, 同上, pp. 126-127.

放以后到1960年间，通过CRIK和UNKRA等联合国机构获得的外援（军事援助除外）总额约达30亿美元（无偿援助）。[25]

正如《东亚日报》的社论—“韩美会谈的教训”一文中所言，合意议事录签署的直接背景是英加在联合国提出要在“适当监视下”举行大选。对于这一点，外交部的正式记录中也保持了沉默。[26]

结果就是，自《韩国外交50年》一书之后，1954年的韩美冲突就在政府的正式外交记录“韩国外交系列”中消失了。这意味着，政府不再就韩美同盟的不对称性、美国强加的同盟条件以及与旧金山体制一同形成的韩半岛战后体制，进行更多的批判和回顾。

第三节　1954年韩美会谈的历史意义

一、战后秩序的起源：北进统一VS新面貌(NEW LOOK)

1953年8月，李承晚和杜勒斯（John·Foster·Dulles）达成协议，如果停战后的政治会谈失败，双方就着手讨论统一问题。之后，1953年的板门店预备会谈和1954年日内瓦会谈均以失败告终。在停战协议签署一周年之际，即1954年7月27日，李承晚与艾森豪威尔举行了第一次首脑会谈。李承晚总统一向反对停战协定以及之后的板门店预备会谈和日内瓦会谈，所以于他而言，1954年是执行北进统一预防性战争的“决定之年”。在同一年的3·1节纪念致辞中，李承晚说道，

> 在1951年7月的停战谈判开始之时，我国政府就已公布了顺序。正如当时及之后多次发言所说，在敌人退到鸭绿江以北，在国家恢复自由之前，我们都没有真正的和平。[27]

李承晚一贯否定停战谈判和停战体制，主张结束分裂和北进统一。他认为，韩

25) 외교통상부, 2009, 同上, pp. 159.

26) 외교통상부, 2009, 同上, pp. 211.

27) 공보실, 1956, 『대통령 이승만박사 담화집2』, 서울: 공보실, pp. 6.

国以分裂的状态无法实现经济增长。在承认分裂的停战体制下，韩国最终将成为共产势力或重建的日本帝国主义的牺牲品。

他的观点是，在中共和北韩完成战后复苏之前，在美国同盟这一伪善框架下的日本帝国主义重建之前，对中国大陆发动预防性战争是实现韩半岛统一的最紧要课题。

但是，艾森豪威尔政府的主张却与李承晚的北进统一理论完全相反。于艾森豪威尔政府而言，1954年是实行“新面貌”战略的第一年。该战略以核威慑为基础，目的在于实现阵营体制的安定和经济管理，而对外战略的核心则是对西德和日本进行重建和再武装。

对李承晚来说，停战协议意味着国家分裂，这是他绝对不能容忍的。但是对于艾森豪威尔而言，这是赢得1952年总统大选的主要保证，也是“新面貌战略”取得成功的绝对条件。1954年1月7日，艾森豪威尔在国情咨文中明确表示，他无意重启韩战。[28]

此外，李承晚也强烈反对美国重建和再武装日本的政策，但日本是美国亚洲战略的核心。作为战后秩序的原则，美国的“新面貌”战略与李承晚的北进和反日政策产生了正面冲突。在给艾森豪威尔的信（实际上并没有寄出）中，李承晚对美国的“新面貌”政策及其对日重建、绥靖政策进行了猛烈批判，也坚持主张北进统一的预防性战争。[29] 这种分歧直接导致了长达114天的韩美谈判，即韩美冲突。

二、韩美同盟的起源

(一) 双重封锁

冷战阵营的建立是一种“双重封锁”，既基于美苏对立，也基于两个超级大国对

28) “First of all we are deeply grateful that our sons no longer die on the distant mountains of Koreas.” Dwight Eisenhower, “State of Union Address,” State Department Bulletin (1/18/1954), pp. 74.

29) The President of the Republic of Korean (Rhee) to President Eisenhower, 2/4/1954, Foreign Relations of United States 1952~1954, vol. 15 part Ⅱ, p. 1747; Second Draft for the President, 1/7/1954, File 63, The Syngman Rhee Presidential Papers, 1948~1960 [The Rhee Papers hereafter], Yonsei University Library (Seoul).

各自阵营内部的控制。同盟既是针对共同敌人的合作手段，也是控制己方盟国的手段。1953年8月的李承晚—杜勒斯会谈上，双方草签了《韩美共同防御条约》。李承晚表示在《韩美共同防御条约》生效以前，韩国军队的作战指挥权将委托给联合国军司令部。该条约于10月1日正式签署，在双方交换批准书之后生效。韩美两国国会在1954年1月（分别为15日和26日）批准了共同防御条约。

李承晚北进主张的前提是，整个韩半岛都是韩国的领土，而北韩“傀儡”和“中共”则是侵略韩国领土的敌军。所以，《韩美共同防御条约》要生效，就应该开展击退他们的北进战争。实际上，李承晚在1954年的3·1节纪念讲话中曾表示，“赤色中国被定性为侵略者是1951年2月1日联合国大会通过的决议。这一点，至今没有改变。”[30]

这一主张却在外交通商部《韩国外交50年》一书中遭到了否定。

1951年1月20日，政府宣布中共是国际社会的侵略者。1月30日和31日，在盟国的协助下，又在联合国大会政治委员会上提交了谴责中共并将其定性为侵略者的决议案。但是在2月1日的大会上，该决议案因一部分亚洲与中东国家采取调和、中立的态度，删除了谴责中共的内容。最终，大会通过了一项较为温和的决议，即：决定设立行动委员会，促成停战。而政府则明确表明，在3月24日进攻边境之前，不会对任何谈判作出回应。麦克阿瑟对此也表示支持，并表明了击溃中共军的决心。[31]

相反，为了防止北进政策连累到美国，《韩美共同防御条约》第3条指出，双方认为对缔约任何一方目前或以后行政控制下领土的进攻，另一方都将按照其宪法程序采取行动。根据1954年1月国务卿杜勒斯在美国参议院的解释，第3条是《韩美共同防御条约》的核心，这实际上反映了韩国仅能控制韩半岛一部分的事实。[32]

30) 공보실, 1956, 同上, pp. 5.

31) 외교통상부, 2009, 同上, pp. 122.

32) 杜勒斯声明如下，“This provision is designed to take cognizance of the fact that the Republic of Korea presently has effective control over only part of Korea.” “Report by Secretary Dulles,” The Department of State Bulletin (1/25/1954), pp. 132-133.

(二) 北进通报和批准延期

北进是李承晚对内与外的坚定政策，也是同盟间的政治（威胁）手段。所以，对韩军的管控就成了美对韩“双重封锁”的关键，而批准书的交换也就沦落为韩美外交冲突和同盟政治的“人质”。在1954年3月11日的信中，李承晚告知艾森豪威尔，韩国将采取单方面的北进行动。[33] 这是对参加日内瓦会议的回应，也是对美施压的一环。此信一出，美国就推迟了原定于3月18日的批准书交换。

据东京的美国远东司令部整理的材料，李承晚在通报单方面的行动以后，美驻韩大使埃利斯·布里格斯（Ellis. O. Briggs）随即就向国务卿杜勒斯建议推迟《韩美共同防御条约》批准书的交换，而杜勒斯也接受了这一建议。[34] 3月16日，美国国务院致电韩国大使馆的韩豹项，并通知推迟原定于两天后的批准书交换。据美国国务院3月26日针对韩国政策 (NSC170/1) 的审查报告显示，推迟交换批准书就是为了向韩国施压，迫使其与美国合作。[35]

日内瓦会议期间，李承晚的北进政策再度与美国及联合国参战国的和平统一政策发生冲突。美国向李承晚施压，要求李承晚配合。而李承晚则主张中共军撤退以后，只在北韩举行选举。同时要求修改《韩美共同防御条约》中关于威胁的规定，使其适用于针对中共的北进政策，并要求该条约像美日同盟一样没有期限。结果，原定于5月26日进行的批准书交换再度被推迟。美国向韩军指挥部明确表示反对北进，并通过限制装备和补给等措施切实控制韩军的行动。在日内瓦会议失败后，为了重新建立韩美关系，美国要求韩国进行全方位的合作，比如移交作战指挥权、放弃北进政策、通过援助资金购买日货、调整汇率至现实水平等。

---

33) 3月11日，李承晚通报单独行动的有关内容如下，“When Vice President Nixon was here. I promised him that I would take no unilateral action without notifying you. I feel that the time now has come for me to give you such notification.” Rhee to Eisenhower, 3/11/1954, File 63, The Rhee Papers.

34) “Subject: Implications of the Coming into Effect of the US-ROK Mutual Defense Treaty,” 5/22/1954, 연세대학교 국가관리연구원, 2010,『한국대통령 통치 사료집 II: 이승만 (1)』, 서울: 선인, pp. 266-271.

35) “Progress Report on NSC 170/1,” 3/26/1954, FRUS 1952~1954, 15(II), pp. 1767-1775.

第四节　韩美交涉的过程[36]

一、华盛顿峰会 (1954年7月)

1954年7月，韩美在华盛顿举行了三阶段的会谈，分别是27、29日的两次首脑会晤，28、30日李承晚和美国务卿以下高级官员的会谈以及另外举行的两国经济、军事高级官员间的会谈。其中，28日李承晚在美国国会发表演讲，30日双方发表联合声明。

首先，在7月27日举行的第一次李承晚—艾森豪威尔首脑会谈上，两国就北进统一政策再次产生分歧，韩国提出的增强军备问题则由两国工作组讨论决定。虽然李承晚强调北进战争不会演变为核战，但是艾森豪威尔却依然持反对意见。同时，双方也就日本问题展开了激烈争论。李承晚对日本的“久保田妄言”和美对日政策进行猛烈抨击，并迫使美国在韩国和日本之间做出谁对谁错的选择。而美国依然只强调韩日合作的重要性。

会谈结束后，李承晚告诉记者“和平统一看起来似乎已无可能，所以韩国政府认为战争终将重启。”[37] 接下来，在7月27日的工作会议上，美方表示将撤回一个美军军团，韩方则对此表示强烈反对。而后，在7月28日的首脑会谈上，美国强调对韩的援助取决于韩国是否合作，并要求其不要对美的日本政策横加指责。美国防部长威尔逊（Charles. E. Wilson）表示希望韩军兵力不要超过72万人，并且拒绝韩军增设15～20个师团的要求。此外，双方还讨论了将38度线以北地区的行政权从联合国司令部移交给韩国政府的问题。

另一方面，李承晚在7月28日的美国国会演讲中上演了“最糟糕的失误”。演讲中，李承晚提到了针对中共的预防性战争，此言一出随即遭到了美国的批判。如1954年7月29日的《纽约时报》社论这样写道：

---

36) 从1954年7月27日韩美峰会到11月17日合意议事录签署，有关这之间“114天韩美冲突”的具体实证分析，参考이혜정, 2020,「1954년 한미 합의의사록의 재조명: ‘114일의 한미 분규’」,『한국정치연구』 제29집 제3호, pp. 1-34.

37) “평화적 통일 무망”,『동아일보』(1954. 7. 29).

> 李承晚总统在美国国会演讲中强调了对中共军队的预防性战争，并表示如有必要，将不惜与苏联进行核战。此举可以看出，李承晚总统对美国政策、对诸多的现实状况有多么无知...... (省略) 他的战争论足以挫败已有的全部同盟，也能摧毁迄今为止美国在欧亚安保体制上所做的努力。[38]

尽管存在如上所述的争议，韩美还是在7月30日发表了联合声明。声明明确指出，双方将依据《联合国宪章》和《日内瓦会议决议》(反映了16个参战国家的韩半岛和平统一意向)，就统一问题、军事和经济援助等进行谈判。在联合声明签署之后，美国就表示李承晚已经放弃北统一政策，并接受了和平统一的原则。[39]

二、华盛顿谈判和韩美声明战 (1954年8~9月)

(一) 谈判决裂

9月14日，美国提交了“合意议事录”的最终案文。该案文与7月草案相比，相同点都是反对北进，并要求将韩军控制权移交至联合国军司令部。不同之处是，删除了有关韩日邦交正常化的内容，也拒绝了附录A中韩军增设15～20个师团的要求。附录B中有关经济的内容，则被确定为调整汇率至现实水平、购买日货、公开持有的美元数量、防止通货膨胀等。美国明确表示，该合意议事录是55财年7亿美元援助的绝对条件。但是，韩国在9月14日的华盛顿最终谈判和27日的李承晚与赫尔会谈中，都表示拒绝接受此合意议事录。

据韩方经济谈判代表白斗镇回忆，除了要求韩国增强军事实力和获得10亿美元的军事、经济援助外，李承晚没有提出具体的谈判方针。8月初，白斗镇一行来到旧金山，并向李承晚询问谈判标准。“他只是说拿到10亿美金的援助，增加国军预备师

---

38) “President Rhee's Speech,” The New York Times (7/29/1954).

39) 白宫新闻秘书哈格蒂曾说，“The very fact that we got Rhee to sign this in this form places him on record of favoring peaceful means for at least a while within the UN. None of us can see how he can completely repudiate his singed statement and still save his face.” “Hagerty Diary, July 20, 1954,” FRUS 1952~1954, 15(II), pp. 1861.

团，并没有足句多的时间细谈”。[40] 白斗镇回忆道，导致谈判决裂的原因是李承晚的统一和反日政策。[41]

(二) 相互指责的韩美声明战

李承晚巡回演讲期间，美国就韩国政府要求撤出中立国监视委员的主张和（管制）示威表示抗议，并坚持要求韩国遵守停战协定，反对北进统一。但是，李承晚在光复节纪念致辞中依然主张北进，所以，两国的矛盾在8月15日后进一步激化。卞荣泰总理在另一份声明中严厉批评了美国现有的援助政策，并敦促美方允许韩国独自使用援助资金。

8月16日，韩国？国会通过了关于解散中立国监督委员会的决议。8月18日，又通过了反对联合国军撤离的决议案，该决议的背景就是美国宣称要撤出4个师团。8月30日，李承晚在声明中重申以往的反日立场，并强烈批判美国的对日政策。9月16日，韩军以合参议长李亨根、陆军参谋总长丁一权、1军司令官白善烨的名义发表了反对驻韩美军撤离、要求增加韩军军力的声明。同一天，美国驻韩大使馆发表反驳声明，称美国没有放弃对韩的安保条约。

9月20日，李承晚又发表声明称，如果不给予援助资金的使用决定权，韩国将全面拒绝援助。而且美国如果主张从7月开始恢复汇率至现实水平，那么联合国军拖欠的债务也需得以正常汇率结算，否则，将从10月1日起停止其贷款。[42]

三、决裂（1954年 10~11月）

(一) 停止贷款 VS 石油风波："民族的悲哀"

李承晚和赫尔的谈判失败后，美国就从当天即27日起停止向韩国供应石油。韩国也按照预告从10月1日起中断支付给联合国军的贷款。当时，美国的财政年度是从7月开始。换句话说，韩国拒绝签署合意议事录就意味着全面拒绝了55财年的7亿

40) 백두진, 1975, 同上, pp. 239.

41) 백두진, 1975, 同上, pp. 243.

42) “이 대통령 대미 중대 경고, 자발적인 재건을 각오”,『동아일보』(1954. 9. 21).

美元援助。就这样，因为“石油风波”，全国各地的公共汽车和工厂都停了下来。即使是处于这种经济危机之中，李承晚政府也一直坚持到了11月17日。

韩币贷款支付问题涉及到了政治，经济，军事和外交等多个方面。它最初源于韩战初期，当时韩国将军队的作战指挥权移交给麦克阿瑟，双方协议韩国要先行支付联合国部队在当地的全部费用。所以，韩币贷款的支付使联合国能持续驻扎在韩国，韩国与联合国、美国之间能维持军事合作的基础。从经济上讲，联合国军用以偿还贷款的美元是韩国政府的主要收入来源。从政治上讲，在官方汇率不超过实际市场汇率一半的情况下，韩国政府推行的低汇率政策就是政经勾结和李承晚政权创租的主要工具。[43]

艾森豪威尔政府的“新面貌”战略谋求经济封锁以及资本主义世界经济的重建和一体化。美国希望用最小的援助规模取得最大的效果，所以李承晚政府的固定低汇率政策和拒绝购买日货的姿态就成了韩美外交冲突中的焦点。为提高援助效果，美国试图加强对韩国政府经济政策的控制，其代表性事例是1953年12月签署的《关于经济重建和财政稳定计划的联合经济委员会协定》。由韩美两国代表(CT·Wood和白斗镇）组成的联合经济委员会实际上是对韩国进行“托管”的工具。而每三个月调整一次汇率至现实水平的决定，对李承晚政府的低汇率政策来讲，又是一个很大的打击。

1954年3月，两国开始在经济领域展开博弈。韩国全面停止用援助资金购买日货，美国也拒绝对援助资金的商品购买进行行政处理。接着，在7月的韩美首脑会谈期间，美国要求调整汇率至现实水平，但韩国坚持180比1的官方汇率。对此，美国通报将按照254比1偿还贷款，而韩国则表示拒绝接受，联合国军司令部也从6月起中断了还贷。10月开始，由于贷款支付和石油供应的相互中断，韩美实际上都陷入了相互经济制裁的局面。所以，白斗镇把停止贷款和石油风波描绘成了弱国的“民族悲哀”。[44]

43) 具体内容参见김일영, 2004,「이승만 정부의 수입대체산업화정책과 렌트 추구 및 부패, 그리고 경제발전」, 문정인 · 김세중 편,『1950년대 한국사의 재조명』, 서울: 선인.

44) “유류 문제는 한국 민간 경제에 심각한 악영향을 가져오고 말았다. 생산 활동의 지장은 말할 것도 없고

(二) (非) 合意议事录：李承晚的临时措施VS.美国的“最后通牒”

1954年11月的韩国，内忧外患，政治、经济、军事和外交等诸多问题错综复杂地交织在一起。韩国国内，实际上由李承晚推进的总统终身制改宪已是迫在眉睫。国际上，联合国首次就战后韩国问题进行了讨论（但不是根据停战会议、板门店会议、日内瓦会议等战时会议或当时协议规定所进行的政治会议）。

在美军撤退过程中，石油风波和援助中断等事件给韩国造成了十分严重的经济打击。美国甚至暗示，如果韩国仍然拒绝美国的要求一签署合意议事录，那么7亿美元的对韩援助将会挪作他用。虽然李承晚政府于11月1日表示退让，同意每月最多支付联合国军5亿韩元的贷款，但直到联合国对韩国的讨论冲击到韩国政界为止，也仍坚持拒绝购买日货和放弃北进武力统一政策。英加在“适当监督下”的韩国大选方案，不仅意味着韩国的统一方案与美国不一致，也意味着没有得到国际社会，特别是联合国军参战国家的认可。这不仅是外交上的孤立，也是对政治正当性的严重打击。

对此，国会表现出了超越党派的外交意志。11月11日，一致通过决议，“在韩国全境实施总选，既与神圣的联合国大会决定背道而驰，也会损害大韩民国的主权。韩国的统一方案以扩大大韩民国主权为国是，而选举须得在联合国监督下全体共军撤出北韩以后，才能实施。”同时，还敦促政府向美国及联合国派遣国会代表团。

按照韩国要求，合意议事录中删除了“美国只会通过和平手段来支持韩国统一”这一条。但是双方又交换了另外的备忘录，明确表示美国支持和平统一的政策没有变化。11月17日，合意议事录在首尔签署，之后，双方在华盛顿交换批准书，《韩美共同防御条约》自此生效。协议签署后，国内外的政治日程就开始了紧密部署。11月18日，改宪案提交至国会，正式进入讨论程序。国务总理卞荣泰为参加联合国大会，启程前往美国。韩国虽然签署了协议，但并没有真正接受协议内容。所以，卞总理在20日强调，和平共存是自杀行为。25日，李承晚也发表声明称，没有

반도호텔에 유숙하던 70인의 외국인이 난방이 없어 고드름이 되고 말았다. 나는 민족적 비애를 느끼지 않을 수 없었다.” 백두진, 1975, 同上, pp. 243-244.

韩国参与的联合国韩国问题讨论是非法的。

国内方面，改宪案在27日表决时，因只有135票（在籍203人，需2/3即136人赞成才能通过）赞成，所以被否决。28日，却又被重新通过。但抛出的解释—203票的2/3四舍五入即为135（135.3333）却令人啼笑皆非。29日，韩国国会因“四舍五入改宪”，发生混战闹剧。同一天，根据合意议事录，美国实施了美元拍卖以直接偿还联合国贷款。李承晚又致函艾森豪威尔，认为应将合意议事录作为临时措施，并反复强调韩国政府的立场，主张韩美之间达成新协议。

11月30日，美国驻韩经济协调办公室宣布，前一天的美元拍卖流标，并中断了石油供应和资金援助。美国认为，韩国政府由于财政危机，在对持有美元进行拍卖时，汇率曾达到了700比1。但此次最高投标价却只有400比1，而这是因为韩国政府的介入妨碍了“自由拍卖”。

12月3日，布里格斯称对韩国是否愿意遵守该协议感到怀疑，并提出了强硬的对应方案。[45] 因此，杜勒斯于12月6日下达指示，要求李承晚保证第二次美元拍卖是“自由拍卖”。其意思是，如果第二次拍卖没有以市场价格进行竞标，即没有达到韩国政府美元拍卖的汇率，韩国就会被认为没有遵守合意议事录，而美国也不会遵守议事录中所做的约定。这是美国对韩国的“最后通牒”。[46]

12月8日，布里格斯在景武台向李承晚转达了杜勒斯的“最后通牒”。李承晚虽然也就“如何能保障拍卖自由”进行过反驳，但最终还是接受了美国的最后通牒。12月13日，美国进行了第二轮美元拍卖。14日，宣布最低中标价为413：1。12月17日，伍德与白斗镇之间就汇率和购买方式（例如在日本购买）达成了协议。从此时计算，两国合意议事录的签署已经过去一个月，而美国55财年已经过去了六个月。

45) The Ambassador in Korea (Briggs) to the Department of State, 12/3/1954, FRUS 1952~1954, 15(II), pp. 1930.

46) The Secretary of States to the Embassay in Korea, 12/6/1954, FRUS 1952~1954, 15(II), pp. 1931.

第五节　结 论

如今的韩半岛，陷入了政治和经济的双重僵局。2018年以来，随着南北、北美首脑会谈的举行，韩半岛和平体制的历史性进程似乎已开始启动。但河内谈判宣告决裂后，这一进程又变得遥遥无期。此外，中美之间的战略竞争也开始加剧，而从2019年7月开始的韩日贸易争端不仅让两国之间的矛盾更加尖锐，也动摇了韩美日三角联盟的基础。这一系列的状况都提高了韩半岛在地缘政治和战略上的重要性。

韩半岛问题的复杂性，与韩半岛战后体制的起源以及东北亚冷战遗留有着紧密联系。最能体现这一联系的事件，就是1954年的韩美合意议事录签署。事件的当事国中，一个想要构建新的冷战封锁战略和外交政策，一个想要在东亚冷战—韩半岛分裂的状况下进行国家建设，所以双方围绕韩军的作战指挥权、北进统一、汇率和购买日货等问题胶着了114天。

然而，今日的韩国政治却只是单纯地用符合两国国家利益来解释1954年的韩美关系。以这种简化的解释为基础，韩国保守党政府自2008年以来，就一直主张韩美“战略同盟”，要求在安保、经济和价值方面全盘与美一体化。问题是，这些言论使人们忘却了1954年爆发的两国冲突和石油风波所带来的民族悲哀，也暴露了现有的韩美同盟论有多么狭隘，多么不符合历史真相。

不仅如此，在对李承晚总统个人的评价中，1954年这段历史也没有被正确地认识。在韩国，合意议事录的签署主要被当成是李总统的外交业绩，李承晚甚至因此被评价为“外交鬼才”。这种倾向掩盖了南北体制竞争下北韩比韩国更快进行经济恢复的事实，掩盖了因谈判失败而导致的石油风波，也掩盖了合意议事录签署后李承晚试图进行的独裁政治。在美国，学术界的正统解释则是将1954年的合意议事录视为控制李承晚（Rhee-straint）的双边同盟体制的成功。

本研究摆脱了以往对韩美同盟、李承晚总统研究和讨论的限制，从外交史角度对冷战初期的韩美关系进行了探讨。当下的韩国，若想要使外交难题迎刃而解，就不应该忽视韩半岛冷战史的起源和本质，而是要对其进行“客观”研究和“客观”

记忆。对1954年韩美（非）合意议事录的复盘，就是基于此观点。其外交史的意义在于，可以重新唤起我们对同盟和韩半岛战后体制局限性的认识，并为今后解决此类问题奠定基础。

参考文献

『경향신문』

『동아일보』

『The New York Times』

『Time magazine』

구갑우, 2006, 「한국의 '평화외교': 평화연구의 시각」, 『동향과 전망』 67호.

______, 2017, 「리영희의 '비판'과 '실천'으로서의 국제정치이론: 탈식민 · 탈패권 · 탈분단의 길」, 『한국정치연구』 제26집 제1호.

권김현영, 2007, 「평화의 정치학을 위한 모성적 사유: 남성중심적 안보 개념에 대한 비판」, 『한국여성철학』 7권.

김명섭, 2016, 「6 · 25 전쟁 연구동향과 전망: 전쟁해석을 둘러싼 관념충돌을 중심으로」, 『군사』, 100호.

김영호 외, 2012, 「이승만과 6 · 25 전쟁」, 서울: 연세대학교 출판문화원.

김일영, 1999, 「이승만 정부에서의 외교정책과 국내정치: 북진 · 반일정책과 국내 정치경제와의 연계성」, 『국제정치논총』, 제39집 3호.

______, 2004, 「이승만 정부의 수입대체산업화정책과 렌트 추구 및 부패, 그리고 경제발전」, 문정인 · 김세중편, 『1950년대 한국사의 재조명』, 서울: 선인, 2004.

김헌준, 2017, 「전환기정의 규범의 확산과 그 효과: 한국의 사례를 중심으로」, 『한국정치연구』, 제26집 제1호.

박태균, 2007, 「원형과 변용: 한국경제개발계획의 기원」, 서울: 서울대학교출판부.

백두진, 1975, 『백두진회고록』, 서울: 대한공론사.

유영익 · 이채진편, 2002, 「한국과 6 · 25 전쟁」, 서울: 연세대학교출판부.

유영익, 2005, 「이승만 대통령의 역사적 재평가: 이승만 대통령의 업적301」, 『한국논단』, 183권.

은용수, 2016, 「'비주류' IR 이론과 한국의 국제정치문제: 탈식민주의를 향한 재조명, 탈식민주의를 통한 재구성」, 『국제정치논총』, 제58집 제3호.

이동원, 2018, 「이승만 정권기 한미합의의사록의 체결과 개정」, 『역사와 현실한국사연구』, 제107호.

이성훈, 2010, 「한미상호방위조약체결을 위한 이승만 정부의 협상전략」, 『군사』, 제77호.

이승만, 1956, 『대통령 이승만박사 담화집 2』, 서울: 공보실.

이종원, 1996, 「東 アジア冷戰と 韓 米日關係」, 도쿄: 도쿄대학교출판회.

이철순, 2000, 「이승만정권기 미국의 대한정책 연구(1948~1960)」, 서울대학교 박사학위논문.

이현진, 2009, 「미국의 대한경제원조정책, 1948~1960」, 서울: 혜안.
이혜정, 2004, 「한미동맹 기원의 재조명: 한미 상호방위조약의 발효는 왜 연기되었는가?」, 『한국정치외교사논총』, 제26집 1호.
______, 2017, 「정부수립 60년의 한국외교 담론」, 평화학회 국제학술대회 발표문(6월 21일), 2018, 「1954년 한미 합의의사록의 재조명: '114일의 한미분규'」, 『한국정치연구』 제29집 제3호.
외교통상부, 1998, 『한국외교 50년: 1948~1998』, 서울: 외교통상부.
외무부, 1959, 「외무행정의 10년」, 서울: 외무부.
장훈각, 2011, 「이승만 대통령과 한미동맹: 동맹의 형성요인에 관한 연구」, 『사회과학논집』, 42권 1호.
차상철, 2013, 「이승만과 합의의사록의 체결」, 『군사연구』, 제135호.
한표욱, 1996, 「이승만과 한미외교」, 서울: 중앙일보사.
홍석률, 1994, 「이승만 정권의 북진통일론과 냉전외교정책」, 『한국사연구』, 제85호.
홍용표, 1995, "State Security and Regime Security: The Security Policy of South Korea Under the Syngman Rhee Government, 1953~1960", 옥스퍼드대학교 박사학위논문.
황영주, 2003, 「평화, 안보 그리고 여성: '지구는 내가 지킨다'의 페미니즘적 재정의」, 『국제정치논총』, 제43집 제13호.

Eisenhower, Dwight, 1954, "State of Union Address," *State Department Bulletin* (1/18/1954).
Hagerty, James C, "Hagerty Diary, July 20, 1954", *FRUS 1952*

第二章

地缘政治、历史记忆与有关朝鲜半岛的想象

张小明 _ 中国北京大学国际关系学院教授

第一节 导 论

我们今天处在一个“全球化”(globalized) 的时代（也正在出现某些“逆全球化”或“去全球化”现象），国际关系舞台无疑具有全球性。与此同时，我们也处于一个“地区构成的世界”(a world of regions)[1] 中，世界上的不同地区会呈现出自身的特色，国际关系舞台因而也具有明显的地区性。这样一来，从学理上比较研究不同地区的国际关系就有重要意义。东北亚地区（一般来说东北亚包括中国、朝鲜、韩国、日本、蒙古以及俄罗斯东部地区，域外大国美国也是东北亚地区舞台的重要行为体）国际关系就有一些很有特色的东西。其中之一就是，朝鲜半岛总是在东北亚地区国际关系中占据着一个极为突出的地位。从某种程度上说，(至少从近代以来）迄今为止的东北亚地区国际关系一直都是围绕着朝鲜半岛而展开的，朝鲜半岛往往被认为是东北亚地区国际关系的最重要（或中心）舞台和大国纷争场所。迄今为止，无论是朝鲜半岛的国家，还是朝鲜半岛的周边大国或者相关域外大国（美国），对朝鲜半岛此种地位的认知比较一致，这似乎已经成为一种思维定势。我把这种关于朝鲜半岛在东北亚地区国际关系中的中心地位和大国纷争场所之认知，称为有关朝鲜半岛的想象，并且认为此种想象影响了相关国家的对外政策和整个东北亚地区国际关系的发展，并造成本地区国际关系的困境，即“朝鲜半岛困境”(“dilemma of Korean Peninsula”)。

那么如何解释有关朝鲜半岛的想象之产生的原因呢？我认为，地缘政治（geopolitics）和历史记忆（historical memory）这个两个相互关联（这两者之间不是因果关系，可能是相互建构关系）的因素，应该就是导致此种想象的主要原因，尽管它们并不是仅有的两个原因。本文的写作目的，就是诠释地缘政治、历史记忆与朝鲜半岛的想象之间的关联性及其可能发生的变化，以期理解东北亚地区国际关系的历史与现状，并探寻走出”朝鲜半岛困境“的途径。

1)〔美〕彼得·卡赞斯坦：《地区构成的世界：美国帝权中的亚洲与欧洲》，秦亚青、魏玲译，北京：北京大学出版社2007年版。

第二节　地缘政治

自从人类社会有国家与国家之间的关系开始，地缘政治或地理政治[2]无疑就一直是影响国家间关系的一个重要因素。这是因为人类的历史总是在空间有限的舞台展开[3]，国际关系或国家间的关系必然也都是发生在特定的地理空间之内，并受地理因素（包括地理位置、地势、空间、海洋、河流、山川、平原、气候等等）的极大影响。有人甚至认为，地理因素对于世界历史具有支配作用，因为人类的行为会受到地理条件的支配。[4] 虽然当今世界在科技进步背景之下的全球化和地区化的发展，在很大程度上已经极大地改变了地理空间或地缘空间的意义，但是地缘空间的重要性并没有被减弱。[5] 比如，在谈到地理上相邻性与威胁认知的关联性时，约瑟夫·奈（Joseph Nye, Jr.）指出："相邻性（proximity）经常影响国家对威胁的认知。一个邻近的国家根据某个全球绝对标准来衡量，或许属于弱国，但它对其所在的地区或当地来说，可能极具威胁性。"[6] 这种现象在朝鲜半岛似乎表现得尤其明显，比如朝鲜，尤其是拥核以后的朝鲜，虽然不是东北亚国际关系舞台上的一个大国，但是它总是就被视为威胁本地区安全和稳定的一个主要国家。朝鲜半岛国家与中、俄、日三个大国互为搬不走的邻居，它们之间相互影响无疑是常态。

由于朝鲜半岛特殊的地缘政治地位，地缘政治学或地理政治学于是往往被当作观察和思考东北亚地区国际关系、尤其是围绕朝鲜半岛的国际关系之重要视角。所

2) "地缘政治"是瑞典政治学家契伦（Rudolf Kjellen）在1899年最早使用的一个词汇，而德国政治学家拉采尔（Friedrich Ratzel）则是使用"地理政治"这个概念，契伦的相关思想来自拉采尔，"地缘政治"和"地理政治"这两个词常常被混用。参考娄林主编：《地缘政治学的历史片段》，北京：华夏出版社2018年版，第41页；（英）杰弗里·帕克著：《二十世纪的西方政治地理思想》，李依鸣、徐小杰、张荣忠译，北京：解放军出版社1992年版，第2页。

3) （日）宫崎市定著：《亚洲史概说》，谢辰译，北京：民主与法制建设出版社2017年版，第30页。

4) （英）詹姆斯·费尔格里夫著：《地理与世界霸权》，胡坚译，北京：民主与建设出版社2018年版，第1页，第7页。

5) 陈康令著：《礼和天下：传统东亚秩序的长稳定》，上海：复旦大学出版社2017年版，第7页。

6) （美）小约瑟夫·奈、（加）戴维·韦尔奇著：《理解全球冲突与合作：理论与历史》（第九版），张小明译，上海：上海世纪出版集团2012年版，第101页。

以，在有关朝鲜半岛的研究中，地缘政治分析的重要性的确就如同已故美国著名学者伊曼纽尔·沃勒斯坦（Immanuel Wallerstein）所说的，“就是对中长期的结构和趋势的分析，是在特定时间点上对不确定的未来的评估。”[7]

朝鲜半岛的地缘政治地位，通常被理解或表述为如下两点：一是朝鲜半岛为欧亚大陆与太平洋之间的桥梁，二是朝鲜半岛与诸多陆上与海上大国为邻。在已经出版的多种相关著述中，朝鲜半岛的此种地缘政治特点总是被提及，尽管表述并不完全一致。中国前驻韩国大使张庭延指出：“朝鲜半岛处于东北亚要塞，其局势如何发展具有重要意义，因之历来为世界各国，特别是大国所关注。”[8] 中国学者王明星表明，历史上朝鲜“作为欧亚大陆最东端一个半岛国家，它既是大陆国家东向防御的最后一张盾牌，同时又是海洋国家西向进攻大陆的第一块陆基。而其所扼守的朝鲜海峡又是西太平洋沿岸南北航行的必经之地。”[9] 美国学者丹·奥伯多夫(Don Oberdorfer）认为，朝鲜半岛是世界上唯一个与中、俄、日、美等大国的利益交汇的地区。[10] 日本学者伊原泽周则说：“朝鲜半岛位于中、日、俄三国之间，是一缓冲地带”。[11] 本文作者在2003年出版的拙作《中国周边安全环境分析》中是这么表述的：“朝鲜半岛的地缘政治地位有其特殊之处。首先，它一直是中国同多个大国利益交汇之处。近代以来，与朝鲜半岛相邻的国家均是国际舞台上的大国。两个与它陆上接壤的国家是（以及前苏联），海上近邻则为日本。第二次世界大战以后，美国又成为影响朝鲜半岛局势发展的一个重要国家。从某种意义上说，二战后美国成为朝鲜半岛的一个新的‘邻国’。因为作为世界性的超级大国，美国的利益遍及世界的各个角落，朝鲜半岛的战略地位使它成为美国决策者们所关注的一个重要地区。朝鲜

7) 伊曼纽尔·沃勒斯坦：《沃勒斯坦之问：东北亚一旦协作，谁会成为输家?》，牛可译，《文化纵横》2009年2月号（总第3期），第46页。

8) 杨昭全、孙艳姝著：《当代中朝中韩关系史》(上卷)，长春：吉林文史出版社2013年版，“序二”第2页，

9) 王明星著：《韩国近代外交与中国：1861~1910》，北京：中国社会科学出版社1998年版，第30页。

10) Don Oberdorfer, *The Two Koreas: A Contemporary History*, revised and updated (New York: Basic Books, 2001), p. xiii.

11) (日) 伊原泽周著：《近代朝鲜的开港：以中美日三国关系为中心》，北京：社会科学文献出版社2008年版，第4页。

半岛的这种地缘政治地位决定着它长期以来一直是大国关系盘根错节的地方，是中、日、俄、美等大国利益的交汇点。另外，朝鲜半岛是欧亚大陆东北部同海洋之间的一个重要联系桥梁，这种地理位置使得它极易成为海洋大国向大陆扩张的踏板或者大陆国家进攻海上国家的通道。”[12]

朝鲜半岛上述地缘政治特征，使得该地区被认为易于成为陆上大国和海上大国争斗的场所，或者成为海陆大国互相攻击对方的通道或据点。朝鲜半岛为东北地区国际关系中心舞台和大国纷争场所的想象在很大程度上由此而产生。当然，所谓“陆上大国”和“海上大国”的概念是相对的，而不是绝对的，世界上并没有纯粹的陆上大国或纯粹的海上大国，很多大国实际上属于陆海复合型大国。

第三节　历史记忆

历史记忆是塑造有关朝鲜半岛的想象之另外一个重要因素。历史记忆属于社会建构的产物，它既是客观事实，也是观念产物。[13] 正所谓“历史是过去发生过的事情，但历史叙述亦是我们对过去事物的一种认识和理解。‘历史’是事实，‘历史’也是一种诠释，它与所谓的‘历史事实’之间有段差距。因此，史家的历史叙述难免会受其所处的时代背景、时代思潮及其内在意念诉求的影响，而对‘历史’进行了诠释。”[14] 毫无疑问，有关朝鲜半岛的历史记忆亦是如此。

历史上陆海大国在朝鲜半岛争斗的记录和诠释，似乎证明了上面提到的朝鲜半岛地缘政治的特征及其后果，从而也参与构建有关朝鲜半岛是东北亚国际关系中心

12) 张小明著：《中国周边安全环境分析》，北京：中国国际广播出版社2003年版，第90-91页。

13) 参考王明珂：《历史事实、历史记忆与历史心性》，《历史研究》2001年第5期，第136-147页；张荣明：《历史真实与历史记忆》，《学术研究》2010年第10期，第108-112页；邓京力：《历史知识、历史记忆与民族创伤》，《近代史研究》2011年第3期，第139-143页；(法) 勒高夫著，方仁杰、倪复生译：《历史与记忆》，北京：中国人民大学出版社2010年版。

14) 曾玲主编：《东南亚的‘郑和记忆’与文化诠释》，合肥：黄山书社2008年版，第49页。

舞台和大国纷争场所的想象。这是有关东北亚国际关系的重要历史记忆，其影响是十分重要和深远的。众所周知，长期以来，历史问题严重影响中日关系、韩日关系的发展，在中韩关系中也有一定的负面作用。正因为如此，韩国前外交通商部亚太局局长、韩日历史共同研究支援委员会韩方委员长朴晙雨就认为，“历史认识问题正在对韩中日三国为谋求建立和平与繁荣的东北亚共同体所作的努力构成重大障碍。”[15]中国学者张蕴岭也指出，“在东北亚，历史并没有完全终结，主要是近代历史不仅仍然存留，而且有影响。”[16]

回顾过去，海陆大国在朝鲜半岛争斗的历史纪录的确数量不少，它们塑造了相关国家的历史记忆。至少从16世纪开始，朝鲜半岛周边的陆上大国和海上大国就在朝鲜半岛或者围绕朝鲜半岛问题多次发生冲突，并且导致几场较大规模的战争。其中，作为传统陆上大国的中国就不止一次卷入与海上大国日本在朝鲜半岛的争斗，并付出巨大代价。另外一个陆上大国俄罗斯也因为朝鲜半岛问题与日本发生过战争。第二次世界大战结束以后至今，作为海上大国和超级大国的美国也深深地介入朝鲜半岛事务之中，其中包括参加1950～1953年的朝鲜战争，并在朝鲜战争中与得到另一个超级大国苏联支持的中国为敌。

我们先来看看历史上中日以及俄日之间在朝鲜半岛的斗争。16世纪末以来，统一后的日本统治者一直视朝鲜半岛为囊中之物和侵略中国的跳板。丰臣秀吉在1590年初步统一日本后不久，便于公元1592～1598年间两次入侵朝鲜，中国明朝应邀出兵援助朝鲜李朝抵御日本的入侵，旨在帮助友好邻邦和捍卫中国的安全。1592年，日本丰臣秀吉政权发动侵略朝鲜战争后，日军很快占领首尔和平壤。朝鲜国王向中国明朝朝廷请求出兵救援。明朝万历皇帝决定出兵朝鲜，抗击日本侵略。1597～1598年日本再次入侵朝鲜，明朝又向朝鲜出兵援助，并提供白银和军粮，最后赢得战争胜利。[17] 据统计，明朝为援助朝鲜派遣了20万大军，并承担了重大的人员和经

15)《东亚历史共同读本出版 中日韩学者寻历史共识》，央视国际，2005年5月26日，http://www.cctv.com/news/world/20050526/101019.shtml

16) 张蕴岭：《百年大变局下的东北亚》，《世界经济与政治》2019年第9期，第5页。

17) (韩) 崔官著：《壬辰倭乱－四百年前的朝鲜战争》，金锦善、魏大海译，北京：中国社会科学出版社

济损失。在1894～1895年，中日两国主要就朝鲜半岛问题又发生了另外一场战争，即中国所说的"甲午战争"、日本所说的"日清战争"。这场战争以日军打败清军、中国北洋水师全军覆没而告终，中国被迫与日本签订屈辱性的《马关条约》，承认朝鲜"独立"，向日本割让台湾和澎湖列岛、辽东半岛（后因俄德法三国的干涉，日本放弃辽东半岛，中国增加3000万两白银的赔款）。此后，中国完全退出朝鲜半岛的力量角逐。但是，相关大国之间在朝鲜半岛上的争斗并没有因此而结束。在中日甲午战争之后，俄国担心日本占领整个朝鲜半岛会损害俄罗斯在日本海的出海口以及通向太平洋的"航行自由"。[18] 于是，日本与沙皇俄国又为争夺中国东北和朝鲜半岛展开激烈的斗争，最后导致1904～1905年的日俄战争。这场战争的部分战场是在中国境内，中国深受其害。日本又击败俄国，赢得了这场战争，俄国承认日本在朝鲜半岛拥有最高的政治、军事和经济利益，并保证不干涉日本在朝鲜可能采取的指导、保护和管制措施。于是，日本确立了自己在朝鲜半岛上的主导地位。1910年，日本进一步迫使朝鲜政府同她签订《日韩合并条约》，朝鲜半岛全部被并入日本，其一切主权权利被割让给了日本。从此，朝鲜半岛成为日本天皇的领土，其最高行政长官是天皇任命的总督，这一局面一直维持到第二次世界大战结束。[19] 日本吞并朝鲜半岛之后，便把朝鲜半岛当作自己侵略亚洲大陆首先是中国的跳板。1931年日本蓄意制造"九·一八"事件，侵占了中国东北，1937年它又发动全面侵略中国的战争。朝鲜人民和中国人民都沦为日本军国主义对外侵略扩张行动的受害者。日本侵华战争，证明了朝鲜半岛的"跳板"作用。

我们再来看看冷战时期东西方之间在朝鲜半岛的激烈斗争。第二次世界大战后，在美苏两国分区占领朝鲜半岛以及东西方冷战爆发的背景之下，朝鲜半岛形成南北政治分裂的局面，美国与苏联成为左右朝鲜半岛局势发展的最重要的国家。冷

2013年版，第一章。

18) （日）和田春树著：《日俄战争：起源和开战》（上卷），易爱华、张剑译，北京：三联书店2018年版，第151页。

19) 有关这段历史，参考Kim Hakjoon, *Korea's Relations with Her Neighbors in A Changing World* (Seoul: Hollym Corporation, 1993), pp. 579-587.

战初期美苏在朝鲜半岛的争斗，从某种意义上说，也是海上大国和陆上大国在朝鲜半岛争斗历史的延续。1950～1953年的朝鲜战争，一方是朝鲜及其两个陆上大国盟友，即苏联和中国，另一方则是韩国及其主要的海上大国盟友美国，当然还有美国的其他盟友。作为朝鲜的邻居和苏联的盟友，新中国在美国为首的联合国军跨过”三八线“并推进到中朝边界之后派兵参战，中国人民志愿军同朝鲜人民军一道，打退了联合国军的进攻，把战线推回到“三八线”附近，最后交战双方于1953年7月签署停战协定。众所周知，朝鲜战争是苏美各自为首的东西方两大阵营之间在冷战中的第一场热战，它无疑具有很浓厚的意识形态斗争色彩。但是，这场战争和前面提到的历史上发生在朝鲜半岛上或者同朝鲜半岛密切相关的其它战争一样，它也可以被看作是陆权强国和海权强国之间的一个较量。[20] 朝鲜战争的结果导致朝鲜半岛南北政治分裂的局面得以固化并一直持续到今天，尽管东西方冷战早已经结束，朝鲜半岛的冷战依然存在。

此外，陆上大国和海上大国在朝鲜半岛争斗的历史记录，还表现在历史上反复出现的有关大国在朝鲜半岛划分势力范围的方案上。

首先，是日俄之间的“三十九度线”方案。早在1896年6月，曾任日本首相、时任日本赴俄罗斯特使的山县有朋就向俄方提出以朝鲜半岛南北划分日俄势力范围的构想，即以朝鲜独立为前提，将朝鲜分为南北两部分，日本和俄国分别行使各自影响力。但是，俄方拒绝山县有朋的提案。接着在1903年10月，在日俄有关朝鲜半岛的交涉中，俄方提出“将韩国领土北纬39度线以北部分视为中立地带，两缔约国相互约定皆不向此派入军队。”[21] 俄方在1904年1月再次向日方提出同样建议。但是，日本只同意在中朝边界两侧50公里处设置中立地带的方案，拒绝在北纬39度线以北建立中立地带的方案。在日俄战争爆发后的1904年2月，日本迫使大韩帝国（1897～1910）政府签署了《日韩议定书》，大韩帝国开始成为日本的保护国。在日俄战争结束后的1905年1月，日本和韩国签署了第二次日韩协约，日本驻

20) 张小明：《朝鲜战争的地缘政治学分析》，《南开大学学报》（哲学社会科学版），2005年第3期，第23页。
21) 王芸生著：《六十年来的中国与日本》（第四卷），北京：三联书店1980年版，第163-165页。

韩统监专管朝鲜半岛的外交事项，大韩帝国完全成为了日本的保护国。1907年7月，日韩缔结了第三次日韩协约，日本驻韩统监可以指导韩国政府的全部内政，朝鲜半岛成为日本保护国的进程至此结束。三年之后，朝鲜半岛被日本合并，成为日本帝国领土的一部分，直到1945年日本战败投降。也就是说，日俄之间的“三十九度线”设想并没有成为现实。

另外，就是那个更为人们所熟知的第二次世界大战结束前夕美苏之间有关“三十八度线”(“三八线”) 的划分。1945年8月初，苏联出兵中国东北，参加对日作战，击溃日本关东军，并迅速进军朝鲜半岛。美国关注着事态的发展，并且担心苏联军队占领整个朝鲜半岛。1945年8月10日晚，美国政府相关人士召开紧急会议，讨论如何在朝鲜和亚洲其他地方接受日本军队投降的问题。在半夜的时候，两位年轻的军官，即迪安·腊斯克 (Dean Rusk) 和查尔斯·邦尼斯蒂尔 (Charles Bonesteel) 中校 (前者后来任美国国务卿，后者后来任驻韩美军司令)，奉命到会议室隔壁的一个房间里划定一个美国在朝鲜半岛的占领区，以防止苏联红军占领整个朝鲜半岛并向日本进军。这两个人借助《国家地理》杂志中的一幅地图，向上司建议以北纬38度线把朝鲜半岛划分为两个受降区，北部由苏联红军占领，南部由美军占领。他们之所以选择这条线，只是因为从地图上看，它基本上把朝鲜半岛分为面积大致相等的两个部分。[22] 后来由杜鲁门签发的“第一号总命令”，正是以此向苏联提出在朝鲜半岛划分受降范围的，苏联领导人斯大林同意了，已经进军朝鲜半岛的苏联红军在三八线以北停止前进，而此时的美军还远离朝鲜半岛。虽然美国提出的，美苏之间的“三十八度线”方案有点类似俄日之间的“三十九度线”方案，但是“三八线”方案的出笼应该属于历史的偶然，因为美国军方相关人士在提出这个方案的时候，似乎并不了解历史上俄国方面曾经向日本提出过类似的建议，而且当时也没有朝鲜问题专家参加决策。事实上，迪安·腊斯克本人后来承认，当时他和其他在场的人都不知道，在本世纪初俄国和日本曾经讨论过以这条线 (实际上当时俄方提出的是北纬39度线，而非38度线一作者注) 划分势力范围。他说，如果当初知道的话，我们

22) Don Oberdorfer, *The Two Koreas*, p. 6

一定会选择另外一个分界线。[23] 从另一个方面说，这也是历史的重复，具有一定的必然性。因为不管是三十九度线方案，还是三十八度线方案，它们可以说都是海洋大国和陆上大国之间在朝鲜半岛划分势力范围的政治交易形式。

上述有关海陆大国在朝鲜半岛争斗的历史记录，在相当程度上证明了朝鲜半岛地缘政治特点导致大国争斗的真实性。与此同时，它也在一定程度上证明了朝鲜半岛人所怀有的不安全感或者受害者意识之合理性。当然，朝鲜半岛人的此种意识，还与有关以中国为中心的朝贡体系以及日本对朝鲜半岛殖民统治的历史记忆等因素有着密切的关系。总之，历史记忆似乎证明了朝鲜半岛是东北亚国际关系中心舞台和大国纷争场所的想象，或者说历史记忆与地缘政治一起构建了这种想象。

第四节　有关朝鲜半岛的想象与相关国家的对外政策选择

如前所述，朝鲜半岛的地缘政治特征和历史记忆，一起塑造了有关朝鲜半岛在东北亚地区国际关系中的中心地位（舞台）和大国纷争场所的想象。这种想象的意义在于，它会在一定程度上影响相关国家的对外政策选择，尽管影响这些国家对外政策选择的因素很多。朝鲜半岛的国家及其邻近大国，无一例外都十分重视朝鲜半岛的地缘政治地位及其对于自身利益的重要性，并以此进行对外政策选择。但是，每个国家都是从自身角度来理解朝鲜半岛的重要地位，并采取相关的政策举措。也就是说，不同国家有关朝鲜半岛的想象具有不同的表达形式，并影响本国的对外政策选择。透视这些国家围绕朝鲜半岛事务而采取的政策是很有意思的，尽管每个国家的对朝鲜半岛政策其实并非始终不变，而是一直在发生着变化。当然，相关国家对朝鲜半岛重要性的认知度一直都很高。

日本同朝鲜半岛隔海相望，相互之间交往的历史很长。朝鲜半岛对于日本的重要性，如同日本战略家所说的，朝鲜半岛是亚洲大陆伸出的一把匕首，它直指日本

23) *Ibid.*

列岛的侧腹。比如日本著名战史作者服部卓四郎在书中写道："朝鲜半岛宛如从亚洲大陆伸出的一把匕首，对准日本列岛的侧腹。因此，在朝鲜半岛上有一个同日本保持政治军事紧密关系的稳定势力，是日本国防上所必须的重要条件"。[24] 其实在西方学者中，也有关于朝鲜半岛是指向日本心脏的匕首之说法。[25] 日本在历史上对于朝鲜半岛于日本的意义，的确是从这个角度加以理解的。如前所述，从1592～1598日本丰臣秀吉两次出兵朝鲜、企图征服朝鲜半岛，到1910年日本兼并朝鲜半岛、对朝鲜半岛实施殖民统治，日本对朝鲜半岛的政策在相当大程度上，正是为了防止陆上大国主导朝鲜半岛并利用朝鲜半岛进攻日本。与此同时，日本也试图利用朝鲜半岛作为跳板进攻陆上大国。虽然日本在第二次世界大战中战败并结束其在朝鲜半岛的殖民统治，但是战后至今，日本依然十分关注朝鲜半岛局势的发展并努力介入朝鲜半岛的事务之中，尤其担心陆上大国（特别是中国）主导或控制朝鲜半岛，希望借助美国这个海洋大国的力量来实现这一目标。日本在结束其对朝鲜半岛的殖民统治之后，从来没有停止对朝鲜半岛事务的关注和介入。我们现在知道，日本虽然不是朝鲜战争的当事国，但是它实际上派人员参加朝鲜战争。根据冷战后解密的档案，在1950～1953年朝鲜战争期间，日本作为美国的同盟国，除了向美军提供军事基地之外，还秘密派人员参加朝鲜战争。在朝鲜战争期间，数以万计的日本航运业和铁路专家奉美国之命在朝鲜半岛参与战事。其中在1950年10-12月，日本在朝鲜半岛附近海域就部署了46艘扫雷艇，配备了1200名人员。在此过程中，两艘日本船舶沉没，造成1人死亡、8人受伤。另外，在战争期间，韩国仁川大约1/3的支援船配备了日本船员。[26] 朝鲜战争停战之后，日本和韩国同为美国的盟友，日本积极推动与韩国关系的正常化。冷战结束之后，朝鲜核计划和导弹计划为国际社会所瞩目，日本格外关注朝鲜核试验和导弹试验，并参与朝核问题六方会谈和对朝鲜的制裁，也试

24) （日）服部卓四郎著：《大东亚战争全史》（上卷），张玉祥等译，北京：世界知识出版社2016年版，第4页。

25) （美）马士、宓亨利著：《远东国际关系史》，姚曾廙译，上海：上海书店出版社1998年版，第2页。

26) （美）彼得·J.卡赞斯坦著：《文化规范与国家安全－战后日本警察与自卫队》，李小华译，北京：新华出版社2002年版，第227页。

图实现与朝鲜关系的正常化和解决朝鲜绑架日本人问题，增加日本在朝鲜半岛事务中的存在感。今天，在相关大国中，日本由于其领导人一直无法与朝鲜领导人实现最高级会晤（2018年以后中国、美国、俄罗斯领导人都已经先后与朝鲜领导人举行会晤）以及韩日之间的矛盾难解（比如2019年发生的韩日贸易战和韩国政府一度表示不再续签韩日情报保护协定），日本在朝鲜半岛事务中的存在感似乎是最低的。但是，这并不意味着日本不重视朝鲜半岛。

朝鲜半岛地缘政治地位的重要性，同样为朝鲜半岛的陆上近邻俄罗斯所充分知晓。俄罗斯与朝鲜半岛关系的历史比中国、日本与朝鲜半岛关系的历史都要短很多。俄罗斯是一个发源于欧洲并不断扩张的，地跨欧亚两洲的大国。[27] 1639年，沙皇俄国从西伯利亚扩张到太平洋地区，此后才开始与中国和朝鲜半岛为邻、同日本隔海相望，并逐渐成为东北亚地区国际关系舞台的重要行为体之一，尽管迄今为止该国一直被视为一个欧洲国家或者“欧亚国家”。沙俄通过建设西伯利亚铁路(1891～1903）打通了从欧洲波罗的海到亚洲日本海的向东通道。作为一个渴望在远东得到出海口的大帝国，沙俄希望在其邻近的朝鲜半岛获得一个不冻港，打开通往南下太平洋的海上通道，并担心与其接壤的“朝鲜会落入敌视俄国的某个强国—英国或日本的势力范围”。[28] 所以，维护俄罗斯在朝鲜半岛的利益，包括获取出海口和阻止海上大国日本在朝鲜半岛扩张势力，就成为俄罗斯对朝鲜半岛政策的重要目标。1895年中日甲午战争结束之后，俄日两国在朝鲜半岛的矛盾和争夺不断加剧。如前所述，沙俄势力扩张到中国东北和朝鲜半岛北部，引发了1904～1905年的日俄战争。这场战争对俄国人来说是一件屈辱的事情，因为“俄国巨人被日本侏儒打得一败涂地”。[29] 从此，俄国的势力开始退出朝鲜半岛以及中国东北的南部地区。直到第二次世界大战结束前夕，随着苏联红军出兵中国东北、参加对日作战，以及很快

27) (美) 尼古拉 · 梁赞诺夫斯基、马克 · 斯坦伯格著：《俄罗斯史》(第八版)，杨烨等译，上海：上海人民出版社2013年版。

28) (苏联) 纳罗奇尼茨基等著：《远东国际关系史》(第一册)，北京外国语学院俄语系首届工农兵学员译，北京：商务印书馆1976年版，第207页。

29) (美) 尼古拉 · 梁赞诺夫斯基、马克 · 斯坦伯格著：《俄罗斯史》(第八版)，第381页。

进军朝鲜半岛，苏联才重新获得过去沙皇俄国因为日俄战争而失去的在朝鲜半岛的影响力，并且和美国一起成为左右战后朝鲜半岛局势发展的两个最为重要的国家。对于斯大林要重新介入朝鲜半岛的动机，美国历史学家梅尔文·莱弗勒（Melvyn p. Leffler）指出，“关于在战后的朝鲜事务中发挥作用的问题，他（斯大林）决不允许苏联被排除在外，因为朝鲜半岛在战略上与他本国的沿海省份接壤，那里拥有不冻港，而朝鲜半岛也是日本人在40年前从俄国人的控制下夺走的。”[30] 朝鲜半岛随着美苏冷战的爆发而分裂为两个国家，即朝鲜民主主义人民共和国（朝鲜）以及大韩民国（韩国）。在整个冷战时期（尤其是1950～1953年朝鲜战争期间），苏联是朝鲜的主要盟友，前者向后者提供政治、经济和军事援助。冷战结束以后，俄罗斯对朝鲜半岛的政策经历了一些变化。叶利钦时期的俄罗斯忽视朝鲜，重视韩国，导致俄朝关系的地位相对下降，而俄韩关系快速发展。但是2000年上台的普京政府再次调整了俄罗斯对朝鲜半岛的政策，重新加强与朝鲜的关系，包括邀请朝鲜领导人金正日访问俄罗斯。俄罗斯也参加了2003年开始的朝核问题六方会谈。那么今天的俄罗斯对朝鲜半岛政策的动机是什么？有人认为可能是俄罗斯传统的不安全感使然。我们知道，俄罗斯位于欧亚大陆腹地，几乎没有天然边界，历史上先后被蒙古人、波兰人、法国人、德国人等外部力量频繁侵略，日本人和美国人在第一次世界大战结束以后也曾经出兵干涉苏维埃俄国。所以，有学者指出，”俄罗斯总是处于不确定、不稳定的外部环境之中，得以生存的方式唯有不断保卫其不稳定的领土，以防被具有扩张野心的邻国夺走。”[31] 虽然俄罗斯面临的安全威胁主要来自西面，但是其人口稀少和广袤领土的远东部分之安全，也是俄罗斯人所不能忽视的。保持在朝鲜半岛的影响力，可能是确保俄罗斯东部安全的手段之一。当然，现如今，由于俄罗斯相对实力下降，它在朝鲜半岛的影响力远不如前苏联，甚至有人认为，今天的俄罗斯“对朝鲜半岛的参与是微不足道的”。[32] 但是，作为欧亚大陆上的一个大国和朝鲜

30) (美) 梅尔文·P.莱弗勒著:《权力优势：国家安全、杜鲁门政府与冷战》，孙建中译，北京：商务印书馆2019年版，第119页。

31) (俄) 安德烈·P.齐甘科夫著:《俄罗斯与西方－从亚历山大一世到普京》，关贵海、戴惟静译，上海：上海人民出版社2017年版，第31页。

半岛的邻国之一，俄罗斯无疑不希望海上大国（以及其他陆上大国）控制和主导朝鲜半岛事务。值得注意的是，在朝核问题上，俄罗斯与中国的立场比较一致，双方都主张外国军队撤出朝鲜半岛，也认为六方会谈是讨论和解决朝核问题的重要平台。但是，我们能否因此说今天的中国和俄罗斯这两个陆上大国在朝鲜半岛问题上具有共同利益呢？

从中国的视角来看，朝鲜半岛对于中国国家安全的重要性是显而易见的。中国与朝鲜半岛关系的历史源远流长。"唇齿相依"是中国人对朝鲜半岛与中国安全利益相关性的一种传统认知。中国人有关中国与朝鲜半岛关系性质的"唇亡齿寒"之说法，被认为是一种地缘政治思考[33]。这也可以说是中国有关朝鲜半岛在东北亚国际关系中重要地位的一种想象，它无疑影响了中国的朝鲜半岛政策。众所周知，朝鲜半岛曾经为古代以中国为中心的东亚朝贡体系最重要的成员。正如有学者所指出，在中国众多的藩属国中，朝鲜始终是"中国的头等贡国"，"中朝关系可谓是宗藩关系的最佳典范"。[34] 在地理上，中国与朝鲜半岛山水相邻，今天的中国与朝鲜以鸭绿江和图们江为国界。作为朝鲜半岛的近邻，中国与朝鲜半岛有共同的边界线，也有很长的双边关系的历史，不希望其他大国、尤其是域外大国主导朝鲜半岛事务。这其实一直是影响中国朝鲜半岛政策的一个因素。正因为如此，如前所述，中国在历史上，主要为了自身的安全利益，多次介入朝鲜半岛的战争，并且付出巨大的代价。中国决策者对朝鲜半岛和中国国家安全关联性的认识是很清楚的。比如，在1950年朝鲜战争爆发后，特别是在美国为首的联合国军跨过"三八线"并到达中朝界河边上之后，中国领导人开始考虑并逐渐下定决心以志愿军的名义出兵朝鲜。在思考讨论出兵朝鲜必要性的时候，中国领导人十分担忧美国占领整个朝鲜半岛可能会威胁中国的安全。[35] 比如，毛泽东在1950年8月4日的政治局会议上说："如果美帝

---

32) (澳) 波波 · 罗著:《孤独的帝国 : 俄罗斯与新世界无序》，北京 : 中信出版集团2019年版，第173页。

33) 宋念申著:《发现东亚》，北京 : 新星出版社2018年版，第40页。

34) 张礼桓著:《在传统与现代性之间 : 1626~1894年间的中朝关系》，北京 : 社会科学文献出版社2012年版，第49页。

35) 牛军著:《冷战时代的中国战略决策》，北京 : 世界知识出版社2019年版，第146页。

得胜，就会得意，就会威胁我国。”[36] 1950年10月19日，中国人民志愿军开始进入朝鲜，参加“抗美援朝、保家卫国”的战争，与美国为首的联合国军进行了将近三年的战争并付出了巨大代价。1950年出兵朝鲜，实际上也使得中国在1895年中日甲午战争结束之后，开始重新介入和影响朝鲜半岛的事务。但是，今天的中美关系的性质是陆上大国与海上大国之间的争斗吗？今天的朝鲜依然是中国的安全缓冲地带吗？中国未来还可能介入朝鲜半岛的战争吗？这些问题都是不容易回答的。

在主要大国中，美国与朝鲜半岛的关系虽然历史最短，但是影响巨大。美国在第二次世界大战以后，成为一个超级大国，其利益遍及世界各地，包括朝鲜半岛。按照美国地缘政治学家尼古拉斯·斯派克曼（Nicolas Spykman）提出的“边缘地带”理论，朝鲜半岛正处于边缘地带，其对美国的战略意义显而易见。而在美军将领道格拉斯·麦克阿瑟（Douglas MacArthur）看来，自第二次世界大战以来，美国“在战略上的边界地处亚洲大陆的东海岸”，美国的首要战略目标是阻止亚洲大陆形成深入或穿过太平洋的军事威胁。[37] 如前所述，当1945年8月苏联红军出兵中国东北，并随后进军朝鲜半岛之后，美国马上向苏联提出以“三八线”为界把朝鲜半岛划分为两个受降区的建议，并得到斯大林的同意。美国这样做，就是“表明自己决心阻止苏联接管整个朝鲜半岛”。[38] 随着美国出兵朝鲜半岛“三八线”以南，它实际上也开始成为朝鲜半岛的一个“特殊邻国”，并扶植李承晚在“三八线”以南建立大韩民国政府。在朝鲜战争爆发之前，虽然美国政府曾经一度把朝鲜半岛排除在其“防御地带”之外，但是在朝鲜战争爆发之后，美国杜鲁门政府迅速决定出兵干涉，并且把朝鲜半岛视为在东亚遏制苏联为首的共产主义势力的“防御地带”的重要一环。[39] 当然，在朝鲜战争期间，也有某些美国战略谋士轻视朝鲜半岛的战略重要

36) 逄先知、冯蕙主编：《毛泽东年谱（一九四九—一九七六）》，北京：中央文献出版社2013年版，第168页。

37) (美) 保罗·J. 希尔著：《乔治·凯南与美国东亚政策》，小毛线译，夏小贵校，北京：金城出版社2020年版，第73页。

38) (美) 约翰·刘易斯·加迪斯著：《遏制战略：冷战时期美国国家安全政策评析》（增订本），时殷弘译，北京：商务印书馆2019年版，第28页。

39) 同上书，第112-120页；(美) 保罗·希尔著：《乔治·凯南与美国东亚政策》，第153-198页。

性，强调美国出兵的目的应该只是恢复朝鲜半岛现状而已。比如，“遏制之父”乔治·凯南（George F. Kennan）就认为，“我们把军队派到半岛去，并不是因为那里有何等重要的战略意义，而是因为根据分析的结果，如果我们袖手旁观，全世界的信心和士气会受到极大打击。我分析了不采取行动可能导致的后果，以及这些后果与中国台湾，以及日本、菲律宾、印度支那和欧洲的关系。我们唯一的目的就是将世界格局恢复原状，丝毫没有称霸朝鲜半岛的意图。”[40] 也有美国学者认为，美国总统杜鲁门之所以决定出兵干涉，不是因为朝鲜半岛至关重要，而是因为朝鲜战争之所以能够发生，离不开斯大林的支持，因此美国军事干涉就“变得无比重要”。[41] 事实上，后来的历史发展也清楚地告诉我们，美国的政策目标不仅仅是恢复朝鲜半岛的原状。美国是朝鲜战争的主要参加国之一，战争结束后至今一直在韩国驻扎军队，并与韩国缔结有军事同盟条约。迄今为止美韩同盟一直是美国在东亚构建和维持的双边军事同盟体系中的重要一环，尽管美韩之间也有矛盾，美国曾经从韩国撤出部分驻军。从第二次世界大战结束以后至今，包括美国在内的大国博弈一直在朝鲜半岛这个舞台上进行着。也可以说，从二战结束以后一直到今天，美国一直都是半岛事务的最主要当事方之一。由于大国博弈的存在，朝鲜半岛的南北关系不可能是单纯的双边关系，大国关系和南北关系总是纠缠在一起，难以分清。这正是朝鲜半岛问题的复杂性之所在。从一定程度上说，朝鲜半岛的政治分裂和南北之间适度的紧张关系，可能有助于维持美国其在朝鲜半岛的地位和作用。因此，我们能否说，美国并不愿意朝鲜半岛问题得到彻底解决，从而使得它可以永久地介入该地区事务？

对于朝鲜半岛国家来说，有关朝鲜半岛在东北亚地区的中心地位以及为大国纷争场所的想象，同样是影响其对外政策选择的重要因素。很长时间以来，在朝鲜半岛的民众中流传着朝鲜半岛是“鲸鱼群中的小虾“之说法，这是朝鲜半岛人长期以来的一种自我认知和有关朝鲜半岛地位的想象，他们也因此一直具有很强的受害者

---

40) (美) 乔治 · 凯南著, (美) 科斯蒂廖拉编:《凯南日记》, 曹明玉译, 董旻杰校, 北京 : 中信出版社2016年版, 第234页。

41) (美) 约翰 · 刘易斯 · 加迪斯著:《论大战略》, 臧博、崔传刚译, 北京 : 中信出版社2019年版, 第62页。

意识和不安全感。对于朝鲜半岛的人来说，朝鲜半岛的地缘政治地位使得朝鲜半岛容易成为大国争斗的牺牲品。此种不安全感或者受害者意识，会导致朝鲜半岛国家需要与某个（或几个）大国保持密切关系，以维护自身安全，比如冷战时期和今天的韩美同盟，冷战时期的朝苏同盟、朝中同盟，以及今天朝鲜与中国、俄罗斯的关系。其中，韩国对于美韩同盟的依赖性最为明显。甚至韩国一些知名人士和政治家主张，即便朝鲜半岛统一，也要维持和美国的同盟关系。这集中体现在韩国对驻韩美军的态度上。韩国前外长孔鲁明明确指出，统一后的朝鲜在发展同邻国关系的同时，还要保持与美国的军事同盟关系。[42] 韩国前外长韩升洲则认为：“不管朝鲜半岛是一个国家还是两个国家，韩国毫无疑问都要与美国进行密切协商和协调行动”。[43] 2000年8月，韩国总统金大中在接受《华盛顿邮报》(Washington Post）采访时披露，朝鲜领导人金正日甚至也同意，朝鲜半岛统一后有必要让美军继续留驻。[44] 2018年9月25日，正在美国进行访问的韩国总统文在寅接受了福克斯（Fox）新闻的采访。文在寅表示，驻韩美军问题与终战宣言及和平协定“毫无关联”，驻韩美军发挥着对朝的巨大威慑力，也扮演着东北亚安定和平均衡者的角色。他说，“它（驻韩美军）不仅有助于维系韩国的安保，也与美国的世界战略息息相关。即使签署和平协定，甚至是朝韩统一之后，驻韩美军也有必要继续驻扎。”[45]

值得注意的是，韩国一些高层人士提出的关于美军在朝鲜半岛统一后应该继续驻扎在朝鲜半岛的主要理由是，美国可以充当“平衡者”以维持本地区大国的力量平衡，其中包括“平衡”中国的力量。例如，韩国前外交部长孔鲁明在1997年4月的一个主题发言中指出，朝鲜半岛统一后，美国应该继续在朝鲜半岛驻军，起着“平衡”中国、俄国和日本三个朝鲜邻国的作用。他说，中国有12亿人口，俄国有1.6亿

42) Ro-Myung Gong, “Northeast Asian Security and Korea's Relations with Its Neighbors,” *Korea and World Affairs* (Summer 1997), pp. 173-182.

43) Han Sung-joo, “The Emerging Triangle: Korea Between China and the United States,” *East Asian Review*, Vol. 12, No. 1, Spring 2000, pp. 3-29.

44) Doug Struck, “South Korean Says North Wants U. S. Troops to Stay,” *Washington Post*, August 30, 2000, p. A01.

45) http://news.ifeng.com/a/20180926/60085807_0.shtml

人口并且拥有恢复其超级大国地位的潜力，具有1.2亿人口的日本是世界上第二大经济强国，这三个大国在某种程度上决定着本地区局势的发展。[46] 这种以驻韩美军平衡中国和其他大国的关系，尤其是防止所谓中日之间在朝鲜半岛上争夺的说法，在韩国政界领导人和知名人士的讲话、文章中屡见不鲜。比如，韩国前总统金大中就明确表示，韩国反对在四方会谈中讨论驻韩美军问题，在朝鲜半岛统一后，驻韩国和日本的美军将继续存在下去，因为它对于维护朝鲜半岛乃至整个东北亚地区的均势极其重要，特别是有助于防止中国和日本在朝鲜半岛的争夺。除了平衡大国关系之外，韩国一些高层人士还提出了美国继续留在朝鲜半岛的其他理由。其中包括保证朝鲜半岛民主进程的顺利进行、维护朝鲜半岛的经济稳定、帮助朝鲜半岛抵制中国文化的压力等。[47] 特别引起人们关注的是，据外国媒体披露，在2000年6月初南北朝鲜首脑会晤中，朝鲜领导人表示美军在朝鲜半岛统一后应该留下，这似乎同该国官方的一贯政策是不相吻合的。2000年8月30日，韩国总统金大中在接受美国《华盛顿邮报》的采访时，披露了一些他同金正日首次会晤的内幕情况。金大中对记者说，他在同金正日交谈时指出，美军在朝鲜半岛统一后还应该留驻下来，这有利于东北亚的稳定，因为朝鲜半岛为几个大国所包围，一旦美军撤走，将产生一个巨大的真空地带，从而导致这些大国为争夺霸权而争斗。金正日对此的反应令金大中感到“十分意外”。金正日说，他读过韩国的报纸，了解金大中在这个问题上的立场，他本人对这个问题的看法同金大中很相似。金正日继续指出：“没错，我们是被大国—俄国、中国、日本所包围，因此美国军队应该留下来。”他甚至还说，早在几年以前，金日成还在世的时候，他就曾经派过一个高级特使去美国，向美国表明这个立场。在金大中看来，这无疑是朝鲜领导人在驻韩美军问题上重要的立场转变。所以，金大中认为，这是南北首次高峰会晤“最重要的成果之一”[48]。这甚至让美国的

46) The Associate Press, “Albright Meets with N. Korea Leader,” Oct. 23, 2000.

47) 2000年6月22-25日，笔者参加了在美国乔治敦大学举行的一个关于朝鲜战争50周年的国际研讨会，与会的一些韩国资深人士提出了朝鲜半岛统一后美军应该继续留驻的理由。“The Korean War Forgotten No More: A 50th Anniversary Commemorative Conference,” Georgetown University, June 22 - 25, 2000.

48) Doug Struck, “South Korean Says North Wants U. S. Troops to Stay,” *Washington Post*, August

某些战略谋士感到“意外”，被视为“一种反常观点”[49]。然而，迄今为止，朝鲜领导人和该国官方媒体始终没有发表此种公开言论。2019年11月，针对美国特朗普政府要求韩国大幅分担驻韩美军费用的言论，韩国共同民主党议员宋永吉在记者会上表示，军费分担的目的在于维持和强化韩美军事同盟，而美方现在要求韩方增加近5倍军费分担额，否则将撤出驻韩美军，这样的奇怪论调和相关报道是严峻的威胁。他认为，驻韩美军的存在并非仅为了韩国利益，而是美国为牵制中国和俄罗斯设置的前哨基地，是为美国利益而存在的。[50]

另一方面，朝鲜半岛的地缘政治地位其实也为朝鲜半岛国家利用相关大国之间的矛盾创造了条件，朝鲜半岛并非总是大国争斗的牺牲品。利用有关大国之间的博弈寻求自身利益的最大化，或者充当东北亚地区国际关系的“均衡者”，往往也是朝鲜半岛国家另外一种政策选项。朝鲜领导人冷战时期在中苏之间以及今天在中美之间的行走游刃有余。韩国前总统卢武炫也有过韩国充当东北亚均衡者的想法。

第五节 结 论

如前所述，由于朝鲜半岛的特殊地缘政治地位以及大国在朝鲜半岛争斗的历史记忆，朝鲜半岛在东北亚地区国际关系中占据中心舞台和成为大国纷争场所的想象于是被建构出来，并持续存在至今。毫无疑问，基于地缘政治和历史记忆的有关朝鲜半岛的想象，导致朝鲜半岛国家、朝鲜半岛周边大国以及域外大国美国在看待朝鲜半岛事务的时候，往往从竞争和冲突的视角看问题，相关国家因此陷入一种阻碍东北亚地区合作的安全困境即“朝鲜半岛困境”之中。有关朝鲜半岛地位的想象无

30, 2000, p. A01.

49) ［美］扎勒米·哈利勒扎德等：《美国与亚洲－美国新战略和兵力态势》，滕建群、林治远等译，北京：新华出版社2001年版，第7-9页。

50)《美防长称韩国富有应多交“保护费”气坏韩国》，2019年11月16日环球网，https://mil.ifeng.com/c/7re3lEPtAAK。

疑属于一种社会建构的观念，这种观念一旦被建构出来，尤其形成为一种思维定势，是很难发生变化的。特别是在21世纪初中国崛起，大国之间（首先是中美之间）博弈加剧的背景之下，朝鲜半岛作为东北亚地区热点的作用可能进一步凸显。

但是，任何一种观念并非永远不会变化。有关朝鲜半岛的想象也是如此，未来可能发生变化，或者为一种新的观念所取代。如果说有关朝鲜半岛的想象导致了“朝鲜半岛困境”，那么走出“朝鲜半岛困境”的途径，就应该是相关国家改变自己的固有观念，积极采取措施促进东北亚地区合作。

应当指出的是，地缘政治因素并非一成不变。过去海洋主要是保护屏障，后来成为了联系的纽带，再加上科技（包括武器技术）的发展，朝鲜半岛及其周边早已经在导弹、飞机和舰艇的有效作战范围之内，朝鲜半岛过去充当那种安全缓冲和交通要道的作用已经明显下降了。在今天的世界，相对于陆地空间，海洋空间、大气空间、外层空间、网络空间正变得越来越重要，特别是网络空间作为一种虚拟空间从根本上有别于我们所熟悉的实体空间，其作用越来越大，对人类生活的影响越来越明显。[51] 鉴于此，历史上主要基于陆地思维、作为大陆与海洋之间桥梁以及与诸多大国为邻的朝鲜半岛之地缘政治意义正在下降，这是一个不争的事实。这使得有关朝鲜半岛的想象有可能发生变化。当然，我们也应该看到，朝鲜半岛的地缘政治重要性依然存在，其部分原因在于技术的发展并不能完全克服地理环境的影响，地理环境，特别是海洋和距离依然是人类行为的阻碍。正如曾经担任过俄罗斯外长和总理的普里马科夫所说的，“地缘政治的价值是恒久的，不会在历史发展中湮灭”。[52] 与此同时，也有一部分原因在于人们思想的惯性，这和历史记忆有着很大的关系，人们在决定当下行为的时候，往往要求助于历史的经验教训，尽管历史记忆也是有选择性的。

那么，未来是否可能形成一种新的，克服地缘政治、历史记忆影响的有关朝鲜半岛在东北亚地区国际关系中的地位之想象呢？我们如果从地缘经济和地缘文化的

51) Barry Buzan, Laust Shouenborg, *Global International Society: A New Framework for Analysis* (Cambridge: Cambridge University Press, 2018), pp. 60-61.

52) (俄) 安德烈 · P.齐甘科夫著：《俄罗斯与西方－从亚历山大一世到普京》，第179-180页。

角度来思考朝鲜半岛在东北亚国际关系中的地位，那么就有可能把朝鲜半岛想象为东北亚地区合作的中心或桥梁。在历史上，朝鲜半岛曾经发挥过东北亚文化交流的桥梁作用，比如中国的青铜器和铁器从朝鲜半岛传到日本，南亚的佛教传到中国后，再经过朝鲜半岛到达日本。另外，我们也可以设想，未来如果包括朝鲜半岛在内的东北亚地区共同体或地区国际社会成为现实的话，那么有关朝鲜半岛的想象或许就会发生根本性的变化。虽然东北亚地区共同体在可见的将来是一个难以实现的理想，但是未来各种可能性都是存在的，我们需要想象力和超越固有的思维定势。

参考文献

(美) 马士、宓亨利著,《远东国际关系史》, 姚曾廙译, 上海 : 上海书店出版社, 1998年版。

张小明著,《中国周边安全环境分析》, 北京 : 中国国际广播出版社, 2003年版。

(美) 彼得·卡赞斯坦,《地区构成的世界 : 美国帝权中的亚洲与欧洲》, 秦亚青、魏玲译, 北京 : 北京大学出版社, 2007年版。

(日) 伊园泽周著,《近代朝鲜的开港 : 以中美日三国关系为中心》, 北京 : 社会科学文献出版社, 2008年版。

张礼桓著,《在传统与现代性之间 : 1626~1894年间的中朝关系》, 北京 : 社会科学文献出版社, 2012年版。

杨昭全、孙艳姝著:《当代中朝中韩关系史》(上、下卷), 长春 : 吉林文史出版社, 2013年版。

(美) 尼古拉·梁赞诺夫斯基、马克·斯坦伯格著,《俄罗斯史》(第八版), 杨烨等译, 上海 : 上海人民出版社, 2013年版。

(日) 服部卓四郎著,《大东亚战争全史》(上、下卷), 张玉祥等译, 北京 : 世界知识出版社, 2016年版。

(俄) 安德烈 · P. 齐甘科夫著,《俄罗斯与西方 : 从亚历山大一世到普京》, 关贵海、戴惟静译, 上海 : 上海人民出版社, 2017年版。

(日) 和田春树著,《日俄战争 : 起源和开战》(上、中、下卷), 易爱华、张剑译, 北京 : 三联书店, 2018年版。

宋念申著,《发现东亚》, 北京 : 新星出版社, 2018年版。

(英) 詹姆斯·费尔格里夫著,《地理与世界霸权》, 胡坚译, 北京 : 民主与建设出版社, 2018年版。

娄林主编,《地缘政治学的历史片段》, 北京 : 华夏出版社, 2018年版。

(澳大利亚) 波波·罗著,《孤独的帝国 : 俄罗斯与新世界无序》, 北京 : 中信出版集团, 2019年版。

(美) 约翰·刘易斯·加迪斯著,《遏制战略 : 冷战时期美国国家安全政策评析》(增订本), 时殷弘译, 北京 : 商务印书馆, 2019年版。

(美) 梅尔文·P. 莱弗勒著,《权力优势 : 国家安全、杜鲁门政府与冷战》, 孙建中译, 北京 : 商务印书馆, 2019年版。

牛军著:《冷战时代的中国战略决策》, 北京 : 世界知识出版社, 2019年版。

(美) 保罗·J. 希尔著:《乔治·凯南与美国东亚政策》, 小毛线译, 夏小贵校, 北京 : 金城出版社, 2020年版。

Kim Hakjoon, *Korea's Relations with Her Neighbors in A Changing World* (Seoul: Hollym

Corporation, 1993).

Ro-Myung Gong, "Northeast Asian Security and Korea's Relations with Its Neighbors," *Korea and World Affairs* (Summer 1997), pp. 173-182.

Han Sung-joo, "The Emerging Triangle: Korea Between China and the United States," *East Asian Review*, Vol. 12, No. 1 (Spring 2000), pp. 3-29.

Don Oberdorfer, *The Two Koreas: A Contemporary History*, revised and updated (New York: Basic Books, 2001).

第三章

韩中建交谈判过程研究

李熙玉 _ 韩国成均馆大学政治学系教授、成均中国研究所所长

第一节 导 论

1992年韩中建交是韩国和中国在后冷战格局下各自探索新外交的过程中所找到的切入点。继1971年亨利 · 基辛格（Herny A. Kissinger）访华之后，1972年美国总统理查德·尼克松（Richard Nixon）访华，使得中美关系开始得到改善，在这种情势下，韩国国内也出现了重新认识“中共”和“自由中国”的趋势。其实，韩中建交的更直接契机就是所谓的“1987年体制”之后上台的卢泰愚政府试图通过北方政策来寻找外交突破口，从而实现与苏联、与中国邦交正常化。[1] 而对于中国来说，因1989年天安门事件而被国际社会持续孤立的情况下，同样有必要通过社会主义市场经济来重启改革开放。[2] 在冷战格局瓦解后的1989年，韩国首次与社会主义国家匈牙利建交，并于1990年与旧社会主义宗主国苏联也建立了邦交关系。而中国也为了从本国的“小周边”逐步向“大周边”靠拢，开始与大部分亚洲国家建交或复交。[3] 尤其是为了重新注入改革开放动力，亟需构建友好的国际环境。

从这一点来看，韩中建交是中国外交路线上新的转折点。当时，中国虽与包括美国在内的大部分西方国家建立了外交关系，但由于“北韩变数”，不得不推迟韩中建交。而从政治层面上突破这一难题的事件是1992年1月邓小平发表的南巡讲话。这是因为，邓小平的领导能力在决定中国外交政策的过程中发挥了决定性的重要作用，而且在当年10月召开的中国共产党第十四次全国代表大会上，围绕南巡讲话的主要内容，以社会主义市场经济之名进行了政策讨论。也就是说，韩中建交谈判虽

* 论文以이희옥, 2019, 「한중수교 교섭과정 연구」, 『중소연구』 43권 3호(겨울호) 中所收录的内容为基础，通过中国对北韩的通报过程等新发现的中国非公开外交史料，对部分内容进行了重新阐释等做了部分修改。

1) 当时，韩国提出北方政策的初衷是，通过改善与苏联、中国等共产主义国家的关系来增加经济利益和提升国格，但更重要的是，这一政策的提出最终还是归于政策性考量，即通过北方政策来确保韩国对北韩的优势，使南北关系走向更加有利的方向。배종윤, 2014, 「1980년대 한국 북방정책의 촉발요인으로서의 정치경제적 측면에 대한 연구」, 『21세기정치학회보』 24권 2호, p. 95.

2) 이희옥, 2004, 『중국의 새로운 사회주의 탐색』, 서울: 창비, pp. 172-178.

3) 이희옥 · 왕원, 2017, 「중국의 '전략적 동반자 관계' 외교의 유형화 시론(試論)」, 『중국학연구』 82호, pp. 229-256.

然面临着中国与朝鲜之间的社会主义纽带情谊、韩国与中华民国构建的反共联盟这两大绊脚石，但因为谈判是在实现韩中建交这一时代课题的大框架下进行的，所以对建交本身并没有产生影响。这种问题意识反映在具体协商过程中，烘托出了友好和谐的谈判氛围。

本文在充分考虑这些对外政策相关环境因素的基础上，通过曾参加过韩中建交谈判的外交官们的记忆来进一步阐释和丰富现有的韩中建交研究内容，同时还详细整理了建交协商方式、韩国战争等历史遗产的处理问题、中国与北韩以及韩国与中华民国之间新关系的定位、主体问题等未被公开的协商过程。为此，一方面充分参考了现有文献以及为纪念韩中建交15周年、20周年、25周年所发表的当时参与谈判之人的回忆录和采访内容，另一方面竭力通过曾参与谈判的外交官们系统化的口述内容，将韩中建交协商过程中的争论焦点和不确定的部分阐释清楚。然而，有关韩中建交的正式外交文件仍被列为机密，而这些外交史料即便得以解密公开，也不能成为解答当时谈判过程中“争议性问题”的“潘多拉盒子”。[4] 值得一提的是，曾负责韩中建交实务的外交官们并非单凭记忆，而是以个人收集或收藏的文献记录为依据，对当时的情况进行了较为客观的口述，因此，其口述内容的可信度相对较高。但因为30多年的时间流逝和口述特征，确实存在一些选择性相信的倾向，且存在口述者基于自身角色作出不同评价与解释的倾向。也就是说，既存在对具体经历和有关当时状况传言的混乱记忆，也存在以目前韩中关系的个人取向（orientation）为基准，从当前的观点去评价过去的倾向。我们通过能够充分说明当时具体时间和情况的针对性（personalizing）提问，对这些问题进行了筛选，并利用交叉核对方式

4) 与此相关的系统化整理的内容可参考정재호, 2011,『중국의 부상과 한반도의 미래』, 서울: 서울대학교출판문화원의 6장、李成日，2010,『中國の朝鮮半島政策：獨立自主外交と中韓國交正常化』，東京：慶應義塾大學出版會의 5장、曾任韩中建交谈判韩方代表的权丙炫大使的自述(2007年6月13日~9月19日在《韩国日报》上以《韩中建交备忘录》为题，分34回连载)，自述与采访材料来自金夏中大使的口述。김하중, 2018,『한국외교와 외교관: 김하중 전 통일부장관』, 서울: 국립외교원 외교안보연구소, 韩中建交中方实务工作参与者张庭延及其夫人谭静用两人的共同笔名“延静”出版了相关回忆录与研究成果。即，延静，2004,《出使韩国》，济南：山东大学出版社；延静，《永远的记忆》，2007，济南：山东大学出版部；延静，2018,《历史的抉择》,《报告文学》(1)。

验证了韩国外务部局长、审议官、课长以及北京贸易代表部外交官的记忆和口述内容。[5] 另外，通过中国内部相关文献，我们对韩中建交协商过程中的北韩态度也有了更加明确的了解与描述。

当然，在该研究中，除了文献研究方法以外，同时还采用口述研究方法的目的并非像“后殖民主义”通常所主张的那样，反映从属（subaltern）主体在主流讨论中相互对立的独立声音，也不是为了解除特定的历史解释而挖掘基于个人经验的看法。[6] 相反，从重构文献研究中的潜在脉络这一可能性来看，基于口述的补充可以说明比事件本身更多的意义。[7] 另外，该研究努力通过深入细致地描述 (thick description) 建交当时的协商情况和脉络来提高今后相关研究的灵活性，并非凭借所发现的反常案例(deviant case)来重新解释现有讨论。换言之，有关韩中建交的国内外研究主要是围绕国际政治背景、基于韩中国家利益的比较研究、决策过程、协商机制以及中国与北韩关系的相关性等内容进行的。从这一层面上来看，该研究不仅可以深化并扩展相关研究的深度和广度，而且还可以填补一部分现有研究空白。

第二节 韩中建交轨迹

1992年韩中建交意味着韩半岛冷战结构解体。韩中交流在第二次世界大战以后未取得任何有意义的进展，在经历韩国战争之后所产生的强大反共意识形态下，中国之于韩国可谓是“竹幕”，而韩国之于中国则是“禁区”。在这种大环境下，若无冷战解体这一环境的历史性大转变，个别国家的外交政策自主性便只能受限。纵观韩中建交背景，中国领导集体以1978年中国全面推进的改革开放为契机，从1980年

5) 口述是与国立外交院的外交史史料中心合作进行的，根据需要，还追加了口述内容。基本上和口述者形成了温馨、轻松的交流氛围，本想通过提前学习当时建交过程研究相关的内容来提高提问质量。但从整体来看，一直都是积极引导口述者对问题进行有效解答，尽量不介入主观想法。

6) 백승욱, 2007, 『중국노동자의 기억의 정치』, 서울: 폴리테이아, pp. 18-19.

7) 윤택림 편역, 2010, 『구술사, 기억으로 쓰는 역사』, 서울: 아르케, p. 14.

初便开始了有关韩中建交的非正式讨论[8]，于是两国建交在苏联和东欧没落，中国因1989年天安门事件而遭受国际孤立的大环境下逐渐萌芽。

一、建交前的外交接触

1982年10月16日，原中国人民解放军空军飞行员吴荣根驾驶一架米格—19机投诚韩国。当时韩国政府向中国提出“将飞行员送往台湾，飞机则按照国际惯例进行处理”等友好建议，但中国以不承认韩国的主权国家地位为由采取了强硬的立场。由此可见，1983年5月5日中国民航客机在韩国春川美军直升机机场“Camp Page”的迫降事件才是韩中两国自1949年中共建国后所迈出的具有促进意义的首次外交接触。[9] 当时韩国政府愿意针对迫降事宜进行交涉与协商的原因是“虽然现在还为时过早，但这是未来韩中关系走向正常化的非常重要的阶石。[10]”当时，飞机劫持分子要求政治避难到中华民国，在此情形下，中国紧急要求与韩国直接接触，而韩国在美国和日本的协调下进行了交涉。[11] 在事发3天后的5月8日，中国民航总局局长沈图率

8) 정재호, 2011, 同前书, pp. 148-152.

9) 当时，6名劫机犯挟持中国民航客机上的96名乘客和9名机组成员作为人质，迫使飞机在韩国春川迫降。这是中华人民共和国客机在历史上首次着陆韩国。韩国政府在关押 6 犯一年之后，将他们驱逐出境，允许他们以政治避难的名义逃往中华民国。当时，中国发来电文说：“闻听中国一架民航客机遭武装暴徒劫持，紧急迫降贵国春川机场，对此，中国民航总局希望能够亲到首尔交涉处理事宜，希望韩国方面给予配合。”沈图，1993，《沈图回忆录》，北京：白花文艺出版社，第200页。

10) K课长采访（2017年12月22日）；“当时，主要由韩国外交部日本科与中国进行了协商，但由于日本和美国都十分关注，所以外务副次官卢信永负责情况管理，还与日本和美国进行了沟通。实际上，为了向中国人展示韩国的发展面貌，在华克山庄酒店招待了他们，不仅带他们游览了首尔市，还赠送了礼物。”中国也以此次事件为契机，试图做到：“第一，促进韩半岛局势和平与稳定。第二，在与韩半岛的关系中，适应经济发展的客观规律。第三，发展国际往来。”“曺世功，1989年 10月，中國の朝鮮半島政策：あろ中國人學者の時角」，『國際政治』92號，pp. 57-58.

11) 事件发生当天，中国民航局向韩国交通部航空局局长致电，提及了代表团访韩以解决事件一事。当时，在中国无法找到对韩直接沟通窗口的情况下，中国民航总局国际合作局局长卢瑞令通过1983年1月新加坡亚太地区民航局长会议上见到的韩国交通部航空局长金哲龙名片上的电报号码发送了电文。电文中，中国使用了韩国的正式名称“大韩民国(Republic of Korea)”。这是自中国政府成立之后向韩国发送的第一份外交电文。홍인표, 2019, 「한중수교 내막, 물이 흐르면 도랑이 생긴다」, 『한중

领由33人组成的代表团访问首尔，与韩国外交部政务次官补（孔鲁明）进行谈判，最终签署了9项外交备忘录。这是在韩国外交史上首次使用“中华人民共和国”和“大韩民国”这两个正式国名的会议。[12] 虽然韩国并未接受中国当时所主张的在协议书上用“刑事犯”这一表述进行记录的建议，但是在该事件上，韩国宁愿接受来自台湾的一部分批判，也尽量接受中方所提要求，这也是中国意识到来自韩国的友好善意的契机。[13]

该事件之后，韩国外务部部长李范锡向次官补孔鲁明下达了特别指示。“他指示，先量化分析1983年5月当时的南北韩关系和美日中苏关系，并以此为基础提出韩国今后的外交政策。为此，相关部门的15名课长组成了特别工作小组，主要工作内容是实现韩半岛和平统一。为此，首先需要实现中间阶段的交叉承认。那么，应立即着手进行交叉承认，如若难以实现，便应该扩大均衡的交叉接触。[14]”在韩国外交政策发生此等变化后，韩中双方于1983年8月针对中国民航客机通过韩国飞航情报区达成协议，中国在1983年9月末即将完成1990年北京亚运会申办事宜之际，开始从体育、文化、旅游等非政治领域探索韩中交流。1984年2月，韩国代表团首次访问中国并参加戴维斯杯网球锦标赛，而中国3月放开探亲互访，中国篮球代表团4月首次访问了韩国。

中韩建交谈判的另一个契机是1985年3月21日发生的中国鱼雷艇事件。3月22日，在韩国全罗南道新安郡小黑山岛海域发现了漂流中的中国北海舰队3213号鱼雷

저널』 창간호. 然后在5月6日，韩国政府称：“根据《防恐协定》处理飞机、乘客和机组人员相关事宜。”由此可见，韩国政府的立场发生了改变，即便是敌对国家关系，仍表示按国际法处理。공로명，2018，『한국외교와 외교관: 공로명 전외교부장관』，서울: 국립외교원 외교안보연구소，pp. 159-160.

12) 当时，规定协议中使用的国家名称为“Korea，Both sides”，协议签署代表分别是大韩民国外交部第一次官补和中华人民共和国民航总局局长。공로명，2018，同上书，p. 162. 当时，作为谈判代表团一员访问韩国的人员当中有一位中国外交部一等秘书，后来他还参加了韩中建交预备会议。권병현 한중수교비망록(11)”，『한국일보』(2007. 7. 23).

13) 刘金质 · 杨准生 主编，1994，《中国对朝鲜和韩国政策文件汇编5(1974~1994)》，北京：中国社会科学出版社，第2374-2375页。

14) K课长采访（2017年12月22日）；以这些内容为基础，韩国外务部长官李范锡于1983年6月29日在韩国国防大学宣布了北方政策，“今后我们将积极推进与中国、苏联等共产主义国家之间的关系改善战略”。这对后来利用外交途径解决鱼雷艇事件产生了深远影响。

快艇。[15] 中国新华通讯社香港分社相关人士访问韩国驻香港总领事馆，请求韩国政府救援失事鱼雷艇。但中国政府认为，在未建立外交关系的情况下，无法期待韩国能够给予协助。3月23日中国海军秘密派遣最精锐部队非法进入了鱼雷艇停泊的下旺嶝岛港口。韩国海军要求立即驱离，但中国对此表示反对，双方进入对峙状态，于是韩国出动空军战术飞机等，紧张气氛高涨。在此情形下，韩国政府紧急召开了由代理国务总理卢信永主持的相关部门部长会议。当时，韩国国防部主张应该武力驱逐侵犯领海的舰队，但外务部部长李源京强调应采取“和平外交方式予以解决”。[16] 最终，与美国驻韩大使馆、日本驻韩大使馆进行商议后，决定向中国外交部转达“中国舰艇应退出韩国领海”的要求。于是，中国军舰在进入韩国领海仅约3小时便撤退。然而，3213号舰艇和其船员的处理问题仍待解决。中华民国强调“将鱼雷艇船员视为归顺者，应尊重他们的自由意志，从而要求遣返船员回国。”[17] 虽然韩国外交部[18]内部也有不少人强烈建议应将船员送往中华民国，但是外交部实务局长等人却表示：“这起海上叛乱事件发生在中华人民共和国军舰上，因此，根据海洋法原则，应将军舰和船员送还给军舰国旗对应国一中华人民共和国。[19]” 提出此建议的根据是，国际海洋法规定，当发生海上叛乱时，不论发生地是公海还是领海，都应承

15) 该事件是通信兵杜新立（时年20岁）和机关兵王中荣（时年19岁）在船上发动的叛逃事件，当时船上有2名重伤士兵和6名牺牲者等共19人，他们脱离编队向东航行时油料燃尽，随波漂流到了黑山群岛近海，韩国海军将鱼雷艇拖到了下旺嶝岛。권정식，1999년 6월，「중국어뢰정사건실기」，『해양전략』，pp. 1-19.

16) K课长采访（2017年12月22日）：当时，韩国政府决定通过驻韩美国大使馆和日本大使馆传递信息，最终由在北京的美国驻华大使馆书记官转给了中方，中国即刻回复：“本就已经下令撤离了”。

17) 当时驻韩中华民国大使金树基通过韩国国会和外交部强烈要求将船员送还给中华民国，虽然韩国外交部条约局已同意了此事，但以实务课长为代表的部分人主张送还给中华人民共和国。这是因为韩国的外交政策发生了变化，代表事例就是，韩国外交部长官李范锡于1983年6月29日在国防大学院进行特别演讲时称，“我们将实行北方政策”。于是当时，“这样的报告通过长官报告给了全斗焕总统，最终船员还是被遣送回了中华人民共和国。”K课长采访（2017年12月22日）。

18) 有关此问题的实务工作人员包括金锡佑（东北亚第一课长）、权丙炫（审议官）、金在春（亚洲局长）、李源京（长官）。

19) “〈외교열전〉 한중수교 기틀 닦은 중국 어뢰정 사건”，https://news.naver.com/main/read.nhn?mode=LSD&mid=sec&sid1=100&oid=001&aid=0005531564(检索日：2019年1月7日).

认代表军舰地位的船旗国管辖权。当时，韩国政府具有与中国协商解决1983年中国民航客机事件的经验，尤其是在时任韩国总统的全斗焕政权公布积极推进“共产圈外交”的情况下，意图将鱼雷艇事件作为探索韩中关系的实战。其实，“为提高体育水平，中共强烈希望举办亚运会。而1990年第11届亚运会的申办时间是1983年9月，为此，中共也在紧锣密鼓地准备申请事宜。”[20]

经协商决定，一方面将事故鱼雷艇和船员们遣送回中国，另一方面针对中国军舰侵犯韩国领海问题，通过韩国驻香港总领事馆向新华社香港分社的外媒部长转达了韩国政府的强烈抗议照会，要求道歉、追究责任人和防止类似事件再次发生。而中国外交部也承认，三艘海军舰艇在搜索失踪鱼雷艇的过程中不慎侵犯韩国领海，并通过韩国驻香港总领事馆向韩国政府转交了有关3月26日中国军舰侵犯韩国领海事件的正式道歉照会。[21]

这一事件成为了韩中建交谈判的催化剂。相反，如果当时没有将鱼雷艇送还给中国，韩中建交的时间可能会再被推迟。事实上，“邓小平于1985年春天派遣华裔说客陈香梅（Anna Chan Chennault, Flying Tigers, 副会长）向全斗焕总统转达了中国政府对送还鱼雷艇的感激之情。”[22] 1985年4月，邓小平向中国外交人员下达了“现在是时候准备与韩国建交”的指示，之后，中国高层官员以及由韩国国家安全企划部、国防部、外交部组成的联合组均参加了1986年在香港召开的基于返还美机目的的非公开谈判，韩中两国接触窗口实现升级。[23]

20) 김하중, 2018,『한국외교와 외교관: 김하중 전 통일부장관』, 서울: 국립외교원 외교안보연구소, p. 67. 特别是，在中国推进改革开放的过程中社会纲纪松懈的时期，鱼雷艇的送还至关重要。홍인표, 2019, 同前书，p. 78.

21) 新华社香港分社副社长受中华人民共和国外交部命令（authorized by），向韩国驻香港副总领事递交了谅解备忘录。其内容使用了含有道歉之意的最高阶词“apology”，中国不仅就侵犯领海事件正式道歉，还承诺追究责任人并防止再次发生类似事件。如此郑重的道歉在韩中关系中尚属首次，成为了后来外交协商的重要事件。

22) K 课长采访（2017年12月22日）。

23) C 书记官采访（2017年9月15日）。

二、相互接触与探索

在这种氛围下，韩国相继举办了1986年首尔亚运会和1988年首尔奥运会。邓小平在1988年5月至9月期间接见外宾时曾表示："中国发展同韩国的关系是有益无害的。"[24] 特别是在中国即将举办1990年北京亚运会的情况下，对韩国国际比赛运营经验的学习与借鉴是当时中国需要解决的重要内容。[25] 而韩国以1988年首尔奥运会的举办为契机，将体育交流作为媒介，开始与旧社会主义国家进行交流。1990年9月，韩国与苏联建立外交关系。在这种情况下，卢泰愚政府希望通过韩中建交来实现北方政策[26]。然而，韩中建交的最大障碍便是"北韩变数"。为此，韩国政府于1991年发表了《关于南北和解、互不侵犯与合作交流协议书》，将南北韩关系视为"实现韩半岛统一过程中暂时形成的特殊关系"[27] 等，表现出努力改变对北韩认识的强烈政策意志。这一点也充分体现在日后谈判小组方针中。即，"第一，完成北方外交。第二，为东北亚冷战体制的解体提供契机。第三，为韩国经济的第二次腾飞创造条件。第四，提升韩国国际地位。"[28] 同时，中国基于自身原因，也开始积极探索建交之路。尤其是在1989年天安门事件以后，国际社会对华孤立加剧，此时要想在北京举办1990年夏季亚运会，首先需要打破周边地区对中国的外交孤立，这也有利于为孤立台湾创造条件。实际上，邓小平通过1992年1月进行的南巡讲话宣布重启改革开放，并提出了积极吸收资本主义经济的社会主义市场经济。[29] 这意味着韩中建交的意识形态障碍在很大程度上已被消除。

由此可见，韩中建交是中国接受韩国提议的结果，亦或是韩国积极回应中国的

24) 钱其琛，2005，유상철 역，『열 가지 외교이야기(外交十記)』，서울: 랜덤하우스 중앙，pp. 156-157.

25) 延静，2008，《历史的抉择》，《报告文学》(1)，第68页。

26) "建交协议的签署是由外交部长官进行的，其实，卢泰愚总统想要亲自签署的意愿非常强烈。当时，郑元植总理访问了北韩，北韩总理延亨默回访了首尔，这无疑减少了中国的外交负担。" S课长采访(2017年11月8日)；C书记官采访（2017年11月7日）。

27) 此文件于1991年12月13日达成协议，并于1992年2月19日发表。박주화 · 윤혜령，2018，『한반도 평화체제 및 비핵화 관련 자료집 3』，서울: 통일연구원，pp. 9-12.

28) S课长采访（2017年11月8日）。

29) 이희옥，2004，同前书，pp. 172-178.

建交意愿而得以实现的，这两种说法之间的偏差并不大。当时的情况自然而然地促成了韩中建交谈判，且在实务协商过程中也没有出现大的争议，双方顺利找到了切入点。特别是在韩苏建交过程中，两国争论的焦点并非是经济援助（提供贷款）等内容，而集中在是否承认“一个中国”原则和北韩问题处理方式等问题上。然而韩国围绕在中美建交、中日建交以及与其他国家建交谈判过程中出现的各种建交、断交方式的案例与场景进行过非正式探讨[30]，因此，这些问题并没有成为特殊的争论焦点。在中国探索构建新关系的情形下，北韩问题也只是在说服方式上存在分歧，并未成为决定性的障碍，且因为南北韩在1991年同时加入了联合国，所以北韩问题在韩中建交谈判过程中的争议并不算大。

第三节　谈判过程："东海项目"的推进

从1980年底开始，中国积极改善与韩国关系的主要动因是借鉴韩国经济发展经验。1987年时任中国国务院副总理的田纪云启动韩中经济关系高级别窗口平台“中韩经济合作小组”，积极推进双方经济合作。在此过程中，为促进两国经贸发展，从1989年1月开始便讨论设立贸易代表部。但因1989年6月中国发生天安门事件，相关准备工作直到1990年11月30日[31] 方才完成，1991年1月27日正式开设韩国驻北京贸易代表部，同年4月9日设立了中国国际商会驻首尔代表处。[32] 当时代表部工作人员

30) S课长采访（2017年11月8日）。

31) 贸易代表部的设立被推迟的中方原因是1990年9月11日至12日金日成主席访华。当时，邓小平向金日成提议，“在听取各种报告后，针对中朝关系的重要性、朝鲜统一问题、中韩建交以及国际局势提出了重要意见。我们有可能会与南朝鲜互设贸易代表处，但建交问题最好推迟2~3年甚至5年。“朱良，2002年 3期，《小平同志1990年会见金日成前关于中朝关系和朝鲜统一问题的内部谈话》，《中共对外关系史料》，第212页；当时北京贸易代表部的对外职务名称有代表、副代表、代表助理。虽然未赋予外交官豁免权，但限制性地许可了外交官应享受的免税优惠、机场贵宾室使用、外交邮袋使用等权利。代表部创建班长是尹海重课长，郑相基、金一斗书记官及李贤奎（音译）外媒官参与了准备过程。Y审议官采访；C书记官采访（2017年11月7日）。

32) 李成日，2010，同前书，第130页。此书中所记载的开设时间为1991年1月30日，但文献记录是同年1

由卢载源代表（前任外务部次官）等约15人组成，对华政务部分由尹海重代表（参赞级别）负责。因为两国尚未建立外交关系，只能采取贸易代表部形式，实际上却发挥着“大使馆”的作用。然而，与中国的接触方式“只能是由外国向中央靠拢。因为当时中国有意加入APEC，所以只允许接触韩国外交部国际局。[33]”因此，韩国希望通过促成中国外交部长钱其琛访韩来构建双方稳定的协商沟通机制。1991年10月2日，韩中两国在联合国安理会的小会议室进行了首次非正式韩中外长会谈，并以此为契机，韩国通过有关贸易协定方面的交涉，使中国意识到韩中建交的必要性。[34]尤其是，中国外交部长钱其琛在出席1991年10月12日举办的首尔APEC会议期间，前往青瓦台拜会韩国总统卢泰愚。两人还另行进行了会晤，“卢泰愚总统当场表达出韩中建交意向。”[35] 之后，在10月14日举行的韩中外长会谈中，韩国外长李相玉再次强调，虽然充分理解韩中建交应配合中方的准备进程，但还是希望能够早日实现。虽然当时尚未将中韩建交问题提上谈判日程，但就改善韩中关系的必要性达成了广泛共识。为此，韩国提议将贸易代表部升级为具有政治功能的政治代表部[36]，以图取得突破，而钱其琛部长则以“水到渠成”婉转地回应了韩方提议。在当时，中国外交部和对外贸易部对韩政策原则是：“化敌为友；先民后官；多做事少说话，甚至不言所做之事，一步一个脚印前行，即使成功到达目的地，也要逐步公开。由此便瓜熟蒂落、水到渠成。此外，随时关注北韩态度，边观察北韩能否接受，边相应地发展韩中关系。”[37]

月 27日。

33) C 书记官采访（2017年11月7日）：“当时，国际局接触的有中国国际友好联络会、现代国际关系研究院、中国国际问题研究所等，邓小平的儿子邓朴方等属于接触对象。其实在中国，没有严格意义上的民间接触，因此，民间接触活动即刻被报告给了党和政府。”

34) 韩国亚洲局长访问中国，在与中国外交部国际司司长秦华孙、处长崔天凯等人进行交谈时，委婉地表示：“1991年9月，南北韩将同时加入联合国。届时，如果韩国外长不去会见联合国安理会常任理事国一中国的外交部长，就会非常尴尬。所以，召开韩中外长会议是有必要的。”K课长采访（2017年12月22日）。

35) K课长采访（2017年12月22日）；김하중，2018，同前书，pp. 68-69.

36) C书记官采访（2017年9月15日）：“但对此提议，中国并没有表示赞同与否，只是建议允许贸易代表部人员自由会见外交部人员。”

1992年1月1日，在韩中尚未建交的情况下，韩国国内出现了使用中国国旗和图案等新变化。其实，1991年12月31日就已通过非正式渠道从中国传出了建交时机相关信息。中国外交部副部长在与南斯拉夫、捷克斯洛伐克驻华大使的对话中，回答对方所提出的有关韩中建交时间问题时称：“我们也在考虑这个问题。希望在年底(1992年）之前建交，但如何说服北韩的问题令我们苦恼。”[38] 这是中国外交部高层干部首次提及韩中建交具体时间。总的来说，估计在1991年12月或1992年1月，中国就韩中建交达成了充分共识，并开始研讨具体行动过程（course of action)。其实在1992年2月，中国外交部长钱其琛就已向工作人员下达指示，“建交条件已成熟，全面做好建交必需的各项准备工作”[39]，以1992年4月12日在北京举办的亚太经社会(ESCAP）大会为契机，4月13日在钓鱼台18号阁召开了韩中外长会晤，这成为双方正式进行建交谈判的契机。[40] 当时参与实务协商的贸易代表部参赞金夏中已事先当面向外务部长官报告了中国对韩中关系正常化持积极态度的情报。而实际上，中国也确实在韩中外长会谈中对此问题表现出了积极态度。韩国代表团与李鹏总理面谈时，也用“水到渠成”来表达了两国建交已成定局的客观事实。

一、成立谈判专责小组

在确认中国的建交意愿后，1992年4月24日韩国正式同意建交，并为此成立了专责小组。[41] 根据青瓦台的政策意志，任命总统外交安保首席秘书官金宗辉为首席代表[42]，将建交谈判项目命名为“东海项目”[43]，实际交涉主体是北京贸易代表部。

---

37) C书记官采访（2017年9月15日)。

38) C书记官采访（2017年9月15日)。

39) 延静，2007，《永远的记忆》，济南：山东大学出版部，第46页。

40) “권병현 한중수교비망록(3)”，『한국일보』(2007. 6. 27).

41) 정재호，2011，同前书，p. 173；然而，李相玉长官向权丙炫预备会议代表通报的时间是1992年5月6日星期三下午。“권병현 한중수교비망록(3)”，『한국일보』(2007. 6. 27)；当时，青瓦台和外务部之间对谈判代表的认识存在差异。作为折中方案，由权丙铉大使和金宗辉首席分别担任预备会议首席代表、正式会谈首席代表。之所以选定权丙铉大使，是因为他作为韩国外交部本部大使，在外交安保研究院设有办公室，不受媒体关注，而且曾负责过对华工作，具有专业性。

具体来说，韩方的谈判人员是北京贸易代表部的卢载源（代表）、金夏中（参赞）、丁相基（副参赞）等，中方由外交部亚洲司副司长张庭延率领。所谓的“东海项目”是在高度保密的情况下进行的。韩国国内仅限于青瓦台外交安保首席秘书、国家安全企划部的部分情报部门高层干部、外交部指挥部（长官、次官、亚洲局长）、建交实务专责小组[44]成员以及北京贸易代表部（代表与参赞）等人知晓[45]。而韩方在此过程中起到核心作用的是外交部。“当时李相玉长官嘱托称，保密是韩中建交谈判的生命。因此，为防泄漏，哪怕是妻子和家人，也不能透露。一旦泄露，在座的三位（部长、权柄铉、辛正承）就会共担相关责任，离开外交部。”[46] 实际上，在安企部提供的东冰库洞安家，只有外交部权柄铉（本部大使）、辛正承（科长，时任韩国外交安保研究院研究官）和安企部派遣的三名打字员在本部的直接指示下工作。他们负责参与了三次预备会议和正式会谈的实务工作，并制定了内部原则，即“尽早完成建交交涉；拖得越长，越难保密；但不能给人以过于焦急的印象。”[47]

二、预备会议

1992年5月14日至15日，第一次预备会议在北京举行，交涉窗口由韩国本部大使权丙炫和中国大使级副代表张瑞杰负责。[48] 当时的讨论议题包括韩国与中华民国

42) 分别任命金宗辉（总统外交安保首席秘书官）和权丙炫（本部大使）为谈判首席代表、次席代表。

43) “东海事业” 是权丙铉、金锡佑和辛正承在1992年5月6日进行第一次实务谈判的过程中命名的。“권병현 한중수교비망록(2)”, 『한국일보』(2007. 6. 27).

44) 由权丙铉(本部大使)、卞宗奎(音译，青瓦台国际安保秘书官)、韩永泽(音译，国家安全企划部局长)、辛正承(外务部课长)和李永白(翻译)组成。

45) 当时， 建交谈判小组的工作严格保密， 其成员们都是以请病假或派遣至外交安保研究院的形式投入工作，还签署了保密协议。其中，亚洲局长金锡佑负责与外务部的官方联络，国家安全企划部的H次长补和K次长负责实务行政工作等，知晓内情的大概只有十多人。“권병현 한중수교비망록(7)”, 『한국일보』(2007. 7. 11).

46) S课长采访（2017年9月25日）。

47) S课长采访（2017年11月7日）。

48) 预备会谈韩方代表是权炳贤、卞宗奎（青瓦台外交安保首席室国际安保秘书官）、韩永泽（外交安保研究院首席研究官）、金夏中（参赞）、辛正承（研究官）、李永白（事务官、翻译），中国代表包括张瑞杰（外交部大使级副代表）、李斌（外交部朝鲜处长）、谭静（外交部书记官）、丁志章（外交部台湾事

的断交问题、韩国国内的中华民国财产处理问题、今后与中华民国的关系确立问题。其实，中国当时所关注的是维护“一个中国”原则，因此，确认韩国在“中华民国”问题上的立场是关键。通过这些可以感受到中国对韩中建交非常关注，而且努力加快建交步伐。[49] 当时，中方将第一次预备会议视为一种单纯的礼节性会见，但当韩国拿出经过整理的立场时，建交谈判事实上开始了。因为当时韩国已提前做好了接受“一个中国”原则的准备，所以今后与中华民国的关系水平，即在非政治领域维持领事关系的问题成为了争论焦点。[50] 另外，在谈判开始前后北核危机不断高涨的情形下，韩国希望中国发挥影响力，说服北韩接受国际原子能机构（IAEA）核查，中国对此表示：“会的。我们也不希望韩半岛存核。”[51] 由此可见，在第一次预备会议中，韩国比中国做了更充足的谈判准备。

同年6月2日至3日，第二次预备会议在北京钓鱼台国宾馆11号楼举行。韩国代表团在原来协商小组的基础上进行了人员补充（青瓦台书记官李容濬）。[52] 因为两国政府建交意愿强烈，且对主要争论焦点也有共识，所以只需要协调次要分歧。例如，韩国提出将《联合国宪章》原则（尊重主权、领土互不侵犯、平等互利）作为双方建交原则，而中国要求在此基础上反映“和平共处五项原则”。对此，韩国没有特别理由反对，于是同意将“和平共处”同时纳入建交原则中。在这种情况下，韩国公开宣布接受“一个中国”原则，至此，双方已形成了高度共识，甚至可以即刻宣布韩中建交。除此之外，其他争论焦点不过就是如何看待与韩半岛无核化共同宣言相关的核监督问题等的认识之类。

务办公室副处长）、邢海明（外交部朝鲜处工作人员，翻译）等，双方总计12人。권병현 한중수교비망록(9)”，『한국일보』(2007. 7. 18).

49) 김하중, 2013,『중국이야기』, 서울: 비전과 리더십, p. 184.

50) 김하중, 2013, 同前书, p. 186; 称，中国的主要动机就是想要扼住台湾外交的咽喉。“권병현 한중수교비망록(11)”，『한국일보』(2007. 7. 24); 在首尔新闻中心举行的《韩中杂志》创刊纪念会上的专题讲座，金夏中大使(2019年9月5日)。

51) S课长采访（2017年11月8日）。

52) “当时，李容濬书记官被外交部派去了青瓦台，（针对补充人员这件事）也有担忧的声音，认为外交部主导谈判会议，会不会是想与青瓦台保持距离。”S课长采访（2017年11月8日）。

第三次预备会议是应韩国的邀请于同年6月21日至22日在首尔华克山庄酒店VIP曼城举行的。6月21日会议结束后，双方首席代表一致同意7月中旬在北京草签共同声明和谅解备忘录，并在7月末东盟外长扩大会议之前正式签署协议。之后，中国提出修正建议，正式会谈可延期至7月末举行，双方首席代表在北京正式签署文件后10天之内，由两国元首亲自宣布韩中建交。这是因为中国对政务做出判断后认为，由两国外长代替元首签署建交文件，更有利于安抚北韩的抗议情绪。[53] 另外，在此过程中，韩方首席代表由内定的外交安保首席秘书官金宗辉换成了外务部次官卢昌熹。

三、建交文件签署

中国之所以要求推迟文件签署时间，是因为向北韩通报并报告给党政领导层需要一些时间。实际上，1992年7月15日中国政府派遣外交部长钱其琛前往北韩通报韩中建交，同时也希望借此扩大中国党政高层对韩中建交的共识。通过这些努力，韩中双方决定于7月29日在钓鱼台12号楼与中国外交部副部长徐敦信首席代表进行正式会谈，并于8月24日公布韩中建交消息。在此过程中，卢泰愚总统希望在其任期内访问中国并签署建交协定的意愿虽未能成行，但作为折衷方案，同年9月对中国进行国事访问并举行了两国首脑会晤。[54] 此外，将建交协定签署地点定在北京，也主要是因为考虑到中方的特殊情况。即，建交协定草签仪式和正式签署相继在北京举行的原因由当时兼任中共中央政治局委员的外交部长钱其琛在短期内难以再次访问韩国所致。[55] 鉴于这一情况，在签署建交协定的前一天（8月23日），韩中两国在北京举行了外长会议，围绕南北关系、北核问题、卢泰愚总统访华事宜、两国政府

53) 延静，2007，同前书，第52页；事实上，韩国政府对韩中建交的急切程度通过总统签字形式可见一斑。

54) 当时，卢泰愚总统称，“希望成为韩中建交后第一个访问中国的韩国总统”。在几乎已确定建交协议签署时间的情况下，总统访华需要做好详细计划、人员、住宿等相关准备，但因为建交本身在中国是机密，所以总统访华没能轻易推进。C书记官采访（2017年11月7日）。1992年8月24日下午，中国国家主席杨尚昆接见建交谈判代表团后， 正式邀请了卢泰愚总统访华， 而卢泰愚总统也应邀访问了中国。“권병현 한중수교비망록(2)”，『한국일보』(2007. 6. 20)；“권병현 한중수교비망록(9)”，『한국일보』(2007. 7. 16).

55) 이상옥, 2002,『전환기의 한국외교: 이상옥 전 외무장관 외교회고록』, 서울: 삶과 꿈, p. 215.

之间的附属协议签署以及大使馆和总领事馆设立等问题进行了全面讨论。翌日，即1992年8月24日上午9时（韩国时间上午10时）在钓鱼台芳菲苑通过直播方式向全世界发布了韩中建交的消息。当时出席签署仪式的韩方代表有李相玉（外务部长官）、卢载源（贸易代表部代表）、权丙铉（本部大使、实务代表）、尹海重（本部外交部审议官）、李永白（音译，译员）、金夏中（贸易代表部参赞）等人。[56] 签署仪式结束后，中国国家主席杨尚昆、国务院总理李鹏分别在人民大会堂和中南海接见了韩国代表团。会见时，杨尚昆主席发出了希望卢泰愚总统近期对华进行国宾访问的邀请[57]，之后的8月28日，韩国驻北京贸易代表部升级为韩国驻华大使馆，从此开启了真正意义上的韩中关系发展新征程。

第四节　谈判焦点

一、"中华民国"问题

冷战时期，韩国外交一直坚持哈尔斯坦主义（Hallstein Doctrine），而韩国与中华民国断交违背了这一原则，因为与中国建立外交关系的前提是接受所谓的"一个中国"原则，即想要与中华人民共和国建交的所有国家都要与中华民国断交。[58] 韩国政府内部早在建交之前就已经开始以非公开方式研讨过"一个中国"的意义。"1992年2月，根据青瓦台下达的指示，工作组将主要国家与中国建交时如何处理台

56) 尹海重审议官代替金锡佑亚洲局长出席会议，可能是李相玉部长对尹海重审议官此前因安保原因被排除在建交谈判之外的一种照顾，也是考虑到日后航空、渔业谈判等的专业性需求。윤해중，2013，『한중수교 밑뿌리 이야기』，서울: 이지출판，p. 127.

57) 1992年9月27日至29日，卢泰愚总统访华。中国认为这是中国外交的胜利，北韩则因中国没有正式说明和介绍韩中建交相关事宜而间接隐晦地指责其为"屈服于帝国主义的背叛者"。김하중，2013，同前书，p. 199.

58) 韩国在1974年废除了"哈尔斯坦原则"，重新向包括北韩在内的社会主义阵营靠近。实际上，1988年7月7日，卢泰愚总统在《争取民族自尊和统一繁荣的特别宣言》中发表了"北方政策"。"北方政策"是韩国追求对外关系和经济层面上的实际利益，通过加强与共产主义国家之间的关系来获取经济实惠，且在外交上孤立北韩、诱使其改革开放的一种政策。

湾问题、断交后与台湾的关系维持等相关案例整理出来后，勿需经由长官直接报告。当掌握韩中间隐秘内情的外交部长官在得知这一消息后，反而开始担心起建交谈判初期阶段的保密问题。”[59] 不仅如此，在针对“一个中国”原则达成协议后，韩国表示将以最佳方式维持与中华民国的民间关系，而这一点获得了中国的谅解。中国代表团曾在第三次预备会议时就已表示：“如今，韩国在这个杯子里能装多少取决于韩国的判断。一旦针对‘杯子’这一框架达成协议，至于装多少水就是韩国的事情。只要是民间形式，韩国想要怎么做都可以”[60]，可见，中方在各自论点上的立场是趋于灵活的。

关于向中华民国通报韩中建交的方式，首先想到的是派遣特使，但考虑到对方可能会强烈反对甚至阻挠，因此，没有将其付诸实施。[61] 与此不同的是，韩国外务部于1992年8月15日在天安独立纪念馆举行的光复节活动上，委婉地向驻韩中华民国大使金树基告知了韩中建交在即，“8月18日，大使先生是在首尔，还是在别的地方？希望不要去别的地方，就待在首尔吧”[62]。实际上，8月18日上午11时，李相玉外长在首尔乐天酒店会见金树基大使，并通报了韩中建交谈判取得实质性进展的消息。[63] 虽没有明示具体建交时间，但实际上相当于通报了韩中建交。8月19日，中华

59) S课长采访（2017年11月8日）围绕“当时只有一个中国，台湾是中国的一部分”的问题，“存在承认(recognize)、尊重（respect)、接受（acknowledge)、知情（take note）等选项，中国的要求是承认，而我们按照美国的方式选择了接受，但最终还是用尊重（respect）来表达了中国立场，即‘只有一个中国，台湾是中国的一部分’，没有按照日本的方式使用‘不可分割的领土’这一表达”。

60) S课长采访（2017年11月8日)。

61) 在韩中建交预备会议召开期间，中华民国总统秘书室室长蒋彦士访问首尔，与卢泰愚总统进行了会谈。他表示，“因为中共不希望丧失对北韩的影响力，所以会妨碍韩半岛统一”，提出了韩中建交不可行论。然卢泰愚总统表示：“我不会为了结交新朋友而抛弃老朋友。” 这也是后来中华民国提出韩国背叛问题的背景。“권병현 한중수교비망록(15)”，『한국일보』(2007. 8. 6).

62) S课长采访（2017年11月8日)。

63) 이상옥, 2002, 同前书, pp. 222-223; 即便如此，韩国政府还是让外交部长以非正式方式告知了韩中建交的可能性。“8月左右，金树基大使的女儿在美国结婚，建议他最好不要去，后来金树基真的没有去参加女儿的婚礼，而是待在了首尔。”K课长采访（2017年12月22日)。当时金树基大使将此消息传给了中华民国外交部部长，待外交委员会议员们听取外交部长的简报后，向媒体公开了韩中建交的消息。

民国外交部次官章孝严召见韩国驻中华民国大使朴鲁荣，“表示抗议称，对韩国—中华民国关系造成的严重后果应由韩国承担全部责任，还明确表示明洞大使馆属于中华民国所有财产，中共无权拿走。”[64] 8月21日，韩国外长在外交部长官办公室召见金树基大使，将断交文件交给他代为转交给钱复外交部长，并特别嘱托要保密。[65] 然而，中华民国却再次召见韩国驻中华民国大使提出了抗议，并于韩中建交两天前的8月22日，钱复外交部长先发制人地宣布，中华民国在韩中建交之时即刻与韩国断交，取消对韩国的所有贸易优惠政策，并从9月15日开始废除航空协定。[66] 另一个争论焦点是中华民国大使馆产权处理问题。这也是中国十分关注的问题。中国在第二次预备会议时就首次提出了此问题。“韩国表示，在与中国建立外交关系的同时，将按照国际法和国际惯例处理韩国国内的所谓中华民国政府财产。中国希望韩国能够协助阻止中华民国在韩中建交前出售相关财产。对此，韩国给出了会遵循法律和惯例来处理的原则性答案。”[67] 事实上，韩国也意识到了这一点，希望尽早实现韩中建交，但因为考虑到通报北韩时机等因素，不得不推迟。“我们不得不赶紧选定日期。通过采取烟雾弹战术来最大限度地推迟公布日期，且另定D-DAY。而且我认为，休息日第二天宣布韩中建交，或许多少可以避免发生意外。为应对中华民国卖掉大使馆的意外发生，我们提前联系了有关登记部门，使其无法进行过户登记。如果中华民国大使馆方面咨询所有权转移问题，要求他们立即通知我们。”[68]

---

64) 当时，韩国政府传递消息，“一旦被公开，(大使) 在48小时之内即刻回国。其他公馆职员最好在公馆待命，直到与中华民国建立新的关系，同时要竭力确保侨民的安全等。” S课长采访 (2017年11月8日)。

65) “권병현 한중수교비망록(5)”,『한국일보』(2007. 7. 10).

66) 이상옥，2002，同前书，p. 232；윤해중，2013，同前书，p. 124；中华民国决定，在8月24日韩国与中华人民共和国建交的同时宣布从1992年8月22日起与韩国断交。

67) S课长采访 (2017年11月8日)；建交谈判当天上午10时，亚洲局局长金锡佑向中华民国大使馆公使王恺 (音译) 提出要求，作为对断交的应对措施，在宣布韩中建交后的72小时内，拆除位于明洞的驻韩中华民国大使馆，且撤下釜山领事馆的中华民国国旗和牌匾。“권병현 한중수교비망록(6)”,『한국일보』(2007. 7. 10)；K课长采访 (2017年12月22日)。

68) 김하중，2013，同前书，p. 263；S课长采访 (2017年9月25日)；정재호，2013，同前书，p. 179.

二、“一个中国”与韩国战争问题

在建交谈判过程中，首先确定了接受“一个中国”原则。在第一次预备会谈中，韩国便提出了无条件建交的建议。[69] 中国也只是着重强调了“一个中国”原则，除了表现出对中华民国大使馆场地问题的关注之外，几乎没有提出其他问题。其实，中国“在建交谈判过程中，从未提及金钱相关的问题。这一点倒是有些意外。此外，也没有提出与日本问题或韩美同盟相关的问题，所以当时觉得，原来是在说‘一个中国’原则，那以后的谈判应该不会有太大的问题了。”[70] 然而，韩方还是计划提出中国人民志愿军参加6·25战争的问题。因此，在第二次预备会议中，“韩方表示，既然是建交交涉，那么至少在6·25战争参战问题上，中方应明确表达贵国立场。但中方却反驳说，在当时的情况下，中国参战是不可避免的，至于韩方所提出的表明遗憾之意或道歉的要求是不能接受的，为什么把这个已经过去的事情搅进建交谈判里来呢?”[71] 即便如此，当韩国在第三次预备会谈中再次提出这个问题时，中国表示：“在当时的国际形势下，在中国边境安全受到威胁的情况下，中国参加6·25战争是不得已的选择。这是一件已经发生且不幸的事情，我们对此表示遗憾”，之后，韩国通过媒体发布了这一内容。但中国却否认有过这样的言论。[72] 其实，韩方谈判小组早就意识到很难从现实角度去解决这一问题。于是，双方采取了“留下秘密记录，建交就按照建交方式进行”的协商战略，没有留下专门的备忘录，而是由两国各自记录在案。

另外，部分谈判人员还主张正式提出韩中两国的国境问题。即，“韩中建交后，我们承认有关中国与北韩国境线划分的谅解备忘录或协议，那就能就此揭过吗？针对这一问题，如果难以达成共同声明，那就单方面发表，以记者见面会的形式也好，我们希望还是能够留下韩半岛统一后是否应该重新讨论这一问题的相关纪录。”[73] 但

---

69) “권병현 한중수교비망록(14)”, 『한국일보』(2007. 8. 1).

70) S课长采访（2017年11月8日）。

71) S课长采访（2017年9月25日）。

72) “根据记录，中国确实用这种表达来表示过遗憾，但对此却一直否认。虽然当时也达成了其他谅解备忘录，然而有关6·25战争的谅解内容并不存在。”S课长采访（2017年9月25日）。

是，谈判领导层认为，这其实仅仅涉及中国和北韩分界线的问题，与韩国没有直接关系，没必要自找麻烦，因此，这一问题并未成为建交谈判的议题。

三、通报北韩问题

北韩在掌握韩中两国经济交流相关情况后，便提议与中国进行首脑会谈，于是，金日成于1989年11月5日至7日期间带领52名随行人员访华，与邓小平举行了单独会谈。邓小平表示："两大超级大国统治的时代即将结束，我们必须冷静观察、稳住阵脚、沉着应对。"[74] 但金日成表示："希望中国不要设立南朝鲜贸易代表处。我们不反对中国同南朝鲜进行贸易，不反对与其进行大量贸易，但反对设立贸易代表处，只要采取的是其他适当的交流方式，我们都不反对"[75]，席间还邀请江泽民总书记访问北韩。对此，江泽民总书记回答说："与韩国不存在任何形式的官方关系，只有民间贸易。至于金日成同志方才所提出的中韩互设贸易代表部的问题，以后再说。"[76] 之后，1990年10月贸易代表部设立，在北京亚运会召开之前的9月11日至12日，金日成对中国沈阳进行工作访问之时，与江泽民总书记等人会晤，意图牵制过于快速发展的韩中关系。[77] 当时，金日成对在韩设立中国贸易代表处之事表示理解，且对尽量延迟设立时间的诚意更是感激。他还表示："在美国承认朝鲜是主权国家之前，中国不能与南朝鲜建立外交关系。到那时，朝鲜就会统一。我的意思是等到朝鲜统一之后。"[78] 在9月12日会见金日成主席时，江泽民总书记明确表示："我们不会同南朝鲜建立外交关系。"[79] 金日成主席于1991年10月再次访华时又一次提及了1990年

---

73) S课长采访（2017年11月8日）。

74) 朱良，2002年 2期，《金日成1989年11月访华，小平同志淡冷情观察，稳住阵脚，沉着应付》，《中共对外关系史料》，第185页。

75) 朱良，2002，同上文，第186-187页。

76) 朱良，2002，同上文，第187页。

77) C书记官采访（2017年9月15日）；朱良，2002年 4期，《金日成1990年9月访华，小平同志谈冷静，冷静，再冷静，不要把国际上的目标吸引到我们身上》，《中共对外关系史料》，第186-200页。

78) 朱良，2002，同上文，第195页。

79) 朱良，2002，同前文，第194页。

双方首脑会谈的内容，江泽民中国主席表示对此事仍记忆犹新，这使得金日成认为此次访华之行非常圆满成功。[80]

但是，在韩中建交进入谈判阶段之前，中国国家主席杨尚昆为祝贺金日成主席80岁生辰而访问平壤之时称："通过分析国际形势和我们的对外关系，中国不得不考虑同韩国建交问题。然而，中国会一如既往地支持朝鲜的统一事业。"[81] 可以说，中国向北韩公开表明韩中建交势在必行的就是这一次。对此，北韩"多次重申，希望韩中关系改善工作放到驻韩美军撤离、北韩与美国、与日本的关系得到改善之后再行落实。后来，香港《镜报》首次报道了这一内容，在钱其琛的《外交十记》中也有相关记载。"[82] 由此可见，与韩苏建交相比，北韩对韩中建交的芥蒂更甚。据记载，中国向北韩通报韩中建交的时间是1992年7月15日。[83] 当时，钱其琛外长等一行人在平壤顺安国际机场与独自前来接机的金永南北韩外交部长一同换乘直升机，在飞行40分钟后抵达了位于延丰湖畔的金日成官邸。钱其琛外长向其转达了江泽民主席口信："中韩建交时机已经成熟，希望能够得到朝鲜的理解与支持"，听到此番意图后，金日成主席"铁青着脸说，如果已经做了决定，那就这样吧。不管遇到什么困难，我们都会克服"，然后便结束了会谈。钱其琛部长一行人当天就提前结束访问日程回到了北京，并向江泽民主席报告此行结果，至此，算是完成了对北韩的韩中建交通报过程。此后开始，相比北韩，中国更关注韩国和中华民国之间的安保问题。意想不到的是，金日成主席却宣称，"中国已经同我们的敌人—韩国建交了，那

80) 朱良，2002年 5期，《金日成1991年10月最后一次访华 小平同志淡'六四'事件经验教训，西方内部矛盾还未表现出来，要抓住时期发展经济》，《中共对外关系史料》，第210页。由此可见，邓小平对金日成所说的"历史告诫我们，同盟是不可信的。军事同盟也靠不住"的记录只是是一种推论。http://news.donga.com/rel/3/all/20150824/73207281/1； 从1991年11月金日成最后一次访华到金正日委员长首次访华，大约用了10年时间。

81) 钱其琛，유상철 역，2005，同前书，pp. 162-163.

82) S课长采访（2017年9月25日）。

83) 김하중，2013，同前书，p. 189；钱其琛，유상철 역，2005，同前书，p. 163；K课长采访（2017年12月22日）；C书记官采访（2017年9月15日），"当时，韩中两国计划在6月22日左右完全结束建交谈判，并在7月末宣布韩中建交。但中国却突然要求推迟一个月，其原因是说服北韩需要时间。尤其是从8月12日开始，有关联合国裁军的大规模会议在上海举行，由中国负责会议主持等相关事宜，因此，日程安排起来确实有些难度。"

么，我们也要同中国的敌人一台湾建立外交关系”[84]，北韩如此针锋相对地表态，使得两国关系骤然冷却。然而，北韩因中国对此事采取的强烈抗议而最终未能如愿。[85]

四、秘密联络通道

对秘密联络通道在韩中首脑会谈过程中所发挥的作用褒贬不一。大宇集团会长金宇中、韩医韩晟昊院长、总统妻弟金复东将军、体育部长官朴哲彦等都是这一时期积极活跃于秘密联络战线上的代表人物。但在探索韩中关系改善的过程中，生出了诸般枝节，因此，卢泰愚总统下达了“将联络通道统一合并为国际民间经济协议会(IPECK)”[86]的指示。在进行韩中建交交涉之前，民间组织为改善韩中关系而积极奔走，营造环境氛围，这是毋庸置疑的事实，但他们并未执行什么决定性任务，且政府谈判代表团也没有向他们请求其他帮助。特别是在驻华贸易代表部成立以后，民间组织所能发挥的作用更加有限。但不可否认的是，确实有几个联络渠道为营造韩中建交氛围做出了积极贡献。

第一，卢泰愚总统内弟金复东理事长（国际文化战略研究所）以国际民间经济协议会顾问的身份确保了与中国的沟通渠道。中方合作伙伴是前任国家主席李先念的女婿，也就是对外人民友好协会李小林的丈夫刘亚洲大校。据传，当时中方有通过金复东将20亿美元的贷款提供给中方将有利于改善韩中关系的意见。韩国政府内

84) 权丙炫大使在其博客中再次引用了星岛环球网(2007. 8. 27.)。
http://m.blog.daum.net/ideology/4651127(检索日：2019年6月7日)。

85) 然而，在1993年召开的“2000年夏季奥运会”申办结果揭晓会议上，面对中国北京和澳大利亚悉尼之间激烈较量，北韩将支持票投给了悉尼，使中国的意图化为泡影。其实，当时全力申办奥运会的北京仅以两票之差败北。 权丙铉大使博客http://m.blog.daum.net/ideology/4651127(检索日：2019年6月7日)。在韩中建交前两天，北韩在《劳动新闻》上发表了题为《让具有顽强自主精神的人民尊严和荣誉永放光芒》的长篇社论（《劳动新闻》(1992. 8. 22)），并在韩中建交的翌日发表了提议改善北韩与美国关系的署名评论。即 “认真履行南北朝之间已签署并生效的协议和无核化共同宣言，从而改善朝美关系”。(리석윤, “아세아와 세계평화를 위한 관건적 고리”, 『노동신문』(1992. 8. 25)) 但是，北韩已经很久没有报道韩中建交之事。 韩中建交后，在纪念中国成立43周年的贺电中，与前一年的贺电内容相比，有意删除了“致亲如兄弟的中国人民”这一表述。『노동신문』(1991. 9. 30); 『노동신문』(1992. 9. 30).

86) Y审议官采访（2017年10月16日）。

部认为，建交过程涉及金钱交易是不可取的，也是无法接受的，此后，钱的问题从未成为争论焦点。”[87]

第二，卢泰愚总统的韩医主治医师韩晟昊（华侨）院长（新东亚韩医院）也是其中渠道之一。卢泰愚总统向他介绍了北方政策，希望他为改善韩中关系发挥桥梁作用。[88] 后来，韩晟昊院长通过当时在香港从事贸易业的张锡九总裁（山东省政治协商会议常务委员）向中国政府转达了韩国政府的想法，其本人也在1988年4月16日访问了中国山东省，并拜见了时任山东省省长兼党委副书记的姜春云，并向其强调了韩中经济交流的重要性。6月11日至18日，他再次访问山东省，召开了经贸会谈[89]，但鉴于当时两国尚未建立外交关系，山东省省长只能以国际民间促进委员会山东省支部顾问的非官方身份迎接了韩方代表团，而山东省代表团于1988年8月25日回访了首尔。

第三，韩国体育青少年部长官朴哲彦也创立了民间团体—国际民间经济协议会（会长：前任副总理李汉彬），开始了与中国的交流活动。韩国代表团经由香港抵达北京后，与中国国际贸易促进会代表郑鸿业举行了会谈，[90] 随后又访问沈阳，与时任辽宁省省长的李长春进行了面谈。特别是在1991年11月13日晚，朴哲彦长官等一行人与当时正在访问首尔的中国外交部长钱其琛会面，表达了秘密联络渠道构建意愿，并提议通过双方共同努力尽早实现韩中建交。[91] 虽然朴哲彦部长表现得非常积极，但是钱其琛外交部长并不看好朴部长的作用。[92]

---

87) S课长采访（2017年9月25日）。

88) 한성호, 2007,『중한우호의 전기 인물 한성호』, 하얼빈: 흑룡강 조선민족출판사, pp. 175-177.

89) 当时，韩国代表团包括金宇中（团长：大宇集团总裁）、金复东（卢泰愚总统内弟）、韩晟昊（新东亚韩医院院长）、各大企业和政府有关人士等共15人。参与其中的外务部官员有尹海重。윤해중, 2013, 同前书, p. 52；张雅文，1986,《韩国总统的中国“御医”打开中韩通道的秘密使者》，北京：作家出版社，第26-31页，第243-259页。

90) 当时，由中国国家副主席薄一波代替副总理田纪云参加了会谈。Y审议官采访（2017年10月16日）。

91) 윤해중, 2013, 同前书, p. 110；当时，朴哲彦长官将两把金钥匙赠送给钱其琛部长时称，一把赠与曾与自己有过交流的钱其琛外交部长之弟钱其璈（时任天津市副市长），另一把则希望能够打开韩中两国关系的大门。钱其琛, 유상철 역, 2005, 同前书, p. 154.

92) 1991年11月13日，钱其琛部长会见了突然到访新罗酒店的朴哲彦长官。“朴哲彦长官提议，为改善韩第四是鲜京股份有限公司（现SK集团前身）。1989年12月，鲜京通过中国国际友好联络会邀请刘亚洲夫妇访问韩国。当时，刘亚洲是田纪云中国副总理负责的中共中央政治局韩国工作领导小组一员。后来，贸易代表部设立协商出现胶着局面，田纪云副总理通过刘亚洲与李顺石鲜京社长之间的联络渠道，向卢泰愚总统传达了中国信息。[93]

即便如此，钱其琛部长拒绝通过民间渠道进行秘密协商，而是全面严格地采取官方交涉方式。这是因为中国共产党的外交决策过程具有独特性，其相关部门专门负责外交消息筛选等相关的实务工作。此外，外交部长钱其琛还兼任国务委员，对外交问题拥有相当大的发言权，最为重要的是，当时韩中建交谈判是以非公开形式进行的。1992年4月，钱其琛部长向李相玉部长提议，“从现在开始，中韩建交谈判还是绝对保密的好。中方只有最高领导人和我本人等极少数人知道此事。希望韩国也只有极少数人参与谈判且保密。”[94] 由此可见，在建交前后，虽启动了不少韩中之间的非正式联络渠道，但实际上很难找到影响中国官方决策过程或改变相关政策的案例，倒是在建交氛围营造和经贸关系发展方面还算有所贡献，总之，当时这些民间渠道的活动是备受限制的。从1991年之后中国的伙伴关系国对非正式接触都非常慎重的现象可判断，韩国的秘密联络渠道对韩中建交做出重大贡献的评价有些夸大其词之嫌。[95]

中关系，有意与中国建立秘密通道，但钱其琛部长拒绝道，既然有正式渠道，秘密接触就没有必要了。此前有很多韩国人曾提议韩中建交，但不知道是真是假，所以一直无法推进。后来朴哲彦长官称，还转交过亲笔信。当时，建国大学教授罗昌柱代为带去了朴哲彦的亲笔信，对方却说：‘放在警卫室吧’，可见秘密组织至少在韩中建交过程中没能发挥重要作用。” C书记官采访（2017年9月15日）。

93) Y审议官采访（2017年10月16日）。

94) “亚洲局长金锡佑亲自起草并得到外交长官批准后回到了韩国，通过卢昌熹次官和金宗辉首席向卢泰愚总统报告了情况。” K课长采访（2017年12月22日）。

95) 钱其琛，유상철 역，2005，同前书，p. 154.

第五节 结 语

韩中建交是韩中两国在探索新的外交政策的过程中实现相互理解、达成共识的产物，也是因为两国领导层的政策意志足够强烈，建交谈判才得以消除意识形态、历史问题等所谓冷战时期遗产这一根本障碍。其实，“一个中国”问题、有关韩国战争的责任问题、中华民国处理问题等议题在建交谈判中并没有成为争论焦点。以韩国为例，卢泰愚总统希望在1993年2月任期结束之前，通过韩中建交来推进北方政策，从而克服”准（quasi）军队体制”的局限性，确保外交政绩合法性（diplomatic performance legitimacy)。反观中国，在1989年天安门事件发生以后，为了打破被国际社会孤立的局面并重启改革开放，也为了孤立中华民国，韩中建交成为了最为迫切的外交课题。由此可见，与其说韩中建交是基于一方需求的成果，倒不如说是在时代局势与政策意志的共同发酵下水到渠成的结果。[96]

本研究将韩中建交谈判过程与自述、采访及回忆录内容进行对照，以填补文献研究的空白，尤其是通过对主要争论焦点的讨论脉络进行梳理和重构，进一步发展了现有论点。在此过程中，还发现了有关谈判过程的几个特点。第一，韩中建交密谈浮出水面的时间是八十年代中期，而1985年中国鱼雷艇事件的解决过程被认为是重要分水岭。究其原因，是因为在外交解决1983年中国民航客机事件的过程中，中国通过细心观察发现了韩国外交政策的变化，在鱼雷艇事件后，邓小平亲自作出了韩中建交是大势所趋的判断，并指示将其具体化、付诸实践。中国曾以非公开方式派遣代理人前往首尔，传达了有关建交谈判的外交信息。第二，因为两国谈判代表团考虑到中华民国和北韩的反对抗议，尤其担心韩中建交的局面被打破，所以韩中建交谈判是在严格保密措施下秘密进行的。值得一提的是，中国推迟已商定的建交时间，先对北韩进行通报和说服工作，然后再由韩国说服中华民国。韩国考虑到与中华民国的传统关系，充分利用外交修辞（rhetoric）技巧，间接通报了韩中建交不

96) 韩国希望尽快建立外交关系，中国也认为建交时间可能会比原计划提前。张瑞杰，2010，《中韩建交往事回顾》，《百年潮》8号，第32-37页。

可避免的事实，因此，中华民国也已提前意识到，韩中建交只是时间的问题，其最终趋势是不可逆转的。第三，韩中建交当时，对朝鲜的通报方式具有鲜明的特点。直到韩中建交谈判正式开始之前，中国一直都将贸易代表部设立和韩中建交严格区分为独立事件来对待，并未混为一谈。在最近公开的中国外交文件中，甚至有倾向于20世纪90年代中期方可实现韩中建交的判断与主张。事实上，北韩对韩中建交的立场变化经历了从反对设立贸易代表部到被迫接受现实，再到先美国—北韩建交再韩中建交等过程。其实很难赞同“中方为说服北韩做出了足够的努力，北韩真正同意韩中建交”此类说法。第四，所谓的秘密联络通道在建交谈判过程中的作用是有限的。虽然确实有过非公开的暗中联络渠道，但却停留在提醒韩中建交必要性的水平上。特别是1991年以后，接触通道被单一化纳入了韩中两国的外交渠道。在建交谈判后期，青瓦台外交安保首席官等的作用相对趋于弱化，也是这种通道单一化的结果。另外，与1991年的韩苏建交不同，韩中建交并不存在与提供贷款等相关的金钱交易问题，因此，需要秘密联络渠道介入的可能性大大减小。第五，韩国谈判代表团虽然在内部讨论了与中华民国的断交方式和韩国战争的责任问题，但是很难在现实层面上让这些问题成为争论焦点，基于这种政务判断，并未真正提出或贯彻落实，因此，工作组对相关问题的提议内容并没有以正式文件或内部秘密协议的形式记录存档。鉴于此，甚至有人回忆称，“正因为执著于韩中首脑会谈本身，没能更多地贯彻本来有望实现的我们（韩国）的立场，哪怕是很少的一部分，对此感到遗憾和惋惜。”[97] 如此这般，堪称圆满的韩中建交谈判过程、两国对新的国际环境的战略性调整和诸多可共享的国家利益等，促使韩中关系取得了比同一时期建交的任何双边关系更典型的发展。随着韩中关系全面发展，想要提前预防所有问题变得不太现实。从这一点上来看，建交之时，韩中两国在对等立场上，为发展双边关系、解决区域问题以及减少对变化的世界秩序的认识差异所作出的努力有望成为未来韩中关系发展的准则。通过这项研究，可以提炼出韩中建交过程中出现的主要争论点。在此过程中，不仅纠正了模糊不清的叙述，而且还发现了部分反常案例 (deviant case)。

97) 김하중, 2013, 同前书, p. 192.

但是，由于无法充分利用有关冷战时期韩国—中国关系、中国—北韩关系的中国史料，所以很难就其准确性进行相应验证，尤其是无法就韩中两国相关资料进行交叉确认。因此，我们有必要通过后续研究，对中国领导层决定推进韩中建交的时机和背景、中国决策过程机制、中国与北韩对韩中建交情况的认识共享程度、中国向北韩通报韩中建交的流程与方式，北韩对此的反应等内容加以完善。

参考文献

공로명, 2018, 『한국외교와 외교관: 공로명 전외교부장관』, 서울: 국립외교원 외교안보연구소.

권정식, 1999, 「중국어뢰정 사건실기」, 『해양전략』 1999년 6월.

김석우, 1995, 『남북이만난다, 세계가 만난다: 해방둥이의 통일외교』, 서울: 고려원.

김하중, 2013, 『중국이야기』, 서울: 비전과 리더십.

______, 2018, 『한국외교와 외교관: 김하중 전통일부장관』, 서울: 국립외교원 외교안보연구소.

노창희, 2007, 『어느 외교관의 이야기』, 서울: 기파랑.

박주화 · 윤혜령, 2018, 『한반도 평화체제 및 비핵화관련 자료집 3』, 서울: 통일연구원.

배종윤, 2014, 「1980년대 한국 북방정책의 촉발요인으로서의 정치경제적 측면에 대한 연구」, 『21세기정치학회보』, 24권 2호.

백승욱, 2007, 『중국노동자의 기억의 정치』, 서울: 폴리테이아.

성균중국연구소 편, 2017, 『한중수교 25년사』, 서울: 성균관대학교출판부.

윤택림, 2004, 『질적 연구 방법론』, 서울: 아르케.

윤택림 편역, 2010, 『구술사, 기억으로 쓰는 역사』, 서울: 아르케.

윤해중, 2013, 『한중수교 밑뿌리 이야기』, 서울: 이지출판.

이상옥, 2002, 『전환기의 한국외교: 이상옥 전 외무장관 외교회고록』, 서울: 삶과꿈.

이희영, 2005, "사회학 방법론으로서의 생애사 재구성", 『한국사회학』, 39권 3호.

이희옥, 2004, 『중국의 새로운 사회주의 탐색』, 서울: 창비.

이희옥 · 왕원, 2017, 「중국의 '전략적 동반자 관계' 외교의 유형화 시론」, 『중국학연구』, 82호.

정재호, 2011, 『중국의 부상과 한반도의 미래』, 서울: 서울대학교출판부.

차정미, 2019, 「한중관계 초기발전과 기업의 외교적 역할」, 『중소연구』, 42권 4호.

한성호, 2007, 『중한우호의 전기인물 한성호』, 하얼빈: 헤이룽장조선민족출판사.

홍연주, 2015, 『1992년한국-중화민국 단교과정의 고찰』, 연세대학교 석사학위논문.

홍인표, 2019, 「한중수교 내막, 물이 흐르면 도랑이 생긴다」, 『한중저널』, 창간호.

李成日, 2010, 『中國の朝鮮半島政策：獨立自主外交と中韓國交正常化』, 東京：慶應義塾大學出版會.

胄世功, 1989年 10月, 「中國の朝鮮半島政策：ある中國人學者の時角」, 『國際政治』 92號.

刘金质、杨准生 主编, 1998, 《中国对朝鲜和韩国政策文件汇编 5(1974~1994)》, 北京：中国社会科学出版社。

延静, 2004, 《出使韩国》, 济南：山东大学出版社。

____, 2018,《历史的抉择》,《报告文学》, 2018(1)。
____, 2007,《永远的记忆》, 济南：山东大学出版部。
张瑞杰, 2010,《中韩建交往事回顾》,《百年潮》, 8号。
张雅文, 1986,《韩国总统的中国“御医”打开中韩通道的秘密使者》, 北京：作家出版社。
钱其琛(유상철 역),『열 가지 외교이야기(外交十記)』(서울: 랜덤하우스중앙, 2005)
朱良, 2002,《金日成1989年11月访华, 小平同志淡冷情观察, 稳住阵脚, 沉着应付》,《中共对外关系史料》, 2002年2期。
____, 2002,《小平同志1990年会见金日成前关于中朝关系和朝鲜统一问题的内部谈话》,《中共对外关系史料》, 2002年3期。
____, 2002,《金日成1990年9月访华, 小平同志谈冷静, 冷静, 再冷静, 不要把国际上的目标吸引到我们身上》,《中共对外关系史料》, 2002年4期。
____, 2002,《金日成1991年10月最后一次访华, 小平同志淡“六·四”事件经验教训, 西方内部矛盾还未表现出来, 要抓住时期发展经济》,《中共对外关系史料》, 2002年5期。
沈图, 1993,《沈图回忆录》, 北京：白花文艺出版社。

『노동신문』
『신동아』
『한국일보』
《人民日报》

第四章

中韩建交中的中国外交决策再探讨

董洁 _ 中共中央党校（国家行政学院）教授

第一节 导 论

本文的目的在于重新探讨中韩建交过程中的中国外交决策。以往国内外学术界对此领域的论述[1]多聚焦于建交原因，综合列举和分析诸多因素，包括当时中国与周边国家建交的外交氛围、朝鲜半岛南北关系缓和、苏韩建交、朝韩同时加入联合国、中国对台战略的现实需要等等。上述因素固然都是客观存在的，但简单将它们综合起来仍然不能解释一个非常基本的问题，即中韩建交为何会迁延十多年并最终在1992年实现？

中国在1972年和1979年月约8年时间里，分别与曾经的敌人同时也是韩国的盟友一日本和美国等，实现了关系正常化，而中韩关系却始终裹足不前，直到1992年两国才发生质变最终实现建交。客观地看，在如此之长的时间里，韩国无论基于何种动机，曾主动和较早地表达了希望改善中韩关系乃至建交，而两国关系长期难以破冰主要是因为中国方面没有给予积极和确定的回应。所以，只有通过专门分析中国的相关决策，才能对中韩建交为何耗时如此之长做出更有价值的叙述和解释。

本文通过两条历史线索叙述和解读中国的有关政策，其一是朝鲜半岛问题在中国外交战略中的地位，具体包括中国决策层对韩国的认知以及中韩关系价值判断、中韩建交在涉台统一问题上的战略价值、中韩关系和中朝关系在调整对美对苏关系中的作用、中国在朝鲜半岛的安全战略等；其二是国际格局变动对中国相关决策的影响，包括朝鲜半岛南北关系变动、美日韩同盟对东北亚局势塑造、苏联解体与冷战终结等。本文试图依据这两条历史线索，分析影响中国决策层推进中韩关系正常

1) 代表性的研究成果可参见Chae-Jin Lee, China and Korea: *Dynamic Relations*, Stanford: The Hoover Press, 1996; Samuel S. Kim," The Making of China's Korea Policy in the Era of Reform", in David Lampton(ed.), *The Making of Chinese Foreign and Security Policy in the Era of Reform*, Stanford: Stanford University Press, 2001, pp. 371-408.; 정재호: 〈중국의 부상과 한반도의 미래〉, 서울: 서울대학교출판문화원, 2011년; 宋成有:《中韩关系史 · 现代卷 (第2版)》, 北京 : 社会科学文献出版社, 2014年版; 刘金质、张敏秋、张小明等著:《当代中韩关系》, 北京 : 中国社会科学出版社, 1998年版 ;【韩】 李元烨:《中美两国的朝鲜半岛政策演进历程研究－从对抗走向协调 (1945~2000)》, 香港 : 香港社会科学出版社有限公司, 2003年版。

化的原因，并最终回答中韩建交为何是在1992年而不是其他年份实现的原因。

第二节　小心探索时期(1973~1988)

20世纪70年代初，在国际形势和美国外交战略整体发生变化的背景之下，韩国首先伸出橄榄枝尝试改善对华关系。1973年6月23日，时任韩国总统朴正熙发表宣言（以下简称6.23特别宣言），宣布韩国将向社会主义国家实行“门户开放”政策，而不论其意识形态和社会制度是否存在差异。同年10月，韩国外交部请荷兰外交官捎话给中国有关方面：韩方有关中国的基本立场已在6.23特别宣言里提到，韩方愿意首先消除对中国的敌对观念，希望从文化、体育、经济等可能的方面逐渐改善、扩大双方关系，对台湾政策也会随着中国调整对韩国的态度而调整。[2] 1974年，韩国外交部启动与中国、苏联及东欧社会主义国家进行学术文化领域接触和交流的项目，苏联反应比较积极，中国却做出“目前很难做到”的消极回应。[3]

韩国主动改善对华关系，除却政治层面的考量，亦有经济层面的现实需要。自1970年代开始，韩国的出口导向型经济面临来自美国和日本的压力，随着韩国经济的飞速发展，美、日等国逐渐减少甚至取消了对韩经济优惠政策，转而越来越多地采取了贸易保护主义，限制韩国商品的进口。韩美、韩日之间的贸易摩擦日趋激烈。韩国急于开辟海外新市场，实现对外贸易多元化。一个近在咫尺且极具发展潜力的中国市场，对韩国具有极大吸引力。1974年，中国药材进口公司通过香港的大华有限公司从韩国进口2万根红参。韩国方面对此高度重视，韩国外交部专门开会讨论，认为对华红参贸易既可拓展韩国对外市场，亦可作为促进韩中接触、改善对华关系的途经。[4]

不过在整个70年代，中国对韩国尝试改善双方关系的种种努力，均采取消极回

2)《韩一中国（旧中共）关系改善》，1973年，韩国外交史料馆，Re-0022-44，第58-61页。

3)《韩对中苏民间学术文化领域的接触尝试》，1975年1月17日，韩国外交史料馆，C-0081-02，第4-6页。

4)《对中国（旧中共）红参出口》，1974年，韩国外交史料馆，N-0021-05，第1-92页。

避的态度。[5] 自1953年朝鲜战争停战以来，中韩两国已经对立隔绝多年，没有任何往来，双方缺乏必要的了解和基本的互信。传统意识形态的惯性在中国的半岛政策中也影响巨大，例如在中国的官方话语中，韩国被称为南朝鲜，它算不上是一个国家，本质上只是美国的附庸和傀儡政权，而且是制造朝鲜半岛局势紧张局势的敌对力量之一。加之朝鲜半岛南北分裂局面长期固化，以致朝鲜半岛问题对于中国决策者并没有需要立即做决策的紧迫性。上述这些因素都导致中国决策层延续了即有思维与政策，他们更倾向维持现状和仅与朝鲜交好。

1978年中国进入改革开放新时期，中国的国家战略方针发生重大变化，对外政策也随之出现重大调整。十一届三中全会确定了以经济建设为中心的战略方针，从根本上决定了中国的外交须为国内的经济建设尽可能缔造一个相对和平稳定的外部环境。改革开放后的最初几年，中国决策层对来自苏联的安全威胁形势判断趋于严峻，继续执行建立反苏统一战线的政策，以期为中国赢得一段发展经济的时期。这一政策投射到朝鲜半岛，中朝关系的重要性进一步凸显。维系中朝传统友谊，既是构建反苏统一战线的重要组成部分，也是维持中国周边和平稳定的重要环节。鉴于朝鲜在半岛统一问题上历来态度强硬，认为国际社会承认韩国将造成朝鲜半岛分裂的固化，因此在改善与韩国关系方面，中国决策层不能不考虑朝鲜的立场。1979年初，中国外交决策层的核心人物邓小平访美时告诉美国总统卡特，中国不能直接与韩国建立联系，这是“非常敏感的问题”。[6] 稍后的访日行程中，邓小平更是明确回绝了韩国通过日方传递的合作意向，表示为了对“朝鲜取得更大的影响”，中方不便与韩国进行交流。[7] 中国决策层将中韩关系正常化与中朝关系相捆绑，决定了这一过程的复杂与迟缓。

---

5)《关于韩半岛问题中国方面态度事例》，1974年，韩国外交史料馆，C-0070-11，第29-33页；《中韩关系汇总报告》，1976年，韩国外交史料馆，C-06-0096-11，第51-59页；《韩-中共关系改善》，1978年，2008-0013-09，第125-126页。

6)《卡特与邓小平会谈备忘录》，1979年1月29日，*The Carter Chill: US-ROK-DPRK Trilateral Relations*, p. 447。

7) 益尾知佐子，《“日中友好”时代的两国关系－从领导人的言论说起》，日本国际政治学会年度研究大会报告，2007年10月，未刊，第16页。

随着中国对外交往的扩大，中国在外交上不承认韩国的做法，逐渐与创造良好外部环境的外交总目标相脱离，对拓展国际交流空间不利。1982年初，中韩两国女子篮球队在加拿大同场竞技，按照国际赛事惯例，两队需在赛前交换队旗和礼物，但限于中国的外事规定，中国队员拒绝接受韩国队员的队旗和鲜花，韩国队员将鲜花送给了现场观众，场内响起热烈的掌声，中国队员则陷于尴尬的境地。这个场面被一位新华社记者捕捉到，以“内部参考”的形式报给中央，引起中央领导人的注意，指示外交部考虑改变这一情况。7月，中国外交部拟就《关于在国际多边活动中调整对南朝鲜做法的请示》上报中央，建议今后凡是中国受国际组织委托在华举办的国际多边活动，韩国是该组织成员，中国可同意其派人来华参加，同样中方人员也可应邀去韩国参加类似的活动。请示得到了中国决策层核心人物邓小平的圈阅。[8] 中国考虑在多边交往中开始松动对韩关系。

1983年发生的劫机事件，客观上可能加速了这一调整。5月5日，一架由沈阳出发、载有105人（机组人员9人）的民航客机在飞往上海途中被劫持，最终迫降在韩国。劫机事件为中韩两国政府提供了第一次官方接触机会。中国民航总局局长沈图赴韩进行谈判，经协商，旅客和机组平安返回，协议的签字方为“中华人民共和国民航局”和“大韩民国”，劫机事件妥善解决。韩方在此过程中考虑周全，以合作的态度尽量满足了中方各方面的要求，给中国决策层留下了良好印象。[9] 7月，中央外事工作领导小组召开会议，讨论调整对韩国的政策以及做好朝鲜工作等问题，建议开始同韩国逐步进行非官方的接触，如经贸、文化、科技领域的交流。[10] 这一政策调整，为中韩之间人员和社会交往打开了大门。

---

8) 张庭延：《跨越历史的时刻：中韩关系演变回顾（上）》，《当代韩国》2005年冬季号；《邓小平关心朝鲜半岛局势》，《党史博览》2013年第5期。张庭延曾任外交部亚洲司副司长、副司长，并在中韩建交后出任中国驻韩国首任大使。

9) 参见《人民日报》，1983年5月5日，第1版；阮虹：《中韩“劫机外交”》，北京：当代中国出版社，2009年版。

10) 《李先念年谱》（第六卷），北京：中央文献出版社，2011年版，第201页；《李先念传（1949~1992）》（下），北京：中央文献出版社，2009年版，第1238页。1981年初，中共中央决定成立一个中央外事工作领导小组（简称中央外事小组），由具有外交工作经验的李先念主持。外事小组成立后，其主要职能是就对外关系中某些具体问题形成对策建议后上报中央，最终仍由邓小平掌握政策。

1983年8月中国提出申办1990年第十一届亚运会，并保证届时包括韩国在内的亚奥理事会成员国代表团将顺利入境。[11] 1984年2月，韩国代表团首次到中国昆明参加戴维斯杯网球锦标赛，4月中国代表团赴首尔参加了第八届亚洲青年篮球锦标赛。[12] 同年3月，中国宣布将参加1988年首尔奥运会，同时邀请韩国参加1990年北京亚运会。[13] 中国打破多年禁忌，在多边国际活动中与韩国接触；韩国则在体育交流方面找到改善对华关系的突破口。

1984年3月，日本首相中曾根康弘来华访问，韩国请中曾根首相带话，希望进一步扩大与中国的交流，并提出中国朝鲜族赴韩探亲问题。面对韩方直指建交目的的诉求，中国领导人回应称，中国在处理对韩国关系上已做出了一些实质性调整，但两国建交的条件“尚未成熟”。中国出于对朝鲜半岛局势缓和与周边和平的考虑，需谨慎处理该问题。[14] 此时中国外交的重心仍在美苏。中国决策层一方面要应对这一年2月苏联领导人安德罗波夫逝世后出现的新变化，一方面正在为4月美国总统里根访华进行磋商和安排，可能还无法把时间和精力投注在朝鲜半岛事务上。更何况朝鲜半岛局势在1983年10月的仰光事件[15]后，刚刚显露出缓和之迹，朝鲜为摆脱自身的孤立处境，于1984年初主动提出会谈缓和南北关系。综合考量，中国不可能在这个时间节点在中韩关系正常化问题上“轻举妄动”，回绝韩国的诉求也就在情理之中。

这一时期，除体育交流之外，中韩之间经由香港、新加坡、日本中转的间接贸易也逐步发展。中国因顾及朝鲜感受而小心翼翼，导致间接贸易很不稳定。尽管如此，由于两国地理位置接近、贸易互补性强，贸易总额不断攀升，从1979年的1900

11)《人民日报》1983年11月5日、11日第3版；延静：《出使韩国》，济南：山东大学出版社，2004年版，第13页。

12)《人民日报》1984年3月5日第3版，4月7日第3版。

13) 정재호:〈중국의 부상과 한반도의 미래〉, 101쪽.

14)《中曾根康弘与赵紫阳的谈话》，1984年3月24日，日本外务省外交史料馆《开示文书》，18/04-1029/4，第11-13页。

15) 1983年10月9日，韩国总统全斗焕对缅甸进行国事访问，朝鲜情报机关策划的一起暗杀事件。在这次事件中，包括韩国副总理徐锡俊、外交部长李范锡在内的17名韩国官员和4名缅甸官员被当场炸死。

万美元增加到1984年4.62亿美元。[16] 中韩间接贸易发展迅速，国内一些地方政府开始向中央询问，请示能否同韩国进行直接贸易。1985年初，中央出台指导精神，同南朝鲜建立直接贸易关系（包括接受其投资），即使采用民间形式，客观上也是双边来往的开始，南朝鲜很可能借机宣扬，不利于中朝友谊。从中朝关系和国际影响考虑，目前不宜同南朝鲜建立直接贸易关系。[17] 一些地方政府尝试突破间接贸易的努力因此被叫停。延边朝鲜族自治州计划与大韩贸易振兴公社共同设立合资企业的项目就在吉林省政府的干涉下被中止，理由是在朝鲜族密集地区开展与韩国的投资合作会造成朝鲜的反对，贸易方面也继续沿用通过香港进行的间接贸易。[18] 中韩贸易潜力初显，但为了尽可能减少对朝鲜的"刺激"，此时中国在贸易领域恪守不与韩国发生直接双边贸易的中央精神。

1985年，是改革开放后中国外交政策完成调整的关键年份。中国领导人对涉及中国对外政策重大问题的思考出现飞跃式的变化，这些思考自1978以来从未间断，积累到1985年夏天出现了重大转折。1985年6月初的中央军委扩大会议上，邓小平说中央决策层经过几年的观察和思考后完成了"两个重要的转变"。第一个转变是"改变了原来认为战争的危险很迫切的看法"，这句话可以被合理地延伸为，苏联的威胁不像以往认为的那么严重。第二个转变是反苏国际统一战线的方针，不再以"中美苏战略大三角"为基础设计中国的对外政策。[19] 1985年也是中苏关系正常化的关键年份，这年秋天中国领导人在三大障碍上做出重大决定，中苏在关系正常化问题上的立场逐渐接近。1986年中苏关系正常化谈判出现突破性进展，苏联随后从蒙古、阿富汗撤军。中苏关系的改善，大大缓解了中国的安全压力，这也为中国改善与韩国关系释放了空间。

---

16) 数据来源于韩国政府统计，《中央日报》1988年6月22日，转引自정재호：〈중국의 부상과 한반도의 미래〉，103쪽.

17)《关于目前不同南朝鲜进行直接贸易的通知》，1985年2月4日，山东省档案馆，A186-02-0349-04，第5页。

18)《1985年韩中经济合作》，1985年1月至3月，韩国外交史料馆，2015-0065-15，第2-10、25-33页。

19) 邓小平：《在军委扩大会议上的讲话》，1985年6月4日，《邓小平文选》第三卷，北京：人民出版社，1993年版，第126-129页。

1985年4月，邓小平在谈到中国和韩国关系时说，中韩发展关系对中国来说还是有需要的：第一，可以做生意，在经济上有好处；第二，可以使韩国割断同台湾的关系。[20] 邓小平的看法代表了一部分中国外交决策层对发展中韩关系战略意义的认知，即韩国之于中国的核心价值有二，第一是贸易往来的经济价值，第二是对台问题上的战略价值，这似乎和这一时期邓小平本人对时代主题的思考—和平与发展两大主题的提出有所因应。

1987年夏，邓小平在一份关于与韩国关系问题的材料上作了重要批示，大意是：与韩国实现关系正常化不能再拖了。中共中央、国务院随后成立了中韩经济协调小组专门处理中韩经济交往事宜，国务院副总理田纪云任组长。[21] 同年11月14日，中央外事工作领导小组开会却主张，考虑到中国同朝鲜的关系和朝鲜的承受能力，中国同南朝鲜的调整不宜太急，应逐步进行，目前仍应遵循中央的方针，只同南朝鲜进行间接贸易，还不能突破。[22] 时隔四个月，外交决策核心人物和外事工作领导小组做出了对调整中韩关系节奏完全不同的判断，这其中可能有朝鲜抗议的原因，更有可能是决策层内部对该问题看法不一致，这一现象背后也折射出中韩关系正常化的复杂与艰难。

1988年，中韩关系在经贸领域出现大幅跨越。这年3月，中央将山东作为中韩两国民间直接贸易的试点。[23] 山东省决心抓住一切可能发展中韩经济技术交流与合作及贸易往来，没有条件创造条件，没有政策向中央要政策，比如对韩国客商提供签证便利、允许驻外机构人员去韩国活动、允许经贸业务人员在第三国或去韩国洽谈业务、对一些由中央统一经营的商品（如玉米、煤炭、棉花、两纱两布、钢材）允许山东省自营专对韩国的进出口业务。[24] 6月，山东省接待了一个以卢泰愚总统亲

---

20) 钱其琛:《外交十记》，北京：世界知识出版社，2003年版，第151页。

21) 田纪云:《怀念小平同志》，《炎黄春秋》2004年第8期。

22) 中联部办公厅编:《中联部老部领导谈党的对外工作》，2004年，未刊，第105-106页。

23) 延静:《出使韩国》，济南：山东大学出版社，2004年版，第13-14页。

24) 山东省外经贸委《关于我省今后开展同南朝鲜经贸交往的座谈简报》，1988年3月13日，山东省档案馆，A062-08-0464-08，第32-35页；山东省外贸局《关于积极开展对南朝鲜贸易的意见提纲》，1988年4月1日，山东省档案馆，A062-08-0344-08，第36-40页。

信金复东（卢泰愚的二舅子）为首的韩国经贸考察团，3天会谈达成6项协议，包括双方以民间贸易形式开展经贸活动（中方以中国国际贸易促进会山东分会名义，韩方以大韩贸易公社的名义）、双方贸易人员签证时间为一个月、双方分别在首尔、济南设立经贸分公司、双方合资创办往返仁川—威海的航运公司开通中韩海运通道、投资保障和关税另议。[25] 8月15日，以中国国际贸易促进会山东分会会长李瑜为团长的山东经贸代表团回访韩国，洽谈签署在韩国设立山东省（贸促会）贸易办事处协议事宜。尽管李瑜此行是以贸促会“民间身份”赴韩，但回国后仍受到上级批评。外经贸部和外交部为此联合发文强调：在韩国设立民间贸易机构属中央政府通盘考虑的问题，地方政府无权私自商议。[26] 山东省如此着急落实协议，固然有经济利益的吸引，更在于要在发展对韩贸易中占得先机。

自1988年初国务院将“自负盈亏”定为外贸体制改革的首要目标后，除山东省之外，其他省份发展对韩贸易的需求也很强烈。为保证各自在与韩国经贸合作中占有一席之地，中国各地方省份之间产生了竞争。当山东省与韩国商谈建立驻韩贸易办事处时，辽宁省也在与韩国方面接洽商谈，福建省没有获得中央赋予的优待政策，但争取到与韩国大宇集团联合创办一个大型中韩合资企业的机会。[27] 山东省对此颇有看法，1989年初山东省外经贸委报给外贸部的报告中，认为中央在对韩贸易上开的口子太大，东南沿海一起上不利于沿海经济发展战略的实施，建议还是指定有限地域开展与韩国的经贸交往。[28] 上述例子说明，地方政府与韩国的经贸交往已经很难被限制了。

地方政府在对韩经贸中的积极作为，将中央政府置于微妙的境地。一方面地方政府对韩交往有利于中央对韩“政经分离”政策的实施，考虑到朝鲜因素，地方政

25) 张雅文:《韩国总统的中国“御医”(韩晟昊)：打开中韩通道的秘密使者》，北京：作家出版社，1998年版，第255-258页。

26) 张雅文:《韩国总统的中国“御医”：打开中韩通道的秘密使者》，第263-264页；祁怀高:《中国地方政府对中韩建交的影响－以山东省的作用为例》，《当代韩国》2010年冬季号。

27) 祁怀高:《中国地方政府对中韩建交的影响－以山东省的作用为例》，《当代韩国》2010年冬季号。

28) 山东省外经贸委《关于山东省第六届对外经济贸易洽谈会我方与南朝鲜经贸交往情况专报》，1989年3月20日，山东省档案馆，A197-02-0271-02，第10页。

府与韩国接触既能满足地方政府发展中韩经济交往的需要，也可以使中央政府合理避开朝鲜的不满。另一方面，地方政府对韩交往也给中央政府带来“麻烦”，因为中央政府授予地方政府与韩国经济交往的决定权，其经济行为可能在无意识中代替中央政府行使了外交职能，从而僭越了中央权限。

不过，地方政府热衷于发展中韩贸易的态度倒是加深了中央决策层对中韩关系重要性的认知，由此倒逼中央决策层对中韩关系正常化采取进一步举措。1988年5月至9月，邓小平在会见外宾时几次谈到中韩关系问题。他说，从中国的角度看，我们同韩国发展关系，有利无害。经济上，对双方发展有利；政治上，对中国的统一有利。另一次谈话中，他又进一步说，时机成熟了，发展同韩国的经济文化交流的步子，可以比原来考虑的更快一些，更放宽一些。发展中国与韩国的民间关系，是一着重要的战略棋子，对台、对日、对美、对半岛的和平与稳定、对东南亚，都有着重要的意义。与此同时，邓小平也谈到做这项工作要十分慎重，说这个问题很微妙，处理起来要很谨慎，要取得朝鲜方面的谅解。[29] 邓小平的连续发声可以被解读为，在不刺激到朝鲜、不破坏朝鲜半岛稳定现状的前提下，中国可以尽可能地探索扩大与韩国在包括体育、文化、经济以及非官方领域的各种关系。

这一时期，中国领导人在会见外宾时谈及朝鲜半岛问题，均明确表示朝鲜半岛局势稳定是个大局。在处理对韩问题上，中国总的方针有两条：第一条是希望朝鲜半岛局势稳定，不希望把朝鲜变成新的热点，因为这对朝鲜人民、对中国人民、乃至对整个亚太地区的缓和都是有利的；第二条是韩国也是中国的邻居，与韩国发展贸易也是中国实行改革开放政策所需要的。总的立场就是，为了支持朝鲜，不和韩国有外交关系，但是不反对与韩国的民间贸易往来，包括直接和间接的贸易往来。[30]

1988年，还有两大事件对推进中韩关系正常化产生影响。一是2月韩国新总统的就职。1988年2月，韩国第一位民选总统卢泰愚就任。虽然从朴正熙时代起，韩国历任总统就把对华友善作为一项国策[31]，但卢泰愚对改善韩中关系表现出异乎寻

---

29) 钱其琛:《外交十记》，第151页。

30)《中央领导同志谈国际形势和双边关系》，1988年9月26日，外交部办公厅:《外事动态》1988年第19期。

常的热情。在竞选期间，他就承诺将改善同社会主义国家苏联、中国以及朝鲜的关系，他甚至将对中国大陆的称呼由“中共”改成了“中国”，当选后他更是承诺将在其任期内实现韩中关系正常化。二是9月的首尔奥运会进一步拉近了中韩距离。首尔奥运会期间，中国派出了一个超过400人的体育代表团，中国允许大韩航空的飞机进入中国领空。10月，韩国政府取消了韩国公民前往中国旅游的限制。11月，韩国外汇银行与中国人民银行签订外汇交易业务，中韩直接贸易急速上升。[32] 奥运会也为中国提供了一个观察和了解韩国的渠道，首尔奥运会期间，中国32家新闻机构的126名记者前往韩国，他们发回赛场之外的花絮中，有对韩国发达的经济、高素质的国民、井然有序的社会秩序的观察，也有对韩国人对华友善态度的记录。[33]

截至1988年，中韩关系正常化处于一个小心探索期。中国决策层在改善中韩关系方面渐已形成“政经分离”原则。这一时期，以邓小平为首的中国决策层对韩国认识增加，对中韩关系的战略价值判断日趋明了，中韩实践层面的交流不断扩大，但中国决策层仍将对韩关系与对朝关系相捆绑，将改善与韩国关系置于维持朝鲜半岛稳定的框架内思考，严守不与韩国建交的底线。

中国决策层对中韩关系建交后果的最大担忧，是朝鲜半岛均势稳定状态可能因此被打破。但中韩建交究竟会给朝鲜半岛造成怎样的不稳定局面，现已公开的中国领导人表述似乎都没有给出具体说明，而是采取一种较为含糊的表达方式，看起来更像是对某种不确定后果的担忧。在冷战大背景下，中国决策层对于中朝关系的定位仍承袭了朝鲜战争结束后形成的血盟思路，朝鲜的可能反应是中国决策层对此问题考量的重要因素，所以不到时间完全成熟之时，中国决策层是断然不会冒打破现状的风险，毕竟连邓小平都认为韩国问题“很微妙，处理起来要谨慎”。

31) 《论周边关系及外交战略：不失时机地与南朝鲜发展关系》，1988年9月15日，刘亚洲：《刘亚洲战略文集》，2018年，未刊，第534页。

32) 이상옥, 〈전환기의 한국외교〉, 서울: 삶과꿈, 2002년, 119-120쪽.

33) 赵青峰：《建交前体育交流和中韩关系发展》，《冷战国际史研究》 第25辑， 北京：世界知识出版社，2018年； 蔡亮：《建交前体育交流对中韩关系影响初探》， 复旦大学韩国研究中心编：《韩国研究论丛(第十六辑)》第三届中国韩国博士生论坛特辑，2007年。

第三节 快速发展时期 (1989~1991)

1989年的政治风波后，中国外交遇到严峻挑战。政治风波发生后的第二天，美国政府即宣布包括暂停中美间的一切军售和商业性的对华武器出口、中断中美两国间军事领导人的互访活动在内的数项制裁措施。欧共体理事会和日本先后发表声明指责中国。在美国带动下，有20多个发达国家参与对中国的制裁。一时间，中国同外部的各种接触几乎全部停止。制裁对中国经济，尤其是经贸领域造成的不利影响随即显现。1989年中国的进出口总额出现大幅跌落，增长率由1988年的24.4%降至8.6%，出现个位数增长，1990年进一步减少到3.3%。直到1991年，中国的进出口总额才重新出现17.5%的两位数增长。[34] 与此同时，中国国内经济自1988年底起因社会需求过旺、工业发展速度过快、信贷和货币投放过多、物价涨幅过高、经济秩序特别是流通秩序混乱等问题也处于严重波动中。[35]

对于中国的政治风波，韩国采取了有别于其盟友美国、日本的沉默立场[36]，并在风波后加大了对华的经济交往。1989年6月至8月韩中渡轮线路开通，借1990年北京亚运会召开之机，中韩包机航运开始，韩国一部分大企业为祝贺中国1990年亚运会的举办，向中国捐赠了超过400台，总价值不少于500万美元的轿车。[37] 此外，韩国企业还主动提出，非常愿意也有能力为受国际制裁影响而急缺外国贷款的中国提

34) 参见1989~1992年政府工作报告。

35)《对三年来治理整顿的回顾与思考》，《人民日报》，1991年11月22日，第1版。

36) 政治风波后，世界一片谴责之声，韩国报刊基本持公正态度，或者干脆沉默，详见《东欧剧变后南朝鲜的一些动向》，刘亚洲：《刘亚洲战略文集》，第542页；韩国同菲律宾、苏联等国一样，都是政治风波后访华人数不降反增继续保持交流的国家之一， 而美日两国的访华人数则在政治风波发生后分别出现了40%和29%的下降。*China Trade Report* (February 1991), p. 15; Peter Polomka," The Two Korea," in Gary Klintworth(ed.), *China's Crisis: The International Implications* (Canberra: RSPS, Australian National University Preaa, 1989), pp. 57-59, 转引自정재호: 〈중국의 부상과 한반도의 미래〉, 123쪽。

37) 政治风波后，希望进入中国的韩国企业采取了多种捐助活动，相关内容参见이병국, 〈한중경제교류현장론〉(서울: 나남출판, 1997), pp. 42-44; Samuel S. Kim," The Making of China's Korea Policy in the Era of Reform," in David Lampton(ed.), *The Making of Chinese Foreign and Security Policy in the Era of Reform* (Stanford: Stanford University Press, 2001), p. 378

供500亿美元的低息贷款。[38] 韩国的种种举动对于当时步履艰难的中国来说无疑是雪中送炭。

中韩贸易额自1989年起呈持续大幅增长趋势，1989年为8.9亿美元，中国为贸易顺差；1990年比上一年翻了一倍多，达到19.4亿美元，占当年中国贸易总额（1154.36亿美元）的1.68%；1991年为32.5亿美元，占当年中国贸易总额（1357.01亿美元）的2.39%。[39] 虽然中韩贸易额在中国贸易总额中所占比重并不算高，但在中国整体外贸形势极为严峻的20世纪90年代初，中韩贸易领域的大幅增长足以引起中国决策层的重视。1989年底，中国外贸部、外交部要求各省市上报1989年同韩国开展民间经贸交往活动的进展情况、存在问题及今后工作设想。[40] 从主动掌握贸易状况的态度看，韩国的经济价值进一步被中国决策层所认知，并得到官方的认可和重视。

这一时期韩国的国内经济表现也颇为抢眼。自20世纪80年代后期起，以美国为首的西方主要工业国家普遍出现经济增速放缓的情况。美国自1987年的金融危机后，经济增长率极速下降，到1990年仅为0.9%。美国1990年度的财政赤字高达2204亿美元，海湾危机引发的石油暴涨，进一步加剧了美国贸易收支失衡状况。英国、加拿大、澳大利亚也出现不同程度的经济衰退。世界经济增长率由1989年的3.4%降为1990年的2.1%。[41] 与之形成对比的，是亚太地区经济的异军突起，尤其是以韩国、新加坡、香港、台湾为代表的“亚洲四小龙”的迅速崛起，经济增长率均保持在世界经济平均增速的两倍甚至两倍以上。韩国1981至1989年的经济年均增长率为

38)《田纪云副总理与李顺石会见时参考的几个问题》，1990年4月15日，刘亚洲:《刘亚洲战略文集》，第543-548页。

39) 关于中韩贸易总额，笔者经多方比对后发现，由于双方统计口径的不同，统计数据存在较大落差。中方数据来源为：中国贸易总额来源于中国统计局，　中韩贸易额来源于中国驻韩国大使馆经济商务参赞处，　参见刘文编著:《比较、 竞争与合作－中日韩自贸区发展研究报告》，北京：中国经济出版社，2014年版，第21页。韩方的数据来源为大韩贸易振兴公社，根据韩方的数据显示，中韩贸易额1989年为31.4亿，1990年为38.2亿，1991年为58亿，1992年为63.8亿，参见정재호:〈중국의 부상과 한반도의 미래〉，213쪽。由于本文以中国外交决策视角，故选取中方数据作参考。

40) 山东省外经贸委《关于请函告1989年同南朝鲜民间经贸交往情况的通知》，1989年11月29日，山东省档案馆，A197-02-0271-06，第72-73页。

41)《今明两年的世界经济形势》，中国外交部新闻司《新情况》1990年第178期，1990年12月15日。

9.9%，1990年为8.7%，1991年7.5%，长期位列“亚洲四小龙”榜首。[42]

中韩经贸领域的持续增长加上韩国国内经济的抢眼表现，为中国进一步扩大对韩经济往来提供了现实依托。中国外交部在1989年的一份内部报告中提出：东亚经济新格局的形成将直接影响中国的对外开放布局及周边环境，在进一步巩固和加强与本地区国家双边关系的同时，对于各类有利于促进这一地区经济发展的合作构想，原则上应持积极态度。[43] 在此背景下，中韩互设贸易代表处也被提上议事日程。

早在1988年9月，韩国就通过中方关系人士向中国决策层带话：希望中国在韩国开设商务或者其他民间名义的代办处，以便有紧急事情可及时联络，而不要总通过香港。这一口信被报至李鹏总理处，并被批转给了当时主管对韩事务的国务院副总理田纪云。[44] 11月，朝鲜外长金永南访华时，中国外交部长钱其琛专门与他谈了中国与韩国的贸易关系问题，并告知朝方中国正在考虑和韩国互设贸易办事处。[45] 由此可知，韩方这一建议第一时间被中国决策层接受并采纳，但在设立贸易代表处一事上中国仍希望获得朝鲜的谅解。

1989年1月，中国贸易促进会（CCPIT）以中国国际商会名义向大韩贸易振兴公社(KOTRA)提议在首尔和北京分别开设两机构的代表处，双方代表团先后在北京、首尔举行会谈，但在代表处名义和协议方式上未能达成一致。中方希望代表处是民间性质，而韩方则希望中方赋予代表处类似领事馆的官方性质。[46] 1990年4月，田纪云在北京会见了来华访问的韩国鲜京集团[47]（SK集团前身）社长李顺长，向韩方提出再开设立韩中贸易代办处的有关交涉。田纪云请李顺石转告韩方决策人，中国认为互设贸易代表处势在必行，也认真考虑和研究了这个代表处的性质，尽管建立官

42) 新华社《世界形势研究》1992年第23期（总第262期），第16页。

43)《东亚区域经济合作动向》，中国外交部新闻司《新情况》1989年第40期，1989年3月22日。

44)《论周边关系及外交战略：不失时机地与南朝鲜发展关系》，1988年9月15日，刘亚洲：《刘亚洲战略文集》，第534页。

45) 钱其琛：《外交十记》，第152页；中联部办公厅编：《中联部老部领导谈党的对外工作》，第194-195页。

46) 이상옥, 〈전환기의 한국외교〉, 120쪽.

47) 鲜京集团是卢泰愚总统的儿女亲家， 卢泰愚总统的女儿卢素英是鲜京集团会长崔钟贤小儿子崔泰源的夫人。

方机构对双方均有利，但达到这个目的有很多制约因素，朝鲜因素是其中重要原因。中方建议采取较为实际可行的方式，先设立民间的、纯商业的机构，然后随着政治形势和经贸规模的发展，逐步改变这个机构的性质。[48] 在与韩方交涉的同时，中国也在做着朝鲜方面的工作。这一年9月，金日成获知苏韩即将建交的消息后紧急秘密访华，在获得中国领导人关于中国不会同韩国建立外交关系的明确表态后，作为对中方口头承诺的"回报"，金日成对中方再次提出中韩互设贸易代办处的设想"松口"表示理解，并感谢中国为此事拖了不少时间。[49] 10月，中韩双方就互设贸易代表处最终达成一致并正式签约。中国以中国国际商会名义签约，国际商会是国际贸易促进会下属的一个民间组织，中国为突出签约方的民间性质作了这样的安排。韩国以大韩贸易振兴公社名义签约，但在内部则把驻北京代表处视为韩国驻北京代表部，赋予其驻外公馆的职能和性质，派驻人员也以韩国外交部人员为主。[50]

中韩互设贸易代表处，标志着中韩贸易彻底转为双边直接贸易，是中国对中韩双边交流的承认，不过在具体交涉过程中，中国依然顾及朝鲜立场，不愿突破"政经分离"的原则。

与此同时，国际局势的剧烈变动也对朝鲜半岛形势产生影响，这种影响更深刻地体现在朝鲜方面。其一，朝鲜国内困境加重。苏东剧变导致此前来自苏东等国的经济援助、军事援助骤减，朝鲜经济压力骤增。1989年东德崩塌后被西德吸收的统一模式，被韩国舆论炒得沸沸扬扬，也让朝鲜压力倍增，因为无论是在综合国力、经济增长指标、国民生活水平抑或是国际形象方面，朝鲜与韩国相比均不占优势。其二，朝鲜外交处境更加被动。韩国利用苏联东欧国家的经济困难，从经济关系入手打开政治关系，与苏联东欧国家相继建立外交关系，造成交叉承认的现实，既开拓了苏东市场，也削弱了朝鲜的国际地位。1989年2月，匈牙利率先打破禁忌，与韩国建立了外交关系。随后，波兰（1989年11月）、南斯拉夫（1989年12月）、捷克斯洛伐克（1990年3月）、保加利亚（1990年3月）、罗马尼亚（1990年3月）、苏联

48)《田纪云会见李顺石时的谈话纪要》，1990年4月25日，刘亚洲：《刘亚洲战略文集》，第550页。
49) 钱其琛：《外交十记》，第152页；中联部办公厅编：《中联部老部领导谈党的对外工作》，第194-195页。
50) 이상옥, 〈전환기의 한국외교〉, 121쪽.

（1990年9月）等国相继与韩国建立外交关系。中国外交部密切关注这一动向，并得出结论：苏联和东欧社会主义国家同韩国发展关系是无法阻挡的趋势。[51] 朝鲜为赢得生存空间，决定化被动为主动，主动调整南北政策，重启南北对话，并将对话由之前的民间级别提升到总理级别，南北关系出现缓和趋势。

1990年9月4日至7日，朝韩双方举行总理级会谈，这是自朝鲜半岛分裂以来双方首次进行的最高级别会晤。朝鲜提出亟待解决的三大问题：包括以一个席位加入联合国，停止美韩联合军事演习，释放因访问北方而被捕入狱的南方民主人士。韩国则主张首先解决自由往来和全面开放问题，提出实现离散家属团聚、开展直接贸易、签订通航协议等具体建议。尽管会谈因双方主张存在明显分歧无果而终，但会谈氛围轻松、温和，并未出现先前那种相互指责、严重对峙的场面，而是表现出某种求同存异和“向前看”的积极姿态。[52] 朝鲜半岛出现缓和迹象，自然为中国所乐见，会谈结束后两天，《人民日报》发表社论，称会谈“对消除隔阂，增进了解，推动朝鲜统一进程，将起到积极作用”。[53] 鉴于中国一向主张在朝鲜半岛局势趋缓稳定的前提下考虑中韩关系正常化问题，这无疑为中国调整政策赢得了更多空间。

随后不久，朝鲜半岛南北双方又在加入联合国问题上出现重大进展。朝鲜在中国的劝说下，改变长期坚持立场，于1991年9月与韩国同时加入联合国。与中国而言，韩朝同时加入联合国是实现朝鲜半岛南北双方交叉承认的第一步，它实际解除了中国对于交叉承认“两个朝鲜”可能与“一个中国”原则相关联的担忧，降低了中国承认韩国 政治地位可能造成的负面影响。[54] 朝韩同时加入联合国的确为中韩建交进一步扫清了现实障碍。

---

51)《苏联东欧各国同南朝鲜关系的新动向》，中国外交部新闻司《新情况》1988年第76期，1988年5月27日；《苏联东欧同南朝鲜关系的新发展》，中国外交部新闻司《新情况》1988年第143期，1988年9月23日；《苏联东欧国家与南朝鲜关系新动向》，中国外交部新闻司《新情况》1989年第176期，1989年12月9日。

52)《朝鲜北南总理举行首次会谈》，中国外交部新闻司《新情况》第125期，1990年9月11日。

53)《人民日报》，1990年9月9日，第6版。

54) 具体过程详见董洁：《朝鲜加入联合国与中朝关系 （1989~1991）》，《华东师范大学学报 （哲学社会科学版）》2018年第5期。

南北关系在朝韩双方同时加入联合国后又取得新进展，1991年12月13日，朝鲜总理延亨默同韩国总理郑元植在首尔签署了《关于北南和解和互不侵犯及合作交流协议书》。这是朝韩双方自1972年签署“7 · 4”南北共同声明以来达成的第一份正式文件。在南北关系缓和的大背景下，半岛无核化进程也有新进展。12月31日，朝韩双方在板门店签署了《关于朝鲜半岛无核化共同宣言》，均表示不试验、不制造、不生产、不拥有、不储存、不部署和不使用核武器，只把核能用于和平目的，并同意允许核查，以确保半岛的无核化。1992年1月30日，朝鲜签署《核保障协定》，同意接受国际原子能机构的核查。

到1991年底，中韩建交呈现出诸多利好条件，但从中方这一时期对韩朝双方的多次表态来看，中国在建交问题上的立场仍未松动。1991年4月，第47届联合国亚太经社理事会 (ESCAP) 在首尔召开，韩国外交部长李相玉就建交问题询问中国外交部副部长刘华秋，刘华秋答复称希望两国关系能够渐进式发展。[55] 9月，联合国大会期间，李相玉再次向钱其琛打探中方立场，钱其琛回复称中韩关系的发展与维持朝鲜半岛的和平稳定相关，韩中两国目前宜维持过渡性的关系。[56] 10月，金日成最后一次访华。临回国前，金日成又一次就中韩建交向江泽民确认中国立场，江泽民表示中国只同韩国有民间贸易关系。[57] 11月，亚太经济合作组织第三届部长级会议在首尔举行，中国首次派团出席会议。卢泰愚特别安排了与钱其琛的单独会面，单刀直入谈起两国关系问题，钱其琛表示中韩关系的改善须在南北关系改善、日朝关系、朝美改善之后进行。[58] 第二天，李相玉又单独约见钱其琛，提出将双方互设的贸易代表处升格为官方机构，以此试探中方在建交问题上的立场，钱其琛认为现在代表处还是以民间名义存在比较合适。[59]

据钱其琛回忆，在他开完亚太经合组织会议从首尔回国后，中国决策层开始对

55) 이상옥, 〈전환기의 한국외교〉, 129쪽.

56) 이상옥, 〈전환기의 한국외교〉, 138쪽.

57) 中联部办公厅编:《中联部老部领导谈党的对外工作》, 第210-211页

58) 钱其琛:《外交十记》, 第145-146页; 이상옥, 〈전환기의 한국외교〉, 144쪽.

59) 钱其琛:《外交十记》, 第146-148页; 이상옥, 〈전환기의 한국외교〉, 146-147쪽.

着手研究中韩建交问题，经综合分析后判定，中韩建交的条件已基本成熟。[60] 综合目前已公开的各方材料，笔者分析认为，中国决策层大约在1991年底就中韩建交达成一致，但并未在达成一致后第一时间向韩国政府提出建交交涉。

第四节　建交之年 (1992)

1992年1月23日，田纪云会见韩国高丽化纤的张致赫会长。张致赫作为韩国国家安全企划部（现在的韩国国家情报院前身）委托的联络人，常年穿梭于中韩之间。田纪云告诉张致赫，中国政府决定和韩国建交，现在起进入政府间相互接触的阶段。张致赫将这一情况通过个人渠道报告给卢泰愚总统，由于韩中关系正常化长期迟滞不前，以至于韩国政府在知悉后不相信。韩国安企部的某局长甚至表示不可能，韩中即便要建交，也要再等上一年。[61] 韩国外交部稍后通过一些渠道也了解了中国的这一态度。3月初，韩国召开驻外使节会议，韩国驻北京贸易代表处代表卢在源[62]短暂回国参会，向外交部提交了2月综合报告书。报告书中记录了过去两个月他与中国人士接触的结果，据他观察，中国政府内部已经确定了与韩国建交的方针，但考虑到与朝鲜的关系，正在等待时机成熟。韩国驻其他国家的使馆也发回报告，称年初中国外交部领导在与第三国大使面谈时，表示中国很想年内与韩国建交，但要得到朝方认同。[63]

3月，中国外交部长钱其琛在全国人大会议期间举行中外记者招待会，当有外国记者问起中韩关系时，钱其琛一改过往“中国不会与韩国发生任何官方关系”的表态，代以“我们与韩国建交没有时间表”的表述。[64] 这一措辞上的微妙变化进一步释放出强烈的建交信号。

---

60) 钱其琛:《外交十记》, 第154-155页。

61) 张致赫 :〈숨은 주역 张致赫前고합회장이 털어 놓은 秘话〉,〈月刊朝鲜〉, 2014년 9월호, 163쪽.

62) 韩国在内部一直把驻北京贸易代表处视为驻华领事馆，代表处的工作人员大多是外交部派遣。

63) 이상옥,〈전환기의 한국외교〉, 156、154쪽.

64) 钱其琛:《外交十记》, 第155页。

4月，亚太经社理事会48届年会在北京召开，中韩两国外长单独会面，钱其琛告诉李相玉，中韩正式谈判建交的时机还不成熟，但双方可以先建立联系渠道，就两国关系进行接触，韩国外长李相玉当即表示同意。[65] 在中韩两国外长在北京会面的同一时间，中国国家主席杨尚昆正在平壤参加金日成的80寿辰庆祝活动，受中央委托，杨尚昆告诉金日成，中方正在考虑与韩国建交问题，但仍将一如既往支持朝鲜的统一事业。金日成听后表示，现在朝鲜半岛处于微妙时期，希望中国能协调中韩关系和朝美关系，请中方再多做考虑。[66] 从这一时间安排上看，中国决策层在推动中韩建交进程时，采取了试探韩方建交想法与向朝方通报并做朝方工作同步进行的方式，获得朝鲜谅解是中国决策层处理韩国问题的一惯思路，不过之前都是在获得朝方谅解后才有所行动，这一次却是并驾齐驱。而金日成的答复则可以被解读为，朝鲜希望中国以中韩建交为筹码，交换美国对朝鲜的承认，也就是中韩建交最好在朝美关系正常化后进行，或者是同时完成。

金日成的想法实际上也是冷战末期中国在处理朝鲜半岛问题时频频提及的交叉承认方案。交叉承认方案最早并非由中国提出，而是1975年9月由美国在第30届联大上提出的。起初，所谓交叉承认就是中苏承认韩国、美日承认朝鲜，最终实现朝鲜半岛南北的和平共处。[67] 这一方案提出后得到美日韩的吹捧和宣传，中苏朝却一致谴责，认为这是美国企图使朝鲜半岛分裂固化、永久化的阴谋。到冷战末期，随着国际局势变化，美日韩对交叉承认方案的态度变得暧昧，中苏朝的姿态则不同程度地发生了微妙变化。尤其是中国，在中韩关系正常化进程中，大力推动朝美、朝日关系正常化，尽可能减小中韩建交对中朝关系带来的冲击，试图以交叉承认的结果构建朝鲜半岛的新平衡。1987年5月金日成访华期间，中国领导人就曾向朝方提出要求其慎重考虑交叉承认问题。[68] 朝鲜此时也一改过去的反对立场，对交叉承认

65) 钱其琛:《外交十记》，第155页；이상옥,〈전환기의 한국외교〉, 167쪽.

66) 钱其琛:《外交十记》，第157页。

67) 朱芹:《周边大国在交叉承认韩朝问题上的博弈》,《辽东学院学报（社会科学版）》2010年第2期。

68)『중앙일보』 1987년 5월 26일，当时朝鲜政府是有考虑交叉承认的意向的，具体可参见黄长烨的证言 *New York Times*, Nov. 22 1987；转引自정재호 :〈중국의 부상과 한반도의 미래〉, 110-112쪽.

给予一定的配合。在中国的外交斡旋下，1991年1月10日朝日举行关系正常化第一次会谈，到1992年3月底共进行了6次会谈；1992年1月，朝美在纽约举行朝鲜停战后朝美两国高级官员的首次高级会谈。[69] 但1990年9月的苏韩建交开了不用将美日交叉承认朝鲜作为建交前提的先河后，国际形势对美日韩越来越有利，韩美日三国统一口径，将交叉承认与中韩建交相切割，转而与朝鲜接受核查相关联。在朝日关系正常化谈判中，日本严格遵循韩国提出的"日韩优先协商"原则和美国提出的把朝鲜接受核查作为日本邦交正常化先决条件的主张。[70]

尽管如此，中国依然尝试将交叉承认包裹在中韩建交进程中努力推进。1991年11月，钱其琛在首尔与卢泰愚会面时，提出中韩关系的改善须在南北关系改善、日朝关系、朝美改善之后进行，就是试图把中韩建交引向交叉承认的方向，而中国劝说朝鲜与韩国加入联合国即是实现交叉承认的第一步。钱其琛从首尔回国后，11月15日又与来访的美国国务卿贝克举行会谈，钱其琛就1992年美中分别与南北实现交叉承认的方案，也就是美国与朝鲜建交、中国与韩国建交的方案征询了美国的意见。贝克对此表示，如要实现上述的交叉承认，朝鲜首先要放弃开发核武器并接受国际原子能组织的全面检查。贝克说朝鲜开发核武器对东北亚地区的安全造成威胁，阻止这一行为需要国际社会共同的努力尤其是中国对朝鲜施加的影响力。对此，钱其琛指出，中国也不希望朝鲜半岛出现核武器，但是对朝鲜施加压力可能会造成反面效果，这个问题应该由朝韩共同协商解决，中国不希望朝鲜被国际社会孤立，因此提出交叉承认的方案。12月，中国研究机构的相关人员与韩国驻北京代表处接触时，也表明如下立场：一个不破坏朝鲜半岛的均衡、能够满足各方利益的方案，必须是美中日同时与朝韩建交的交叉承认方式，韩国政府对日美与朝鲜改善关系必须积极。

1992年3月，中国外交部副部长刘华秋访美，再次提及中韩及朝美间的交叉承认。美方明确表示，交叉承认的时代已经过去，韩中建交与日朝、美朝关系的改善

69)《朝鲜改革开放初见端倪》，新华社《世界形势研究》1992年第12期（总第251期），第16页。

70)《朝日新闻》 1990年11月4日，转引自朱芹:《周边大国在交叉承认韩朝问题上的博弈》，《辽东学院学报（社会科学版）》2010年第2期。

毫无关联。当时的美国和日本固守着与朝鲜改善关系之前，首先必须解决朝鲜核问题的立场。[71] 如果说中国领导人在1988年提出要将中韩建交作为一着重要的战略“棋子”时，对这枚棋子未来将置于怎样棋局中可能并不明晰，那么到冷战末期，随着中国对交叉承认方案的大力推动，中国决策层将中韩建交这枚棋子置于构建冷战后朝鲜半岛新均势的棋局中的设想越来越明晰。

1992年5月，中韩两国代表在北京开始商谈，在韩方要求下，交谈直奔建交议题。中国对此也有所准备，提出了建交原则，要求韩国与台湾断交、废约、撤馆。韩方最初提出要与台湾保持半官方关系，遭到中方严正驳回。双方相持一段时间，韩方看中方毫无松动之意，担心拖延时日耽误建交事宜，经权衡后最终放弃原来要求，接受了中方的建交原则，同意中华人民共和国政府是中国的唯一合法政府，台湾是中国一部分。[72] 除建交谈判的核心议题“韩台关系”外，中国在谈判中还再提交叉承认建议，但被韩方明确拒绝。韩国代表提出，只有在朝鲜严格执行《朝鲜半岛无核化联合声明》的有关证明，允许南北方相互检查核设施，消除国际社会对核问题存疑的情况之下，韩国政府才会同意交叉承认的有效性。另外，韩方认为，由于韩国已经与苏联建立了外交关系，韩苏建交没有涉及交叉承认的问题，按类似情形，韩中建交也应转化为两国双边问题，不应牵涉到多国多方。中方没有再把“交叉承认”作为建交先决条件。[73]

中国为何在建交谈判中没有坚持交叉承认，现有公开材料还不足以充分解释。但笔者愿在现有基础上做如下推测。首先，建交谈判中中国的核心利益一韩台断交、废约、撤馆已得以实现。考虑到韩方“苦心经营”了几十年的韩台关系，中方原本预期这会是一块如中美谈判中的台湾问题般难啃的“硬骨头”，至少要花上几个月甚至半年的时间，没想到韩方没有坚持太久就接受了中国的建交原则。这与韩国总统卢泰愚要追求任期内与中国建交有关，此目标使一线外交官协商空间有限，不

71) 美国将访问情况告知韩国，이상옥,〈전환기의 한국외교〉, 149-151쪽.

72) 钱其琛:《外交十记》， 第155-156页； 张庭延:《跨越历史的时刻一中韩关系演变回顾》(下),《当代韩国》2006年春季号; 이상옥,〈전환기의 한국외교〉, 167쪽.

73) 魏敬民:《中韩两国建交始末》,《党史天地》, 2002年第10期

得不做出一些让步。[74] 鉴于卢泰愚总统任期所剩无多，中国不愿在交叉承认问题上的过多牵扯而丧失有利的谈判时机，导致韩国处理对台关系立场生变。第二，从经济角度看，中韩建交也不宜再拖延。中韩没有外交关系，缺少相应的贸易保护条约和关税条约，严重制约了韩国对华贸易投资的规模，中韩迟迟不建交已成为中韩发展贸易的突出障碍。第三，美日韩在交叉承认问题上协同一致，日韩追随了美国的立场，坚决将改善同朝鲜关系与解决朝鲜核问题相关联，而不是与中韩建交相关联，中国提出交叉承认可能同时受到了来自美日的外交压力。第四，交叉承认也许是解决朝核问题的“药方”，美日提出将朝鲜接受核查遵守无核化政策作为改善与朝鲜关系的前提，朝鲜半岛无核化是中国所喜闻乐见的，在苏韩已先行建交的情况下，交叉承认方案已失去了重要支点，将交叉承认方案留待解决朝鲜核问题时使用，也符合中国的周边战略安全和国家安全利益。

中韩双方最终于6月底达成了建交协议，朝日、朝美关系正常化却未能完成，交叉承认未能实现。中韩建交谈判总共耗时不到两个月，其速度远远快于中日、中美建交谈判，大大超出中方预期。正因为如此，中方根本来不及向朝鲜方面说明情况，更勿用说获得对方谅解，这与中朝双方此前在诸如加入联合国、互设贸易代办处等问题上事先取得互相谅解的处理方式大相径庭。中韩建交对中朝关系产生了极为深远的影响。

有韩国学者将中韩建交与1992年初邓小平的南方谈话相关联，认为1978年改革开放初期，邓小平曾利用中美建交打开过对外开放的新局面，到1992年中国因为苏东剧变和政治风波而承受着内外交困压力时，邓小平很有可能利用中韩建交为深化改革开放进程添一把火。[75] 对此，笔者不能苟同。中国对外政策演变的历史也已经证明，那种主要由国内政策重大变化引起的对外政策调整，通常都是滞后的，并不会立刻显现。尽管中国启动韩国建交的时间点上与邓小平南方谈话平行，但二者之间很难存在内在关联，将中韩建交与改革开放相联系，多有夸大中韩建交效应的嫌疑。

---

74) 정재호：〈중국의 부상과 한반도의 미래〉，168쪽.

75) 参见정재호：〈중국의 부상과 한반도의 미래〉，172-173쪽.

至于中韩建交为何在1992年实现，其中固然有两国建交的条件已基本成熟的客观原因，但真正促使中国决策层决定启动建交谈判的，则可能是国际环境的重大变动，即1991年底苏联解体以及冷战两极格局的终结。冷战结束，导致中国周边战略形势出现新变，中国外交更加强调并丰富了睦邻友好政策，朝鲜半岛作为塑造稳定和平周边环境的重要区域，中韩建交被赋予了更多的战略意义。中韩建交是中国参与塑造冷战后朝鲜半岛新格局而迈出的重要一步，是中国周边外交的一个重要成果，有利于冷战结束后维护朝鲜半岛的稳定和巩固中国在东北亚地区的战略影响力。

1992年8月24日，中国外长钱其琛和韩国外长李相玉在钓鱼台国宾馆芳菲苑正式签署中韩建交公报。[76] 9月27日，韩国总统卢泰愚应中国国家主席杨尚昆邀请访华，成为大韩民国建立以来第一位到访中国的国家元首。中韩关系由此翻开新的历史篇章。

第五节　结 论

中韩关系正常化进程中，中国方面动力不足。中国决策层对中韩关系价值认知的渐进以及中韩建交可能打破朝鲜半岛均势现状的担忧，导致中韩建交迁延多时。具体而言，中韩两国隔绝多年，朝鲜半岛问题在中国外交决策系统中不具有优先性，加之在维护朝鲜半岛和平稳定的前提下，朝鲜因素始终如影随形，中国决策层对中韩关系的价值认知存在一个渐进过程；而冷战期间，朝鲜半岛已形成了一个北方三角与南方三角并存的均势稳定局面，在美日尚未承认朝鲜的情况下，中国若率先承认韩国并同其建交，势必会打破这种平衡，同时朝鲜的可能反应也是中国决策层的重要考量。

中韩建交最终在1992年实现，建交条件基本成熟固然重要，1991年底苏联解

76)《人民日报》，1992年8月25日，第1版。

体、冷战结束可能是中国决定建交的最后推力。这一时期，中国外交重心转向亚洲周边国家，朝鲜半岛作为塑造稳定和平周边环境的重要区域，中韩建交被赋予更多战略意义。

中韩建交作为个案研究，折射出中国对朝鲜半岛政策的谨慎与稳健。朝鲜半岛的特殊地理位置、中朝多年的传统友谊以及意识形态的传统惯性在中国对外政策选择都发挥着重要作用，这决定了在没有打破此区域既定格局的地区性或全球性变局出现以前，中国在朝鲜半岛的政策将保持长期性和稳定性。

参考文献

〈史料〉

『중국(구 중공)의 대한반도 정책』, 1974년, 한국외교사료관, C-0070-11.

『한 · 중공 경제협력, 1985』, 1985년 1~3월, 한국외교사료관, 2015-0065-15.

『한 · 중공 관계개선』, 1978년, 2008-0013-09.

『한 · 중국(구 중공) 관계개선』, 1976년, 한국외교사료관, C-06-0096-11.

『한 · 중국(구 중공) 관계개선』, 1973년, 한국외교사료관, Re-0022-44.

『한국의 대중국(구 중공) · 소련 민간학술문화 · 산업 분야 접촉시도』, 1975년 1월 17일, 한국외교사료관, C-0081-02.

『대중국(구 중공) 홍삼 수출』, 1974년, 한국외교사료관, N-0021-05.

『关于目前不同南朝鲜进行直接贸易的通知』, 1985年2月4日, 山东省档案馆, A186-02-0349-04。

『今明两年的世界经济形势』, 中国外交部新闻司『新情况』, 1990年 第178期, 1990年12月15日。

『东亚区域经济合作动向』, 中国外交部新闻司『新情况』, 1989年 第40期, 1989年3月22日。

『苏联东欧各国同南朝鲜关系的新动向』, 中国外交部新闻司『新情况』, 1988年 第76期, 1988年5月27日。

『苏联东欧国家与南朝鲜关系新动向』, 中国外交部新闻司『新情况』, 1989年 第176期, 1989年12月9日。

『苏联东欧同南朝鲜关系的新发展』, 中国外交部新闻司『新情况』, 1988年 第143期, 1988年9月 23日。

『卡特与邓小平会谈备忘录』, 1979年1月29日。

『朝鲜北南总理举行首次会谈』, 中国外交部新闻司『新情况』, 第125期, 1990年9月11日。

『中央领导同志谈国际形势和双边关系』, 1988년 9월 26일, 外交部办公厅 : 『外事动态』 1988年 第19期。

『中曾根康弘与赵紫阳的谈话』, 1984年3年24日, 日本外务省外交史料馆, 『开示文书』, 18/04-1029/4。

山东省外经贸委, 『关于我省今后开展同南朝鲜经贸交往的座谈简报』, 1988年3月13日, 山东省档案馆, A062-08-0464-08。

山东省外经贸委, 『关于山东省第六届对外经济贸易洽谈会我方与南朝鲜经贸交往情况专报』, 1989年 3月 20日, 山东省档案馆, A197-02-0271-02。

山东省外经贸委, 『关于请函告1989년同南朝鲜民间经贸交往情况的通知』, 1989年11月29日,

山东省档案馆，A197-02-0271-06。
山东省外贸局，『关于积极开展对南朝鲜贸易的意见提纲』，1988年4月1日，山东省档案馆，A062-08-0344-08。
新华社，『世界形势研究』，1992年 第23期(总第262期)。
益尾知佐子，『“日中友好”时代的两国关系-从领导人的言论说起』，日本国际政治学会年度研究大会报告，2007年10月，未刊。

〈书刊〉

『월간조선』，2014년 9월호.
『중앙일보』
『人民日報』

〈单行本〉

이병국，1997，『한중 경제교류 현장론』，서울: 나남출판.
이상옥，2002，『전환기의 한국외교』，서울: 삶과꿈.
정재호，2011，『중국의 부상과 한반도의 미래』，서울: 서울대학교출판문화원.

『邓小平文选』第叁卷，北京：人民出版社，1993年版。
『李先念年谱』第六卷，北京：中央文献出版社，2011年版。
『李先念传(1949-1992)』(下)，北京：中央文献出版社，2009年版。
刘文编 着，2014，『比较，竞争与合作-中日韩自贸区发展研究报告』，北京：中国经济出版社。
刘亚洲，2018，『刘亚洲战略文集』，未刊。
延静，2004，『出使韩国』，济南：山东大学出版社。
阮虹，2009，『中韩“劫机外交”』，北京：当代中国出版社。
张雅文，1998，『韩国总统的中国“御医”(韩晟昊)：打开中韩通道的秘密使者』，北京：作家出版社。
钱其琛，2003，『外交十记』，北京：世界知识出版社。
中联部办公厅 编，2004，『中联部老部领导谈党的对外工作』，未刊。
Kim, Samuel S., “The Making of China's Korea Policy in the Era of Reform”. David Lampton ed., Stanford: Stanford University Press, 2001.

〈论文〉

祁怀高，2010，『中国地方政府对中韩建交的影响-以山东省的作用为例』，『当代韩国』，2010年冬季号。

董洁, 2018,『朝鲜加入联合国与中朝关系(1989-1991)』,『华东师范大学学报(哲学社会科学版)』, 2018年 第5期。

张庭延, 2005,『跨越歷史的时刻 : 中韩关系演变回顾(上)』,『当代韩国』, 2005年 冬季号。

______, 2013,『邓小平关心朝鲜半岛局势』,『党史博览』, 2013年 第5期。

田纪云, 2004,『怀念小平同志』,『炎黄春秋』, 2004年 第8期。

赵青峰, 2018,「建交前体育交流和中韩关系发展」,『냉전国际史研究』 第25辑, 北京 : 世界知识出版社。

蔡亮, 2007,「建交前体育交流对中韩关系影响初探」, 復旦大学韩国研究中心 编,『韩国研究论丛(第十六辑)』 第叁届中国韩国博士生论坛特辑。

第
五
章

改革开放前的冷战时期 (1949~1980)
中国韩半岛政策研究

金东吉 _ 中国北京大学历史学系教授、北京大学韩半岛研究中心所长

第一节　导论

数千年以来，中国大陆与朝鲜半岛一直保持着密切的关系。但是，随着1945年8月15日日本投降，朝鲜半岛被美国和苏联以三八线为界一分为二。1948年8月15日和1949年10月1日，在三八线以南和中国大陆，大韩民国（ROK）和中华人民共和国(PRC) 分别成立，朝鲜半岛南部与中国大陆的关系被断绝。随后于1950年10月19日，中国派兵参与朝鲜战争，韩中关系进入了敌对状态，之后的韩中关系就受到了国际冷战的直接影响。

从20世纪80年代起，中国正式实施改革开放。与此同时，韩中两国的交流从体育领域逐渐扩大到政治、经济领域。1985年，韩国与中国间的贸易总量超过朝鲜与中国间的贸易总量，且其差距日益扩大。1986年和1988年，中国分别参加在首尔举行的亚奥会和奥运会；1987年7月，以田纪云副总理为组长的“中韩经济协调小组”成立，全权负责两国的经济合作。[1] 1990年，韩国派大规模代表团参加北京亚运会。1991年1月，两国分别在首尔和北京设立贸易代表处。1991年8月，苏联解体，9月南北韩同时加入联合国。1992年，韩中贸易从1988年的31亿美元骤增至64亿美元，中国成为韩国第三大贸易伙伴国，韩国成为中国的第四大贸易伙伴国，韩中建交刻不容缓。在此背景下，韩中两国结束长达四十年的敌对关系，于1992年8月正式建交。[2]

韩中两国关系断绝期间，中国特别关注韩国人的生活水平、韩国历代政治领导人的倾向、南北韩经济实力差距、韩日之间的独岛纠纷以及美国撤军等问题。[3] 在学

1) 田纪云，2009年，《改革开放的伟大实践 ： 纪念改革开放30周年》，北京：新华出版社，第474页。

2) 이동률, 2008, 「한중수교에서 '북한요인'의 변화 및 영향」, 『한국과 국제정치 3』, 서울: 경남대학교극동문제연구소, pp. 151-178.

3) “朝鲜‘三八’线上的情况”，《内部参考》（1956. 12. 01）；“南朝鲜最近情况”，《内部参考》（1956. 12. 03）；“南朝鲜军事情况”，《内部参考》(1956.12. 29)；“南朝鲜特务机关谣传的朝鲜劳动党内部情况”，《内部参考》(1957. 08. 10.)；“首都各界人民支援南朝鲜人民爱国正义斗争大会材料(中文，外文)(1960. 04. 02.~04. 28)”，《中国外交部档案》，117-00783-01，第1~135页；“关于朝鲜，日本争议的“独岛”（1965. 3. 11.)”，《中国外交部档案》，106-00843-08，第1~4页；“对南朝鲜形势发展的估计(1961. 02. 27-03.

术研究方面，对韩中断交时期北中关系及北中苏三国关系的研究居多，而对韩国战争之后中国政府的朝鲜半岛政策或战略目标的研究很少。[4]

1992年韩中建交之前，朝鲜是中国对朝鲜半岛政策的唯一交涉对象，所以中国的朝鲜半岛只能从其朝鲜的立场进行推测。1950年5月中旬之前，毛泽东对金日成攻打南韩一直持反对态度。与之相反，从朝鲜战争爆发到1951年7月与联合国开始停战谈判，中国则支持朝鲜的武力统一。[5] 1978年2月，中国决定走改革开放的道路；1979年1月1日中国与美国建交，为经济发展营造稳定的周边环境成为中国政府的外交目标。因此，反对朝鲜对韩国的武力挑衅及军事冒险主义成为中国的朝鲜半岛政策，“防范战争的再次爆发”成为对韩半岛政策中的常数。[6] 这是因为，朝鲜对韩国

31)”，《中国外交部档案》，106-00581-02，第1~9页；“南朝鲜军事政变情况(1961. 02. 27~06. 03)”，《中国外交部档案》106-00581-03；“我对南朝鲜军事政变的看法(1961. 05. 18~05. 30)”，《中国外交部档案》，106-00581-04，第1~34页。

4) 从中华人民共和国成立到建交期间的有关朝鲜和中国关系最代表性的研究成果如下。沈志华，2016年，《最后的天朝：毛泽东、金日成与中朝关系》，香港，香港中文大学出版社；이종석，2001，『북한―중국관계: 1945~2000』，서울: 중심；Donggil Kim and Seong-hyon Lee, 2018, “Historical Perspective on China's “Tipping Point” with North Korea”, Asian Perspective, Vol. 42, No. 1, pp. 33-60; Donggil Kim, 2016, “China's intervention in the Korean War revisited”, Diplomatic History, vol. 40, no. 5, pp. 1002-1026; Yafeng Xia and Zhihua Shen, 2013, “China's Last Ally: Beijing's Policy toward North Korea during the U.S.-China Rapprochement, 1970~1975”, Diplomatic History, vol. 38, no. 5, pp. 1083-1113; Sergey Radchenko and Bernd Schaefer, 2017, “‘Red on White’: Kim Il Sung, Park Chung Hee, and the Failure of Korea's Reunification, 1971~1973”, Cold War History, vol. 17, no. 3, pp. 259-277; Kim Sangwon, 2014, “The Chinese Civil War and Sino-North Korea Relations, 1945~50”, Seoul Journal of Korean Studies, vol. 27, no. 1, pp. 91-113.

5) 1951年7月10日，中国开始停战谈判起，就回归以三八线为中心“维持现状”的立场。김동길，2019年，「휴전협상에서 북·중·소 3국의 태도변화 및 결과」，『한국과 국제정치 3』，서울: 경남대학교 극동문제연구소，pp. 27-66；据最近公开的中国和俄罗斯资料显示，1951年5月末，毛泽东决定以三八线为南北分界线的停战。相继，毛泽东于6月初向金日成、斯大林建议并得到对此停战方案的同意；7月10日，在板门店与联合国正式开展停战谈判。“毛泽东为与斯大林商讨停战协定条件，发给金日成的电报”(1951. 6. 13)，АПРФ(Архив Президента Российской Федерации)(俄罗斯联邦总统文件保管所：简称为АПРФ)，АПРФ. Fond. 45, Opis. 1, Delo. 339. List. 58~60；《杨成武年谱》编写组，2014年，《杨成武年谱1914年~2004年》，北京：解放军出版社，第223页；中共中央文献研究室编，2013年，《毛泽东年谱(1949~1976)》第1卷，北京：中央文献出版社，第357页；聂荣臻，1984年，《聂荣臻回忆录》(下册)，北京：解放军出版社，第742页。

的武力挑衅及军事冒险主义有可能引发与美国之间的武力冲突，使中国改革开放的努力化为泡影。

本文利用中国、俄罗斯、朝鲜、美国及韩国的资料，探讨从1949年10月至1980年开始实行改革开放为止中国的朝鲜半岛政策及其背景，试图填补这一研究空白。本文将1949年至1980年分为20世纪50年代、60年代及70年代三个阶段。1949年至1980年，中国对朝鲜半岛的政策始终是“维持现状”，但各阶段的政策目的及其缘由各不相同。本文从历史观点考察中国对朝鲜的政策及对朝鲜半岛的立场，以期为理解作为朝鲜半岛问题常数的中国朝鲜半岛政策与立场提供一些线索。

第二节　中国对朝鲜半岛“维持现状”政策的起源与朝鲜战争之后对朝鲜半岛的政策（20世纪50年代）

中华人民共和国对朝鲜半岛“维持现状”的政策始于何时？首先须了解中华人民共和国成立之前中国共产党领导层对朝鲜半岛的政策。1949年5月，即中华人民共和国成立五个月之前发生的一起事件，初次显露出中国共产党领导人的朝鲜半岛政策。1949年5月初，中共横渡长江将要掌握上海之时，金日成派朝鲜劳动党中央委员金一访问北京，与毛泽东等中共领导人讨论朝鲜半岛局势。毛泽东承诺，将中国人民解放军编成中的朝鲜人三个师移交给朝鲜政府，并劝告他不要主动对南韩发起攻击。毛泽东说，近期内美国虽计划在南韩撤军，但日本将可能代替美军留在南韩，南韩有可能在日本的支援下攻击朝鲜，要求朝鲜提高防御能力。毛泽东还说，到1950年初“我们会迅速派精锐部队歼灭日军，到时候（北韩）可以对南韩采取行动”，也就是说，要求时机成熟之前不要对南韩动武。[7] 1949年10月1日中华人民共和

6) Donggil Kim and Seong-hyon Lee, 2018年，上文，p. 41；李效东主编，2010年，《朝鲜半岛危机管理研究》，北京：军事科学出版社，第3~4页；Kim Sangwon, 2014年，上文，第110~113页；有关1980年中国的改革开放之后韩中接触，参考资料如下：Shen Zhihua and Xia Yafeng, 2018, A Misunderstood Friendship: Mao Zedong, Kim Il-sung, and Sino-North Korean Relations, 1949~1976, New York, Columbia University Press, pp. 231-244.

国成立后，毛泽东的态度依然没有发生变化。10月初，天津的中共情报机关向毛泽东报告，朝鲜对南韩的武力攻击在即。10月21日，毛泽东将此报告内容发给斯大林(Joseph V. Stalin)，并指责金日成称，“我劝告朝鲜同志要提高防御能力，但不要攻击南朝鲜”，可是“他们没有真心接受我的劝告，急于采取行动”。[8] 12月16日，毛泽东在莫斯科与斯大林首次会谈时，也强调“现在最重要的问题是回复战前的经济水平和稳定全国的局势”，主张稳定周边环境的必要性，并间接表示反对在朝鲜半岛发动战争。[9]

1950年1月末，斯大林改变态度，同意金日成以武力统一朝鲜半岛的主张。5月13日，金日成为了获取毛泽东的同意访问北京。[10] 毛泽东说“应该估计[美]帝国主义会干涉的”，并表示反对。但金日成主张“[美]帝国主义不会干涉”且“不要[中国]帮助”，向毛泽东施加压力。后来，毛泽东表示，“已经有两国[苏联和朝鲜]同意了，我也就没有坚决反对”，只能同意。[11]

毛泽东同意朝鲜战争之前，反对朝鲜主动进攻、坚持“维持现状”的理由可推

7) “什特科夫(Stykov)大使致维辛斯基(Vyshinskii)外交部长电：金日成通报金一在北平会谈情况”(1949. 05. 15)，АПРФ, Fond 3, Opis 65, Delo 9, List 51-54; “科瓦廖夫(Ivan Kovalev)致斯大林电：毛泽东通报与金一会谈的情况”(1949. 05. 18)，АПРФ, Fond 45, Opis 01, Delo 331, List 59-61; 有关金一访问北京并进行详细讨论的内容参考如下资料：Donggil Kim, 2012,” Prelude to War? The repatriation of Koreans from the Chinese PLA, 1949~50”, Cold War History, vol. 12, no. 1, pp. 227-44.

8) “科瓦廖夫转毛泽东致斯大林电：关于朝鲜局势的情报及看法”(1949. 10. 23)，РГАСПИ (Российский Государственный Архив Социально-Политической Истории：俄罗斯国立社会－政治史文件保管所，简称为РГАСПИ)，Fond 558, Opis 11, Delo 333, List 49-51; “莫洛托夫(Molotov)致马林科夫函：葛罗米柯草拟的斯大林复毛泽东电”(1949. 10. 26)，АПРФ, Fond. 45, Opis. 1, Delo. 332, List. 47~48.

9) 斯大林强调“日本还没有恢复起来，因此它没有能力准备战争；美国虽然在叫嚣战争，但它最怕打仗；欧洲被战争吓破了胆。实际上，谁也不会同中国打仗”，并表示“如果中国和苏联和睦相处，和平能够得到保障”。“斯大林与毛泽东会谈记录”(1949. 12. 16)，АПРФ, Fond. 45, Opis. 1, Delo. 329, list. 9-17.

10) “斯大林致什特科夫电：同意会晤金日成讨论统一问题”(1950. 01. 30)，АВПРФ (Архив внешней политики Российской Федерации：俄罗斯联邦外交政策文件保管所，简称为АВПРФ)，АВПРФ, Fond. 059a, Opis. 5a, Papka. 11, Delo. 3, Listy. 92.

11) “毛泽东与苏联共产党中央委代表团第二次会谈记录”(1956. 09. 23)，作者个人收藏。

测如下：第一，朝鲜主动进攻，有可能将1949年6月从南韩撤兵的美军再次引入韩半岛，威胁新中国的安全，甚至还可能严重阻碍新中国的经济恢复。第二，毛泽东担忧给日军留下机会，使其代替美军再次进入朝鲜半岛。日本投降之后，在朝鲜半岛问题上，蒋介石最担忧的也是日本势力再次进入朝鲜半岛。[12]

1953年7月27日，《停战协定》签订，历时三年之久的韩国战争终于落下帷幕。1953年1月1日，中国开始执行“第一个五年计划”，营造稳定的周边环境成为中国外交的核心目标。[13] 1953年3月，斯大林逝世，以赫鲁晓夫（N.S. Khrushchev）为首的新一届领导人决定将“和平共处”作为对西方的外交路线。[14] 中国响应苏联领导层的“和平共处”原则，发表“和平共处五项原则”外交路线，并承诺不向周边国家输出革命。[15]

中国在对朝鲜半岛的政策上也完全贯彻这一原则。朝鲜战争结束之后，毛泽东向金日成要求将朝鲜人民军削减到10万以下，不要搞空军与机械化部队，朝鲜的安全全权靠给中国人民志愿军，朝鲜一心一意发展经济。[16] 其目的就是限制北朝鲜的军事力量，使其不能独立挑起战争，以此从根本上防范战争的再次爆发。1956年9月，毛泽东再次向苏联共产党政治局委员米高扬（A. I. Mikoyan）表示，“朝鲜对于我们，关系太密切了，你们还隔着一段。美国人如果美就在鸭绿江边，我们真的是睡不着觉啊！三八线到鸭绿江有400公里，否则，鞍山、旅大、沈阳、抚顺、哈尔滨都

---

12) XiaoYuan Liu, 1998, A Partnership for Disorder: China, the United States, and Their Policies for the Postwar Disposition of the Japanese Empire, 1941~1945, Cambridge: Cambridge University Press, pp. 81-105.

13) 金冲及，2003年，《毛泽东传(1949~1976)》(上)，北京：中央文献出版社，第545页。

14) “苏联共产党中央委员会决议：关于和平解决国际问题以及为此将展开的运动(1953. 8)”，РГАСПИ，Fond 5, Opis 30, Delo 33, List 64-71.

15) 和平共处五项原则是“互相尊重领土主权、互不干涉内政、互不侵犯、平等互利、和平共处”，这成为未来中国外交的基本原则，中共中央文献研究室·中华人民共和国外交部，1990年，“和平共处五项原则(1953. 12. 31)”，‘周恩来外交文选’，北京：中央文献出版社，第63页；1954年6月，周恩来总理访问印度和缅甸，强调“革命是不能输出的，如果人民赞成一种制度，反对也是无效的，如果人民不赞成一种制度，勉强强加是一定要失败的”。中共中央文献研究室编，1997年，‘周恩来年谱(1949~1976)’(上)，北京：中共中央文献出版社，第390~393页；“中缅两国总理联合声明”，《人民日报》，(1954. 6. 30)。

16)《毛泽东与苏联共产党中央委代表团第二次会谈记录》(1956. 09. 23)，作者个人收藏。

在美军军队的威胁下”，强调中国利益与朝鲜半岛稳定的紧密关系。[17]

1954年日内瓦会议上，中国计划提交的“关于和平统一朝鲜方案（草案）”更加凸显出中国希望韩半岛保持稳定的期望。[18] 1954年3月6日，中国政府完成《关于和平统一朝鲜方案的初步意见》，并获得了中共中央政治局的批准。[19] 该意见中，中国对朝鲜半岛的统一方案如下：

1、实现朝鲜半岛的统一。

2、南北朝鲜以同等条件选出代表并组成全朝鲜委员会，在统一政府成立之前，主政南北朝鲜。

3、实施普选制度。

4、外国驻军全部撤离。[20]

即，在朝鲜半岛成立统一政府之前，由全朝鲜委员会主政整个朝鲜半岛并实施普选制度，实现统一后外国驻军全部撤出朝鲜半岛。通过和平的方式保障统一政府的成立，之后撤出所有外国驻军，也就是所谓的“先保证稳定，后撤出外国驻军”，这反应出中国对朝鲜半岛稳定的高度重视。同时，中国政府确定最底限度的目标，如果“不能被对方接受，我们应该承认维持南北朝鲜现状。”[21]

相反，北朝鲜的统一方案与中国截然不同。1954年2月26日，金日成给驻朝鲜

17) 同上书。

18) 日内瓦会议是1954年4月26日至7月21日，在瑞士首都日内瓦举行的国际会议，其目的是和平解决朝鲜半岛问题。参加者有美国、英国、法国、苏联、中国、大韩民国、朝鲜民主主义人民共和国及其他有武装部队参加朝鲜战争并愿意参加会议的国家代表。 日内瓦会议还讨论回复印度支那和平的问题，届时将苏联、美国、法国、英国、中华人民共和国及其他国家的代表参加。中共中央文献研究室编，1997年，《周恩来年譜：1949~1976》(上卷)，北京：中央文献出版社，第354页。

19) 1954年3月6日和10日，在北京，朝鲜外相南日和中国总理周恩来会谈时，就“有关朝鲜和平统一方案的初步意见”进行商讨。中共中央文献研究室编，1997年，前引书，第357~358页。

20) Secret Memorandum of Conversation between Molotov and PRC Ambassador to the Soviet Union, Zhang Wentian, 6 March 1954, cited from Paul Wingrove, “Russian Documents on the 1954 Geneva Conference”, CWIHP Bulletin, issue 16, pp. 86-88, 13.

21) “关于日内瓦会议的估计及其准备工作的初步意见(1954. 03. 02)”，中国外交部档案，206-Y0054；金冲及，2003，上书，第555页。

苏联大使苏兹达列夫（S. P. Suzdalev）传达北朝鲜的统一方案。金日成向苏联大使称，“日内瓦会议一定要在所有外国军队撤军问题上达成共识。如果美军撤出南朝鲜，我方就在南朝鲜开展政治活动，进一步加强朝鲜在南方的地位，巩固朝鲜的经济，改善人民的物质水平，三年到五年后进行普选，以和平的方式实现统一”。3月16日，朝鲜外相南日主张，“朝鲜问题应由朝鲜人民自主解决”，“为商讨朝鲜统一和成立统一政府，应该在所有外国军队撤出南朝鲜和北朝鲜之后，组织由南北代表共同组成的一种机构”。[22] 由此可见，朝鲜的统一方案是“先撤出外国驻军、后实现统一”，即包括美军、中国人民志愿军等所有外国军队先撤出朝鲜半岛，再由朝鲜自主决定统一事宜。

这一时期，苏联的朝鲜半岛统一方案也与中国类似，主张“如果朝鲜半岛统一以及外国军队撤出问题不能达成一致”，“参加日内瓦会议的所有国家应采取措施，维持并保障朝鲜半岛的和平”。[23] 朝鲜战争之后，苏联一直主张和平共处，反对武力统一朝鲜半岛。1955年，朝鲜劳动党欲在劳动党纲领上添加“建设北朝鲜的社会主义，武力解放南朝鲜”。苏联对此表示反对，并主张“提高北朝鲜人民的生活水平，以此刺激南朝鲜人民自发开展统一祖国的斗争”，“在南朝鲜的工会、农民、妇女以及其他群众组织内，形成北朝鲜的立足点，使他们和李承晚作斗争”，通过这一“统一战线”方式来实现统一。[24]

朝鲜战争结束之后，“朝鲜半岛的稳定”完全符合中苏两国的利益。而中苏作为对北朝鲜最具影响力的两国，即中苏的“朝鲜半岛的稳定”或“维持现状”的立场，在遏制20世纪50年代中后期北朝鲜的军事冒险主义及维持朝鲜半岛稳定方面发

22) “金日成与苏联大使苏兹达列夫的会谈”（1954. 03. 02），АВПРФ，Fond. 0102，Opis. 10，Delo. 8，Papka. 52，List. 49-51；“南日和苏联大使苏兹达列夫的会谈概要”（1954. 03. 16），АВПРФ，Fond. 0102，Opis. 10，Delo. 8，Papka. 52，List. 49-51，108-111。

23) “库兹涅佐夫关于朝鲜和印度支那问题的报告”（1954. 03. 17），АВПРФ，Fond. 0100，Opis. 47，Delo. 107，Papka. 389 List. 1-4；“关于韩半岛统一和实施总选举的几种意见”（1954. 04）」，АВПРФ，Fond. 06，Opis. 13，Delo. 5，Papka. 69，List. 13-20。

24) “关于朝鲜民主主义人民共和国的情报”（1955. 04），РГАСПИ，Fond. 5，Opis. 28，Delo. 314，List. 33-63。

挥了巨大的作用。

1956年11月初，匈牙利纳吉·伊姆雷(Nagy Imre)政府宣布脱离社会主义阵营，转为中立国，苏联立即出兵推翻了纳吉政府。当时，北朝鲜与中国的关系因1956年8月底中苏联合介入“8月宗派事件”处于紧张状态。[25] 看到苏联流血镇压匈牙利，金日成开始因驻扎在北朝鲜的30万中国人民志愿军倍感压力，立即提出要求让中国人民志愿军撤出朝鲜。[26] 毛泽东同意金日成的要求，于1958年撤回中国人民志愿军。中国人民志愿军的撤回意味着中国失去将自己的意志强加给北朝鲜的物理手段，从此之后中国只能依靠诱导的方式，实施对朝鲜半岛的政策。[27]

第三节　中国反帝、反修与争取第三世界的路线及文化大革命与中国朝鲜半岛政策(20世纪60年代)

1958年的“大跃进运动”使中国经济陷入泥潭。同时，20世纪50年代末中苏矛盾萌芽，60年代开始交恶，苏联成为中国新的安全威胁。1962年，毛泽东为收拾“大跃进运动”的残局、应对新的外部环境，将原有的对苏联“一边倒”政策及“和平共处五项原则”的外交战略修改为“反帝国主义、反修正主义以及争取亚洲与拉丁美洲支持”的外交战略，致力于抵抗美国和苏联的霸权主义。[28] 从此，中国宣布

25) 1956年8月30日至31日召开的朝鲜劳动党8月全体会议上，金日成清洗反对对自己本人进行个人崇拜、主张引进集体领导体制的反对派，这就是“8月宗派事件”。8月31日，尹金钦、戌辉等反对派四人横跨鸭绿江逃亡中国。1956年9月19日，中苏两国派国防部长彭德怀和政治局委员米高扬为代表的中苏联合代表团访问平壤，要求朝鲜停止对反对派的清洗。金日成虽对此表示同意，但一拖再拖没有行动，此时，就发生了苏联军队武力镇压匈牙利的事件。当时，中国人民志愿军30万人驻扎在北韩。

26) 1956年11月30日，毛泽东给驻北京苏联大使尤金(P.F.Yudin)说明，金日成受匈牙利事件影响，不欢迎中国人民解放军驻扎在北韩，并要求撤军。中联部编，出版年度不详，“毛泽东接见尤金谈话记录”，《毛泽东接见外宾谈话记录汇编》(第一册)，北京：中共中央对外联络部，第395~414页

27) 김동길·한상준, 2014, 「제2의 해방: 북한자주화와 1956~57년의 중국—북한관계」, 『국가전략』 2, 성남: 세종연구소, pp. 69-108.

28) 20世纪60年代初，中国外交路线的左倾主义参考如下资料：金冲及，2003，上书，1236，1252页；Li

反对美国和苏联的霸权主义，全面支持亚洲、非洲、拉丁美洲的革命，成为20世纪60年代的中国外交路线。

虽然中国表示支援第三世界国家的民族解放战争，但在朝鲜半岛统一方式上依旧主张“和平统一”。[29] 1960年4月19日，在南韩发生“四一九革命”，李承晚政权被推翻，成立了以张勉为首的民主党政府。北朝鲜把张勉政府的性质定义为“只不过是作为另一个帝国主义走狗的张勉傀儡政府替代李承晚傀儡政府，美帝国主义的殖民统治还在继续”，强调“要想从残酷的破灭与黑暗的人间地狱中救出南朝鲜人民，应首先从南朝鲜撤离美帝国主义侵略军，只有这样朝鲜才能在民主主义基础上早日和平统一祖国”，为此应“解散联合国韩国统一复兴委员会(UN Commission for the Unification and Rehabilitation of Korea, UNCURK）并立即撤出美军”。[30] 虽然以“民主主义基础”、“和平”等词语加以包装，但先让美军撤出、再自主解决统一问题的方针，即以武力统一朝鲜半岛的意志丝毫没有改变。

中国对北朝鲜提出的美军撤出并解散“联合国韩国统一复兴委员会”要求表示同意，但对北朝鲜的统一方案未作表态。相反，对金日成三个月前的建议，即1960年5月提出的“实行南北韩联邦制”表示支持。[31] 联邦制本身就以承认南韩体制以及

Jie, 2001, “Changes in China's Domestic Situation in the 1960s and Sino-U.S. Relations”, in Re-examining the Cold War: U.S.-China Diplomacy, 1954~1973, Cambridge: Harvard University Press, pp. 288-320; Niu Jun, 2005, “1962: The Eve of the Left Turn in China's Foreign Policy”, Cold War International History Project Working Paper, no. 48. pp. 1-36; Dong Wang, 2017, “Grand Strategy, Power Politics, and China's Policy toward the United States in the 1960s”, Diplomatic History, vol. 41, no. 2, pp. 265-287.

29) “关于朝鲜和平统一问题(1958. 10. 09.)”,《中国外交部档案》, 106-01134-03, 第1-14页; “朱德委员长和政协全国委员会支持朝方和平统一朝鲜问题的建议(1959. 10. 30.~12. 23)”,《中国外交部档案》, 106-00132-02, 第1~39页。

30)「우선 미제침략군을 철거시켜라」,『노동신문』(1960. 11. 11); 1950年10月7日, 联合国大会上决定, 在韩国设立“联合国韩国统一复兴委员会”,代表联合国在朝鲜半岛推进成立统一且独立的民主主义政府, 并履行统一后捍卫韩国及促进复兴的任务。即 “联合国韩国统一复兴委员会” 以北朝鲜的解体为前提,系联合国在韩国设立的机构,所以北朝鲜对此机构的存在感到不快。Resolution 376(V), Adopted by the United Nations General Assembly, October 7, 1950, FRUS, 1950, vol. VII, Korea, doc. 640, 904-906; UN General Assembly, The problem of the independence of Korea, October 7, 1950, A/RES/376, https://www. refworld. org/docid/3b00f1e60.html(搜索日：2019年10月13日).

它的存在为前提条件，对“南北韩联邦制”的支持，可以看作中国仍然希望朝鲜半岛“维持现状”。

交恶中的中苏两国为得到北朝鲜的支持，1961年7月相继与北朝鲜签署同盟条约。不过，签订同盟条约并不意味着支持朝鲜半岛的武力统一。1960年6月17日，赫鲁晓夫与金日成会谈时称，“如果朝鲜与苏联签署同盟条约，就可以遏制南朝鲜的军国主义”，并强调，“苏联在远东已部署导弹能够保护朝鲜，因此李承晚无法攻击朝鲜。”这表明，签署同盟条约的目的在于遏制韩国与美国对北朝鲜的军事冒险主义。[32] 中国在同盟条约上约定，中国会给予“军事及其他援助”，但仅限于朝鲜“受到一个国家或几个国家联合的武装进攻，因而处于战争状态时”。[33] 如果朝鲜主动发起进攻，中国无义务对朝鲜提供军事援助。另外，1958年至1965年期间，中国领导层向朝鲜承诺，若美国和韩国攻击朝鲜，可提供东北三省作为其后方基地，但并没有承诺直接参战援助。对此，金日成表示不满。[34]

---

31) 「조선인민의 민족적 명절 8·15해방 15주년 경축대회에서 한 김일성의 보고」, 『노동신문』(1960. 08. 15)："中国政府发表声明支持朝鲜政府关于和平统一问题的备忘录(1960. 11. 14)",《中国外交部档案》106-00149-01, 第1~7页；"我国政府声明支持朝鲜政府关于朝鲜和平统一的备忘录",《人民日报》(1960. 11. 14)。

32) 此次会谈上金日成表示，目前南朝鲜拥有70万军队，美军也达4万7000名，而朝鲜已削减8万军队，只有32万人民军和6万国境守备队而已。Ткаченко В.П. Корейский полуостров и интересы России (韩半岛与俄罗斯的利益) (Москва, Восточная литература РАН, 2000), pp. 19-20。

33) 1961年7月6日和7月11日，在莫斯科和北京分别签署《朝苏友好合作互助条约》和《中朝友好合作互助条约》。两个条约的内容几乎相似，不同的是，朝苏条约规定“有效期为10年。如在期满前一年缔约双方均未提出废除，则继续有效5年”。而中朝条约规定“在未经双方就修改或者终止问题达成协议以前，将一直有效”。两个条约的朝鲜语全文请参考如下资料：『노동신문』(1961. 07. 07.)；『노동신문』(1961. 07. 12).

34) 中国外交部编，出版年度不详，“毛泽东会见朝鲜政府代表团第三次谈话记录(1958. 12. 6)",《毛泽东接见外宾谈话记录汇编》(第四册)，北京：中国外交部，第219~236页；中联部编，出版年度不详，“毛泽东两次接见朝鲜《劳动新闻》代表团谈话记录 (1963年4. 25~26)",《毛泽东接见外宾谈话记录汇编》(第七册)，北京：中国中联部，第151~161、161~172页；中国外交部编，出版年度不详，“毛泽东会见朝鲜最高人民会议常任委员会委员长崔庸健谈话记录(1963. 6. 16)",《毛泽东接见外宾谈话记录汇编》(第九册)，北京：中国外交部，第151~156页；中国外交部编，“毛泽东会见朝鲜党政代表团谈话记录(1964. 10. 7)",《毛泽东接见外宾谈话记录汇编》(第十一册)，北京：中国外交部，第185~196页；“Changes in the Leadership of the Korean Workers Party and the Government of North Korea", July 12, 1965, History and Public Policy Program Digital Archive, SAPMO-BA, Berlin,

由上可知，中国积极支持第三世界的共产革命，但绝未劝诱或鼓励朝鲜实行武力统一。与此相比，中国和苏联反而担忧韩国和美国可能对朝鲜发起攻击。

20世纪60年代初，美国也认为韩国拥有的军力过盛，计划削减韩国军队和驻韩美军。1961年12月，由美国国务院、国防部、国际援助处及白宫参谋组成的“军事援助调整组”，建议五年内将韩国的军队从60万削减至35万。[35] 根据调整组分析，即使从18个师（60万）削减至12个师（35万），韩国也可以充分抵御朝鲜单方的攻击。[36] 然而，美军认为，削减韩国军队将会造成韩国的政治混乱，韩国政府可能将难以维持。另一方面，1960年至1970年期间中国和朝鲜将推进军队现代化，增强军事力量，因此仍需要维持当前的军力。本次缩减军力的提议因美军的反对告吹。[37]

不久之后，美国国务院和美国国家安全委员会(NSC)又开始考虑撤回一部分驻韩美军。[38] 1962年7月，美国国务卿戴维 · 迪安 · 腊斯克 (Rusk. Dean) 主张，将驻韩美军两个师团中的一个师团转移到冲绳或夏威夷，从而降低经常性支出，提高美军在太平洋地区的灵活应对能力。[39] 但是，美国国防部和联合参谋部认为，撤回驻韩美军一个师团会过度削弱对中国和朝鲜联合攻击的遏制力，而且韩国政府也有可能要求收回军事作战指挥权，因而对国务卿的主张表示反对。由此，此次削减兵力的计划也无果而终。[40] 但是，美国军方从1963年开始改变了主意。美军联合参谋部公开表示，在韩国爆发战争时，将立即动用核武器并以此为条件建议截止到1967年，将韩国

DY 30. Translated for NKIDP by Bernd Schaefer. http://digitalarchive.wilsoncenter.org/document/111822(搜索日：2019年10月 16日).

35) Yager to Harriman, February 27, 1962, Box 9, Entry 3113, RG 59, NA.

36) R. W. Komer, Memorandum for the Record: Cary Report on ROK Force Levels, Washington, May 4, 1962, FRUS, 1961~63, vol. XXII, Northeast Asia, doc. 259, 562~564.

37) Walter S. Poole, 2011, The Joint Chiefs of Staff and National Policy 1961~1964, Washington, DC: Office of the Chairman of the Joint Chiefs of Staff, pp. 284-285.

38) National Security Council Record of Action No. 2447, Washington, undated, FRUS, 1961~63, vol. IX, Foreign Economic Policy, doc. 130, pp. 284-285.

39) 마상윤, 2003, 上文, pp. 11-12.

40) Letter from the Deputy Secretary of State (Gilpatric) to Secretary of State Rusk, Washington, August 28 1962, FRUS, 1961~63, vol. XXII, Northeast Asia, doc. 274, pp. 596-597; Weiss to A. Johnson, August 24, 1962, Box 1, Entry 3059, RG 59, NA.

军队从60万削减至45万，驻韩美军也从5.24万名缩减至1.725万名。[41] 其理由是，朝鲜和中国联合攻击韩国并开展全面战的可能性很低，而韩国却拥有过多的军事力量。[42] 这说明，当时美国也知道中国不会幕后指使或煽动北韩发动战争。1965年越南战争爆发，韩国向越南派兵，削减韩国军队以及撤回部分驻韩美军的计划只能再度搁置。然而，数次商讨削减军队的事宜说明当时韩国军队和驻韩美军的规模确实过大，而且不少证据证明中国和苏联与朝鲜签署同盟条约的目的是为了应对韩美联合攻击。

20世纪60年代初期，中国大陆与台湾、印度发生安全和领土纠纷，中国深信其背后黑手必有美国。正因如此，在面临台湾、越南及中苏边境安全问题威胁的情况下，韩半岛的稳定符合中国的利益，故中国对韩半岛的政策依旧是“维持现状”。

1966年5月，中国开始“文化大革命”，北中关系由此陷入泥潭。文化大革命之前，因中国抨击苏联对越南的军事援助、未做出在北朝鲜遭受韩美联合攻击时参战的明确承诺及未在苏联和东欧国家对北朝鲜援助减少的情况下对其提供不够补偿等原因，中关系开始出现裂痕。[43] 相反，从朝苏关系来看，1964年10月赫鲁晓夫下台一个月后，金日成就亲自带领代表团出席苏联的“十月革命47周年纪念仪式”；1965年2月，苏联的部长会议主席柯西金（A. N. Kosygin）亲自带领苏联代表团回访平壤，两国关系开始恢复。[44] 1965年5月3日，金日成向苏联大使表示，“今后，中苏之间发生争议时，我们将保持中立，不同意中国领导层对苏联援助越盟的抨击和指责”。[45]

41) Talking paper for the Chairman, JCS, for the State/JCS meeting in Friday, 19April 1963, 16 April 1963, Box 1, Entry 3059, RG 59, NA.

42) Memorandum From Robert W. Komer of the National Security Council Staff to the President's Deputy Special Assistant for National Security Affairs (Kaysen), Washington, September 26, 1962, FRUS, 1961~63, vol. XXII, Northeast Asia, doc. 279.

43) “Changes in the Leadership of the Korean Workers Party and the Government of North Korea,” July 12, 1965, History and Public Policy Program Digital Archive, SAPMO-BA, Berlin, DY 30. Translated for NKIDP by Bernd Schaefer. http://digitalarchive.wilsoncenter.org/document/111822 (搜索日期：2019年10月16日).

44) 中联部办公厅编，2004年，“中联部老干部领导谈党的对外工作”，北京：中联部办公厅，第97页。

45) “苏联驻朝鲜大使馆的报告：中朝关系出现新情况”（1965. 06. 04），АВПРФ, Fond. 0102, Opis. 21, Delo. 20, Papka. 106, List. 14-27.

1965年12月，苏联决定援助平壤火力发电厂的建设；1966年3月，朝鲜不顾中国的反对，派以朴成哲为团长的代表团参加4月8日起举行的“苏联共产党第二十三次代表大会”。[46]

政治关系破冰后，苏联重启经济和军事援助。1966年2月，苏联为援助朝鲜的“经济开发七年规划”，与朝鲜签订“长期技术协定”。同年5月末，勃列日涅夫（Brezhnev）总书记在海参崴(Vladivostok)与金日成举行会谈，商讨今后对中国采取“联合行动”，同时承诺扩大对朝鲜经济和军事方面的援助。同年6月20日，苏联与朝鲜重新签署1962年中止的“经济和技术合作协定”，并向其提供了巨额经济援助。[47] 1966年9月9日，勃列日涅夫总书记在向朝鲜建国十八周年的贺信中，赞扬朝鲜在朝鲜劳动党的领导下建成“高度发展的社会主义工农业国家”，强调朝鲜所取得成果是来自于“兄弟国家的经济合作”，并表示积极支持朝鲜的反帝国主义斗争，“两国人民兄弟般的合作万岁”。不仅如此，苏联还对朝鲜参与“联合行动”表示感谢。朝鲜也回复贺信表示，“将永远铭记苏联的国际主义支持与援助”。[48] 1967年3月，苏联与朝鲜签署“军事合作协定”；1967年，苏联向朝鲜提供价值数千万卢布的军用物资，并派遣486名军事专家。至此，朝鲜和苏联之间的合作完全恢复。

对于朝鲜和苏联的合作，中国是反对的，并要求朝鲜旗帜鲜明、态度明确地反对苏联修正主义。1966年9月9日，朝鲜驻华大使馆召开庆祝朝鲜民主主义人民共和国建国宴会，宴会上中国外交部长陈毅严厉批评朝鲜，“为反对帝国主义，必须反对现代修正主义。真正的革命家必须与现代修正主义彻底划清界限，并坚决揭露现代修正主义工贼（劳动者的背叛者、劳动贵族）的真面目，不可能和他们搞什么‘联合

46) “苏共中央主席团决议：复信同意援建平壤热电站”（1965. 12. 24)，РГАСПИ, Fond. 3, Opis. 18, Delo. 389, Listy. 3.

47) “勃列日捏夫在苏共中央全会报告：与金日成讨论如何对付中国”（1966. 05. 27)，РГАСПИ，Fond. 2, Opis. 3, Delo. 13, List. 77-89; 조선중앙통신사, 1968, 『조선중앙통신(1966~67)』, 평양: 조선중앙통신사, p. 394.

48) 「조선민주주의인민공화국 내각수상 김일성동지, 조선민주주의인민공화국 최고인민 상임위원회위원장 최용건동지－쏘련공산당중앙위원회 총비서엘. 브레쥬네브, 쏘련최고 쏘베트상임위원회 위원장엔. 뽀드고르느이, 쏘련내각수상아. 꼬씌긴 1966년 9월 8일」, 『노동신문』(1966. 09. 09).

行动’”。[49] 中国指责朝鲜劳动党走修正主义路线，红卫兵在朝鲜与中国边境使用扩音机，批判金日成是修正主义者。[50]

朝鲜谴责中国的批判是“大国主义”、“教条主义”和“左倾机会主义”。1966年11月，朝鲜第一副首相金一在“第三届最高人民会议第六次会议”上主张，朝鲜劳动党拒绝“与马克思列宁主义原则相违背的所有主观主义急性病”以及“对民族文化遗产的虚无主义态度和复古主义倾向”，主张“我们国家的文化革命发展靠的是全面继承和发展民族文化遗产”，并批判中国在文化大革命中破坏传统文化的行为。[51] 金日成批判文化大革命是“中共和中共领导人‘左倾机会主义’的典型”，是“愚蠢且不可思议”的行为。朝鲜召回在中国接受培训的军事专家，转而向苏联派遣军事专家。同时，大幅度修改朝鲜领导层中流行的所谓中国式“人民战争”的军事理论，即轻视核武器及现代武器、无视美国及其盟国经济实力及潜在实力的军事理论。不仅如此，据苏联驻朝鲜大使馆报告，自从苏联向朝鲜供军事设备之后，朝鲜开始认识到现代战争中的军事新技术的重要性，苏朝两国的军事纽带得到进一步加强。[52]

1968年8月21日，苏联入侵捷克斯洛伐克，不仅增加了中国的安全忧虑，还成为中国调整对美政策的契机。[53] 8月23日，《人民日报》谴责苏联入侵捷克斯洛伐克是“充分暴露苏联修正主义反动集团的法西斯残暴行径”，并主张这与“美帝国主义

49) “陈毅副总理在朝鲜临时代办招待会上发表讲话，强烈谴责佐藤政府充当美帝现修反华工具，严正揭露美帝在越南问题上玩弄和谈骗局”，《人民日报》(1966. 09. 10)。

50) 沈志华，2016，“破镜重圆：1965~1969年的中朝关系”，《‘华东师范大学学报》4，上海：华东师范大学，第1~14页；이종석，2015，「‘문화대혁명’시기 북한－중국관계연구」，『세종정책연구』3，성남: 세종연구소，pp. 1-43.

51) 「전반적 9년제 기술의무교육을 실시할데 대하여 최고인민회의 제3기 제6차 회의에서 한 내각제 1부수상 김일대의원의 보고」，『노동신문』(1966. 11. 23).

52) “苏联驻朝鲜大使馆的报告：中朝关系发生了实质性变化”(1966. 12. 02)，АВПРФ，Fond. 0102，Opis. 22，Delo. 22，Papka. 109，List. 38-49；“勃列日捏夫在中央全会的报告：金日成评价文化大革命”(1966. 12. 12)，РГАСПИ，Fond. 2，Opis. 3，Delo. 49 List. 3-18.

53) 1970年10月10日，毛泽东与金日成会谈时强调，“苏联入侵并占领了捷克，苏联一定会入侵其他国家”，对苏联表现出警戒心。外交部编，“毛泽东会见朝鲜劳动党总书记、内阁首相金日成第二次谈话记录(1970. 10. 10.)”，《毛泽东接见外宾谈话记录汇编》(第十五册)，第135~162页；Dong Wang，2017年，上文，第279~287页。

侵略越南、希特勒侵略捷克斯洛伐克是一个做法”。[54] 当天，周恩来在罗马尼亚大使馆讲话，称苏联侵捷行为的真正动机是“帝国主义”和“殖民主义”，谴责苏联是“社会帝国主义”、“社会法西斯主义”。[55] 同时，中国决定与美国重启大使级会议，于1969年2月19日成立以陈毅为组长的研究小组，指示小组对国际形势进行研究、判断并提交建议。[56] 1969年3月2日，中苏在珍宝岛发生了军事冲突。[57] 苏联的大规模军队向中苏边境移动，从乌苏里江至中亚地区的边境地区的两国关系变得高度紧张。[58] 1969年8月13日，约300名的苏联士兵在两架直升机和数十辆装甲车的掩护下，在新疆西北部裕民县突袭中国边防部队，30多名中国军人身亡，导致两国关系极度紧张。8月28日，中国共产党中央委员会向全国下达“一级战斗动员令”。[59] 就在此

54) “苏联现代修正主义的总破产”，《人民日报》（1968. 08. 23）；“苏修叛徒集团内外交困走投无路悍然出兵占领捷克斯洛伐克”，《人民日报》1968. 08. 23）。

55) Note Number 291 from the Department of Asia-Oceania, “China and the Events in Czechoslovakia”, September 03, 1968, History and Public Policy Program Digital Archive, Archives of the Ministry of Foreign Affairs, France. Obtained by Enrico Fardella and translated by Garret Martin, https://digitalarchive.wilsoncenter.org/document/116446(搜索日期：2019年10月13日)；蒋本良，1999年，“‘捷克事件’与周恩来‘六八’讲话”，《中共党史资料》72，北京：中共中央党史研究所、中央档案馆，第36~44页。

56) 国际形势研究小组由陈毅、叶剑英、徐向前、聂荣臻组成。1969年9月17日，研究小组向周恩来总理提交“对目前局势的看法”报告，称“目前最重要的问题是苏联修正主义是否对中国进行大规模的侵略战争”，建议“与美国举行部长级或高层会谈，通过协商解决中美之间的根本问题以及与之相关的问题”。熊向晖，1995年，《历史的注脚：回忆毛泽东、周恩来及四老帅》，北京：中共中央党校出版社，第173~204页。

57) 珍宝岛上的军事冲突是由中国筹划的。笔者认为，筹划与苏联的军事冲突，使两国关系极度紧张，以此为改善中美关系做准备，为说服人民做铺垫。有关说明毛泽东故意引起冲突的理由，请参考如下内容：李丹慧，1996年，“1969年中苏边界冲突：缘起和结果”，《当代中国史研究》1996~3，北京：当代中国研究所，第39~50页。

58) 3月2日和15日，苏联在两场战役上都被击败，为对连败屈辱报仇，以包括核威胁在内的方式向中国施加军事压力。1969年，苏联在中苏边境部署的17个师团增加至27个师团。Christian Ostermann, 1996, “East German Documents on the Sino-Soviet Border Conflict, 1969”, Cold War International History Project Bulletin, no. 6/7, p. 187.

59) 郑惠、林蕴晖主编，2009年，“六十年国事纪要：军事卷”，长沙：湖南人民出版社，第546页；王泰平主编，1998年，《中华人民共和国外交史(1957~1969)》（第二卷），北京：世界知识出版社，第276~273页；中共中央文献研究室，1996年，《建国以来毛泽东文稿》（第13册），北京：中央文献出版社，第59~61页。

时，即1969年4月15日，朝鲜人民军在朝鲜海域击落美国海军的EC-121侦察机，31名机组人员全部丧生。愤怒的美军派航母等大规模舰队向朝鲜进发。[60]

苏联侵略捷克斯洛伐克之后，中国制定新战略，即改善与美国的关系来应对苏联的安全威胁。1969年7月25日，尼克松（Richard Nixon）总统在关岛提出著名的“尼克松主义”，宣布要尽快结束越南战争，逐步从亚洲撤军。[61] 为了从越南撤军以及减轻保卫亚洲安全的负担，美国需要中国的合作。可以说，中美两国之间合作的必要条件已成熟。

1969年，朝中两国面临空前的安全危机，这使两国都需要对方的支持。1969年9月10日～11日，朝鲜最高人民会议常任委员长崔庸健参加越南领导人胡志明的葬礼仪式，经由北京回国。当时，周恩来在北京机场与崔庸健会谈。会谈上，崔庸健转达金日成希望改善朝中两国关系的意愿，周恩来也提出不干涉朝鲜内政及苏朝关系等两项内容，建议恢复恶化的两国关系，实现正常化。[62]

中方邀请崔庸健参加十一国庆节活动，崔庸健遂率领党政代表团访华。10月1日，毛泽东在天安门城楼会见崔庸健。会谈时崔庸健表示，“在对修正主义进行斗争的方式方法上，我们和中国有所不同”，希望中方理解朝苏关系的特殊性。毛泽东表示，“(我们）应该理解，你们不同他们搞好关系也不行啊！你们的许多建设、军事物资从他们那里拿到”，对朝苏关系表示理解。崔庸健还主张，“我们两国唇齿相依。美帝国主义和日本军国主义要打中国，一定把朝鲜当作跳板。所以，我们一定要并肩战斗反对美帝和军国主义”。他还强调，“自从美国间谍船‘普韦布洛’号事件和我们打掉美国间谍飞机以后，他们经常搞大规模军事演习，不断进行战争挑衅，

60) 沈志华，2016，前引书，第39~50页。

61) Editorial Note, 2003, FRUS, 1969~76, vol. I, Foundations of Foreign Policy, 1969~1972, eds. Louis J. Smith and David H. Herschler, Washington DC: United States Government Printing Office, doc. 29；1969年11月24日，尼克松总统指示国家安全事务助理基辛格“驻韩美军规模缩减一半”，为此报告实行计划。Nixon to Kissinger, November 24, 1969, Box H-41, NSC Institutional Files, Nixon Library.

62) 中共中央文献研究室编，1997年，《周恩来年谱(1949~1976)》（下卷），320-321页；王泰平主编，1999年，上文，第36页。

所以说，我们的处境和危险，很紧张”，要求毛泽东与其共同应对美国的军事威胁。作为回应，毛泽东邀请金日成访问北京，并承诺周恩来访问平壤。两国关系再次恢复正常。[63]

20世纪60年代后期，中国处于文化大革命的混乱和来自苏联的安全威胁中。1969年末，中国为应对苏联的威胁，考虑改善与美国的关系，朝鲜也担忧其军事挑衅可能引起美国的攻击。20世纪60年代后期，中国没有怂恿、也没有同意朝鲜侵略韩国，仍然采取维持朝鲜半岛稳定或“维持现状”的战略。

第四节　中美和解、“一条线”外交战略与中国的朝鲜半岛政策(20世纪70年代)

20世纪70年代初，由基辛格（Henry A. Kissinger）主导，被称为“外交革命”的“中美和解”启动，这意味着围绕朝鲜半岛的地缘政治即将发生巨变。70年代的朝中关系与60年代不同，具有中国不再要求朝鲜支持中国、反对苏联的特征。

1970年4月5日～7日，为履行毛泽东1969年10月1日的承诺，周恩来总理访问平壤，与金日成举行会谈。两国就“一致反对美帝国主义的协商方面取得了进展，金日成对此表示满意”，并重申北中的团结和友谊是两国人民用鲜血筑成的。[64] 同年10月，金日成秘密访问北京，8日和9日与毛泽东进行两次会谈。毛泽东为文化大革命时期与朝鲜的摩擦道歉，说明是由中国外交部内的“五一六”左倾集团所造成的，而且还说“你们现在无论是军事援助还是贸易关系跟苏联决裂也不好，我不劝你们搞决裂”，对朝鲜和苏联的交流表示理解。同时，主张“苏联既然能够侵占捷克，它

63) 中国外交部编，“毛泽东会见朝鲜最高人民会议常任委员会委员长崔庸健谈话记录(1969. 10. 01)”，《毛泽东接见外宾谈话记录汇编》(第十三册)，第189~194页。

64) 1970年4月5日，《劳动新闻》以“朝中两国人民鲜血结成的战斗友谊团结万岁！”为题目，发表了“热烈欢迎中国人民情谊使节” 的社论。《劳动新闻》(1970. 04. 05)。周恩来与金日成共举行四次会谈，时间达14个小时。双方决定共同对抗美帝国主义和日本军国主义，全力以赴支援越南解放运动。“中华人民共和国政府和朝鲜民主主义人民共和国政府联合公报”，《人民日报》(1970. 04. 09)。

一定就不侵犯别个国家了吗?”，提出苏联攻击中国的可能性。毛泽东还表示，“我们支持各国革命推翻帝国主义、修正主义、各国反动派，只是说说而已。至于真正去推翻，那还得靠他们自己国家的人民起来，我们不能代替人家去推翻啊。现在我们连在台湾的反动派都不能推翻”。[65] 毛泽东间接地表示，无能力且无意支持朝鲜对韩国的进攻或革命。

1971年7月6日，尼克松总统宣布结束美国对世界的统治。尼克松总统宣布，美国统治世界的时代已结束，美国将世界格局分为西欧、日本、苏联、中国四个力量中心，并分别对世界问题进行协商、予以处理。[66] 很显然，这是美国总统国家安全事务助理基辛格秘密访问北京之前所采取的措施。7月9日～11日，基辛格秘密访华，与周恩来总理举行六次会谈。11月，中国恢复联合国代表权，正式登上国际外交舞台。1970年～1971年，中国与25个国家实现邦交正常化；1972年2月，尼克松总统访华，发布《上海公报(Shanghai Communique)》；1972年9月，中国与日本建交。[67]

进入20世纪70年代，美国发布缩减并撤走驻韩美军的计划，并于1971年10月撤回第七师团两万军队。[68] 朝鲜也开始向韩国发起“和平攻势”，建议南北对话，韩国也予以回应，南北对话得以展开。然而，朝鲜和平攻势的真正目的在于让美军撤出韩国。[69] 中国不仅对朝鲜为促进南北对话所做的努力表示支持，还及时向朝鲜通报中美对话计划以及发展情况。不同于越南，朝鲜对“中美和解”的推进表示理解。[70]

---

65) 外交部编,《毛泽东会见朝鲜劳动党总书记, 内阁首相金日成第二次谈话记录(1970. 10. 10.)》,《毛泽东接见外宾谈话记录汇编》(第十五册), 第135~162页; 中共中央文献研究室编,《毛泽东年谱(1949~1976)》(第6卷), 第345页。

66) 구영록 · 배영수, 1983,『한미관계: 1882~1982』, 서울: 서울대학교미국학연구소, p. 167.

67) 王泰平主编, 1998, 上书, 8-9, 第20页。

68) 마상윤, 2003,「미완의 계획: 1960년대 전반기 미행정부의 주한미군철수 논의」,『한국과 국제정치』 2, 서울: 경남대학교 극동문제연구소, 1-36쪽; 마상윤, 2009,「데탕트기의 한미갈등: 닉슨, 카터와 박정희」,『역사비평』 86, 서울: 역사비평사, pp. 113-139.

69)「남조선동포형제자매들과제정당, 사회단체 인사들에게 보내는 조선민주주의인민공화국최고인민회의 호소문」,『노동신문』(1971. 4. 14).

70) 中国对1971年4月13日北韩发表的“自主和平同意方案”表示支持。《朝鲜人民祖国的斗争必胜》,《人民日报》(1971. 4. 15); 王泰平主编, 1999, 上书, 第20页。

为消除朝鲜的安全忧虑，中国向美转达包括撤军在内的朝鲜的八项主张。[71] 1971年7月和10月，周恩来要求美国撤走残留的驻韩美军。对此基辛格回应称，“印度支那战争结束后，若中美关系发展良好，出兵越南的韩国军队回国后就可以考虑撤走剩余的美军”。他还表示，美国反对朝鲜主动进攻韩国，并要求中国遏制朝鲜对韩国的冒险行动。对此，中国特别强调，驻韩美军撤军之后，日本自卫队不能替代美军进入朝鲜半岛。[72] 由此可知，中美两国对“朝鲜半岛的稳定”已基本达成一致意见。

20世纪70年代，中国认为最严重的威胁莫过于位于中苏边境、蒙古及越南北部地区的苏联军事基地，它们从南到北对中国的国家安全构成威胁。因此，毛泽东就把发展中美关系以及恢复中国在联合国的地位作为两大轴心，同时把“一条线”战略作为中国的安全战略核心，即通过与日本、巴基斯坦、伊朗、土耳其、西欧及美国的合作形成所谓的“反苏联霸权主义”联合战线。[73]

---

71) 1971年7月11日，周恩来与基辛格结束第五次会谈之后，14日访问平壤并说明了会谈内容。1972年2月28日，发表尼克松总统访华成果—“美中联合声明”；3月8日，周恩来再次访问平壤，向金日成明确解释，中国政府在联合声明中支持“朝鲜提出的和平统一方案”和“解散联合国韩国统一复兴委员会(UNCURK)”的要求。中共中央文献研究室编，《周恩来年谱(1949~1976)(下卷)》，第469、515页；朝鲜通过周恩来提出的八点方案如下：① 从朝鲜半岛撤出一切外国军队；② 停止对韩国的一切军事支援；③ 以同等待遇对待朝鲜；④ 停止韩美日联合军事演习；⑤ 从朝鲜半岛赶出日本的影响力；⑥ 解散联合国韩国统一复兴委员会；⑦ 朝鲜问题让朝鲜人自行解决；⑧ 联合国讨论朝鲜问题时朝鲜代表应无条件参加。Memorandum From the President's Assistant for National Security Affairs (Kissinger) to President Nixon, November 1971, FRUS 1969~1972, Vol. XVII, China 1969~1972, document 164.

72) Memorandum of Conversation between Zhou Enlai and Kissinger, Beijing, 9July 1971, 4: 35~11: 20 p.m., FRUS, 1969~1972, vol. XVII, China 1969~1972, doc. 139, 390; Memorandum of Conversation between Zhou Enlai and Kissinger, Beijing, 22 October 1971, 4: 15~8: 28 p.m., FRUS, vol. E-13, Documents on China 1969~1972, document 44. http://history.state.gov/historical documents/frus 1969~76ve13/d44(搜索日期：2016年12月31日); Memorandum of Conversation between Zhou Enlai and Kissinger, 11 July1971, 10: 35~11: 55 a.m., FRUS, 1969~1972, vol. XVII, China 1969~1972, document 143, pp. 449-450.

73) “一条线”战略又称“一大片”战略，是毛泽东制定的外交战略，指与第三世界的国家团结、争取第二世界（除了美苏以外的日本、欧洲等发展中国家），联合包括美国在内的国家形成反对苏联霸权主义的国际统一战线。上世纪60年代末至70年代初，苏联成为中国国家安全的主要威胁，中国为摆脱美苏两国之间的对峙结构、对抗苏联制定了此战略。1973年2月17日，美国国务卿基辛格访问北京时，毛泽东首次阐述了“一条线”战略，此战略随之为世人所知。唐家璇主编，2000年，《中国外交辞典》，

1973年11月13日，基辛格与周恩来商讨中美军事合作方案，基辛格建议签署“关于突发性核战争的中美协定”并“设立两国间热线”。[74] 毛泽东将此理解为“美国对华提供核保护伞”，对美国表示愤怒，并主张“三个世界（Three Worlds）”理论，与美国保持距离。这看似回归于支持第三世界的革命，[75] 但只不过是口号而已。1974年5月，中国决定与当时的马来亚共产党（CPM，Communist Party of Malaya）正在开展武装斗争的马来西亚政府建立外交关系。毛泽东敦促马来亚共产党停止与领导人的武装斗争，积极投身于建设幸福、统一的国家。[76]

中国对朝鲜的态度也如出一辙。1975年4月，包括越南在内的印度支那半岛所有国家都走上共产主义道路。韩国反对朴正熙终身掌权、维新宪法的示威日趋激烈，这种局势刺激了金日成。1975年4月18日，金日成访问北京。在当晚举行的欢迎宴会上，他表示，“在国际舞台上革命力量同反革命势力的斗争日趋激烈的现阶段……我们将同中国同志们就当前国际关系的发展问题充分交换意见共同圆满地采取两国人民的共同斗争对策”。他还强调，“一旦在南朝鲜发生革命，我们就将积极支援南朝鲜人民，我们作为同一个民族绝不能袖手旁观……如果敌人贸然发动战争，我们就以战争来坚决回答，彻底消灭侵略者……在这场战争中，我们失去的将是军事分界线，取得的将是祖国统一”。[77] 然而，中国的态度让金日成感到失望。4月18日，与金日成会谈时，仅由朝鲜人民军总参谋长吴镇宇和邓小平陪同。会谈上，

北京：世界知识出版社，第398页；中共中央文献研究室编，《毛泽东年谱(1949~1976)》（第5卷），第469、517~518页。

74) William Burr, 1998, The Kissinger Transcripts: The Top Secret Talks with Beijing and Moscow, New York: New Press, p. 211；1988年，美中之间才设立热线。

75) 1974年2月22日，毛泽东会见赞比亚总统卡翁达（Kenneth David Kaunda）解释说，美国、苏联是第一世界，日本、欧洲、澳大利亚、加拿大是第二世界，亚洲除了日本、整个非洲、拉丁美洲也属于第三世界，并承诺中国将积极帮助第三世界人民的革命。中共中央文献研究室编，《毛泽东年谱(1949~1976)》(第6卷)，第520~521页。

76) 1974年5月29日，毛泽东会见马来西亚总理拉扎克(Razak)强调，“我们也是共产党，各国共产党我们不能拒绝他们到我们这个国家来，至于你们各国的内政，我们是不能干涉”。中共中央文献研究室编，同上书，第534~535页。

77) “在中共中央、国务院举行的欢迎宴会上金日成主席的讲话”，《人民日报》(1975. 04. 19.)。

毛泽东以自己的健康问题为由，表示“我不谈政治，由邓小平来跟你谈……他会打仗”，建议金日成与邓小平讨论 朝鲜半岛统一问题。[78] 邓小平和金日成的会谈内容至今未公开，但通过4月28日发表的联合声明可以推测其内容。联合声明中强调，“中国方面重申，坚决支持朝鲜人民争取自主和平统一祖国的正义斗争”。[79] 不难推测，在会谈上金日成主张武力斗争并寻求支持，而邓小平却主张和平统一。

中国反对金日成以武力实现统一，对此理由可作如下推论：第一，中国与美国、日本、亚洲资本主义各国及西欧联合抵抗苏联的威胁，即将所谓的“一条线”战略作为外交的核心。在此情况下，支持或鼓励朝鲜对韩国的武力攻击会使中国的“一条线战略”成为泡影，所以不可能成为中国政府的选择。第二，中国担忧如果朝鲜主动发起攻击而引发战争，将会给日本提供代替美国进驻朝鲜半岛的机会。

1978年12月，中国召开“中国共产党第十一届中央委员会第三次全体会议”，确立改革开放的路线。1982年9月，召开“中国共产党第十二次全国代表大会”，确立“独立自主和平、不结盟”的外交路线。中国共产党总书记胡耀邦在党大会演讲中强调，“社会主义革命绝不能输出，它只能是各国人民自己选择的结果，正是基于这样的认识，我们始终坚持和平共处五项原则”。[80] 中国政府由此公开否定名义上存在的革命输出外交路线。

中国采取改革开放、不结盟的外交路线，意味着与朝鲜的同盟关系将被削弱，而以经济合作为媒介的韩中关系将得到改善。同时，从停止革命输出外交战略可推测，中国不会赞同朝鲜对韩国的军事挑衅或武力攻击。从经济方面来看，为成功实行改革开放，中国必须引进先进资本主义国家和台湾、香港等地的技术和资本，它们是改革开放走向成功的标尺。在此背景下，朝鲜半岛“维持现状”作为上世纪八十年代中国对朝鲜半岛的政策得到了进一步巩固。

---

78) 外交部编，“毛泽东会见朝鲜劳动党总书记，共和国主席金日成谈话记录(1975. 04. 18)”，《毛泽东接见外宾谈话记录汇编》(第十九册)，第17~26页。

79) 4月18日~26日，邓小平和金日成共举行了四次会谈，会谈内容尚未公开。中共中央文献研究室，2004年，《邓小平年谱 (1975~1997)》(上)，北京：中央文献出版社，36页。“中华人民共和国和朝鲜民主主义人民共和国联合公报”，《人民日报》(1975. 4. 28)。

80) 胡德平，2011年，《中国为什么要改革思忆父亲胡耀邦》，北京：人民出版社，第383~388页。

第五节　结 论

朝鲜战争结束之后，中国维持对苏联“一边倒”的外交路线，在苏联的大力支持下实现了朝鲜半岛的“现状维持”。朝鲜也从中苏两国以及东欧兄弟国家得到了巨大的经济援助，专注于战后重建和经济发展。但是因中国和苏联共同介入“1956年8月的宗派事件”，中国和朝鲜的关系开始恶化。而且，11月初苏联对匈牙利的血腥镇压给金日成带来了巨大的冲击，金日成要求驻朝鲜的中国人民志愿军撤离。毛泽东同意金日成的要求，于1958年撤回中国人民志愿军，恢复与金日成的关系，但中苏关系日趋恶化。

20世纪60年代上半期，为了拉拢朝鲜，中国向其提供安全保障，在划定国界的谈判上也做出让步。但是，朝鲜为获得更多的经济、军事援助，在中苏两国之间展开等距离外交，取得了一定的成果。然而，1963年8月，苏联和美国签署《部分禁止核试验条约》(Partial Test Ban Treaty)，朝鲜同中国一起走上反修正主义的道路。这导致来自苏联和东欧的经济援助大幅减少，于是朝鲜以1964年10月勃列日涅夫体制确立为契机，回旋到亲苏路线，甚至同苏联共同开展针对中国的“联合行动”。此后，随着1966年5月文化大革命的开始，朝中关系进一步恶化。但是，1968年至1969年两国均面临安全危机，这使两国需要对方的支持，于是再次走上和解之路。

朝鲜战争结束之后，围绕朝鲜半岛的国际形势发生了重大变化而中国对朝鲜半岛却始终如一地坚持“维持现状”政策。不过，这一政策在各个阶段的背景和理由却各不相同。20世纪70年代末，宣布改革开放以及“不结盟”外交政策之后，中国对朝鲜半岛“维持现状”的立场进一步坚定。总之，朝鲜战争之后，朝鲜半岛在中国支援下爆发战争的可能性不存在。

与20世纪60年代相比，20世纪70年代朝中关系的特征发生改变。中国不再要求朝鲜在中苏间二选一，也开始承认朝苏之间军事、经济上的交流。表面上看，这使得金日成在国际上的外交空间变宽，但中国采纳与美国以及资本主义国家联合抵抗苏联的“一条线”战略，反而使得金日成的决策取得中国支持的外交空间变得狭窄。

参考文献

조선중앙통신사, 1968, 『조선중앙통신(1966~67)』, 평양: 조선중앙통신사.

『노동신문』, 「우선 미제침략군을 철거시켜라」(1960. 11. 11).

『노동신문』, 「조소우호협조 및 호상원조에 관한 조약」(1961. 07. 07).

『노동신문』, 「조중우호협조 및 호상원조에 관한 조약」(1961. 07. 12).

『노동신문』, 「조선민주주의인민 공화국 내각수상 김일성 동지, 조선민주주의인민공화국 최고인민 상임위원회 위원장 최용건 동지 – 쏘련공산당 중앙위원회 총비서 엘. 브레쥬네브, 쏘련최고 쏘베트 상임위원회 위원장 엔.뽀드고르느이, 쏘련내각수상아. 꼬씌긴」(1966. 09. 09).

『노동신문』, 「전반적 9년제 기술의무교육을 실시할 데 대하여 최고인민회의 제3기 제6차 회의에서 한 내각 제1부수상 김일 대의원의 보고」(1966. 11. 23).

『노동신문』, 「중국 인민의 친의사절을 열렬히 환영한다」(1970. 04. 05).

『노동신문』, 「남조선 동포 형제자매들과 제 정당, 사회단체인사들에게 보내는 조선민주주의인민공화국 최고인민회의 호소문」(1971. 04. 14).

『노동신문』, 「조선민주주의인민공화국과 중화인민공화국 사이의 공동코뮤니케」(1975. 04. 28.).

구영록 · 배영수, 1983, 『한미관계: 1882~1982』, 서울: 서울대학교미국학연구소.

김동길, 2019, 「휴전협상에서 북 · 중 · 소 3국의 태도변화 및 결과」, 『한국과 국제정치』 3, 서울: 경남대학교극동문제연구소.

김동길 · 한상준, 2014, 「제2의 해방: 북한자주화와 1956~57년의 중국 – 북한관계」, 『국가전략』, 20권 2호, 성남: 세종연구소.

마상윤, 2003, 「미완의 계획: 1960년대 전반기 미행정부의 주한미군철수의」, 『한국과 국제정치』, 2, 서울: 경남대학교극동문제연구소.

마상윤, 2009, 「데탕트기의 한미갈등: 닉슨, 카터와 박정희」, 『역사비평』 86, 서울: 역사비평사.

이동률, 2018, 「한중수교에서 '북한요인'의 변화 및 영향」, 『한국과 국제정치』 3, 서울: 경남대학교 극동문제연구소.

이종석, 2001, 『북한 – 중국관계: 1945~2000』, 서울: 중심.

이종석, 2015, 「문화대혁명 시기 북한 – 중국 관계 연구」, 『세종정책연구』 3, 성남, 세종연구소.

U.S. Department of State. *Foreign Relations of the United States* (FRUS), 1950, vol. VII.

U.S. Department of State. *FRUS*, 1961~63, vol. IX.

U.S. Department of State. *FRUS*, 1961~63, vol. XXII.

U.S. Department of State. *FRUS*, 1969~1976, vol. I.

U.S. Department of State. *FRUS*, 1969~1972, vol. XVII.

U.S. Department of State. *FRUS*, 1969~1976, vo1. 3/d44.

U.S. Department of State. *FRUS*, 1969~1976, vol. XVII.

Editorial Note, FRUS, 1969~76, vol. I, Foundations of Foreign Policy, 1969~1972, Louis J. Smith and David H.Herschler eds., Washington DC: United States Government Printing Office, 2003, doc.29.

Yager to Harriman, February 27, 1962, Box 9, Entry 3113, RG 59, NA.

"Talking paper for the Chairman, JCS, for the State/JCS meeting in Friday", (1963. 04. 16), (1964. 04. 19) Box 1, Entry 3059, RG 59, NA.

"Changes in the Leadership of the Korean Workers Party and the Government of North Korea", July 12, 1965, *History and Public Policy Program Digital Archive*, SAPMO-BA, Berlin, DY 30. Translated for NKIDP by Bernd Schaefer. http://digitalarchive.wilsoncenter.org/document/111822(검색일: 2019년 10월 16일).

"China and the Events in Czechoslovakia", September 03, 1968, *History and Public Policy Program Digital Archive*, Archives of the Ministry of Foreign Affairs, France. Obtained by Enrico Fardella and translated by Garret Martin. https://digitalarchive.wilsoncenter.org/document/116446. (검색일: 2019년 10월 13일).

UN General Assembly, The problem of the independence of Korea, October 7, 1950, A/RES/376, https://www.refworld.org/docid/3b00f1e60.html(검색일: 2019년 10월 13일).

Weiss to A. Johnson, August 24, 1962, Box 1, Entry 3059, RG 59, NA.

Burr, William, 1998, The Kissinger Transcripts: *The Top Secret Talks with Beijing and Moscow*, New York: New Press.

Jie, Li, 2001, "Changes in China's Domestic Situation in the 1960s and Sino-U.S.Relations", *Re-examining the Cold War: U.S.-China Diplomacy*, 1954~1973, Cambridge: Harvard University Press.

Jun, Niu, 2005, "1962: The Eve of the Left Turn in China's Foreign Policy", *Cold War International History Project Working Paper* no. 48, Washington DC: Woodrow Wilson Center.

Kim Donggil and Seong-hyon Lee, 2018, "Historical Perspective on China's "Tipping Point" with North Korea", Asian Perspective, 42: 1, Seoul: Institute for Far Eastern Studies at Kyungnam University.

Kim Donggil, 2012, "Prelude to War? The repatriation of Koreans from the Chinese PLA, 1949~50", *Cold War History*, 12: 1, London: Routledge.

Kim Donggil, 2016, "China's intervention in the Korean War revisited", *Diplomatic History*, 40: 5, Oxford: Oxford University.

Kim Sangwon, 2014, "The Chinese Civil War and Sino-North Korea Relations, 1945~50", *Seoul Journal of Korean Studies*, 27: 1, Seoul, Seoul National University.

Liu, XiaoYuan,, 1998, *A Partnership for Disorder: China, the United States, and Their Policies for the Postwar Disposition of the Japanese Empire, 1941~1945*, Cambridge: Cambridge University Press.

Ostermann, Christian, 1996, "East German Documents on the Sino-Soviet Border Conflict, 1969", *Cold War International History Project Bulletin*, No. 6/7, Washington DC: Woodrow Wilson Center.

Poole, Walter S., 2011, *The Joint Chiefs of Staff and National Policy 1961~1964*, (Washington, DC: Office of the Chairman of the Joint Chiefs of Staff.

Radchenko, Sergey and Bernd Schaefer, 2017, "Park Chung Hee, and the Failure of Korea's Reunification, 1971~1973", *Cold War History*, London: Routledge.

Wang, Dong, 2017, "Grand Strategy, Power Politics, and China's Policy toward the United States in the 1960s", *Diplomatic History*, 41: 2, Oxford, Oxford University.

Xia, Yafeng and Zhihua Shen, 2013, "China's Last Ally: Beijing's Policy toward North Korea during the U.S.-China Rapprochement, 1970~1975", *Diplomatic History*, 38: 5, Oxford: Oxford University.

Zhihua, Shen and Xia Yafeng, 2018, *A Misunderstood Friendship: Mao Zedong, Kim Il-sung, and Sino-North Korean Relations, 1949~1976*, New York: Columbia University Press.

中国外交部编a, 出版年度不详,《毛泽东接见外宾谈话记录汇编》第四册, 北京：中国外交部。

__________b, 出版年度不详,《毛泽东接见外宾谈话记录汇编》第九册, 北京：中国外交部。

__________c, 出版年度不详,《毛泽东接见外宾谈话记录汇编》第十一册, 北京：中国外交部。

__________d, 出版年度不详,《毛泽东接见外宾谈话记录汇编》第十三册, 北京：中国外交部。

__________e, 出版年度不详,《毛泽东接见外宾谈话记录汇编》第十四册, 北京：中国外交部。

__________f, 出版年度不详,《毛泽东接见外宾谈话记录汇编》第十五册, 北京：中国外交部。

__________g, 出版年度不详,《毛泽东接见外宾谈话记录汇编》第十九册, 北京：中国外交部。

中联部编a, 出版年度不详,《毛泽东接见外宾谈话记录汇编》第一册, 北京：中共中央联络部。

______b, 出版年度不详,《毛泽东接见外宾谈话记录汇编》第一册, 北京：中共中央联络部。

中国外交部档案馆编,《中国外交部档案》。

______________,《关于日内瓦会议的估计及其准备工作的初步意见(1954.03.02.)》, 206-

Y0054。
__________________，《关于朝鲜和平统一问题(1958. 10. 09)》，106-01134-03。
__________________，"朱德委员长和政协全国委员会支持朝方和平统一朝鲜问题的建议(1959. 10. 30.~12. 23)"，106-00132-02。
__________________，"首都各界人民支援南朝鲜人民爱国正义斗争的材料(1960. 04. 02.~28)"，117-00783-01(1960a)。
__________________，"中国政府发表声明支持朝鲜政府关于和平统一问题的备忘录(1960. 11. 14.)"，106-00149-01(1960b)。
__________________，"对南朝鲜形势发展的估计(1961.02.27~03.31)"，106-00581-02(1961a)。
__________________，'南朝鲜军事政变情况(1961.02.27.~06.03)'，106-00581-03(1961b).
__________________，"我对南朝鲜军事政变的看法(1961. 05. 18.~05. 30)"，106-00581-04(1961c)。
__________________，"关于朝鲜、日本争议的独岛(1965. 03. 11)"，106-00843-08。
"毛泽东与苏联共产党中央委代表团第二次会谈记录"(1956. 09. 23)，作者个人收藏。
中共中央文献研究室，1996年，《建国以来毛泽东文稿》第13册，北京：中央文献出版社。
__________________，2013年，《毛泽东年谱(1949~1976)》第1卷，北京：中央文献出版社。
__________________，2013年，《毛泽东年谱(1949~1976)》第5卷，北京：中央文献出版社。
__________________，1997年，《周恩来年谱(1949~1976)》(上)，北京：中共中央文献出版社。
__________________，2001年，《周恩来传》第3卷，北京：中共中央文献出版社。
中共中央文献研究室·中华人民共和国外交部，1990年，《周恩来外交文选》，北京：中共中央文献出版社。
中共中央文献室，2004年，《邓小平年谱(1975~1997)》(上)，北京：中央文献出版社。
杨成武年谱编写组，2014年，《杨成武年谱(1914~2004)》，北京：解放军出版社。
中国人民共和国外交部档案馆编，2006年，《中华人民共和国外交档案选编(第一集)1954年日内瓦会议》，北京：世界知识出版社。
中联部办公厅，2004年，"中联部老干部领导谈党的对外工作"，北京：中联部办公厅。
中共中央对外联络部，1967年，《朝鲜劳动党反华言论集(一九九六年七月至一九九六年十月)》，北京：中联部。
聂荣臻，1984年，《聂荣臻回忆录》(下册)，北京：解放军出版社。
新华社，"内部参考"。
______a，"朝鲜'三八'" 线上的情况" (1956. 12. 01)。
______b，"南朝鲜最近情况" (1956. 12. 03)。
______c，"南朝鲜军事情况" (1956. 12. 29)。
______，"南朝鲜特务机关谣传的朝鲜劳动党内部情况" (1957. 08. 10)。
"中缅两国总理联合声明"，《人民日报》1954. 06. 30)。

“我国政府声明支持朝鲜政府关于朝鲜和平统一的备忘录”,《人民日报》(1960. 11. 14)。
“陈毅副总理在朝鲜临时代办招待会上发表讲话, 强烈谴责佐藤政府充当美帝现修反华工具, 严正揭露美帝在越南问题上玩弄和谈骗局”,《人民日报》(1966. 09. 10)。
“苏联现代修正主义的总破产”,《人民日报》(1968. 08. 23)。
“苏修叛徒集团内外交困走投无路悍然出兵占领捷克斯洛伐克”,《人民日报(1968. 08.23)。
“中华人民共和国政府和朝鲜民主主义人民共和国政府联合公报”,《人民日报(1970.04. 09)。
“朝鲜人民统一祖国的斗争必胜”,《人民日报(1971. 04. 15)。
“在中共中央、国务院举行的欢迎宴会上金日成主席的讲话”,《人民日报(1975. 04. 19)。
“中华人民共和国和朝鲜民主主义人民共和国联合公报”,《人民日报(1975. 04. 28)。
金冲及, 2003年,《毛泽东传(1949~1976)》(上), 北京:中央文献出版社。
李丹慧, 1996年, “1969年中苏边界冲突:缘起和结果”,《当代中国史研究》3, 北京:当代中国研究所。
李效东主编, 2010年,《朝鲜半岛危机管理研究》, 北京:军事科学出版社.
王泰平主编, 1998年,《中华人民共和国外交史(1957~1969)》(第二卷), 北京:世界知识出版社。
__________, 1999年,《中华人民共和国外交史(1970~1978》(第三卷), 北京:世界知识出版社。
熊向晖, 1995年,《历史的注脚:回忆毛泽东、周恩来及四老帅》, 北京:中共中央党校出版社。
蒋本良, 1999年, “捷克事件”与周恩来“六八”讲话”,《中共党史资料》72, 北京:中共中央党史研究所、中央档案馆。
田纪云, 2009年,《改革开放的伟大实践:纪念改革开放30周年》, 北京:新华出版社。
郑惠、林蕴晖主编, 2009年,《六十年国事纪要:军事卷》, 长沙:湖南人民出版社。
沈志华, 2016年,《破镜重圆:1965~1969年的中朝关系》,《华东师范大学学报》4, 上海:华东师范大学,
______, 2016年,《最后的天朝:毛泽东、金日成与中朝关系》, 香港:香港中文大学出版社。
胡德平, 2011年,《中国为什么要改革－思忆父亲胡耀邦》, 北京:人民出版社。

АПРФ (Архив Президента Российской Федерации)
АПРФ, Fond 3, Opis 65, Delo 9, List 51-54.
АПРФ, Fond. 45, Opis. 1, Delo. 329, list. 9-17.
АПРФ, Fond 45, Opis 01, Delo 331, List 59-61.
АПРФ, Fond. 45, Opis. 1, Delo. 332, List. 47-48.
АПРФ, Fond 45, Opis 1, Delo 339, List 58-60.

РГАСПИ (РоссийскийГосударственный Архив Социально-Политическо йИстории)
РГАСПИ, Fond. 2, Opis. 3, Delo. 13, List. 77-89.

РГАСПИ, Fond. 2, Opis. 3, Delo. 49 List. 3-18.
РГАСПИ, Fond. 3, Opis. 18, Delo. 389, Listy. 3.
РГАСПИ, Fond 5, Opis 30, Delo 33, List 64-71.
РГАСПИ, Fond 558, Opis 11, Delo 333, List 49-51.

АВПРФ (Архив внешней политики Российской Федерации)
АВПРФ, Fond. 06, Opis. 13, Delo. 5, Papka. 69, List.13-20.
АВПРФ, Fond. 059a, Opis. 5a, Papka. 11, Delo. 3, Listy. 92.
АВПРФ, Fond. 0100, Opis. 47, Delo. 107, Papka. 389 List. 1-4.
АВПРФ, Fond. 0102, Opis. 10, Delo. 8, Papka. 52, List. 49-51.
АВПРФ, Fond. 0102, Opis. 21, Delo. 20, Papka. 106, List. 14-27.
АВПРФ, Fond. 0102, Opis. 22, Delo. 22, Papka. 109, List. 38-49.
Ткаченко В. П, Корейский полуостров и интересы России (Москва, Восточнаялитература РАН, 2000)

第六章

新时代的中朝关系：变化、动因及影响*

李成日 _ 中国社会科学院亚太与全球战略研究院助理研究员、
中国亚太学会东北亚研究分会副会长

* 本研究在“新时代的中朝关系：变化、动因及影响”（《现代国际关系》，2019年第12期）的基础上，进行了修改和补充，特此说明。

第一节 导 论

2019年是新中国成立70周年和中朝建交70周年的双喜之年。6月20日至21日，中国国家主席习近平对朝鲜进行了国事访问，这是习近平担任总书记以来首次出访朝鲜，也是中国最高领导人相隔14年对朝鲜进行的正式访问。在访问期间，习近平表示："中朝关系已经进入新的历史时期。"[1] 这预示着中朝关系新的变化和新的提升。目前，朝鲜半岛局势演变表明，推动朝鲜半岛局势变化的力量正发生重大转变，中国的影响力上升十分明显，其建设性作用越来越大。

从百年大变局视角来看，近年来中国周边外交中最为重要的新变化是中国的综合国力上升，以及由此带来的对周边问题看法的转变，特别是出现了将周边地区视作中国和平崛起的依托地带的外交观念和战略布局。[2] 就中国的朝鲜半岛政策而言，中国政府相继提出"双轨制"思路和"双暂停"倡议，积极顺应和推动了朝鲜半岛局势向前发展。[3] 2018年以来，中国全面推动中朝关系新提升，不仅加强两国之间的友好合作，而且从更加广阔的视野和高度审视朝鲜半岛局势，将朝鲜半岛攘括在东北亚区域内，放置于中国的周边外交和大国外交中加以谋划和推进。本文对新时代中朝关系的积极变化，在探讨冷战后对中朝关系各种议论的基础上，从两国领导人互访、半岛无核化问题、两国经济合作等角度进行具体分析，深入挖掘其变化的动因，研判中朝友好合作的积极影响。

1) "习近平同朝鲜劳动党委员长、国务委员会委员长金正恩举行会谈"，《人民日报》，2019年6月21日。

2) 张蕴岭："中国的周边区域观回归与新秩序构建"，《世界经济与政治》，2015年第1期，第5-25页。

3) 2016年3月8日，在十二届全国人大四次会议上回答记者提问时再度进行了阐述，王毅认为"无核化是国际社会的坚定目标，停和机制转换是朝鲜的合理关切，两者并行谈判，分步推进，统筹解决，既公平合理，又切实可行"。参见"王毅就中国外交政策和对外关系答中外记者问"，《人民日报》，2016年3月9日。

第二节　中朝关系各种议论及根源

冷战结束后，中朝关系出现了一些波动，中朝关系到底是特殊的同盟关系，还是正常的国家关系，这一问题一直是国内外学术界研究朝鲜半岛问题的重要内容。目前来看，学术界与中国政府对中朝关系的定位仍有不同看法，朝鲜半岛局势扑簌迷离的原因之一也与中朝关系定位的争议有关，深入分析这种认识差距的根源将有助于我们理解形势转变的性质以及长期发展的动力。

首先，“中朝关系特殊论”。原中联部副部长于洪君认为，1982年4月邓小平赴朝鲜进行工作访问，双方将中朝关系定位为“特殊的国与国之间”的关系。[4] 随着1992年中韩建交，中朝关系的“特殊性”已经逐步褪色，但学术界强调两国关系仍是同盟关系的说法依然很有影响力。[5] 尽管中国政府多次强调中朝关系是正常国家之间的关系，但仍然有学者认为，只要具备一定条件，中朝关系曾经的“同盟”会延续下去。[6] 韩国统一部官员出身学者文大槿认为，虽然中朝之间的政治、理念上的纽带大幅减弱，但与其他正常国家关系相比，中朝关系仍然是特殊关系。[7] 也有中国学者表示，虽然支撑中朝关系特殊性的战略环境发生显著改变，但影响中国进行战略平衡的相关因素并没有改变。因此，用“特殊”来称谓中朝关系，还是用外交部发言人所谓的“中朝是普通国家关系”来定位，两者差别不大，只是反映出中国发展对朝关系的侧重点与重要方向而已。[8] 2018年6月，金正恩再次访华后，朝鲜媒体称中朝关系为“特别关系”。[9] 尽管“特殊”与“特别”是一字之差，但我们也可以感觉到

4) 于洪君：“冷战岁月的中朝关系(1949~1991年)：历经波折但持续向好的大方向始终未变”，察哈尔学会，2019年6月6日，http://www.dunjiaodu.com/waijiao/4934_2.html.（上网时间：2019年9月15日）

5) 徐进：“朝鲜核问题：中国应强力介入还是中立斡旋?”，《国际经济评论》，2011年第6期。

6) 赵立新：“中朝关系：曾经的‘同盟’还能延续吗?”，《延边大学学报》（社会科学版），2017年第3期，第32- 38页。

7) [韩]文大槿:《中国的对朝政策—政策决定因素研究》，首尔，NPPLUS，2013年，第291-300页。

8) 王俊生：“中朝‘特殊关系’的逻辑：复杂战略平衡的产物”，《东北亚论坛》，2016年第1期，第51-65页。

9)《劳动新闻》发表社论指出，当今朝中两党、两国关系超越传统关系，正在迈向东西古今史无前例的特别关系发展。“中国共产党走过来的光辉历程”，[朝]《劳动新闻》，2018年7月1日。

中朝关系的内涵有了新的变化。

其次，“中朝关系现实利益论”。这一派的观点主要出现于21世纪初，在金正日时代颇为流行。2005年韩国学者李南周提出，中朝关系自1999年开始恢复，但并不是回归到冷战时期的同盟关系，即不再以共享理念为基础，而是基于现实利益或战略目标。[10] 这种观点提出之后，在韩日两国颇具影响力。前韩国统一部长官李钟奭认为，中韩建交以后的中朝关系变化为“战略性利害关系”。[11] 按照这一论述，中朝传统关系中的意识形态和战略因素已经极为弱化，甚至几乎没有影响。显然，这一看法与中朝双方对两国关系的定位有很大差距。2003年10月，中国全国人大常务委员长吴邦国访问朝鲜，中方仍然赞同朝鲜领导人所说的，“中朝关系具有战略意义”。[12] 近年来，中朝在公布的文件中都将社会主义作为两国关系定位的一个关键点。不过，所谓“中朝现实利益论”说的可取之处在于，认识到中韩关系的发展对中朝关系产生极大的影响。日本学者平岩俊司就认为，中韩建交以后中朝之间的“唇齿关系”已经发生了结构性变化，变化为“微妙的关系”。[13]

再次，“中朝关系周期论”。这一分析视角所强调的是中朝关系呈现出周期性变化，因而双边关系有时候更加重要和紧密，但有时候又会下降。依据动力来源不同，还可以进一步区分为两种。一种侧重于朝韩关系，认为朝鲜半岛南北关系转变是朝鲜半岛形势的根本动力，代表性学者是朴键一。[14] 这种观点与“中朝关系现实利益说”有些共同之处，即承认韩国是朝鲜半岛形势变化的重要一方。同时，这一观点事实上也是2002年以前中国政府的主要观点，2001年钱其琛副总理在会见朝鲜副外相朴吉渊时明确指出“半岛事务的主要当事者是北南双方”。[15] 另一种视角则是

10) [韩] 李南周：“朝鲜的变化与中朝关系－从‘传统友好合作关系’到‘实利关系’”，《现代国际关系》，2005年第9期。

11) [韩]李钟奭：《北朝鲜 · 中国关系》，首尔，中心出版社，2000年。

12) “将传统友好提升到新水平－王毅副外长谈吴邦国委员长访朝成果”，《人民日报》，2003年11月1日。

13) [日] 平岩俊司：《朝鲜人民民主主义人民共和国和中华人民共和国的“唇齿关系”的结构和变化》，横滨，世织书房，2010年。

14) 朴键一：“冷战后朝鲜半岛南北关系演变的规律性特点”，《东北亚学刊》，2018年第4期，第35-39页。

15) “钱其琛会见朝鲜副外相朴吉渊”，《人民日报》，2001年3月31日。

从中国角度出发，认为中国参与国际经济的程度将显著影响中朝关系。任洪生指出，“国内因素说”和“国际因素说”无法解释中朝关系时好时坏的波动性特征，也无法进行全方位的解释。任洪生认为，中朝关系并不取决于美国政府的态度，但与中国参与的国际化进程密切相关。[16] 就此意义而言，中朝关系主要受制于中国的国际战略变化。随着中国综合国力的上升，朝鲜半岛局势变化将越来越受到中国国内外政策的影响，因而中朝关系如何定位就成了一项重大的问题。

中朝关系体现了中国外交的一项根本原则，即服务于国家的发展大局，而这是中国所有国别、地区关系的基本特性，并无多大的特殊性。2017年10月，习近平总书记在党的十九大报告里强调，“中国坚决摒弃冷战思维和强权政治，走对话而不对抗、结伴而不结盟的国与国交往新路”。朝鲜是中国的主要邻国，也是很重要的合作伙伴，但并不是盟国。中国外交部已经多次明确表示，“中朝关系是正常国家之间的关系”[17]，并不是外界所渲染的“同盟关系”。[18] 传统上之所以对中朝关系有很多不同的意见，很重要的一项原因在于没有把握住外交服务于国家发展大局这一根本，因而研读局势时更容易被某些眼前事件而左右动摇，这一点在朝鲜半岛局势上尤其显著。将中朝关系当作中国周边外交的组成部分，因而体现出中国周边外交的一般属性，这一认识变化有重要意义，但也需要对中国周边外交有一个整体的了解和研判，而且将中朝关系定位放在整个百年大变局的角度加以考察。

第三节　中朝关系新变化的内容

中朝两国是山水相依的友好邻邦，两国人民的友谊源远流长。2018年以来，中朝关系取得重大进展，开启了中朝友好合作的新时代。

16) 任洪生：“国家战略、经济周期与中朝关系的政治经济学”，《外交评论》，2016年第6期，第22-44页。

17) “外交部长王毅就中国外交政策和对外关系回答中外记者提问”，2016年3月8日，外交部网站，https://www.fmprc.gov.cn/web/wjbz_673089/zyjh_673099/t1346058.shtml.(上网时间：2019年9月11日)

18) 孙茹：“中朝‘正常关系’表述传递了什么信息?”，《中国国防报》，2016年3月11日。

(1) 恢复和巩固了传统友好关系。首先，中朝双方实现领导人互访，加强密切互动，引领两国关系正常发展。最高领导人的友谊传承和战略引领是中朝关系的最大优势，领导人的密切交往和战略沟通对于中朝关系发展具有决定性作用。1949年10月中朝建交以后，到1994年7月金日成主席去世为止，他一共对华进行了39次访问。金正日国防委员长于1983年6月首次访华以来，对华进行了9次访问。中国领导人也经常访问朝鲜，其出访次数也很多。[19]

2018年3月，朝鲜领导人金正恩首次访问中国，这是他2011年担任朝鲜最高领导职务以来的首次海外访问，也是相隔7年朝鲜领导人对中国进行的友好访问。之后，他相继三次访华。2019年6月，习近平主席对朝鲜进行了国事访问，这次访问是中国领导人相隔14年后对朝鲜的正式访问，也是不到一年半的时间内两国领导人的第5次首脑会晤，其互动频率之多实属罕见。可见，当前中朝关系以领导人会晤及互访为牵引，全面提升中朝关系水平。

其次，两国领导人重新强调共同维护中朝传统友谊，恢复和巩固了两国友好合作的基础。2012年5月，朝鲜领导人金正恩会见中共中央对外联络部部长王家瑞时指出，继承金正日同志遗训，世代传承并不断深化朝中传统友谊，是朝鲜党和政府坚定不移的意志[20]。这是金正恩担任朝鲜最高领导职务以来亲自出面首次会见的外国访问团。2016年，朝鲜不顾国际社会的反对进行核试验，中朝双方围绕朝核问题分歧明显，两国之间交流也随之减少，双方几乎都不提中朝传统友谊。金正恩首次访华后，朝鲜媒体重新提到中朝传统友谊，并强调是两国的共同财富。[21] 习近平总书记在同金正恩委员长首次会谈时表示，重新强调继承和发展两国传统友谊。[22] 2018年5月初，两位领导人在大连会晤时达成共识，中朝传统友谊是双方共同的宝贵财

19) 1949年10月中朝建交以来，周恩来6次，刘少奇1次，邓小平3次，华国锋1次，胡耀邦3次，杨尚昆2次，江泽民2次，胡锦涛2次访问了朝鲜。

20) “朝鲜最高领导人金正恩会见王家瑞”，中华人民共和国驻朝鲜民主主义人民共和国大使馆网站，http://kp.china-embassy.org/chn/zcwj/t957908.htm（上网日期：2019年10月31日）

21) “谱写朝中友谊新篇章的历史性访问”，[朝]《劳动新闻》，2018年3月30日。

22) “习近平同金正恩举行会谈”，《人民日报》，2018年3月29日。

富，发展好中朝友好合作关系是双方坚定不移的方针，也是唯一正确选择。[23]

再次，双方重新突出两国的社会主义制度，强调中朝同为社会主义国家，双边关系仍然具有重大战略意义。2018年以来，每逢中国共产党建党纪念日（7月1日）、朝鲜劳动党建党纪念日（10月10日）、中国国庆日（10月1日）、朝鲜建国纪念日（9月9日）以及两国建交纪念日（10月6日）等节庆，两国领导人互相致贺电，并强调社会主义原则，加强两国友好合作关系。10月6日，中朝两国领导人就中朝建交70周年互致贺电，再次强调共同引领中朝关系进入新的历史时期，促进两国社会主义事业繁荣进步，实现两国友好合作关系的全面复兴。[24]

(2) 恢复和加强了在朝核问题上的战略协调与沟通。首先，中朝双方重申朝鲜半岛无核化的共同目标。围绕朝鲜半岛核问题，中朝两国曾出现意见分歧，难以协调立场。2013年3月，朝鲜劳动党举行中央全会，决定采取“经济建设与核武力建设并进”的新战略路线，明确规定朝鲜为“拥核国”，并继续发展核武力。之后，朝鲜坚持并举路线，多次进行了核试验和导弹试射。中国对联合国安理会对朝制裁决议投了赞成票，显示出朝鲜半岛无核化的坚定立场，也表现出维护地区和平的负责任姿态。

2018年3月，金正恩在中朝首脑会谈中首次表示，“按照金日成主席和金正日总书记的遗训，致力于实现半岛无核化，是朝鲜始终不变的立场”。[25] 这是朝鲜领导人金正恩首次公开表明实现朝鲜半岛无核化的立场。根据朝方的无核化立场，中国方面明确表示，支持半岛无核化方向，支持朝韩两国持续改善关系，支持朝美举行首脑会晤并取得成果，支持有关方通过对话解决各自合理关切。中朝在朝核问题上协调了立场，为合作奠定了重要基础，也是两国领导人战略沟通的重要体现。

其次，中朝双方就通过对话“分阶段、同步走”的和平解决方式达成共识。2003年8月朝核问题六方会谈开始以来，中国一直强调通过对话和协商解决朝核问题。2005年“9·19共同声明”强调，以和平方式可核查地实现半岛无核化是六方会

23) “习近平同朝鲜劳动党委员长金正恩在大连举行会晤”,《人民日报》，2018年5月9日。

24) “习近平同朝鲜最高领导人金正恩互致贺电”,《人民日报》，2019年10月7日。

25) “习近平同金正恩举行会谈”,《人民日报》，2018年3月29日。

谈的目标，并根据“承诺对承诺、行动对行动”原则，采取协调一致步骤，分阶段落实，从而确立了同步行动原则。这是中朝在内的六方会谈成员国所达成的共识。但是，2008年12月六方会谈中断以来，“分阶段、同步走”原则并没有得到具体落实。

2018年1月，外交部副部长、中国政府朝鲜半岛事务特别代表孔铉佑在接受香港凤凰卫视采访时指出，通过低门槛、同步走、小步走方式推动沟通，并强调“同步走”就是六方会谈确定的原则，即口头对口头、行动对行动、同步对等的原则。[26] 金正恩来华访时表示，希望有关各方负责任地采取分阶段、同步性的措施，推进半岛问题政治解决进程。在朝鲜半岛核问题上，维护半岛的和平与稳定，坚持半岛无核化方向，通过对话协商解决问题，分阶段、同步走是中朝两国领导人对朝鲜半岛核问题所达成的共识。

再次，中朝双方恢复和加强了战略沟通。长期以来，双方根据1961年7月签署的《中朝友好合作互助条约》，对重大国际问题进行了沟通和协商，推动了友好合作关系。1992年中韩建交后，中朝之间围绕重大国际问题很少进行过沟通，尤其朝鲜进行核试验等采取重大措施时，几乎很少通报给中方，也未能进行有效沟通。

2018年以来，每当举行朝韩、朝美首脑会晤之前，金正恩都先访华，同中国领导人进行战略沟通，互相通报国内情况，并围绕重大问题交换意见。这不但巩固和发展了中朝友好合作关系，而且彰显了中国在朝鲜半岛问题上举足轻重的地位和作用，显示了中国是朝鲜对外关系中最重要、最可靠的战略伙伴。

(3) 积极维护和扩大各领域交流合作。首先，中朝双方致力于维护和发展正常的经贸合作。中国支持朝鲜发展经济，改善民生，继续提供力所能及的帮助。中朝两国在政治、经贸、地缘、人文等诸多方面具有独特的优势。1953年11月，中朝签署《中朝经济及文化合作协定》，确立了经济与文化合作的基本框架和发展方向[27]。两国

26) “外交部副部长、中国政府朝鲜半岛事务特别代表孔铉佑就朝鲜半岛问题接受凤凰卫视采访”，2018年1月16日，外交部网站，https://www.fmprc.gov.cn/web/wjbxw_673019/t1526050.shtml（上网日期：2019年10月31日）

27) 1953年11月23日中朝双方发表的《中国政府和朝鲜政府代表团谈判公报》指出，“中国政府决定朝鲜战争爆发以后到1953年底为止这一时期中国政府援助朝鲜的一切物资和用费，军无偿赠送给朝鲜政府，同时中国政府决定于1954年至1957年4年内，再拨人民币8兆元无偿赠送给朝鲜政府”。刘金质主

长期以来在经济、文化、教育、科学、卫生、体育、广播、新闻等各个领域开展了交流与合作，中国在力所能及的范围内向朝鲜提供了大量的援助，从而有力支援了朝鲜社会主义的发展，为推动两国友好合作提供了长久动力。冷战结束后，中朝贸易额在朝鲜对外贸易中的比重逐步增加，高达80%以上。中国是朝鲜最大的贸易伙伴，也是最大的投资来源国。

最近几年，随着联合国安理会对朝制裁决议日益严厉，朝鲜的对外经济合作面临了空前未有的巨大压力，中朝之间正常的经贸合作也受到了很大限制。2014年两国贸易额为65.4亿美元，达到了顶峰，之后逐年下降，到了2018年大幅减少为24.3亿美元，为2010年以来中朝之间最低的贸易额。

根据2018年以来朝鲜国内政策变化及经济发展需求，中国方面已经明确表示，支持朝鲜的新发展战略路线，支持朝鲜走符合本国国情的发展道路，支持朝鲜的社会主义建设，并提供力所能及的帮助。2018年5月习近平主席会见由朝鲜劳动党中央政治局委员、中央副委员长朴泰成率领的朝鲜劳动党友好参观团时，朴泰成表示，“此次友好参观团受金正恩委员长指派访华，学习中国经济建设和改革开放经验”。[28] 由此看出，朝鲜转变新的战略路线后，积极向中国学习经验，促进本国经济的发展。

其次，双方积极开展各领域的交流，推动两国关系全面发展。2018年以来，中朝双方在政治、经济、外交、军事、司法、文化、教育、旅游、媒体、地方、艺术、智库等交流范围非常广泛，双方代表团的访问次数达40次以上。全国人大常委会委员长栗战书率中国党政代表团、中央军委军委政治工作部主任苗华率中国军事代表团、国务委员兼外长王毅、中共中联部部长宋涛率中国艺术团相继访朝，朝鲜劳动党中央副委员长朴泰成率劳动党友好参观团、朝鲜劳动党中央副委员长李洙墉率朝鲜友好艺术团、朝鲜人民军总政治局长金秀吉陆军大将率朝鲜军事代表团相继访华。此外，中国外交部代表团、体育代表团、青年干部代表团、文艺工作者代表

编：《中国对朝鲜和韩国政策政策文件汇编》第二册，中国社会科学出版社，1994年，第616页。

28) “习近平会见朝鲜劳动党友好参观团”，[朝]《劳动新闻》，2018年5月17日。

团、新华通讯社代表团、《人民日报》代表团、中共辽宁省委友好代表团、深圳艺术代表团访朝，朝鲜外务省代表团、朝中友好协会代表团、《劳动新闻》代表团、朝鲜记者同盟中央委员会代表团、黄海南道代表团、朝鲜教育委员会代表团、朝中友好议员团、朝鲜社会科学院代表团、建筑师同盟代表团等访华，各层次、各领域交流迅速增多。

再次，中朝之间的各种互访和互动，大幅改善了两国的舆论环境。由于朝鲜进行了多次核试验，中国根据联合国安理会对朝制裁决议逐步加大了对朝鲜的制裁力度，朝鲜舆论和媒体表示出对中国的不满[29]，甚至一度点名指责了中国[30]。对此，中国媒体和舆论也给予还击，两国人民之间感情受到了损伤，两国舆论环境也变为极其恶劣。同时，两国关系的各种交流也受到很大的影响，人员往来次数显著减少，甚至有些活动被取消[31]。

2018年以来，朝鲜中央通讯社、《劳动新闻》等朝鲜主要官方媒体明显站在支持中国的立场，不仅经常对习近平主席的讲话、中国成功发射卫星等进行正面报道，而且在中美贸易摩擦、西方国家干涉香港、台湾、新疆局势以及人权问题上，坚决支持中国的立场，鼓舞了中国人民的坚强信心。[32] 在新的形势下，中朝两国在国际舞台上互相给予道义支持，使两国关系不断提升至新的高度。

第四节　中朝关系新变化的动因

2018年以来中朝关系的新变化既是两国共同维护半岛和平与稳定的需要，也与两国各自的政策调整有关。

29) “还好意思随波逐流?”，朝鲜中央通讯社，2017年4月21日；“不知耻的媒体放肆的做法”，朝鲜中央通讯社，2017年9月22日。

30) “不要再做乱砍朝中关系支柱的贸然言行”，[朝]《劳动新闻》，2017年5月4日。

31) 2015年12月，原定于北京国家大剧院举行的朝鲜国家功勋合唱团和牡丹峰乐团访华演出被取消。

32) “决不能容纳破坏社会稳定的行为”，[朝]《劳动新闻》，2019年7月26日。

(1) 从维护朝鲜半岛和平与稳定出发，中朝双方需要改善关系，携手应对日益恶化的朝鲜半岛局势。2017年，朝鲜半岛局势曾经出现了“四月危机”、“八月危机”以及“十月危机”等多次战争危机。半岛紧张局势千钧一发，给中国周边乃至东北亚地区局势带来了极大不安。如果在朝鲜半岛一旦发生战争或武力冲突，首当其冲的是朝、韩两国，而且将带来毁灭性的打击，其次就是中国。因此，防止在朝鲜半岛发生战争或武力冲突，是中国对朝鲜半岛政策的底线，也是符合于中朝双方的战略利益。

与此同时，美、韩、日等国加大对朝鲜的经济制裁和军事威慑，导致了朝鲜半岛局势紧张的恶性循环，严重影响中国周边地区的和平环境。美韩以应对朝核问题为由，决定在韩国部署“萨德”反导系统（THAAD），试图打破朝鲜半岛的战略均衡。美韩还不断增强联合军演规模，集中了各种最先进的战略、战术武器，演练从防御反击转向先发制人打击，对朝鲜形成了极大的军事威胁，也损害了中国的安全利益。

美韩等国离间中朝关系，也促使中朝反思维护友好关系发展的战略必要性。冷战结束后，国内外学界一直对1961年签署的《中朝友好合作互助条约》议论纷纷，有的甚至提出废除或修改。过去几年中朝关系日益恶化，如果一直持续下去，容易导致美日韩三国误判中朝关系，对朝鲜加大军事压力，很有可能引起擦枪走火，导致灾难性的后果。面临日益恶化的半岛局势，美日韩三国联手的强大的军事压力和战争威胁，中朝两国恢复友好关系不仅是必然的选择，也符合双方的共同利益。

(2) 从发展经济、改善民生出发，调整对华政策成为朝鲜的不二选择。朝鲜为实现社会主义经济强国目标，决定转变国家发展路线，必然需要国内外和平环境，而且寻求可信赖的合作伙伴。2011年金正恩执政以来，朝鲜新设了23个经济开发区，加上罗先经济贸易特区、中朝罗先共同开发区、中朝黄金岛及威化岛共同开发区等涉及到对外经济开放的朝鲜的经济开发区、特区已达到27个。[33] 但这些开发区和特区由于受到朝核问题以及国际社会制裁的影响，几乎没有实质性的进展，也未能

33) [朝] 车明哲编:《朝鲜民主主义人民共和国特殊经济地区》，平壤，朝鲜外国文出版社，2018年11月出版。

有效引进外资投入和合作伙伴，仍然停留于纸面状态。

2017年以来，随着联合国安理会对朝制裁决议日益严厉，中朝贸易不仅遭到了沉重的打击，而且在朝鲜投资的中资企业以及中朝边境地区也蒙受了巨大的损失。尤其是朝鲜的对华出口大幅减少，从2016年的25.4亿美元，到了2018年下降到2.13亿美元，减少到1/10。

由于受到联合国制裁决议的限制，中国无法进行新的对朝投资，朝鲜更不能引进新的相关装备和设备，使朝鲜的经济发展以及对外经济合作受到了很大的限制。朝鲜面临国际社会对朝制裁的巨大压力，虽然强调自力更生和“自强力首先”口号，但由于对外出口受到巨大限制，朝鲜的外汇收入大幅减少，从而导致了对外经济合作的停滞不前。此外，朝鲜长期进行核导开发，在国际社会形象受损，在外交上几乎陷入于孤立状态，没有可信赖的合作伙伴。中国不仅是朝鲜主要能源和粮食援助国，而且是个最大的贸易伙伴及经济合作开发区合作方。朝鲜为发展经济、改善民生，长期以来保持友好合作关系的中国无疑是个朝鲜首选的最可靠的合作伙伴。因此，朝鲜要推动经济发展，必然改善对外关系，而且首先要回复的是中朝友好合作关系。

中国作为负责任的大国，根据联合国安理会对朝决议，对朝鲜的核导开发进行了制裁。当然，中国对朝鲜制裁的目标并不是压垮朝鲜，而是延缓朝核发展、迫使朝鲜回到谈判桌前来。如果朝鲜改变对朝核问题的态度，坚持无核化目标，那么中朝之间经济交流与合作重新能够获得新的出路。

(3) 从维护半岛稳定和运筹大国关系出发，中国逐步调整了对朝政策。既要坚持半岛无核化原则的同时，恢复和稳定中朝友好关系。同时在半岛问题上加强中俄战略协作和改善中韩关系，应对来自美国的压力。

首先，中朝两国山水相邻，维护中朝关系是维护中国边境地区安宁和周边稳定的需要。中国一直强调半岛无核化是维护朝鲜半岛和平与稳定的关键。那是因为，朝鲜半岛无核化问题不解决，半岛就无法稳定，东北亚地区就难以和平。由于在2018年以前围绕朝核问题中朝两国之间存在意见分歧，也很难协调立场。朝鲜多次进行核试验和导弹试射，中国通过外交渠道明确表示了反对，对朝鲜的核导开发行为进行了谴责和经济制裁。

其次，日益严峻的中美战略博弈，使中国重新考虑朝鲜半岛的战略地位。特朗普政府发起对华贸易战，出台“自由开放的印太”战略，加强美日、美韩军事合作，加大军事部署，使中国周边安全受到了越来越多的威胁。为防止东北亚地区战略安全态势恶化，中国需要改善中朝关系，争取确保半岛的和平与稳定。

由于美国在韩国部署“萨德”反导系统，导致了中韩关系的严重恶化。虽然在2017年两国达成共识，稳住局势，但还没有完全恢复正常的交流与合作。“萨德”问题使中国重新思考美韩同盟和中韩战略合作伙伴之间的微妙关系。最近，美韩重新提出举行联合军演，这不仅危害半岛的和平与稳定，也不符合于中国提出的“双暂停”倡议。韩国政府时而主张“三方”或“四方”概念，貌似在半岛问题上试图排斥中国，这些都会影响到中国对韩国的战略信赖。因此，中国也不得不在中朝、中韩关系上维持战略均衡，不能以中韩或中朝友好来影响到另一方关系。

2016年以来，中国已针对如何恢复与开展朝核对话提出新的建议，其中最主要的有两点，首先，提出“将实现半岛无核化与半岛停和机制转换并行推进”；其次，提出分两步走的路径，即先以“双暂停”（朝鲜暂停核导开发活动、美韩暂停大规模军演）恢复对话，再按照双轨并进思路开展对话。此外，中方还表示除六方会谈外，对开展双边、三边、四边等各种对话均持更为开放的态度。在中朝关系日益陷入困境的情况下，中国始终没有放弃外交努力，积极在中朝之间推动外交沟通。2017年11月习近平总书记特使、中共中央对外联络部部长宋涛对朝鲜进行访问，双方就中朝两党两国关系、朝鲜半岛问题等共同关心的问题交换了意见，始终保持了两国之间外交接触和沟通。

另外，在朝鲜半岛局势转变进程中，中俄战略协作也发挥了非常重要的推动作用。2017年7月，中俄两国发布了关于朝鲜半岛问题的联合声明，双方认为，要基于中方提出的“双暂停”倡议、“双轨并行”思路，以及俄罗斯方面关于解决朝鲜半岛问题分步走设想的思路，用政治方式解决半岛问题。[34] 2019年6月，在习近平主席

34) “中国外交部和俄罗斯外交部关于朝鲜半岛问题的联合声明”，《人民日报》，2017年7月5日。

出访朝鲜之前，中俄又发布了新的朝鲜半岛问题联合声明，其中提出了“政治解决”的完整思路。中国的半岛问题倡议和思路，已经获得了俄罗斯方面的认同或支持，而且中俄之间战略协作为维护半岛和平起到了重要的稳定作用。

第五节　中朝关系新变化的影响

2018年以来中朝关系的新变化对推动半岛形势转圜产生了积极效应，朝鲜半岛问题正朝着政治解决的方向迈进。中朝友好和来自中国的支持有利于朝鲜实行新战略路线和半岛无核化进程，也有利于促进中朝两国经济合作和战略对接，将东北全面振兴和对朝经济合作密切联动，有力推进东北亚经济一体化进程。

(1) 中朝关系的积极变化有利于朝鲜经济的稳定健康发展。首先，朝鲜转变国家发展路线，促进改变思想观念。金正恩首次访华一个多月后，朝鲜劳动党举行党第七届三次中央全会向对内外明确宣布，从“核武力与经济建设的并举路线”转变为“经济建设集中全力路线”，并提出国民经济的主体化、现代化、信息化和科技化等“四化”口号，强调完成国家经济发展五年战略（2016～2020年）。[35] 在朝鲜，集中一切力量搞活经济建设，就意味着党政机关、人民团体、企业以及农场的工作重点要集中和服从经济建设，对工作也依据经济成果来进行评价，而且组织、宣传等工作也根据新的战略路线的要求开展。

2019年4月和8月，朝鲜最高人民会议连续两次修改和补充了社会主义宪法，把“主体思想”和“先军思想”的指导思想地位改为金日成—金正日主义为朝鲜的指导思想，删除了金日成时代提出的青山里方法、青山里方式和大安事业体系等，明确了金正恩提出的社会主义企业责任管理制，强调正确利用成本、价格、收益等经

35) “朝鲜劳动党中央举行第七届第三次全会　金正恩出席指导会议”，2018年4月20日，[朝]朝鲜中央通讯社，http://www.kcna.kp/kcna.user.article.retrieveNewsViewInfoList.kcmsf#this.（上网时间：2019年9月11日）

济杠杆，支持国家在对外贸易中恪守信用，改善贸易构造，扩大和发展对外经济关系等。[36]

其次，朝鲜积极寻求对外经济合作伙伴，非常关注“一带一路”建设在东北亚地区的推进。金正恩上任以后，朝鲜的对外经济合作方针开始摸索合作对象的多元化、合作方式的多样化，从包括中国在内的邻国开始，将扩大到东南亚、欧亚地区以及欧洲等地，“一带一路”已经纳入朝鲜拓展国际空间的重要部署中。2019年4月，朝鲜派出对外经济相金英才出席其次届“一带一路”国际合作高峰论坛，显示出对“一带一路”的关注和积极态度。在新的形势下，最近朝鲜社会科学院经济研究所成立了东北亚经济研究所，专门研究中国经济、“一带一路”建设、东北亚地区合作等问题。

再次，朝鲜薄弱的经济基础，老旧的基础设施，以及获取经济发展成功经验需求来看，中朝友好交流与合作是朝鲜的必然需求。为了使朝鲜经济健康、稳定发展，朝鲜需要中国方面的支持和帮助，也需要学习中国的成功经验。朝鲜领导人金正恩也多次表示，朝方认为中国的发展经验十分宝贵，希望多来中国实地考察交流[37]，并愿多学习中国经验做法，积极致力于发展经济、改善民生[38]。这些变化和措施都将会给中朝经济合作带来新的机遇和空间。

习近平主席访朝以后，中朝贸易已经开始逐步得到恢复和发展[39]。各种访朝考察团迅速增加，朝方也积极参加2019北京世界园博会等在中国举办的各种展览会和商品交易会，派团积极考察和了解中国发展现状和经验。2019年10月，中朝双方在平壤首次联合举办“朝中健康及体育部门科技展”。两国正在探索新时代两国合作的方式和内容，全面推动两国合作。

36) “朝鲜社会主义宪法”，[朝] Naenara网站，http://www.naenara.com.kp/ch/politics/?rule+3.（上网时间：2019年9月19日）

37) “习近平同朝鲜劳动党委员长金正恩举行会谈”，《人民日报》，2019年1月11日。

38) “习近平同朝鲜劳动党委员长、国务委员会委员长金正恩举行会谈”，《人民日报》，2019年6月21日。

39) 根据中国商务部统计，2019年1-9月中朝贸易达到了19.6亿美元，同期增长14.4%。“2019年1-9月中国与亚洲周边国家双边贸易统计”，商务部网站，http://yzs.mofcom.gov.cn/article/g/date/201910/20191002907947.shtml（上网日期：2019年10月31日）

(2) 中朝关系的积极变化有利于继续向前推动半岛无核化进程。首先，中朝关系升温使得中国提出的“双轨并行”思路、“双暂停”倡议开始逐步得以实现。金正恩首次访华回国后不久，朝鲜劳动党举行了第七届三次中央全会，宣布2018年4月21日起停止核试验和洲际弹道火箭试射，将废弃北部核试验场。[40] 5月24日，朝鲜核武器研究所发表声明，废弃了朝鲜北部地区核试验场，炸毁核试验场的所有坑道、警备设备和观测站[41]。由此可以认为，朝鲜确实兑现了半岛无核化问题上的一些承诺，半岛无核化进程向前迈出了一大步。

朝鲜领导人金正恩和韩国总统文在寅在板门店举行首脑会晤，并发表了《板门店宣言》。双方确认朝鲜半岛无核化为共同目标，并把停战协定转换为和平协定，构建持久巩固的和平机制。[42] 朝韩领导人重申朝鲜半岛的完全无核化，达成共识实现停和机制转变，就意味着朝韩两国支持中国提出的“双轨并行”思路。在中朝关系、朝韩关系改善的背景下，朝鲜国务委员会金正恩委员长和美国总统特朗普在新加坡举行了首次首脑会谈，并发表了《新加坡宣言》。朝方重申承朝鲜半岛完全无核化立场，而且朝美双方表示在朝鲜半岛建立持久稳固的和平机制，并建立新的朝美关系。[43] 如今朝美两国达成协议实现半岛无核化和建立半岛和平机制，在一定程度上就认同了中国所提出的“双轨并行”思路。

其次，中朝关系升温为朝鲜继续进行朝美对话提供了动力。虽然2019年2月在河内举行的第二次朝美首脑会谈没有成功，但和平实现朝鲜半岛无核化仍然是美朝关系的主要议题。6月在日本大阪举行的G20峰会上经过中美、中韩首脑会晤以后，朝美首脑在板门店举行了会晤，双方表示继续推动两国之间对话。

10月初，朝美两国根据达成的协议，在瑞典斯德哥尔摩举行了工作磋商。从谈判的结果来看，朝美协商没有谈好，还需要漫长的过程，两国关系的改善仍然十分艰难。更重要的是，虽然朝核问题的解决主要取决于朝美协商，但仅仅依靠朝美双

40) “朝鲜劳动党中央委员会第七届第三次全员会议举行”，[朝]《劳动新闻》，2018年4月21日。

41) “朝鲜核武器研究所声明”，[朝]《劳动新闻》，2018年5月24日。

42) “为实现朝鲜半岛和平、繁荣和统一的板门店宣言”，[朝]《劳动新闻》，2018年4月28日。

43) “金正恩和特朗普新加坡峰会联合声明”，[朝]《劳动新闻》，2018年6月13日。

方来很难解决问题，更需要的是能够发挥有效作用的协商机制，尤其是中国曾经倡议并而推动的六方会谈那样的多边机制。今后，中国作为朝鲜半岛事务的重要当事方和朝鲜停战协定的缔约方，在半岛和平进程中继续发挥积极作用。

(3) 中朝关系的积极变化将东北全面振兴与中朝经济合作密切联动，有利于加快推进国内外地区协调发展，有力推进东北亚地区经济合作进程。

随着“一带一路”建设的深入推进，2018年9月习近平总书记考察东北，就深入推进东北振兴提出，“深度融入共建‘一带一路’，建设开放合作高地”。[44] 8月，中共辽宁省委和辽宁省人民政府公布《辽宁“一带一路”综合试验区建设总体方案》，提出将以丹东为门户，倡导连接丹东—平壤—首尔—釜山铁路、公路及信息互联互通，建议作为对朝经济合作窗口设立“丹东特区”。丹东是中国最大的对朝贸易窗口，占中朝贸易的80%。如果丹东在辽宁省乃至东北地区的经济地位上升，将加快促进中朝两国经贸合作。另外，最近媒体报道，为开通丹东新鸭绿江大桥，正在加快建设边检、通关、检疫等相关设施。如果新鸭绿江大桥开通，将进一步扩大和促进中朝之间的经贸合作。

2019年8月，吉林省发改委公布《沿中蒙俄开发开放经济带发展规划（2018年～2025年)》，将全面扩大与朝、俄、蒙、韩、日等东北亚国家交流合。8月30 日，中国黑龙江自贸试验区正式揭牌，强调积极推动朝鲜在内的东北亚地区经济合作进程。随着东北三省相继出台参与“一带一路”的实践方案，进一步明确了中朝经济合作和东北地区振兴的密切关联性，将积极推进东北地区发展与朝鲜半岛经济合作的对接。

2019年11月，中共辽宁省委书记陈求发率团访问朝鲜，跟朝鲜方面达成共识，继续加强人员和贸易往来，推进农业交流合作，加强民生领域交流，积极开展旅游合作[45]。目前，中朝两国地方之间交流与合作中辽宁省正走在前头，根据两国领导人的共识，将会有力推动中朝经济合作，也促进其他地方对朝鲜的合作。

众所周知，朝鲜是东北亚乃至世界上少有的未开发国家，所以对朝鲜经济合作

44) “习近平在东北三省考察并主持召开深入推进东北振兴座谈会”，新华社，2018年9月28日，http://www.gov.cn/xinwen/2018-09/28/content_5326563.htm.(上网时间：2019年9月15日)

45) “中共辽宁省委友好代表团访问朝鲜”，《辽宁日报》，2019年11月10日。

成为东北亚地区合作的一个主要关注点。如何将“东海线”、“京义线”等铁路、公路和中国大陆的连结，都是对朝经济合作亟待解决的课题，这些非常迫切需要中国的支持、参与以及投入。目前，朝鲜方面对“一带一路”建设的最近进展以及中朝经济合作等表示深切关注，愿意跟中方开展多方面交流与合作，积极摸索适合于自身的经济发展道路。随着半岛局势的缓和，加上“一带一路”建设在东北地区的积极开展，中国东北地区和朝鲜半岛的经济合作将会得到加快推动，同时给东北亚地区经济合作带来新的机遇。

第六节 结 语

目前，朝鲜半岛局势转变仍然存在诸多不确定性，最主要的是朝美关系的走向，但不能仅仅依靠朝美两国来解决，需要中国、俄罗斯、韩国等相关国家的积极参与和推动。本文之所以强调这一点是基于目前的发展态势和中国的多方行动，首先，在和平安全问题上出现重大积极变化的朝鲜半岛形势，中方自2016年起相继主动提出“双轨并行”思路、“双暂停”倡议等，实际上已经得到了朝鲜、韩国、俄罗斯等国家的支持，构建朝鲜半岛和平机制就成为解决半岛问题的发展方向；其次，随着东北三省相继出台参与“一带一路”的实践方案，进一步明确了朝鲜半岛局势和东北地区振兴的关联性，“一带一路”建设与朝鲜半岛发展的对接已经被提到了正式议程上。尤其值得强调的是，随着“一带一路”高质量发展，中日韩在东北亚的合作重现合作动力，加上中蒙俄合作的联动，中朝经济合作将成为中国东北亚地区合作的重要支撑之一。

根据朝鲜半岛和东北亚地区局势及走向，今后一段时期中国对朝鲜半岛政策将在以下几个方面开展：首先，积极支持朝鲜继续推进半岛无核化进程。鉴于朝核问题的复杂形势，中国应该坚持和平解决的原则，坚持朝鲜半岛无核化和和平机制建设的双轨并行思路，关切朝鲜的合理的安全需求，支持朝核问题采取“分阶段、同步走”的解决方案，继续向前推动半岛无核化进程。

其次、加大对朝经济投入和帮助。目前，朝核谈判没有实质性进展，朝韩关系停滞不前，韩日摩擦继续发酵，而且中美贸易争端形势错综复杂，半岛局势非常不稳定，不确定性日益在增加。同时，朝鲜受到联合国安理会制裁决议的限制，很难全面开展正常的对外经济交流和合作，改善民生。在这种情况下，既遵守联合国安理会决议的同时，又要合理而适度加大对朝鲜的经济投入和力所能及的帮助，坚定支持朝鲜的新战略路线和经济发展战略的成功推进，促进朝鲜经济的稳定、健康发展，而维护半岛的和平与稳定。

再次、加强中朝人文交流与合作。鉴于朝鲜方面希望向中国派遣交换留学生和进行访学，并交换各自研究成果和研究资料的意愿，应积极推动两国人文交流与合作。最近，朝鲜社会科学院、金日成综合大学、朝鲜教育委员会都派代表团到中国进行考察，积极表示加强人文学术交流与合作。今后根据双方的需求和合作方向，中方加大力度，培训朝方专家，接受朝鲜留学生学习中文，使之更加了解中国，通过中国了解世界。这些环节将会是个中朝之间非常重要的交流合作方式，也是中国对朝鲜半岛问题上确保影响力的最主要的渠道之一。

第四、加大对朝旅游业的投入与支持。目前，旅游是并不属于联合国制裁对象，也是中朝两国之间很重要的人员往来的通道。据报道，中国游客已经达到去朝鲜旅游的游客的90%以上，人民币在朝鲜被普遍使用，是朝鲜使用最多的外币。在朝鲜中文的需求量越来越多，好多年轻人希望到中国留学学习汉语。朝鲜对外服务的餐厅、出入境海关等地的工作人员大都基本会说中文。由此可以看出，朝鲜对外交往的大部分是中国，也在反映出一定程度上依赖于中国。因此，中国充分利用地缘、人缘上的优势，优先加大对朝旅游业的支持，改善两国舆论环境，从促进双方民间之间的了解和交流。

中朝友好合作应根据新时代的发展要求，根据两国领导人通过互访和会谈所达成的一系列共识，进一步全面提升合作水平，全方位扩大两国合作范围和内容。今后，随着中朝、中韩、朝韩、朝美等多方关系的改善与发展，不仅深化国家层面的双边合作关系，而且要大力促进地方政府和企业之间的合作，特别同韩国等相关国家共同努力推动朝鲜半岛无核化与和平机制的构建，将有助于实现东北亚命运共同体。

张蕴岭,《中国的周边区域观回归与新秩序构建》,《世界经济与政治》2015年第1期。
于洪君,《冷战岁月的中朝关系(1949~1991年):历经波折但持续向好的大方向始终未变》,察哈尔学会2019年6月6日。
徐进,《朝鲜核问题:中国应强力介入还是中立斡旋?》,《国际经济评论》2011年第6期。
赵立新,《中朝关系:曾经的'同盟'还能延续吗?》,《延边大学学报》(社会科学版) 2017年第3期。
王俊生,《中朝'特殊关系'的逻辑:复杂战略平衡的产物》,《东北亚论坛》2016年第1期。
李南周,《朝鲜的变化与中朝关系–从'传统友好合作关系'到'实利关系'》,《现代国际关系》2005年第9期。
朴键一,《冷战后朝鲜半岛南北关系演变的规律性特点》,《东北亚学刊》2018年第4期。
任洪生,《国家战略、经济周期与中朝关系的政治经济学》,《外交评论》2016年第6期。
文大槿,《中国的对朝政策 —策决定因素研究》,首尔,NPPLUS出版,2013年。
李钟奭,《北朝鲜·中国关系》,首尔,中心出版社,2000年。
平岩俊司,《朝鲜人民民主主义人民共和国和中华人民共和国的"唇齿关系"的结构和变化》,横滨,世织书房,2010年。
刘金质编,《中国对朝鲜和韩国政策政策文件汇编》(1949~1994年),北京,中国社会科学出版社,1994年。
车明哲编,《朝鲜民主主义人民共和国特殊经济地区》,平壤,朝鲜外国文出版社,2018年11月出版。
李成日,《中国对朝鲜半岛政策 — 独立自主外交与中韩建交正常化》,东京,庆应义塾大学出版社,2010年。

《人民日报》、《劳动新闻》、《辽宁日报》、中国外交部网站、中国商务部网站、新华社网站、中华人民共和国驻朝鲜民主主义人民共和国大使馆网站、朝鲜中央通信社网站、朝鲜Naenara网站,等等。

第七章

地缘政治的“再生产”：金正恩时期中朝关系与朝鲜的应对

— 基于《劳动新闻》(2009~2018) 涉华报道的分析 —

朴东勋 _ 中国延边大学国际政治系副教授

自2018年朝鲜半岛局势转圜以来，中朝两国首脑进行五次首脑会晤，为双边关系发展开启了新的篇章。中国一贯重视中朝两党两国之间的战略沟通与合作关系。但回顾过去70多年历史，两国关系发展并非一帆风顺，实际上“经受过各种风波和考验”。[1] 国家利益是国家对外行为的基本动因，也是一国制定对外政策的重要依据。尽管中朝有着“鲜血凝成的友谊”，但不管过去还是将来，两国之间围绕“利益”难免发生种种分歧和矛盾。杰维斯认为，为了减少决策过程中的错误，决策者有必要进行换位思考，将自己置于对方的处境，以便防止以自己国内政治和社会进程的习惯定势去判断对方的行为和对策。[2] 有鉴于此，本文将以2009～2018年的朝鲜《劳动新闻》为分析对象，探讨朝鲜对话认知，分析中朝互动背后的朝鲜对华政策的内在逻辑。

第一节　研究设计说明

朝鲜非常重视报纸、广播、电视等新闻媒体的宣传工作，宣传内容高度政治化、意识形态化。近几年，尽管朝鲜开始重视互联网等现代工具的使用，但报纸、电视等传统媒体依然是国内政治宣传和对外政治传播的重要手段，而《劳动新闻》 就在其中最具代表性。《劳动新闻》作为朝鲜劳动党中央机关报，以意识形态为指导，宣传领袖革命业绩和朝鲜劳动党的思想、路线方针政策，介绍和传播国内外各领域信息。《劳动新闻》日发行量达150万份，并向全世界140 多个国家发送1万余份，是朝鲜最具影响力的报纸。[3]

本研究将把《劳动新闻》作为主要分析样本，选择时间范围从2009年1月1日至2018年12月31日。之所以选择这一时段，主要考虑了中朝关系这一时期的变化：2009年是中朝建交60周年，也是朝鲜进入权力接班之元年。这一时期，中朝两国推

1) 《사설: 중국인민의 친선의 사절》, 《로동신문》, 2009년 10월 4일, 제1면.

2) 罗伯特 · 杰维斯，秦亚青译：《知觉与错误知觉》，世界知识出版社2003年版，第16页。

3) 李昕：《为领袖和党服务的朝鲜媒体》，《世界知识》，2008年第17期，第58页。

动全方位的双边合作，关系逐步进入自冷战结束以来的“最好阶段”。然而，自2012年底朝鲜再次启动核导计划开始，中朝双方分歧日益凸显，关系再次跌入冰点。随着2018年半岛局势转圜以及朝鲜领导人访华，中朝关系再次步入正轨。换言之，2009～2018年中朝关系变化幅度较大，经历了一段合作—分歧—再合作的政治循环。尤其在分歧阶段，朝方对华言语表达内容比较“丰富”，信息量较大，为观察和分析朝鲜对华认知提供较多素材。

本研究将采取量化分析和文献定性分析相结合的方式。以“中国”为关键词在《劳动新闻》（2009～2018）中搜集4000余条相关结果，从中筛选出与中国直接相关的有效新闻共3516条，统计《劳动新闻》在2009～2018年对华相关报道的频度、议题分布。此外，为了进一步深入考察朝鲜对华立场和认知，还搜集《劳动新闻》社论、官方声明、评论性文章等。通过这些文献进一步了解朝鲜对话语境变化及特征。

第二节　朝鲜的涉华报道特征

从学理上来讲，媒体通过报道数量的强弱与话语倾向，为各种议题赋予不同程度的显要性，影响或决定公众对相关议题的关注度，决定公众如何思考某个议题并评价其价值。[4]

尤其是主流媒体，可以利用其话语权和权威性意见影响受众的认知态度。[5] 同其他社会主义国家一样，朝鲜通过媒体宣示国家路线政策，并通过宣传工作使受众的政治态度整合到一个信念体系中、保持逻辑上的一致性。《劳动新闻》作为朝鲜劳动党机关报具有较强的意识形态特征，且对朝鲜其他国内传媒产生标志性影响，通过对《劳动新闻》涉华报道的量化分析，可以概括判断出朝鲜官方以及主流舆

4) 麦库姆斯，郭镇之、邓理峰译：《议程设置理论概览：过去，现在与未来》，《新闻大学》，2007年第3期；马得勇、张志原：《公共舆论的同质化及其心理根源：基于网民调查的实证分析》，《清华大学学报（哲学社会科学版）》，2017年第4期（第32卷）。

5) 景刚：《论主流媒体在议程设置过程中的功能表达》，《新闻界》，2004年第3期，第48－49页。

论对华认知的倾向。

一、报道整体趋势

为了避免单一样本可能导致的认知偏差，本文在对2009～2018年《劳动新闻》涉华报道频度做统计时，把涉华报道和涉俄报道频度做了比较。[6] 2009年《劳动新闻》涉华报道526条，几乎达到对俄报道数量（180条）的3倍。2011年朝鲜领导人金正日访问俄罗斯，《劳动新闻》涉俄报道开始增加，但涉华报道仍然明显多于涉俄报道，这种状况一直延续到2013年。到了2014年涉华报道骤减，2014～2017年间涉俄年报道量超过了涉华报道（见图1）。

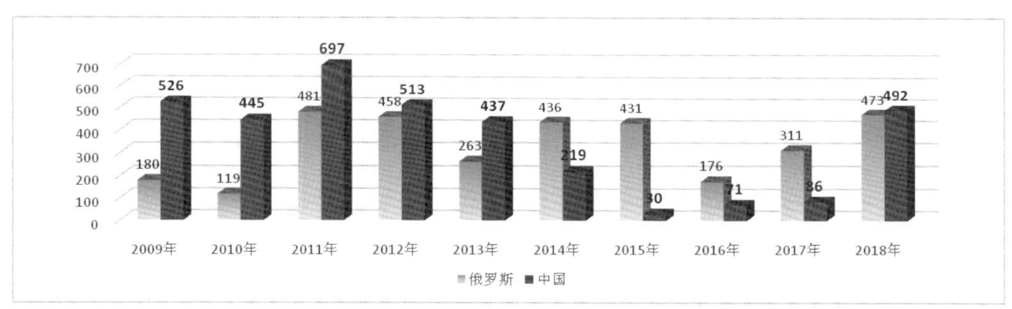

〈图1〉涉华、涉俄报道次数变化比较

2014年乌克兰危机导致俄罗斯与西方国家关系极度紧张，俄罗斯开始更加重视“转向东方”战略。2013年朝鲜进行第三次核试验以后，国际社会对朝制裁日趋严厉，朝鲜也意识到增进朝俄关系的重要性。由此，根据朝俄双方的政治需要，两国除依然保持了良好的高层往来，还在铁路、电力、能源等多个领域达成合作共识。所以，在这一阶段《劳动新闻》涉俄报道频度保持相对平稳。值得留意的是，以2014年为节点《劳动新闻》涉华报道大幅度减少。2009～2013年涉华报道量保持在400-700条之间，2014年骤减至219条。为了寻找其原因，我们把涉华报道数据按月

6) 根据分析需要，只对涉俄报道量做了统计，未对其趋势、内容进行分析。

份进行统计，观察十年以来涉华报道月份分布情况。

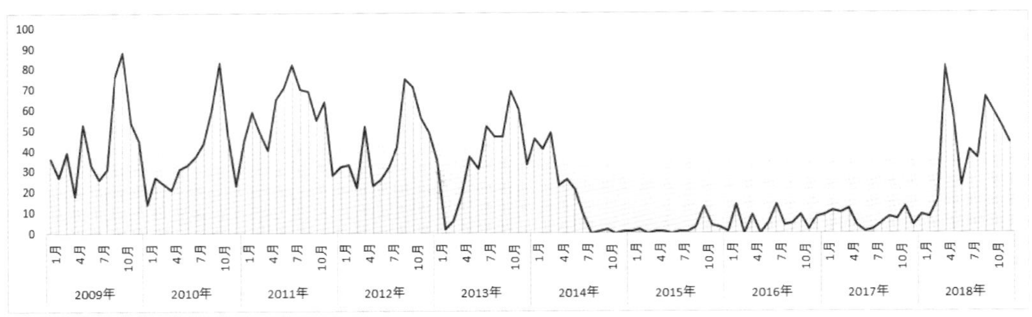

〈图2〉涉华报道次数变化趋势

如图2所示，按月份统计可以发现，《劳动新闻》的涉华报道主要集中在每年第二季度以及第三季度的9月和10月。这应与4月、9至10月中朝双方纪念日较多、交流比较频繁有关。[7] 从涉华报道量的幅度变化来看，有两个时间节点值得留意。一是2013年2月至3月涉华报道量“触底”，二是2014年7月涉华报道量再次出现断崖式下降。2013年1月22日联合国针对朝鲜发射‘银河3号’出台2087号决议，2013年2月12日朝鲜进行第三次核试验后联合国通过2094号（2013.3.7）决议，《劳动新闻》的涉华报道在这一时间段“触底”。不过，涉华报道量从4月份开始重新回增，基本恢复过去同期水准。2014年1月至7月，《劳动新闻》涉华报道量为215条，而8至12月合计仅为4条，之后一直到2018年3月朝鲜领导人首次访华，涉华报道频度一直没有反弹。2014年7月中韩举办首尔峰会等，中韩关系步入新阶段，这说明中韩关系拉近触动了朝鲜敏感神经。

二、报道的议题

朝鲜媒体报道内容主要包括政治思想、经济和文化、对韩局势以及国际局势分

7) 例如：4月朝鲜纪念金日成主席诞辰举办 “四月之春” 国际友谊艺术节，而朝鲜劳动党建党纪念日、朝鲜国庆日、中国国庆日、中国人民志愿军入朝参战纪念日等大都集中在9-10月之间。

析等，涉华报道属于国际局势分析。国际局势分析还包括国家领导人对外活动资料、社会主义斗争成果介绍、国际共产主义运动、后发达国家新生活及斗争、资本主义国家工人运动、揭露帝国主义国家阴谋与罪行等内容。[8] 根据以上分类，本文把《劳动新闻》涉华报道主要划分为三大种类：中国国内新闻（社会主义国家斗争成果、其他热点问题及事件）、对外关系（中国与其他国家互动）、中朝双边交流（高层互动、纪念活动、其他政治、经济、社会、文化、军事等领域交流）。

中国国内新闻主要包括中国领导人治国理政、思教及党建工作、基础设施建设及脱贫、环境污染（防治）及生态环境建设（包括自然灾害）、社会稳定（缉毒、扫黄等）等方面的报道。表1是《劳动新闻》2009、2013、2018涉华报道主题类别比较。[9] 其中，重要政治报道占国内新闻报道总量的1/4，其比重在以上三个年度一直保持稳定；有关自然灾害（救济）以及生态环境报道也占25～35%，尤其是有关植树造林成果方面的报道量占较大比重，这应与朝鲜自2000年以来一贯重视森林绿化工作有一定相关性。科技成果方面的报道比重变化较大，2009年占5.8%，2018年占28.8%，其中关于中国发射卫星的相关报道一直占较大比重。从2018年情况来看，朝鲜对中国在远程操控水下机器人、无人机、人工智能等尖端技术领域取得的成果也开始予以关注。基础设施建设、环境污染防治等新闻主要以“一句话新闻”形式报道（字数约20字左右），所涉及的区域主要包括西藏、新疆、河南、山西等中西部地区。此外，介绍国家领导人治国理政（重要讲话、指示）、思想政治教育及党建工作、治理社会不正之风等的文章篇幅相对较大。总的来说，《劳动新闻》的中国国内新闻以客观报道为主，而且议题与朝鲜当前所推动的国内政策具有较高的契合度；对中国国内政治以及中国政府在民生、社会稳定等领域所遇到的问题以及相关努力做了介绍，但以片段式报道为主，很难看到系统介绍改革开放以来中国所取得的历史性成就的相关文章。

---

8) 김영주:《로동신문에 나타난 대남보도 논조 분석: 2008년 이후를 중심으로》,《언론과학연구》, 2010년 제10권 4호, p. 83.

9) 由于2014~2017期间涉华报道骤减，无法做出较有意义的议题统计，因此该部分只选取报道频度较高的2009、2013、2018年作为主要分析对象。

表一涉华国内报道主题类别：2009、2013、2018

主要议题	国家（党）建设成果	基础设施建设及成果	自然灾害及生态环境	社会稳定	国防	科技	其他	合计
2009	32	37	31	3	7	7	3	120
2013	44	21	58	11	13	14	2	163
2018	32	7	32	12	9	37	4	133

中国对外关系报道可分为中美关系、中日关系以及中国与后发达国家之间关系等三大类。2009～2018年《劳动新闻》有关中国对外关系相关的报道共674条，其中中美关系265条（占39.3%）、中日关系187条（27.7%），有关中国与美、日关系的文章约占整个对外关系报道总量的2/3。中美、中日关系相关报道以通讯、评论类文章为主，篇幅较大（约1000～2000字左右），认为中美、中日之间在政治、经济、军事等领域"矛盾日趋加剧，关系不可调和"。关于介绍中国与后发达国家关系的文章另占对外关系报道的1/3。这类新闻可再分两大类：一是介绍中国与古巴、巴基斯坦等后发达国家之间的合作关系，主要以"一句话新闻"形式简要报道中国与这些国家之间建立伙伴关系情况；二是强调中国与后发达国家、主要大国之间的战略合作。这类报道尽管数量不多，但内容较详细，认为针对美国的单边主义、霸权主义，中俄以及金砖国家之间的合作不断加强，使这些国家在全球经济领域的影响力持续提升，正在成为以西方国家所主导的国际经济秩序的挑战者、竞争者。[10] 此外，关于中韩关系的评论性文章有14条，主要是介绍双方矛盾并谴责韩方"事大外交"的评论性文章。

中朝双边交流方面的报道包括两国高层以及党际交流（互访、互致贺电等）、政府间互动（外交、军事、经济、文化等）、各类社会团体互访（比如：残联、妇联、青年代表团、媒体、出版社、研究机构等）、各种纪念活动（比如：友好条约签署日、建交纪念日等）以及抗日家属访朝参加纪念活动等。有关中朝交流的报道在涉华报

10）《전략적 목적실현을 위한 관계강화 움직임》,《로동신문》, 2013년 7월15일, 제6면;《날로 활발해지는 브릭스성원국들의 협조 움직임》,《로동신문》, 2018년 6월 24일, 제6면.

道中占最大比重，达49.6%（1743条）。2009年至2012年中朝关系迅速发展，两国在各领域交流频繁，相关报道随之大幅增加。2013年联合国进一步实施对朝制裁措施以后，中朝经济、文化交流受到影响，相关报道量也随之大幅下降。不过，根据对《劳动新闻》报道的统计，在2014～2017年间中朝两国高层互致电文共18次，这就意味着，尽管双方存在分歧，但中朝两党始终保持维护两国友好传统的政治意愿。

第三节　朝鲜对华认知及其变化

认知过程是认知者、被认知者和情境等因素交互作用的过程。要深入了解朝鲜对华认知，“有必要把问题放回到具体现实情景以及互动过程中，进行进一步的观察、研究和诠释。”[11] 在朝鲜这一思想高度一致的社会里，《劳动新闻》作为党的喉舌，具有较强的引导和推动舆论导向的功能。由此，本文把《劳动新闻》社论、评论以及官方声明作为进一步了解朝鲜对华认知的重要参考。

一、第二次核试验：“违背主权平等、公正原则的安理会”

2009～2012年，中朝关系达到自中韩建交以来的最好阶段，但从半岛整体局势来说却经历了颇不寻常的困难时期。2009年以中朝建交60周年为契机，中朝两国就双方各领域互利合作达成广泛共识。而在这一阶段，朝鲜却进行了两次远程火箭发射以及一次核试验。而且，由于“天安舰”事件、延坪岛炮击事件的爆发，朝鲜与美韩激烈对抗，使半岛局势再次走到战争边缘。美韩甚至动用航母在半岛周边海域进行几十年来最大规模的联合军演，严重危害了中国安全利益。

这一时期，《劳动新闻》对华态度呈现两个指向性特征：一方面，以抨击联合国安理会的方式向中方表达不满。2009年4月朝鲜发射“银河2号”，引发美日韩等国家强烈不满。中方协调各方利益，成功地用无约束力的主席声明替代了有约束力的

11) 风笑天，“定性研究与定量研究的差别及其结合，”《江苏行政学院学报》，2017年第2期，第70页。

决议[12]。然而，朝鲜外务省依然对安理会声明持强硬态度，谴责安理会“咬住了美国强盗逻辑”，并宣布将退出六方会谈、重启核设施建设[13]。《劳动新闻》评论认为：“联合国安理会被美国及其追随势力玩弄”，“违背联合国主权平等、公正原则”；所谓《联合国声明》只是“极端双重标准下所做出的极其不公正的专横行径”，进而强调了“加强自主国防力量”的必要性[14]。5月25日朝鲜进行第二次核试验，6月12日安理会通过1874号对朝制裁，朝鲜随即宣布“所拥有的所有钚将武器化，全面启动铀浓缩进程”[15]。针对国际社会要重启六方会谈的呼声，朝鲜回应称“作为当事方，解决问题的方法与方式我们自己最清楚，而且解决事态的对话方式另有蹊径”[16]。另一方面，朝鲜继续强调中朝友好传统，力求中朝全方位合作。2009年10月4日，《劳动新闻》发表社论称温总理访朝“彰显朝中友谊不断得到加强和发展，将极大地鼓舞朝鲜人民为建设社会主义强盛大国而斗争。”[17] 随后朝鲜领导人金正日连续三次访华，2009~ 2012年期间中朝经济、人文交流与合作得到全方位提升。

总的来说，朝鲜舆论把“安理会”与“美国及其追随势力”进行分离，认为美国及其追随势力“盗用”安理会。朝鲜以委婉的方式向中方表达不满的同时，力求进一步加强中朝之间的经济合作关系。不过，中方尽管“耐心忍受平壤方面的轻慢和其他对华不友善态度，增大中朝贸易和共同开发，以期避免因为旨在无核化的努力而严重疏离朝鲜”[18]，但朝鲜最终还是拒绝了中方苦心经营的“六方会谈”。2010年延坪岛炮击事件发酵以及朝美之间一系列激烈角逐之后，朝鲜向国际社会公开了隐瞒已久的浓缩铀设施。

12) 徐进，“朝鲜核问题：中国应强力介入还是中立斡旋?”，《国际经济评论》，2011年第6期，第150-151页。

13) “조선민주주의 인민공화국외무성 성명”，《로동신문》，2009년 4월 15일，4면.

14) 리현도，“불공정성과 전횡의 극치，단호한 정치적결단”，《로동신문》，2009년 4월 19일，6면; 리현도，“천만부당한 이중기준 정책은 끝장나야 한다，”《로동신문》 2009년 5월 2일，6면; 채일출，““유엔은 특정 세력의 지배주의 야망 실현에 도용되여서는 안된다”，《로동신문》，2009년 5월 4일，6면.

15) “조선민주주의 인민공화국외무성 성명”，《로동신문》，2009년 6월 14일，2면.

16) “조선민주주의 인민공화국외무성 성명”，《로동신문》，2009년 7월 28일，4면.

17) “사설: 중국인민의 친선의 사절”，《로동신문》，2009년 10월 4일，제1면.

18) 时殷弘，“传统安全与中美反扩散博弈：在朝鲜及伊朗核问题上”，《现代国际关系》，2010年第5期。

二、第三次核试验以后："追逐自利的国家"

中朝关系以2012年12月朝鲜发射'银河3号'为契机开始出现裂痕。中共召开十八大以后，中央政治局委员、人大常委副委员长李建国访朝，向金正恩通报了中共十八大有关情况，并表达中方"进一步密切两党高层往来，保持两党战略沟通、拓展和深化两国各领域互利合作"的政治意愿。然而，朝鲜居然在李建国回国的第二天，即12月1日公布'银河3号'发射计划，并于12月12日完成发射。

针对朝鲜卫星发射安理会通过了2087号对朝制裁决议，此时朝鲜口径发生了微妙的变化。朝鲜外务省谴责安理会"盲从于美国敌对政策，是胆小卑劣行为，"并宣布"9·19共同声明已死亡，半岛无核化已经终结；将继续发射卫星、远程火箭，进行高水平的核试验。"[19] 国防委员会甚至主张"连应当带头建立世界公正秩序的大国也被美国的专横和强权所压抑，糊涂得甚至不惜抛弃必须坚持的起码的原则。"[20]

应该说，朝鲜官方语境变化是同朝鲜领导人对联合国2087制裁决议的判断有关联的。据2013年1月27日《劳动新闻》报道，金正恩在之前主持的"有关当前局势的国家安全及对外部门干部会议"上发言称"有关各国为公正解决问题、防止事态恶化倾注了努力，但是就像他们自己所承认的那样，他们的能力也明显有限。"金正恩的这番讲话尽管措辞比较委婉，但足以表明朝鲜高层已对'有关国家'的态度以及对当前局势的判断发生了新的变化。此后，《劳动新闻》对华言论更具"针对性"。2013年2月2日，《劳动新闻》发表评论称："联合国安理会成员国中间也不乏过去反抗美国霸权主义双重标准的国家……这些国家如果觉得美国的双重标准对他们的利益也造成损害就说它不对，否则就视若无睹、置之不理，反而为了自己的利益盲目追随美国。"[21] 在朝鲜看来，这一时期的中国已不仅仅是"被美国及其追随势力所玩弄"，而是成为"为自己的利益而盲目追随美国"的国家。

2月12日，朝鲜进行第三次核试验。面临安理会新一轮对朝制裁，朝鲜再次进

19) "조선민주주의 인민공화국외무성 성명",《로동신문》2013년 1월 24일, 1면.

20) "조선민주주의 인민공화국국방위원회 성명: 나라의 자주권을 수호하기 위한 전면대결전에 떨쳐 나서게 될 것이다",《로동신문》, 2013년 1월 25일, 1면.

21) 리경수, "날강도적인 '제재결의'는 이중기준의 극치",《로동신문》, 2013년 2월 2일, 제6면.

入“超强硬”模式。3月6日，朝鲜以最高司令部名义宣布“将彻底废弃朝鲜停战协定”，将终止朝鲜人民军板门店代表部一切活动。翌日，朝鲜外务省发表声明“将行使对侵略者据点发动先发制人核打击的权利。”安理会2094号制裁决议通过后(3月7日)，朝鲜以政府、政党和团体名义发表“特别声明”宣布“战时状态”(3月30日)[22]。

朝鲜与美韩进入新一轮博弈阶段，半岛危机再次升级。朝鲜尽管对中国在核导问题上立场变化感到不满，但仍努力保持中朝两国高层之间的良好互动。2013年中国召开十二届全国人大一次会议，金正恩发来贺电以示祝贺；朝鲜召开3月全党会议和12届7次最高人民会议宣布“并进路线”之后，崔龙海作为特使访华，介绍相关情况；6月19日朝鲜副外相金桂冠访华参加中朝战略对话，提出“朝方愿与有关各方举行对话，参加包括六方会谈在内任何形式的会谈，希望通过谈判和平解决核问题。”[23] 7月25日金正恩会见访朝出席朝鲜战争停战60周年纪念活动的中国国家副主席李源潮，并于7月29日前往平安南道桧仓郡的中国人民志愿军烈士陵园进行凭吊活动。

朝鲜之前极力主张“开发宇宙权力”，似乎对联合国关于朝鲜射星所通过的2087号决议感到极为不满，并由此得出了“自己的主权只能靠自己的实力来捍卫的哲理”。但是，从2009年情况来看，安理会即使以无约束力的主席声明谴责朝鲜，朝鲜不仅没有在核导计划方面做出任何调整，而且照样进行了核试验。概言之，朝鲜核导时间表是已经拟定好的，可以说安理会针对朝鲜射星所通过的制裁决议并不是朝鲜第三次核试的直接原因。朝鲜只不过是对中国在安理会决议进程中所“注入的努力”感到“明显有限”，认为这是“为了私利盲目追随美国”的行为。当然，尽管围绕朝核问题中朝分歧日益明显，但朝方不希望由此使双边关系完全决裂，依然要同中国保持传统的互动关系。

22) “조선민주주의인민공화국정부, 정당, 단체특별성명”,《로동신문》, 2013년 3월 31일, 1면.

23) 中国新闻网：朝称愿参加六方会谈 望通过谈判和平解决核问题，http://www.xinhuanet.com/world/2013-06/20/c_124881015.htm

三、2014年7月以后："没有主心骨的国家"

进入2014年朝鲜对华言论显得更加“直接”，措辞变得更加强硬。这次不是因为核问题，而是中韩关系变化影响了朝鲜对华的立场与态度。2014年6月28日，《劳动新闻》发表社论称，由于朝鲜领导人在革命和建设中始终坚持自主原则，“帝国主义者任何强权活动、大国主义者高压政策都未能使朝鲜人民就范。”[24] 而到了7月，朝鲜国防委员会发表言论含沙射影，但更加直接地对中韩关系发展表示不满。国防委员会认为，美韩煽动早已丧失公正的联合国安理会大作闹剧，“甚至一些没有主心骨的国家也盲目迎合这一离奇古怪的丑剧，对美国随波逐流，并愚蠢地纷纷试图拉拢处境可怜的朴槿惠。”[25] 这些言论尽管一字未提中国，但显然是对中韩关系发展所做出的敏感反映。如前所述（《图2》），劳动新闻涉华报道频度发生断崖式下降就是2014年7月这一时间点，可知中国领导人访韩以及中韩关系的提升让朝鲜感到不安。

朝鲜对中韩关系发展的不满到了2015年8月进一步发酵。2015年，中韩签署自贸协定、韩国加入亚投行、重启中韩双边军事会谈等，双方关系发展非常迅速。而在此时，朝鲜再次向外界释放出强烈信号。2015年8月13日，《劳动新闻》刊登了一篇由朝鲜外务省裁军和平研究所撰写的《祖国解放70周年纪念报告》（以下简称《报告》）。[26]《报告》中指出“外部势力从朝鲜北南双方之间的反目和对抗中得到的利益更大于双边和解与合作带来的利益，……其中也有曾与朝鲜人民一道，在抗日、反美的同一条战壕里共同浴血奋战的国家。”《报告》还认为，“若这些外部势力单方面接受分裂主义者、敌对主义者的请托……终究就是要与我民族树敌。”“若在半岛上再次爆发战争，那将是一次核战争，”若是这样“将无法保证半岛核战争的火花将会飞向周边何处”。巧合的是，这一时期半岛局势再次迎来一场新的危机。朝韩双方围

24) “위대한 사상의 힘은 무궁무진하다”, 《로동신문》, 2014년 6월 28일, 제1면.

25) “우리의 정정당당한 자위력강화조치에 대해 함부로 입을 놀리지 말아야 한다—조선민주주의인민공화국 국방위원회 정책국 대변인담화”, 《로동신문》, 2014년 7월 21일, 제4면.

26) “조선민주주의인민공화국외무성군축 및 평화연구소기념 보고서: 조선의 자주통일은 동북아시아 평화번영의 초석”, 2015년 8월 13일, 6면.

绕“反朝传单”、“对朝攻心战广播”问题一直处于激烈对峙状态，而8月4日在朝韩非军事区（DMZ）发生的“木盒地雷爆炸事件”、8月20日发生的“西部战线炮击事件”致使半岛军事紧张局势陡然升级。朝鲜甚至向韩方提出‘最后通牒’，要求韩方必须在48小时内停止广播，并拆除相关设施，否则朝军将采取军事行动。最终，双方通过‘高级别紧急接触’，以朝方对地雷事件表示遗憾、韩国中止对朝扩音广播为条件，艰难克服局势进一步恶化。

朝韩高级别接触之后，半岛局势得到了一定的缓和，但双方对峙局面没有发生实质性改变。中朝之间保持高层往来，勉强维护双边关系，但似乎难以弥合由战略分歧而导致的双方裂痕。2015年9月，崔龙海访华出席了中国抗战胜利70周年大会，同年10月中共政治局委员刘云山为代表的中共代表团参加朝党建党70周年。2015年12月朝鲜牡丹峰乐团高调访华，但演出突然被取消。朝鲜于2016年1月6日进行了第四次核试验。[27]

四、第五次核试验以后：“大智若愚的巨人”

2016～2017年朝鲜核导进程进入“闯关阶段”。这一时期，朝鲜不顾国际社会强烈反对，进行三次核试验以及数十次导弹试验，而美韩以朝鲜导弹威胁为由在韩部署“萨德”，进一步加剧了半岛局势的复杂性。中方极力劝阻各方不要做出“不利于半岛和平稳定的事情”，但朝鲜似乎已做好不惜牺牲中朝关系也要达到核导目标的准备。2016年伊始，朝鲜进行‘氢弹试验’和‘银河 4号’火箭发射。面对即将到来的新一轮国际制裁，朝鲜再次向国内呼吁加强自力更生精神。2月10日《劳动新闻》评论称：“社会经济越是困难、帝国主义强压政策越是加强，我们越要相信自己的力量，要确立我们的主见。”文章还指出“东欧剧变现实告诉我们，只要陷入事大主义的泥坑，必然招致灭亡。因此，就是面临严峻考验，我们都不得失去信心，要依靠

---

27) 值得留意的的是，自2015年开始《劳动新闻》涉华报道形式出现微妙变化。一般来讲，中朝两国领导人互致电文要编排在《劳动新闻》头条或是朝鲜国内重要政治新闻（比如：宣传领导人业绩或社论等）之后的首要位置，但自2015年以后贺电开始被排在俄罗斯、古巴、叙利亚等国领导人贺电之后。

自强力来克服一切困难。”[28] 此后，朝鲜又摆出强硬姿态。2月23日，朝鲜人民军最高司令部发表‘重大声明’：在联合国通过‘制裁’决议的歇斯底里闹剧……都未能动摇朝鲜的坚强意志，并主张“青瓦台及其反动统治机构、亚太地区美军基地和美国本土”将成为朝鲜“先发制人的战略打击目标”。

朝鲜与美韩之间的“敌意螺旋”不断上升，不但加剧中朝政府立场上的分歧，而且促使中国国内舆论在对朝问题上的争论进一步发酵，所谓“弃朝论”、“战略包袱论”也开始甚嚣尘上。对此，朝鲜通过两种渠道回应中国对朝舆论的变化。一是通过政府声明、外务省、统战部下属朝鲜亚太和平委员会等官方机构谴责“安理会不当行为”，含沙射影向中方表达不满；二是以研究机构、媒体评论员名义，以更直接的方式针对中方舆论。

安理会公布2270号对朝制裁决议（2016/3/2)，首次将朝鲜的主要出口商品、以及运输方式、资金运作渠道都全面纳入了制裁范围。此时，朝鲜官方话语再次变得强硬。认为“安理会已沦落为各列强实现极端利己主义、支配主义野心的政治工具，”“有些国家已经站在破坏朝鲜半岛和平与安全的主犯一美国的一边，”并主张“如果在朝鲜半岛及其周边发生谁也不愿看到的事态，由此造成的后果只能由美国等大国及其追随势力和参与通过联合国制裁决议的有关方承担。”[29]

2017年8月6日安理会针对朝鲜远程导弹试验通过更加严厉的2371制裁决议之后，朝鲜发布的政府声明显得更加“直接”。声明称“自诩为世界唯一超级大国的美国及幅员与其不相上下的周边大国竟为朝鲜的两次洲际弹道火箭试射如此慌张、大叫大闹的洋相，只会增强朝鲜对自己强大实力的自豪。”“这次一些国家以同美国共谋炮制恶毒的反朝‘制裁决议’为代价受到美国的‘感谢’，也决不能为进一步加剧朝鲜半岛局势、危及本地区和平与安全的行径开脱。”[30] 同一天，朝鲜亚太和平委员会也发布声明称，“这次追随美国举手通过非法的‘决议’，因此受到特朗普的感谢并被主

---

28) 리학남, “사대와 외세 의존은 망국의 길이다”, 2016년 2월 10일 제6면.

29) “조선민주주의 인민공화국 정부대변인 성명: 우리 공화국의 존엄과 자주권을 난폭하게 유린한 유엔안보리사회의 대조선 ‘제재결의’에 단호한 대응 조치로 맞서 나갈 것이다”, 2016년 3월 5일, 제1면.

30) “조선민주주의 인민공화국정부 성명”, 《로동신문》, 2017년 8월 8일 1면.

子看上的那些国家，应面对世界良知感到羞耻，在历史和人类的严正审判庭深刻检过自己的罪状并付出应有的代价。”[31]

朝鲜以各研究机构、媒体评论员名义发表的文章立场措辞更加直接、针对性更强。这些文章甚至以直接点名中国的方式向中方表达了自己的不满。2016年中方发布“关于对朝鲜禁运部分矿产品清单公告”前夕（4月5日），4月2日《劳动新闻》以朝鲜国际问题研究所评论员名义发表评论说，“当今世界政治舞台变成了非义和强权、霸权和专横、侵略和支配猖狂肆虐”，“连爱讲究体面和名分的一些大国也屈服于美国的卑劣强迫和要求，……不惜抛弃用鲜血凝成的共同胜利果实—宝贵的友谊关系，以与这个国家或那个国家鬼鬼祟祟地达成的所谓‘协议’来压制正义和真理的残酷现实，令朝鲜再次明确看穿世界政治的真虚。”[32] 2017年2月18日，中方为执行联合国安理会第2321号决议，根据国内法律和有关公告宣布暂停进口朝鲜原产煤炭。2月23日，朝中社以“正笔”为笔名发表一篇“卑鄙的做法、低级的算法”为题的文章。文章认为，朝鲜成功发射“北极星2”型弹道导弹，昭示朝鲜“战略优势”，“惟有口口声声标榜‘友好邻邦’刻意贬低朝鲜此次发射的意义，”“肆无忌惮地采取非人道措施全面断绝了涉及改善民生的对外贸易……实际上同敌对势力要搞垮朝鲜制度的阴谋大同小异。一个以大国自居的国家没有政治主见，对美国随波逐流，却辩称这一卑鄙做法意在制止核计划，而非对朝鲜的民生造成影响。”进入2017年4月所谓“高危期”，中方通过舆论反复劝阻各方“不要再破底线”。5月4日，《劳动新闻》则以“金哲”笔名罕见直接点名批评中国像个“大智若愚的巨人”[33]。文章从以下几个方面回应“代表中国党和政府正式立场的中方媒体”：第一，中朝之间背信弃义的不是朝鲜，而是中国。因为中国“同拼命企图推翻朝鲜社会主义制度的南朝鲜傀儡建立外交关系，甚至超越经济交流的范围发展政治军事关系”[34]；第

31) “조선아시아 태평양평화위원회 대변인 성명: 정의의 힘으로 불법무법의 ‘제재결의’를 단호히 쳐갈길 것이다”, 《로동신문》, 2017년 8월 8일 1면.

32) 조선국제정치문제연구소 론평원, “불공정한 세계정치질서를 변혁하기 위한 정의의 불길을 지펴올리자”, 《로동신문》, 2016년 4월 2일, 제6면.

33) 김철, “조중관계의 기둥을 찍어버리는 무모한 언행을 더 이상하지 말아야 한다”, 《로동신문》, 2017년 5월 4일, 제6면.

二，美国亚太支配战略早已有之，并非朝鲜拥核给美国亚太战略部署提供接口；第三，朝中两国是在地缘政治上密切联系的邻邦，朝鲜在反美第一线艰苦作战，为中国大陆和平与安全作出了贡献；第四，朝鲜是在美国长期的侵略威吓下才拥有核武，核武是朝鲜的尊严、实力、绝对象征和最高利益，而中国无耻地与反朝敌对势力同流合污，越过“红线”。朝鲜甚至认为，位于欧亚大陆关口的朝鲜半岛的地缘政治重要性和战略价值日益提升，“通往堂堂进入核强国前列的平壤的道路伸向全世界……迫于美国的压力摇摆不定，为眼前的利益甚至背叛延续几十年的兄弟情义，那么最终会落得不被任何人信赖的可怜身世，将从四方飞来横祸。”

2017年，安理会2371号对朝制裁公布之后，半岛局势再度紧张，进入所谓“八月危机”。8月9日，朝鲜人民军总参谋部谴责美韩军演的侵略性，并针对美国“斩首行动”宣称“一旦发现稍微迹象，将立即开始朝鲜式先发制人的报复行动；针对美国谋划的‘预防战争’，将以正义的全面战争做出回应。”朝鲜人民军战略军发言人10日发表声明：正在慎重地考虑用‘火星—12’型中远程战略弹道火箭对关岛周边进行围堵射击的作战方案。

9月3日朝鲜进行了第六次核试验，而这一天正是中国在厦门举办金砖国家峰会开幕当天，说明朝鲜对核爆时间的选择是经过精心考虑的。9月11日安理会2375号对朝制裁通过后，朝鲜再次谴责安理会“令人切齿痛恨……摒弃正义、道义和良心，举手赞同对朝‘制裁’的那些发挥不起应有作用的大国和被美元迷惑的一些国家的姿态，令人难看。”[35]

9月22日，《劳动新闻》报道金正恩针对美国总统特朗普有关‘彻底摧毁朝鲜’言论发表声明，表示将坚决采取行动予以回击。而在同一天《劳动新闻》以“正笔”为笔名发表评论，谴责中国媒体“严重诋毁和威胁朝鲜的路线和体制，”“露骨地干涉内政”。文章称：一些政治食客只把朝鲜当做一个防盗前院、“缓冲地带”，天真地

34) 甚至认为，“抬高受到世人的指责，现已被弹劾赶下台坐牢的朴槿惠这个人间渣滓的身价，带到天安门广场主席台上，当着世人的面作出种种卑鄙丑态，朝鲜都记得清清楚楚”。

35) “조선아시아 태평양평화위원회 대변인 성명: 미국과 추종세력들은 우리 천만 군민의 서리발치는 멸적의 기상을 똑바로 보아야 한다.”《로동신문》, 2018년 9월 14일, 제4면.

认为即使强盗闯进邻家，只要守护自己的饭碗就行，”“恶意诋毁社会主义朝鲜，令人怀疑它们是否需要有点背叛朝中两国人民的这样一个低级的卖文成绩，以便参加即将召开的党的全国代表大会。”2018年2月8日，《劳动新闻》再次以正笔的文章《卑劣的多嘴意在何为》为题谴责中方媒体“请个别专家列出有失分寸的论调”，中国媒体所谓的“主动而积极的周边外交”是对别的国家和民族的内政干涉，只给国际社会不好的印象。”“他们应该明白，如果继续在对时代的判断上当睁眼瞎子，就难免‘追鸡之犬、徒望远山’的下场。”[36]

2016～2017年由于朝鲜加速核导进程，半岛局势再次进入危险边缘，中朝围绕核导问题已经出现了严重分歧和裂痕。中方本着半岛无核化、半岛和平稳定、协商解决问题的原则，反对朝鲜的贸然行为，并参与了更加严厉的对朝制裁。这一时期，中朝分歧不仅是在官方层面，同时在舆论领域的争执也激烈起来。朝鲜官方通过“迂回”的方式表达对中国的不满，而朝鲜媒体则更加直接、甚至指名道姓地回应中方舆论，试图压制中国社会逐渐形成的对朝不利舆论。当然，尽管中朝双方分歧进入“公开化”阶段，但双方依然要保持党际之间的互动。2016年5月，中方向朝方致电祝贺朝党召开第七届全党会议胜利召开；同年7月11日，中朝友好互助条约签署55周年之际双方互致电文以表祝贺。由于2017年9月3日朝鲜再次进行核试验，中朝关系跌入冰点，但金正恩以中共召开第十九大为契机，再次向中方发来贺电。不过，尽管中朝两国通过党际交流始终要维护双边传统关系，但这一进程中朝鲜并没有改变自己的既定方针和路线。11月18日习近平特使、中联部长宋涛访问平壤，“通报了中共十九大主要精神，就中朝两党两国关系、对半岛问题等共同关心的问题交换了意见”，但未能同金正恩会面。朝鲜于11月29日再次进行远程导弹试验，并宣布成功。截止2018年2月8日还声称“(中方）所谓主动而积极的周边外交是对别的国家和民族的内政干涉”的朝鲜，在朝韩峰会在即、朝美对话有望变成现实的情况之下，突然选择北京作为新领导人第一个出访地—中朝关系再次步入正轨。

36) 정필, “무엇을언어보려고비루한참견질인가”, 《로동신문》, 2018년 2월 8일, 6면.

第四节　朝鲜对华认知的特征与政策逻辑

在朝鲜这一思想高度一致的社会里，《劳动新闻》作为党的喉舌，具有较强的引导和推动舆论的功能。本文以《劳动新闻》涉华报道频度和议题分布特征为基础，进而探讨由此投射出的朝鲜对华基本认知以及对华政策内在逻辑。总体上，有以下几个方面值得我们关注：

一、朝鲜式社会主义意识形态与政策路线决定了对中国的认知取向

从认知理论的角度来看，认知主体往往在一定的时空背景下，基于自身的价值观、理念和所处时期的社会思潮的影响，对当前环境形成相对稳定的界定与判断。中朝同样是社会主义国家，但两国所处的历史环境不同，在意识形态以及价值观方面也存在差异。中国自改革开放以来，以马列主义唯物史观作为经济建设中心路线的哲学依据。与此不同，朝鲜在复杂的国内外环境下，为了求生存、谋发展，建构了独具特色的意识形态一主体思想。主体思想把“主体性改造”作为核心内容，[37] 认为社会主义社会是依靠以先进思想武装的、凝聚成一体的人民群众无穷无尽的创造力来推动发展；社会主义社会应把人的改造和思想改造工作优先于物质经济建设；只有优先加强对人的改造、思想改造，才能加强革命主体，提升其在社会主义建设中的作用。主体思想并不否定马克思主义物质决定精神的思想，但把人的改造，即思想改造当作比创造物质经济条件更加重要的首要任务。可见，朝鲜主体思想已经超越了马克思主义唯物史观，中朝之间在社会主义理念方面存在不同理解。尽管近几年朝鲜开始推动一系列改革措施，并出现一些新气象，但至今在复杂的国内环境

37) 朝鲜认为，马克思主义先行理论揭示了资本主义生产方式固有的矛盾和资本主义社会特殊运动规律，证明了资本主义必然崩溃、共产主义必然胜利，让社会主义从空想变成了科学。但随着时代的发展，先行理论逐渐显露出它的历史局限性。过去，一些社会主义国家教条地吸收先行理论，对客观物质经济条件赋予决定性意义，以经济建设为优先，忽略了旨在加强人民群众在社会历史运动中发挥主体作用的思想工作。结果，社会主义建设过程中包括经济建设在内，导致严重后果。甚至一些社会主义背叛者利用所谓的“改革”、“改编”为名义，策动颠覆社会主义经济制度的反革命行动。서남일:《사회주의가 승리하는 것은 역사의 필연이다》,《로동신문》, 2009년 11월 29일, 제6면.

之下，传统与改革力量仍处于胶着状态，而且由于意识形态因素，朝鲜尚未开辟可以客观面对中国改革开放的话语空间。因此，《劳动新闻》涉华报道主要还是依赖于朝鲜传统意识形态以及政策路线为指导思想。比如，植树造林、发射卫星、基础设施建设、环境治理等议题选择主要囿于朝鲜劳动党国内政策路线的基本框架，对社会主义中国所取得的成果则以碎片报道来处理，很难看到系统介绍中国改革开放经验的有关报道。再如，从对外关系层面来看，朝鲜的对内宣传话语至今仍然沿袭列宁主义时代的总体语境。《劳动新闻》主要报道中国与美日等西方国家之间“不可调和的矛盾”以及中国与其他后发达国家之间的合作，却忽略“当今中国广泛融入国际体系、国际机制以及区域共同体构建的‘新国际主义’成分早已被添入中国意识形态”[38] 的政治现实。当然，冷战结束以来，为了摆脱孤立局面，朝鲜主动跟西方国家改善关系，并以完全平等、自主、相互尊重、互不干涉内政和互利为原则，同英国、德国等多个西方国家建立了外交关系。从这个意义来讲，朝鲜所谓反帝、社会主义革命路线教育局限在国内宣传层面，从实际外交操作来看，朝鲜更关注中国与美日在东北亚地区围绕地缘政治而形成的对抗性格局。

二、韩国因素是影响中朝关系发展的重要变量

根据对《劳动新闻》涉华报道以及关于对华语境变化分析可以发现，还有一种因素影响朝鲜对华立场和态度的变化，那就是韩国。众所周知，1992年中韩建交以后，中朝关系长期冷淡。1992年中韩建交公报发表以后《劳动新闻》以《以坚强的独立精神让人民的尊严与光荣放光彩》为题发表社论，表达坚持朝鲜式社会主义的意志。同年8月25日，朝鲜提议改善朝美关系，并认为亚洲和平是以朝美关系为前提。[39] 朝韩分裂和对峙70年，双方缺乏必要的基本互信，传统意识形态的惯性使两国关系凝固成冷战“活化石”。对朝鲜来讲，韩国本质上就是美国的附庸和傀儡政权，而且

---

38) 时殷弘：《当代中国的对外战略思想：意识形态、 根本战略、 当今挑战和中国特性》，《世界经济与政治》，2009年第9期。

39) 权红：《中朝政治外交关系研究（1949~2009）》，延边大学博士学位论文，2010年，第51页。

是制造朝鲜半岛紧张局势的敌对力量之一。21世纪初，随着中朝、朝韩关系的改善以及三方之间的良好互动，一度为“六方会谈”顺利进行注入了动力。然而，自韩国保守政权上台，在朝韩双方严重对抗的状况下，朝鲜对中韩关系的发展更为敏感。比如：2012年8月中韩举办“国防战略对话”，朝鲜军方对此发表声明称“只要是珍惜正义的人，应该对美国以及李明博等追随势力阴谋策略提高警惕，并要果断粉碎......只有这样才能保证半岛以及周边地区的和平和稳定。”[40] 2013年6月底，朴槿惠访华，朝鲜再次发表声明称“南朝鲜当局者访华......要获得中国的支持而费尽心思的丑态实在是恶心至极。”[41] 这一时期朝鲜主要还是谴责韩方“事大屈从”，并以委婉的方式表达了对中国的不满。但是到了2014年之后，语气变得更加直接，措辞更加强硬。中韩两国都是同朝鲜保持“特殊关系”的国家，是朝鲜突破孤立局面的主要对象国。在朝韩激烈对峙的情况下，朝鲜若被置于中韩关系之外围，那么朝鲜的孤立感将会倍增。这是朝鲜始终警惕中韩关系变化的主要原因。

三、以“地缘政治”话语确保不对称关系中的相对地位

朝鲜对外部环境具有极其鲜明的现实主义认知。况且，朝鲜充分认识自己在东北亚乃至亚太地区所处的地缘政治地位。朝鲜认为：第一，二十一世纪已是“亚太世纪”，随着时代的变化，世界经济、权力中心从欧洲正向亚太地区转移，其中东亚地区最具发展活力；[42] 第二，区域力量此消彼长，围绕安全以及经济问题，区域国家之间“互斥与拉拢、不信与和合、对决与合作”的复杂局面日趋突显，从而区域不确定性不断加剧；第三，以军事为优势、阻止在该地区出现任何潜在对手或强国以加强支配权是美国亚太政策的根本目的。[43] 美国在该地区不断加强同盟关系和军事渗透，企图围堵和遏制中国与俄罗斯等大国，最终要在欧亚大陆上巩固其霸权地位；第四，朝鲜半岛地处太平洋和欧亚大陆交接之处，是美国进入欧亚大陆的第

40) 《조선인민군 군사대외사업국 대변인 대답》, 《로동신문》, 2012년 8월 11일, 4면.

41) 《조국평화통일위원회 대변인 대답》, 《로동신문》, 2013년 7월 1일, 5면.

42) 리경수: 《아시아태평양지역이 왜 주목되는가》, 《로동신문》, 2012년 2월 2일, 제6면.

43) 강철수: 《미국의 아시아태평양중시 정책에 각성을 높여야 한다》, 《로동신문》, 2012년 3월 30일, 제6면.

一关口、重要支点。[44] 因此美国的第一目标就是用武力扼杀朝鲜，想把整个朝鲜半岛作为向欧亚大陆扩张的一块垫脚石。这就是朝鲜半岛一直被视作军事热点地区的主要原因。[45]

诚然，朝鲜半岛是东北亚地缘中心，中、美、俄、日等世界四强盘踞在半岛周围。朝鲜把美国当做头号对手，为此要把中国作为打开外交局面的重要依托。但实际上如何重塑中朝关系问题上朝鲜一度呈现出比较矛盾的心态。朝鲜对华贸易占整个对外贸易的90%以上，这有悖于朝鲜“自主外交”原则。换言之，针对由于过度经济依赖而可能导致的对华政治“依附”，朝鲜是存有疑虑的。[46] 有些人认为半岛国家是“夹在鲸鱼之间的虾米”，但朝鲜对此略有不同的理解。随着核导能力的提升，朝鲜强调自身在地缘格局中的“战略地位”，并以“战略国家”自居。朝鲜认为半岛处在“可以挑起大国之间的矛盾亦或缓和地区矛盾的‘战略要冲地带’”。[47] 换言之，对大国来讲，朝鲜既可能成为战略资产，也可成为大国的战略包袱，而这种选项并不取决于大国，而是取决于朝鲜。关于地缘政治地位的这种认知影响了朝鲜对华政策以及中朝关系。在半岛问题上，最常见的观点就是朝鲜缓冲地带论。[48] 中国一直主张维护半岛的长期和平和稳定，朝鲜半岛无核化，支持各国继续通过对话协商和平解决分歧。换言之，确保半岛不再爆发战争、确保半岛的无核化、确保朝鲜的国家生存是中国在半岛的基本利益。[49] 值得留意的是，朝鲜也非常明白中方的这些战

44) 채일출:《미국의 유라시아제패 정책은 파산을 면치 못한다》,《로동신문》, 2009년 6월 5일, 제6면; 리학남:《미국 재편성은 공격형의 배비변경이다》,《로동신문》, 2012년 5월 25일, 제6면.

45) 조선중앙통신:《미국의 아시아태평양지배 전략과 조선반도》,《로동신문》, 2015년 3월 21일, 제6면.

46) 朝鲜关于“在对外政策中坚持自主原则”的解释是，“在对外活动中坚决反对事大主义和对别人的依赖心理，坚持根据自己坚定不移的信念用独立的判断和主见解决一切问题的立场和态度。只有遵守这种自主原则，才能彻底粉碎要压迫和控制别国和其他民族的一切形式的支配主义，根据完全平等和互相尊重的原则，同别国建立政治上和业务上的关系。”[朝]金汉吉:《朝鲜现代史》(中文版)，平壤：外文出版社，1980年，第566页。

47)《격동의 동북아시아, 조일합의를 둘러싼 국제정세》,《조선신보》, 2014년 7월 2일.

48) 有关论述可参见：阎学通:《中国在朝核问题上的两难境地》,《中国与世界观察》, 2009 年第2期，第99-107页；李开盛:《朝鲜拥核战术何以奏效－基于懦夫博弈的分析》,《当代亚太》, 2014 年第4期，第 66-67页等。

49) 徐进:《朝鲜核问题：中国应强力介入还是中立斡旋?》,《国际经济评论》, 2011年第6期，第147页。

略考量。朝鲜认为“长达70多年（朝鲜）在反美对抗战的第一线艰苦作战，挫败美国的侵略阴谋，为维护中国大陆的和平与安全做出贡献。”[50] 针对朝鲜核导问题安理会加大对朝制裁力度，中方严格执行联合国制裁决议，而中方这种举措引起朝鲜的强烈反弹。[51] 朝方甚至使用激烈言辞暗示各方“城门失火，殃及城池”。2016年7月7日，也就是美韩公布在韩国星州部署“萨德”的前一天，朝鲜海外版媒体《朝鲜新报》发表评论称，“以美国为中心的国际体系内，中国要争取主导权，必须要充分利用对美具有核打击能力的朝鲜之间的合作关系。”[52] 2018年中朝关系再次步入正轨之后，朝鲜对自身战略地位重新做了评价。2019年6月23日，在日本20国峰会、中美首脑会议即将召开之际，《朝鲜新报》发表以“永远不变的亲善关系”为题的评论，认为在中美贸易战扩大到高科技争夺战的关键时刻，“特朗普在此次会谈中很难采取单方面的、非善意的态度。因为，对中国主席来说，与最可信的、真诚的朝鲜最高领导人所结下的信任和友谊，将成为他在对美谈判中的最广泛而有力的支持和鼓舞。”[53]

当然，朝鲜不仅仅在言辞上陈述立场，而且通过一系列策略性行动来表达与言辞一致的态度。每当因核导问题与国际社会强烈对峙时，会首先通过外交辞令宣示“朝鲜将一如既往采取超强硬政策”；其次由政府或是军方权威机构宣布“停战协定无效”或“战时状态”，使半岛局势高度紧张；最后，精心选择特殊时间点，进行一系列相关行为兑现“我们绝不说空话”的承诺，以展示自己的“战略决心”。其结果来看，不断激化的危机局面使半岛安全产品变得更加稀缺，促使让中国在安全需求上更“依赖”于朝鲜。总之，朝鲜依靠自身的地缘政治地位，要充分利用中国以“稳定为先”的半岛政策，以确保其在中朝非对称战略关系中的相对地位。

---

50) 김철:《조중 관계의 기둥을 찍어버리는 무모한 언행을 더 이상 하지 말아야 한다》,《로동신문》, 2017년 5월 4일, 제6면.

51)《조선의 자주통일은 동북아시아평화 번영의 초석－조선민주주의 인민공화국 외무성 군축 및 평화연구소 기념보고서》,《로동신문》, 2015년 8월 13일 제6면. 조선국제정치문제연구소 론평원:《불공정한 세계정치 질서를 변혁하기 위한 정의의 불길을 지펴 올리자》,《로동신문》, 2016년 4월 2일, 제6면.

52)《조선신보》, 2016년 7월 7일.

53) 김지영:《유례없는 불변, 불패의 친선관계》,《조선신보》, 2019년 6월 23일

参考文献

『노동신문』, 2009~2018년.

"격동의 동북아시아, 조일합의를 둘러싼 국제정세", 『조선신보』, 2014년 7월 2일.

「경애하는 김정은 동지께서 주체100(2011)년 12월 28일 당중앙위원회 책임일군들에게 하신 말씀」 (2011. 12. 28).

김영주, 2010, 「『노동신문』에 나타난 대남보도 논조 분석: 2008년 이후를 중심으로」, 『언론과학연구』, 제10권 4호.

김용후, 2001, 「비대칭동맹에 있어 동맹신뢰성과 후기동맹딜레마: 북중동맹과 북한의 대미접근을 중심으로」, 『통일문제연구』, 통권 제36호.

김재관, 2007, 「제2차 북핵위기 이후 북중관계의 근본적 변화 여부에 관한 연구: 경제, 군사안보 영역의 최근 변화를 중심으로」, 『동아연구』, 제52집.

김지영, 2019, "류례없는 불변, 불패의 친선관계", 『조선신보』, 2019년 6월 23일.

김흥규 외, 2016, 「시진핑 시기 북중관계: 연구동향에서 엿보인 소용돌이와 전환의 갈림길」, 『국방정책연구』 제32권 제4호.

나영주, 2013, 「북핵문제와 북·중동맹: 중국의 동맹 유지 전략」, 『통일문제연구』, 제2호.

남성욱, 2006, 「중국자본 대북투자 급증의 함의와 전망」, 『통일문제연구』, 제45호.

문흥호, 2014, 「시진핑 집권 이후 중국의 대북정책: 동맹관계와 정상관계의 선택적 균형」, 『중소연구』, 제3호.

______, 2018, 「시진핑 집권 2기 중국의 대북정책: 선택적 균형전략의 최적화와 공세적 한반도 영향력 경쟁」, 『현대중국연구』, 제20집 3호.

박동훈 외, 2013, 「김정은시대 북한 체제개혁의 과제: 포스트 마오 시기(1976~1978) 중국과의 비교를 중심으로」, 『통일정책연구』, 2013년 제22권 1집.

______, 2014, 『글로벌 금융위기 이후의 중국과 한반도』, 한국학술정보.

______, 2016, 『한중수교 이후 북중관계 발전: 추세분석과 평가』, 통일연구원.

박창희, 2007, 「지정학적 이익 변화와 북중동맹관계: 기원, 발전, 그리고 전망」, 『중소연구』, 제113호.

선상신 · 김성해, 2011, 「북한 언론과 대외정책: 6자회담 보도를 통해서 본 북한 엘리트의 프로파간다 전략」, 『북한학연구』, 제7권 제1호.

신정화, 2011, 「김정일정권의 대일정책: '로동신문'과 '조선신보' 분석을 중심으로」, 『한국시민윤리학회보』, 제24집 1호.

알렉산더 보론초프, 2015, 「모스크바에서 바라본 2014년 한반도, 그리고 그 후」, 『주요국 전문가

가 본 2015년 한반도 정세 전망』, 극동문제연구소.
이상숙, 2010, 「김정일-후진타오 시대의 북중관계: 불안정한 북한과 부강한 중국의 비대칭협력 강화」, 『한국과 국제정치』.
이영학, 2016, 「중국 시진핑 지도부의 新북핵 정책 동향 및 시사점: 4차 및 5차 북핵 실험을 중심으로」, 『중소연구』, 제40권 제3호.
이정남, 2015, 「중국의 대한반도정책의 딜레마: 전환과 지속의 갈림길에서」, 『한국과 국제정치』, 제3호.
이희옥, 2007, 「중국의 대북한정책 변화의 함의: 동북4성론 논란을 포함하여」, 『현대중국연구』, 제8집 제1호.
______, 2018, 「중국의 대북한 영향력과 북중관계의 '재정상화'」, 『중소연구』, 제3호.
장용석, 2012, 「북·중관계의 성격과 중국의 부상에 대한 북한의 인식」, 『통일과 평화』, 4집 1호.
정성장, 2012, 「김정은체제의 경제 개혁·개방 전망과 과제」, 『국가전략』, 제18권 4호.
조명철 외, 2005, 『북한경제의 대중국 의존도 심화와 한국의 대응방안』, 대외경제정책연구원.
조선로동당출판사, 1985, 『출판보도사업에 대한 당의 방침해설』, 조선로동당출판사,
주정화, 2014, 「로동신문을 통해 본 김정은 정치스타일」, 『사회과학연구』, 30권 2호.
차문석, 2006, 「북·중(北中) 관계의 역사와 현재:'북한의 중국 종속론'비판을 중심으로」, 『북한학연구』, 제2권 제1호.
차정미, 2019, 「'북중관계의 지정학': 중국 지정학 전략의 '변화'와 대북 지정학 인식의 '지속'을 중심으로」, 『東西硏究』, 제31권 2호.
최명해, 2009, 「북한의 2차 핵실험과 북·중 관계」, 『국방정책연구』, 제25권 제3호.
한국과학기술한림원, 2014, 「북한 산림생태 및 환경변화에 적합한 조림수종 선정 연구」, 한국과학기술한림원.
황지환, 2014, 「북중관계와 북한의 대중정책」, 『성균차이나브리프』, 제2권 3호.

林利民, 2018, 「朝鮮核問題的戰略本質:反擴散還是地緣政治博弈?」, 『現代國際關系』, 第2期。
時殷弘, 2018, 「中國的東北亞難題：中日, 中韓和中朝關系的戰略安全形勢」, 『國際安全研究』, 第1期。
王生·張雪, 2018, 「從東北亞地區安全框架的結构性矛盾看朝核問題」, 『當代世界與社會主義』, 第1期。
朱遼野, 2010, 「'后朝核時期'的中朝關系走勢」, 『遼東學院學報(社會科學版)』, 第12卷 第6期。
周曉加, 2017, 「朝鮮核問題與中國學者的觀点」, 『和平與發展』, 第3期。

第八章

冷战后中国对朝战略选择的困境：以中国在朝核问题上的战略决策过程为中心*

宋文志 _ 中国北京大学外国语学院副教授

* 在本人的论文 "China's Engagement Patterns Towards North Korea," *Pacific Focus* (April 2016), "Who Restrains Who?: Sino-DPRK Strategic Interaction during the Second Nuclear Crisis," *The Korean Journal of Defense Analysis*, (June 2018) 的基础上修改完成。

第一节 绪 论

对于中国来说，朝鲜意味着什么？目前，中国社会大致存在两种对立的观点。

长期以来，受历史上朝贡关系、冷战时期社会主义阵营国家之间关系的影响，中国社会对中朝关系存在这样一个认识公式，即认为朝鲜曾经是、如今依然是中国的“小弟”，中国对朝有很大的影响力。这一认知在中国国内形成了某种对朝情绪化的政策逻辑，认为对朝鲜的“不听话”行为要进行惩罚。同时，这种认知也被传递至国际社会，以至于每当朝鲜进行核导试验时，包括美国、日本、韩国在内的国际社会都要求中国政府对朝施压、要求中国运用其影响力约束其“盟友”朝鲜，这给中国带来很大的外交压力。[1]

中国社会对朝鲜的另一个近乎公式的认知来源于传统地缘政治学说。一般认为：朝鲜半岛具有非常重要的地缘政治价值，长期以来各大国都十分看重本国在半岛地区的利益，朝鲜半岛是大国利益的交汇点，也是周边大国必争的战略要地，朝鲜是中国的战略缓冲地带。同时，这种地缘战略观又与中国国内一直以来对朝鲜及中朝关系的宣传相结合，成为中国对朝主流认知。在新中国成立后的大多时间里，中共中央机关报《人民日报》等主流媒体对中朝关系的宣传都是“中朝两国唇齿相依、休戚与共、手足情长”、“中朝之间的友谊是鲜血凝成的、是经历战火考验的”、“中朝人民的传统友谊将世世代代流传下去”。

以上两种观点之间的对立在朝核危机后愈发明显。朝核危机爆发以来，朝鲜半岛局势越来越扑朔迷离，令人找不到头绪。这种复杂性导致中国社会，尤其是学术

1) 回顾70年的中朝关系，可以发现：中朝之间并未建立起所谓的“支配－依附”关系。经济上，冷战时期，中国提供的大量援助为朝鲜经济的恢复与发展提供了重要的保障。冷战后，东欧和苏联社会主义体系的崩溃、美国以朝核开发为由继续对朝进行全面制裁和封锁使朝鲜失去了战略物资的主要进口来源，中国成为朝鲜最重要的物资供应国。但是，朝鲜并没有因此在政治上依赖中国，而是保持很高的自主性。冷战时期，朝鲜并没有成为中国的“卫星国”，冷战后，朝鲜也并没有成为“中国东北亚第四省”。政治上，中国奉行不干涉别国内政原则，在朝鲜政治史上，中国并未有在朝鲜保有亲华力量。安全上，中国并没有为朝鲜提供核保护伞或常规军事保护，《中朝友好条约》第二条虽然具有军事同盟和保护性质，但事实上也已不再拥有实际约束力。宋文志：《从政治主导到市场主导：中朝经济关系70年》，《成均中国观察》2019年第4期，第62-68页。

界在对朝问题上出现了严重的分裂。关于中国对朝战略类型的分析，中国学界出现了“保朝论”与“弃朝论”的对立。“保朝论”认为：朝鲜的战略位置对中国十分重要，因此，维持朝鲜稳定、对朝安抚应是中国对朝政策的基础。其中，“朝鲜半岛地缘经济构建论”认为：应通过加强与朝经济合作，让朝鲜半岛凸显出其地缘经济意义，只有这样才能防止朝鲜半岛冲突状态下的地缘政治意义的凸显；[2]“对朝提供安全保障论”认为：冷战后朝鲜安全保障的缺失是朝鲜开发核的重要原因，中国可以通过对朝提供安全保障，加强中朝同盟关系让朝鲜弃核。[3] 相反，“弃朝论”认为：朝鲜已经成为中国的战略负担，朝核已经严重威胁到中国的安全，应该通过对朝施压、中朝正常国家关系化、强化与美国或韩国的合作使朝鲜弃核，以缓和半岛的地缘政治危机。其中，“中美大国协调论”认为：中国应该同美国进行大国协调来处理朝核问题；[4]“中韩联盟论”、“对韩战略支点论”，该观点认为中国可以通过“中韩结盟”来对抗美韩同盟，降低朝鲜地缘政治冲突的可行性。[5]

对于中国来说，朝鲜到底是“资产”还是“负担”？到底是应该“保朝”还是“弃朝”？本文认为，通过中国在朝核问题上决策过程的分析，可以帮助我们正确理解冷战后中国的对朝战略认知、应对方式及其效果。

第二节　朝核问题与中国对朝战略选择的困境

在朝鲜半岛问题上，中国或许有多重战略利益，比如，维持朝鲜半岛的稳定、维持或者扩展中国在朝鲜半岛的影响力等。但自冷战结束以来，考虑到中国国家发展战略的需要，中国在朝鲜半岛的战略最为重要的目标就是保持朝鲜半岛的稳定与

2) 金景一、金强一:《朝鲜半岛的地缘政治意义及其对我国的影响研究》,《延边大学学报（社会科学版)》, 2008年第4期，第5-12页。

3) 沈丁立：“中国不妨向朝鲜重申安全承诺”，http://www.aisixiang.com/data/61272.html

4) 张沱生:《朝核问题与中国的政策》,《国际安全研究》，2013年第5期，第52-61页。

5) 阎学通:《中韩结盟是否可能?》,《成均中国观察》，2014年第3期。

和平。为了实现这一目标，中国在朝鲜问题上有两个次级目标：第一，反对朝鲜进行核导开发，实现朝鲜半岛无核化。第二，保持朝鲜国内政治经济基本稳定。

中国强调朝鲜半岛的无核化。首先，尽管朝鲜的核开发也许并不直接对中国构成安全威胁，但其发展很可能使形势超出中国的控制。其次，如果美国决定轰炸朝鲜的核设施以保证核不扩散，这一行动很有可能造成朝鲜严重的不稳定，很可能有大量难民进入中国东北地区。此外，朝鲜的核武装也可能导致其他国家和地区的核武装化，例如日本、韩国，甚至是台湾地区，中国非常清楚这三方具有充分的核技术。

同时，朝鲜的稳定对中国的发展与安全也至关重要。维持稳定的周边环境对中国来说十分必要，中共政权的合法性很大一部分来自于实现了中国经济的快速发展，因此外交政策要全力保证经济增长的外部环境的稳定。在这一背景下，中国不得不关注朝鲜政治经济不稳定可能给中国带来的安全威胁。朝鲜的不稳定可能造成数以千计的朝鲜难民从不严密的边境涌入中国东北地区，影响东北地区的稳定。另外，朝鲜的稳定还与战略缓冲地带相关，如果朝鲜不稳定，将为美国进一步介入东北亚事物提供借口。同时，作为分裂国家的朝鲜，其本身的不稳定将带来更大的地区不稳定。由于对上述问题的担忧，中国必须通过提供基本的援助以及扩大双边贸易来维持朝鲜的稳定。

当前中国社会关于朝鲜问题、中朝关系的两种对立观点其实分别反映了中国战略利益的一个方面。而对于中国来说，朝核问题与朝鲜国内稳定情况都会影响到半岛稳定与和平。因此，两方的观点需要同时考虑，即“无核化”与“朝鲜稳定”两个目标对中国来说都十分重要，不可或缺。

但是，朝鲜稳定与无核化两个目标之间经常存在冲突：如果优先考虑维持朝鲜稳定的话，中国在实现半岛无核化的手段上就会受到一定的限制，不能采取对朝强硬措施，朝鲜也因此可能会得寸进尺，继续发展核导；如果优先考虑无核化的话，中国对朝的一系列强硬措施可能会危及到朝鲜的稳定，这同样对中国不利。也就是说，中国在朝鲜半岛问题上战略利益目标均至关重要，不可或缺，但同时两个次级目标之间又具有一定的冲突性，必须在两者进行权衡，这就决定了中国在朝鲜问题上不得不面临一种战略选择困境。

这种战略困境限制了中国的政策选择，也决定了中国对朝政策的基本范围。中国既不能选择完全封锁朝鲜或武力施压，也不能对朝鲜的挑衅行为进行持续的军事与经济支持，中国更倾向于通过多边机制或引导朝鲜经济开发的方式来处理朝鲜问题，这样可以保证在不损害朝鲜稳定的基础上推进朝鲜半岛无核化。

中国对朝政策可以用“接触(engagement)”这一概念进行说明。“接触”概念源自于克林顿政府对中国、朝鲜、俄罗斯和越南事务的处理路径。Evan Resnick将“接触”定义为“一种通过在多问题领域与目标国加强联系的方式来影响目标国家政治行为的政策”。[6]

“接触”主要是通过奖励的方式使该政策的使用国与目标国建立起不断增长的相互依赖关系。尽管这种积极性奖励是“接触”的主要方式，但它也埋下了在目标国没有完全承担义务时给予“惩罚”的伏笔。与“接触”相反的概念可以被定义为“不接触”或“孤立”，即一个国家撤回或减少与其另一个国家在多问题领域的联系。如果目标国对使用该策略的国家产生了依赖，这种政策变化将使得目标国非常痛苦。现实中，使用该策略的国家还可以向目标国发出信号，即如果一国不改变其行为，另一国可能撤回或减少在其它领域的联系。换言之，使用这一策略的国家可以通过减少或切断一些联系来向目标国施压以改变其行为。从这方面看，使用接触政策去矫正令人厌恶的政权不止包括奖励，也包括惩罚。

本文介绍三种模式。第一种是软接触（soft engagement），指与目标国加强联系和合作的情况。该策略的使用国向目标国提供资源或其它好处并避免损害其利益。因此，进行惩罚很难被作为政策选项。即使该国官方提出对目标国实施惩罚，真正的惩罚往往不会实施。软接触措施诱导目标国减少其行为的变化，同时长期通过扩大与目标国的交换和合作增加其对实施国的依赖，软接触不是通过短期的给予或剥夺利益而试图让目标国立即发生变化。

与此相对应，硬接触（hard engagement）指在维持对目标国最主要奖励的同

6) Evan Resnick, “Defining Engagement,” *Journal of International Affairs*, 54-2 (Spring 2001), pp. 559-563.

时，有限制地向目标国施加惩罚。策略的使用国可以采用减少好处或限制目标国的活动来进行惩罚。这种惩罚不是表面化的，而是实实在在地针对目标国。然而，目标国所获利益应当远远高于其受损的利益。如果利益不超过损失，目标国可能决定不再维持与实施策略国的多领域间的联系，这将会导致接触政策的失败。硬接触是一种该策略的使用国通过使对象国对维持已存在的奖励的程度进行考虑来维持对象国对其的依赖，同时用施加惩罚向目标国施压以使其改变行为。

准硬接触（semi-hard engagement）与硬接触有更多共同特点，但与软接触也有一些共同特点。在准硬接触的阶段中，策略的实施国通过切断部分与目标国的联系对其施加压力而使其改变行为。同时，通常使目标国在国际社会中获取代表位置来作为一些奖励，从而避免目标国的强烈抵制。实践中，这些惩罚措施也许在短期内被加强，也许不会直接实施。准硬接触中的惩罚措施不是在于将对目标国造成潜在的损失，而是告诉目标国如果其不改变自身行为就将遭到更强硬的制裁，是一种警告性措施。

在面临战略选择困境的情况下，中国不得不根据外部形势的变化来调整对朝战略，使两个战略目标之间保持平衡。外部形势包括两个层次的战略互动：结构层面中美之间的战略互动、双边层面中朝之间的战略互动，这些环境层面的互动均受到中国自身在朝鲜半岛问题上战略目标的制约。其中，对于中国来说，中美关系层次的战略互动主要关注美国的对朝战略取向，包括美国是否对朝采取军事打击、美国在朝鲜半岛战略武器的部署情况等；中朝关系层次的战略互动主要关注朝鲜内部政治经济的稳定性、朝鲜核计划的发展情况等。中国在朝鲜半岛问题上战略目标方面，主要是确定好不同战略目标之间的关系，如何进行平衡等。

（1）中美战略互动与美国对朝政策的类型。保持自己在朝鲜半岛及东北亚安全结构优势的同时，避免朝鲜突破核门槛是美国在朝鲜半岛的战略目标。朝核危机爆发以来，美国对朝采取了双边对话、多边谈判、制裁、威胁使用武力，与中国合作共同管理朝核危机、逼迫中国对朝制裁等方式。从目前来看，对朝采取军事打击虽仍然存在多重障碍，但这种可能始终不能排除，威胁使用武力和采取军事手段强制朝鲜的政策使用频度与强度在不断增加。因此，对中国来说，关注美国对朝政策的类型与强度对维护中国在朝鲜半岛的安全及战略利益不可忽视。中国的地缘政治传统主义者认为朝鲜半岛坐落在非常重要的位置，其不仅直接影响中国的国际环境，还会影响内政。他们指出从历史上看，两个超级强权在朝鲜半岛爆发战争都会对中国造成巨大的损失。他们担心美国通过确保包括朝鲜半岛的战略支点来围堵中国。也有一些看法认为美国的军事干预将对中国成长的经济实力以及上升的国际地位产生巨大的威胁。一场美国对朝鲜的军事干预将会使美军进攻朝鲜的领土，包括对其核设施的打击。中国对美国军事干预可能性的评估会依据具体的攻击计划以及美国总统和官方的相关言论。如果美国称它在考虑对朝鲜发动战争，进行军事行动，包括外科手术式的打击或是先发制人的核打击，中国可以判断美国可能军事干预或者美国在制定具体的军事打击计划。另一方面，如果美国官员没有谈及攻击朝鲜的可能性或单纯否认这种可能性，中国可以判断战争不会发生。

(2) 朝鲜内部稳定性。自冷战结束以后，影响朝鲜政策稳定性的因素主要有政权交替、经济状况恶化等。目前，在政治方面，朝鲜政权基本上完成了顺利交替；朝鲜的经济状况很大程度上影响其稳定程度，朝鲜的经济相比于其在1990年代恶化之后没有很大提高，很多朝鲜人仍面临着很严重的生存问题。金正日的健康状况以及他的继任者不稳固的权力基础都会影响朝鲜的政治稳定。因此，中国也不得不考虑了朝鲜出现不稳定的迹象：严重的食物短缺，大量的脱北者，金正日健康状况恶化或是其继任者权力基础不问。另一方面，如果没有这些迹象中国就会认为朝鲜是稳定的。在经济方面，在外部制裁不断强化的情况下，朝鲜经济依然保持了比较稳定发展。这与金正恩上台后，朝鲜在内部进行的一些包括圃田担当制在内的经济改革措施密不可分。但对其前景依然存疑：朝鲜会进行持续的改革，还是走走停停式的改革？在与外部交流断绝的情况下，朝鲜内部的经济调整是否能持续下去？国际制裁对朝鲜经济及政权稳定的影响程度如何？

这些可能影响中国战略目标的情况可以根据外部情况变化分为四种类型：(1) 美国军事干预可能性低且朝鲜稳定；(2) 美国军事干预可能性低且朝鲜不稳定；(3) 美国军事可能性高且朝鲜稳定；(4) 美国军事干预可能性高且朝鲜不稳定。

中国对朝鲜的接触模式

		美国军事干预的可能性	
		高	低
朝鲜的稳定	高	准硬接触	硬接触
	低	?	软接触

如果美国军事干预的可能性低且朝鲜稳定，中国就可以有力地推进朝鲜无核化而不必考虑半岛局势的恶化。换言之，中国采用了硬接触。如果美国军事干预的可能性低且朝鲜不稳定，中国会关注使朝鲜稳定。因为迫使朝鲜解决核问题可能深度削弱其稳定，中国采取软接触，通过避免惩罚性手段以及与平壤当局增强联系以加强其在朝鲜的影响力。如果美国军事干预的可能性高且朝鲜稳定，中国一定会阻止一切使美国因为无核化问题军事干预朝鲜正当化的理由。然而，过度的压力将导致朝鲜更极端挑衅的反击，可能会导致美国的军事干预。更进一步，中国必须承担向美国和国际社会解释朝鲜位置的责任，且必须劝说朝鲜通过对话方式解决问题。这意味着中国将会强化与朝鲜在外交事务方面的合作。如果中国向朝鲜施压同时又强化和朝鲜的外交合作，这种对朝政策就符合准硬接触的类型。

第三节　朝核问题与中国的对朝接触战略

一、中国对朝准硬接触政策

2001年小布什政府上台后，美国改变之前的缓和政策，采取对朝强硬立场。小布什政府重新对《美朝核框架协议》(Agreed Framework) 以及佩里进程 (Perry Process) 进行了全面评估。2002年，美国政府宣称朝鲜是“邪恶轴心”的一部分且美国不会容忍任何对世界和平的威胁。小布什政府还在《核态势评估报告》(Nuclear Posture Review) 中宣称，美国已准备好对朝鲜发动先发制人的核打击。[7]

7) Philipp C. Bleek, “Nuclear Posture Review Leaks; Outlines Targets, Contingencies,” (1 April

2002年8月13日，在朝鲜拒绝美国的核核查要求后，国防部长拉姆斯菲尔德宣称：朝鲜已经掌握了核武器。助理国务卿凯利作为总统特使于2002年10月3日到5日期间访问了朝鲜，他也宣称：朝鲜在利用高浓缩铀（HEU）进行核武器开发。朝鲜否认了凯利的说法，并宣布朝鲜将立即重启核设施并采取行动阻止国际原子能机构的核查。[8] 在这一情况下，美国政府内部对使用军事手段干预朝鲜进行了广泛的讨论。国防防长拉姆斯菲尔德说，美国完全有能力应对世界两个地区的突发情况，例如在朝鲜和伊拉克同时进行战争。[9] 朝鲜无视美国的警告，于2003年1月23日宣布其将退出《不扩散核武器条约》及《全面保障监督协议》。作为回应，美国白宫及国防部再次提出"以军事行动解决朝核危机"，并宣布：解决朝鲜核问题的路径不是对话而是定点遏制。[10] 美国总统小布什和国务卿鲍威尔开始考虑针对朝鲜的军事行动，其中包括实施外科手术式的打击和使用战术核武器。[11]

此后，由于2003年开始的六方会谈及中韩两国的积极介入，美国军事干预的可能性降低。特别是在中期选举之后，小布什政府开始称朝鲜为"主权国家"，并强调美国没有攻击朝鲜的意图。[12] 鉴于这一状况，六方会谈顺利进行并发表了《9·19联合声明》，朝鲜承诺放弃其核武器开发计划。

然而，朝鲜于2006年6月5日发射大浦洞二型导弹（被怀疑是朝鲜的洲际弹道），

2002), http://www.armscontrol.org/act/2002_04/nprapril02.

8) Charles L. Pritchard, *Failed Diplomacy: The Tragic Story of How North Korea Got the Bomb* (Washington D.C.: Brookings Institution Press, 2007), pp. 23-44.

9) Jing Li, "US Defense Minister Warned North Korea]," *China News Net* (24 December 2002), http://www.Chinanews.com/2002-12-24/26/256688.html.

10) Jing Li, "US Defense Minister Warned North Korea," China News Net (24 December 2002), http://www.Chinanews.com/2002-12-24/26/256688.html.

11) James Dao, "Bush Administration Defends Its Approach on North Korea," *New York Times* (7 February 2003); James Dao, "Bush Urges Chinese President to Press North Korea on Arms," *New York Times* (8 February 2003); Nicholas D. Kristof, "Secret, Scary Plans," *New York Times* (28 February 2003); Mark Matthews and David L. Greene, "Bush Says Force Now an Option on N. Korea," *Baltimore Sun* (4 March 2003).

12) An Sung-gyu, "'North Korea is a Sovereign State' says US Secretary of State Rice in Seoul," *Korea JoongAng Daily* (20 March 2005).

紧接着又于2006年10月9日进行了核试验。因此，小布什政府再次考虑使用军事手段回应朝鲜的挑衅，美国国防部准备了一份包括对宁边的钚再处理设施进行打击的详细计划。美国政府强调，只要布什总统下达命令，该计划就会被执行，美国政府还声明该计划已经通知了韩国和日本。[13] 简而言之，美国高级官员在2003年第二次朝核危机发生以及2006年朝鲜核试验期间，连续发表关于对朝进行军事干预的有关言论，美国甚至已经有详细的军事打击计划。

相比于20世纪90年代，这一时期朝鲜国内政治经济相对比较稳定。在2000年6月朝韩首脑会晤后，朝鲜半岛的局势迅速稳定下来。在成功改善与韩国的关系后，朝鲜从韩国得到大量经济上的利益。朝韩间的贸易总额从1998年的2.2194亿美元上升到2002年的6.4173亿美元。韩国还对朝鲜进行了大量粮食援助。韩国于2000年向朝鲜援助50万吨大米，在2002年到2007年间每年向朝鲜援助40万吨大米[14]。另外，在南北关系改善后，国际社会也显著增加了对朝鲜的援助。

这一时期，朝鲜突破被国际社会孤立的局面，很多西方国家先后在2000年到2001年间与朝鲜恢复或建立外交关系。[15] 在朝韩首脑会晤之前，金正日于2000年5月29日到31日期间对中国进行访问，与中国国家主席江泽民进行的会晤修复了两国关系。此外，金正日还在2001年1月、2004年4月以及2006年1月三度访问中国[16]。中朝两国的关系不止在政治层面得以恢复，两国的经济合作也明显增加。朝鲜在苏联解体后与俄罗斯的关系一度恶化，但在俄联邦总统普京于2000年7月访问平壤以及金正日于2001年、2002年两度访问俄罗斯后，朝俄关系明显改善。为了进一步稳定朝鲜的经济，朝鲜官方承认了市场交易的合法性并在许多城市设立了市场。尽管政府控制的官方经济部门不包括在此范围内，但朝鲜民众可以通过在市场上进行交易来谋

13) “U.S. Speeds Attack Plans for North Korea,” *The Washington Times* (3 November 2006).

14) Ministry of Unification, *Unification White Paper 2008*, (Seoul: Ministry of Unification, 2008), p. 220.

15) Institute of North Korean Studies, “North Korea’s Diplomatic Relations Situation, (December 2011), http://www.nkorea.or.kr/wizboard.php?BID=nkres_03&BOARD_NO=4&UID=4&mode=view. 16Gye-chang Jo, “Diary of the Top Leaders of North Korea–China,” Yonhap News (10 January 2006).

生。[17] 随着朝鲜经济的恢复和与国际社会联系的加强，中国不再必须关注外部压力对朝鲜可能造成的不稳定。

在此情况下，中国对朝鲜采取了准硬接触的战略。中国在2002年10月第二次朝核危机初现端倪时的立场与第一次朝核危机时期的相似，中国认为朝核危机要在有关国家之间通过对话和谈判解决，而不是通过联合国进行干预。[18] 之后，中国迅速改变了立场，2003年3月1日，中国副总理钱其琛前往朝鲜，表明了中国不支持朝鲜冒险政策的立场并建议朝鲜通过参与多边谈判来解决核问题，中国还停止对朝原油供应3天，以此来对朝鲜施压。[19] 这是由于中国根据美国军事干预可能性加强而改变了其对朝核问题的政策。2003年2月，美国总统小布什告诉中国国家主席江泽民，如果中美两国不能通过外交解决这一问题，他将不得不考虑对朝鲜进行军事打击。[20]

中国开始建议朝鲜和美国通过外交手段解决核问题，当朝鲜国防委员会第一副主席赵明禄在当年4月中旬访问中国时，中方与其讨论了自身的立场,[21] 朝鲜此后参加了在北京举行的三方会谈，但对话最终破裂。尽管如此，中国外交部副部长戴秉国于7月12日前往朝鲜送达了胡锦涛主席的亲笔信，希望朝鲜积极参与对话以解决朝核问题。[22] 随后，第一轮六方会谈于2003年8月在北京举行。之后，只要六方会谈的进程出现踌躇不前的情况，中国都会通过劝说朝鲜和美国以达成突破。例如，2005年1月18日，赖斯被任命为国务卿，她称朝鲜为“暴政前哨”。[23] 此后，朝鲜于2月10日宣布无限期暂停参加六方会谈，中国则派出了中共中央对外联络部部长王家

17) Soo-Ho Lim, *The Rise of Markets within a Planned Economy: a Forecast for North Korea's Economic Reform and System Change* (Seoul: Samsung Economic Research Institute, 2009).

18) You En Kim, “Understanding China`s Calculus of Nuclear Issue in North Korea,” *Sino-Soviet Affairs*, 103 (2004), p. 204.

19) *Ibid.*, 205.

20) George W. Bush, *Decision Points* (New York: Broadway Paperbacks, 2010), p. 424.

21) 孙茹:《中美在朝核问题上的合作与分歧》,《现代国际关系》2007年第10期，第12-21页。

22) Seung-sun Lee, “Hu Jintao's Successful Pressure on North Korea for Finally Accepting the Six-Party Talks,” (26 August 2003) at 〈http://www.pressian.com/ezview/article_main.html?no=24748〉.

23) “Rice Names ‘Outposts of Tyranny’” (January 19, 2005), at 〈http://news.bbc.co.uk/2/hi/americas/4186241.stm〉 (searched date: 2 July 2015).

瑞前往朝鲜劝说其参加六方会谈。[24] 2006年7月5日朝鲜发射了包括大浦洞2型导弹在内的多枚导弹后，中国同样劝说美国。胡锦涛主席致电小布什总统劝说他在处理朝鲜问题上保持“冷静和克制”，小布什总统回复将通过外交手段解决该问题。[25]

朝鲜无视中国的努力并于2006年10月9日进行了第一次核试验，中国外交部发表声明谴责朝鲜称：“朝鲜不顾国际社会的普遍反对，悍然进行核试验，中国对此表示强烈反对。”[26] 10月14日，中国赞成了联合国安理会第1718号决议，该决议决定对朝鲜进行严厉制裁。同时，中国反对针对朝鲜进行全面的经济制裁或使用军事手段对其进行干预。中国的态度可以从其支持的对朝措施来进行观察，中国认为第1718号决议第9、10段所规定的经济制裁不包括人道主义援助。[27] 此次核试验后，中国国务委员唐家璇作为特使多次访问美国、俄罗斯和朝鲜，进行斡旋工作，第五轮六方会谈的“2·13协议”第三段内容总结了中国在朝鲜第一次核试验后进行的外交努力。

我们可以从第二次朝核危机期间中国暂停原油供应以及赞成安理会第1718号决议的行动中观察到中国向朝鲜施加压力行为，这些行为是都体现了中国在朝鲜第一次核试验后在向其传递强烈的信息。但与美国希望通过施压使朝鲜政权受到孤立并崩溃来解决朝核问题不同，中国对朝鲜施压的目的则是确保朝鲜重返多边谈判。中国的施压是暂时和有限的，通常伴随例如提供经济援助或者向国际社会传达朝鲜关切等积极手段。因此，总而言之，中国对朝制裁没有超越接触政策的框架，且反映了准硬接触模式。

---

24) “Wang Jiarui Returns from Pyongyang,” Yonhap News (February 22, 2005).

25) “Bush Discussed Missile Issue with Hu Jintao and Putin Over the Phone,” Yonhap News (6 July 2006).

26) “Ministry of Foreign Affairs says North Korea Recklessly Conducted Nuclear Test and Chinese Government Resolutely Opposes to It” (9 October 2006) at 〈http://news.xinhuanet.com/world/2006-10/09/content_5180207.htm〉.

27) David Albright and Paul Brannan, “Taking Stock: North Korea's Uranium Enrichment Program,” *ISIS Report* (October 8, 2010).

二、中国对朝鲜的软接触政策

2009年5月25日朝鲜进行第二次核试验后，外界普遍认为奥巴马政府的对朝政策更加强硬。然而，在美国朝鲜政策特别代表斯蒂芬·博斯沃斯和朝鲜第一副外相姜锡柱于2009年12月会面后宣布：美朝双方都认为履行《9·19共同声明》符合双方共同利益。[28] 2010年2月，朝鲜副外相金桂冠访问美国，声明朝鲜将对高浓缩铀核试验进行说明。在确认朝鲜在无核化以及核军备控制问题上的积极立场后，美国决定向朝鲜提供轻水反应堆、食物以及药品。[29]

然而，在韩国调查团队于2010年5月10日宣布3月沉没的韩国海军天安舰是被朝鲜鱼雷击沉后，美国放弃了其对朝鲜的宽容态度。美国检查安理会1874号决议是否被严格执行，同时还考虑单方面对朝鲜进行金融制裁。此外，美国还宣布其决定在黄海和韩国举行联合军事演习以对朝鲜的潜艇活动进行威慑。由于中国的强烈反对，美韩于6月25到28日在东海而非黄海一侧举行了包括乔治·华盛顿号航空母舰参与的联合军事演习。但之后美韩不顾中国的反对，于11月28日到12月1日仍在黄海沿岸举行了包括乔治·华盛顿号航空母舰参加的联合军事演习。[30] 尽管中国强烈反对美军航空母舰进入黄海，但中国似乎没有将这一演习与美国攻击朝鲜的可能性联系在一起。即美韩联合军事演习很难被看作是美国将要对朝鲜进行军事干预，这一行为可以被解释为美国警告其将不会容忍朝鲜任何更进一步的海上军事挑衅。

但是，考虑到货币改革后的朝鲜经济情况、韩国的对朝政策等因素，中国表示出对朝鲜内部稳定性的担忧。从2005年开始，朝鲜对市场中经济活动的态度变得严厉，例如通过限制物品的交易以及只允许49岁以上的妇女参与市场交易活动。2009年10月，朝鲜试图通过货币改革削弱市场，但货币改革的巨大冲击增加了朝鲜经济及社会中的不稳定因素。另外，天安舰事件后，李明博政府出台了“5·24措施”，意

---

28) Blaine Harden, “U.S. envoy's North Korea trip Produces No Commitment on Nuclear Talks,” *Washington Post*, (11 December2009).

29) Victoria Nuland, “U.S.-DPRK Bilateral Discussions” (29 February 2012) at 〈http://www.state.gov/r/pa/prs/ps/2012/02/184869.htm〉 (searched date: 10 July 2015).

30) John Pomfret, “U.S. Carrier Dispatched to Yellow Sea,” *Washington Post* (25 November 2010).

在禁止除开城工业园以外的南北间的经济活动，原则上禁止对朝鲜进行新的投资并暂缓经济援助。据估算，“5·24措施”对朝鲜造成每年约3亿美元的损失，这相当于朝鲜国家2011年度预算总额的5%。[31] 金正日的健康问题以及金正日继任者的不确定性也在中国所考虑的朝鲜的不稳定范围之中。金正日没有出席2008年9月9日举行的朝鲜建国60周年庆典，国际社会对金正日健康状况恶化可能导致的权力斗争及朝鲜增长的不稳定性表示担忧。

在朝鲜进行第二次核试验后，中国立即表示反对朝鲜核试验并要求朝鲜重返六方会谈。此外，中国同意接受安理会第1874号决议，其内容包括对朝鲜实施更严厉的制裁，但在决议起草过程中，中国宣称该决议应该给朝鲜重返谈判桌留下空间。此外，与美国不同的是，中国对韩国提出的进行除朝鲜外的五方会谈的建议表示持否定。为促使六方会谈早日恢复，中国副外长武大伟访问了俄罗斯、美国、日本以及韩国。

在朝鲜第二次核试验之后，国际社会对中国是否有意发挥其对朝鲜的影响力以解决朝核问题所产生的疑问日益上升，美韩两国尤其对中国在朝鲜实施挑衅后继续向朝鲜提供经济援助提出不满。面对外界批评，中共中央外事工作领导小组于2009年7月15日召开会议，决定将朝核问题与朝鲜问题区别处理。[32] 中国积极引导朝鲜发展经济，试图通过经济发展让朝鲜稳定国内、回归国际社会。

在朝鲜第二次核试验后，中朝双方高层官方交流的频次显著增加，尤其是金正日在一年内三次访问中国。金正日在2010年5月访问中国，国家主席胡锦涛向其推荐了加强中朝多领域合作的多种方案。此外，国家总理温家宝强调了中朝经济合作的潜在可能性，并提议在中朝边境开展大范围的基础设施发展的合作项目。[33] 在2010年8月和2011年5月，金正日到访吉林和黑龙江两省中朝进行经济合作的地区，他还

31) Eun-ji Kim, “One Year After the May 24thMeasure, the Status of NKSK Exchange and its Effect on North Korean Economy,” (23 May2011), at 〈http://www.voakorea.com/content/article—524-1-1--------122446059/1341113.html〉

32) Hee Ok Lee, “Year 2000: China and the Korean Peninsula,” *East Asia Brief*, 5-1, (2010), pp. 53-54.

33)《吴邦国、温家宝会见金正日》,《中国新闻》, 2010年5月7日。

访问了位于中国重点工业城市南京和扬州。[34] 在第二次核试验以来，中国开始努力通过加强经济合作而非单方面经济援助来改变朝鲜的政策，试图改变朝鲜对市场的看法和政策。[35] 中国积极地参与主要针对图们江及鸭绿江流域中朝边境地区基础设施的开发，此外，在罗先和黄金坪经济特区的合作也取得缓慢的进展。

在朝鲜第二次核试验后，中国同意接受安理会1874号决议，但在向联合国安理会递交的报告中，中国强调：对朝鲜实施制裁的目的不应该包括使其正常的对外交流及朝鲜人民的正常生活，不应该损害朝鲜与其他国家的正常经济联系。

天安舰事件后，中国对朝鲜的软接触政策更加清晰。中国要求朝鲜不能再进行任何可能增加国际社会焦虑的行动、呼吁实现朝鲜半岛无核化。对此，中国提出了一个“三阶段方案”：从朝美对话，到在六方会谈之前进行预备会议，再到六方会谈时的主要会议。在2010年5月的中美第二次经济战略对话期间，希拉里 · 克林顿要求中国对朝鲜采取更强硬的立场，但国务委员戴秉国认为，有必要用冷静和恰当的方式来解决朝核问题从而避免增加朝鲜半岛的紧张气氛。[36] 2010年6月1日，在接受日本放送协会电视台采访时，温家宝总理也称需要小心地处理这些事务。[37]

简而言之，中国因朝鲜第二次核试验而对其进行谴责，同时赞成安理会决议，但中国认为对朝制裁不应涉及民生问题。天安舰事件后，中国公开反对美韩对朝的强硬政策。这一例证说明，中国对朝政策中的软接触政策意在通过避免强硬制裁，通过与目标国家（朝鲜）在多领域中扩大合作，以此逐渐改变其战略方向与行为。

三、中国对朝鲜的硬接触政策

2013年2月12日朝鲜进行了第三次核试验，并在 3月31日举行的朝鲜劳动党中央

34) 《金正日参观江南地区》,《人民日报》, 201年5月30日。

35) 이상근, 송문지, “북중경협 강화와 한반도의 미래: 북중경협이 북한 개혁개방과 통일에 미치는 영향을 중심으로,” 국가전략, 2014년 제20권 2호, pp. 107-138.

36) “Hillary asks Cooperation for Sanctions on North Korea, “*HankukIlbo* (25 May 2010).

37) Ong-rim On, “South Korea will Get Most Damaged by Conflicts in the Korean Peninsula,” (3 June 2010) at 〈http://www.newdaily.co.kr/news/article.html?no=48686〉.

委员会全体会议上正式通过了“同时进行经济和核力量的发展”的并进路线，朝鲜再度显示了其拥核的决心。对此，美国在强化对朝威慑的基础上，提出有条件的对话。在朝鲜第三次核试验之后，美国的官方立场认为：朝鲜的核能力仍有待证明，朝鲜不是有核国家。美国强调其将尽最大努力使其盟友免于朝鲜威胁而非攻击朝鲜核设施，作为有条件对话的前提，美国要求朝鲜在无核化方面做出具体的有意义的行动。[38]

另外，美国要求中国向朝鲜施加影响力。美国国务卿约翰·克里强调：“没有中国，朝鲜将会崩溃”，他要求中国应当采取更强硬和有效的手段来阻止朝鲜的挑衅。[39]在2013年6月举行的中美首脑会晤上，奥巴马强调，为了阻止朝鲜的核扩散，两国都应该持续向朝鲜施压，并向其传递核武器发展与经济发展不可兼得这一信息。[40] 通过以上的表态可以发现，军事打击基本不在美国的考虑范围之内。

在朝鲜国内政治经济方面，自金正恩掌权以来，朝鲜通过一系列的政策，改善了其经济状况。朝鲜减小合作农场中的劳动小组的规模，采纳按国家与劳动小组7：3的比例分配作物的方案，这意味着国家收购70%的农作物，其余30%由劳动小组分走。此外，朝鲜还赋予企业新的权利，比如组织生产、产品研发以及对工人和金融的控制等。尽管朝鲜仍受到国际制裁，但其经济状况似已有所改善。根据韩国银行估算，朝鲜的人均国民总收入自2010年开始上涨。此外，根据联合国粮食署和粮农组织的报告，朝鲜的食物生产在2012年较前一年上涨了6%，2013年的粮食生产较2012年增长了5%。[41] 由于上述这类政策的变化，朝鲜经济开始恢复生命力。

在美国对朝采取军事打击的可能性比较低、而朝鲜国内政治经济基本稳定的情

38) Hwan-yong Kim, “US Assistant Secretary Russel, the Purpose of the Six-Party Talks is More Important than Resuming the Talks,” (7 September 2013), at 〈http://m.voakorea.com/a/ag-2014/1744456.html〉.

39) Min-hyukIm, “US Secretary of State Kerry, ‘North Korea will collapse without China’s support,’” *ChosunIlbo* (April 19, 2013).

40) Tae-hwan Lee, “Obama-sijinping-uiMi-jungjeongsanghoedamgwaHanbando” [Obama-Xi Jinping’s US - China Summit and the Korean Peninsula], *Situations and Policy* (July 2013), pp. 2-5.

41) FAO and WFP, “FAO/WFP Crop and Food Security Assessment Mission to the Democratic People’s Republic of Korea,” Special Report (28 November 2013).

况下，面对朝鲜强烈的拥核意图，中国采取了对朝施压为重点的硬接触战略。

2013年6月27日中韩首脑会晤后发布的联合声明认为："开发核武器不仅严重威胁朝鲜半岛的和平与稳定，也严重威胁了东亚的和平与稳定"。[42] 中国政府在向朝鲜传达如下信息：如果朝鲜再不采取任何无核化的措施，中朝关系将不可避免地会遭到削弱。在朝鲜第三次核试验之后，中国政府高层官员声明：中朝之间不是同盟关系而是正常的国与国关系。2013年5月22日，习近平主席在与朝鲜劳动党秘书长崔龙海的会面中，中方强调半岛无核化，而朝方则强调两国传统的友好关系。另外，中国在与美国的协商后同意了安理会第2094号决议，中国四大国有银行停止了与朝鲜外贸银行的交易。

但是，中国对朝鲜施加压力的目的不是让朝鲜崩溃，而是用施压的方式让朝鲜更多地参与到核问题相关的协商中。因此，尽管在朝鲜第三次核试验后中国对朝制裁变得强硬，但其不会超出接触的范围。中国给予朝鲜的压力没有大到有损中方希望通过大范围联系与合作使朝鲜在长期范围内改变其行为的策略。

2018年1月8日，中国外交部新闻发言人洪磊发表声明："中国希望基于'继承传统、面向未来、睦邻友好、加强合作'的原则发展与朝鲜的传统友好合作关系"。[43] 中国驻朝鲜大使李进军也提到了这一原则，他还用"唇齿相依"一词展现了中国希望改善中朝关系的意图，这一形容已长期未被使用。[44]

另外，中国仍在继续通过对话解决问题的尝试，中国同意对朝鲜进行制裁，但对美韩所要求层次的制裁做出消极反应。在同意安理会2094号决议之后，中国常驻联合国代表李保东说，制裁的目的不是发起制裁本身而是通过对话和协商方式解决朝核问题。[45] 中国还强调，美国应该取消对恢复六方会谈预设条件并且对朝鲜采取

42) "Full Text of the Joint Statement on South Korea－China Future Vision," *Yonhap News* (June 17, 2013).

43) Je-sung Hong and Jun-sam Lee, "China, Confirms Restoration of '16-word policy' on the China－North Korea Relationship," Yonhap News, (January 9, 2015).

44) Ye Yeong-jun, "Li Jinjun, Chinese Ambassador to North Korea 'China/North Korea are close allies like lips and teeth,'" *Korea JoongAng Daily* (May 12, 2015).

45) "Li Baodong: Sanctions Are Not the Purpose," (8 March 2013), at 〈http://news.cntv.cn/

克制的态度。在2013年6月举行的中美领导人会晤中，习近平主席评论说，无核化不是对话的前提，反而是一场关于无核化的对话应该首先举行。奥巴马则称，他们应该提高对朝鲜制裁的压力，达到能迫使朝鲜改变行为的程度，而习近平主席则坚持认为维持地区的稳定更为重要。[46]

中国在第三次核试验后对朝鲜采用的强硬手段受到注意，一些人声称中国已经改变了其对朝政策。[47] 然而，如果我们审视中国对朝回应方式，就会发现中国在第三次核试验后采用了同样的模式。对于朝鲜的核试验，中国采取了包括核试验前给其了强硬的警告，在朝鲜挑衅后后严厉谴责朝鲜，然而不久之后中国则重新和朝鲜对话并试图修复双边关系。除了2009年朝鲜第一次核试验后中国在一年期间疏远了与朝鲜的关系外，中国都重新与朝鲜进行对话和协商。2009年，中国对朝鲜第二次核试验给予强烈回应且赞成联合国第1874号决议，然而五个月后中国就恢复了与朝鲜的对话。

第四节　中国对朝政策效果评价

如何评价中国对朝政策的效果？本文运用博弈论的方法，将二者的关系视为限制者与被限制者之间的战略互动，即在确定中朝两国各自战略利益的基础上，分析两国的战略互动。

在战略利益上，朝鲜长期以来有两个亟需解决的问题：国家安全和经济发展。第一，鉴于美国对朝敌视政策带来的威胁，朝鲜必须确保其政权的存在。冷战期

2013/03/ 08/VIDE1362697809274130.shtml〉.

46) "Cooperation Across the Pacific: Chinese State Councilor Yang Jiechi Discussed the Outcome of the Sunnylands Summit Between Xi Jinping and Obama," (9 June 2013) at 〈http://www.fmprc.gov.cn/mfa_chn/ziliao_611306/zt_611380/ywzt_611452/2013nzt/xjpdwfw_644623/zxx_644625/t1048973.shtml〉.

47) Sang-suk Lee, "3rd North Korean Nuclear Test and the North's Crisis-inducing Diplomacy," *Major International Issue Analysis* (13 May 2013).

间，借助苏联和中国的安全保障，朝鲜尚能够管理美朝之间的权力不平衡。在冷战格局崩溃后，在缺乏武装力量的情况下，朝鲜受到来自美国的巨大安全威胁。这种由权力不平衡造成的不安全感使得平壤寻求另一种权力平衡器：核武器。朝鲜多次宣称其开发核武器是为了“自卫”。与此同时，朝鲜还有一个需要克服经济落后状况的任务。作为世界上欠发达国家之一，朝鲜经济发展长期滞后，如果这一情况恶化到极点，将会威胁到朝鲜的生存。公众对失败经济体制的不满被认为是苏联崩溃背后的主要原因。与此类似，据报道，朝鲜时常发生因食物短缺而造成骚乱的危险，因此朝鲜有必要改善其极差的经济状况以维持朝鲜政权的稳定。简言之，朝鲜为了确保政权的存在必须同时建立其军事能力和实现经济发展，只有这样才能彰显金日成“一手拿武器，一手拿锤子和镰刀”的口号，以及金正恩同时发展军事和经济的“并进政策”。然而，与其它国家不同，朝鲜能够在国家战略选择中，以领袖意志为中心进行调整，朝鲜能够在关键时刻放弃经济发展的目标，优先考虑军事安全目标。金正日时期的“先军政治”就说明朝鲜可以在两者间优先考虑安全任务，进行核导开发。

如前所述，中国在朝鲜核计划上也面临着严重的政策两难。中国强调朝鲜半岛的无核化，尽管朝鲜的核开发也许并不直接对中国构成安全威胁，但其发展很可能使形势超出中国的控制。例如，如果华盛顿当局决定轰炸朝鲜的核设施以保证核不扩散，这一行动很有可能造成朝鲜严重的不稳定，难民很有可能进入中国东北地区。此外，朝鲜的核武装也可能产生其他国家和地区的核武装化，例如日本、韩国，甚至是台湾地区。中国非常清楚这三者具有充分的核技术，其中，韩国和日本，还有在本土秘密发展核武器的历史。

但是，如前所述，与朝鲜不同，中国在朝核问题上存在的两个目标均很重要，很难优先考虑其中的一项，需要同时推进。在这样的考虑之下，中国和朝鲜一样陷入了战略两难：尽管中国的目标是无核化和朝鲜国内的稳定，但又必须在两者进行权衡。在战略目标的选择上，中国的选择困境显然大于朝鲜。对于朝鲜来说，核开发和经济增长的两个政治目标都很重要，但前者比后者更具优先地位。与此相反，中国则同时强调无核化和稳定这两个目标，并拒绝在两者中给出首选。其后果是，中国可以对朝鲜施压要求其放弃核计划，但这种压力是有限的，不会威胁到朝鲜的内部稳定。

在战略选择方面，假设中国在朝鲜问题上有两个战略选择。第一，首先，中国通过积极地推动多边对话，承诺提供资源和能源以换取朝鲜冻结或取消其核计划等手段来安抚朝鲜。第二，中国也可以利用严厉谴责朝鲜的挑衅，认可或参与国际制裁向朝鲜施压，使其放弃核开发。与此同时，朝鲜也有两个战略选择。朝鲜可以接受北京冻结或取消核计划的要求，或者是不接受要求继续进行核开发。这些战略互动可以利用表1来总结，相应地，a_{11}和b_{11}表示中国和朝鲜的回报。

〈表1〉 中朝战略互动的博弈矩阵

		朝鲜	
		不顺从	顺从
中国	安抚	a_{11}, b_{11}	a_{12}, b_{12}
	施压	a_{21}, b_{21}	a_{22}, b_{22}

根据中国在朝核问题上的战略目标，即力图保持朝鲜稳定的同时实现半岛无核化，中国的战略收益排序可以有如下表述。1）无论何种战略，中国更希望朝鲜顺从而非不顺从，也就是 $a_{12}>a_{11}$ 以及 $a_{22}>a_{21}$。2）尽管中国倾向于安抚朝鲜而不是在朝鲜采取遵守政策的情况下向其施压，但如果朝鲜决定不顺从，中国则更倾向于向朝鲜施压而非安抚朝鲜。这也就是说 $a_{12}>a_{22}$ 和 $a_{21}>a_{11}$。当1）和2）混合的时候，中国倾向的顺序是$a_{12}>a_{22}>a_{21}>a_{11}$，换言之，当中国安抚朝鲜同时朝鲜顺从中国的要求时，中国的收益最大。相反的是，当中国安抚朝鲜且朝鲜不顺从时，中国的收益最小。

同时，朝鲜追求经济增长与核武装两个目标，其中后者比前者更重要。因此，可以用下述内容归纳朝鲜的战略收益：3）不论其战略如何，朝鲜总是更倾向于中国的安抚而非施压，这也就是$b_{11}>b_{21}$ 和 $b_{12}>b_{22}$。4）如果中国向朝鲜施压，朝鲜倾向于默认北京的要求，但在北京安抚平壤的情况下，则倾向于采取不顺从。即$b_{22}>b_{21}$ 和 $b_{11}>b_{12}$。当3）和4）混合的时候，朝鲜的倾向就是$b_{11}>b_{12}>b_{22}>b_{21}$。换言之，朝鲜在中国采取安抚政策且朝鲜不顺从的情况下收益最大。相对的，朝鲜在其采取不顺从政策且中国采取强硬政策是收益最小。值得注意的是，当朝鲜不服从而中国决定向朝鲜施压时，由于两国权力不对称朝鲜的损失会超过中国。因此，a_{21}大于b_{21}。两国的收益可以用表2来表示。

〈表2〉 中朝战略互动的收益结构

		朝鲜	
		不顺从	顺从
中国	安抚	−1, 3	3, 2
	施压	0, −2	1, 0

从表2可以看出，中朝之间的战略互动是不稳定的；中朝两国都不能占据优势地位，同时也没纳什均衡解。在这种状况下，被限制者有动力去按照自己的意愿来改变限制者的战略。尤其是，朝鲜在不顺从且中国进行安抚的时候获益最大，因此朝鲜有动力去劝阻中国对朝鲜施压，并通过操纵中国的收益结构使中国在其政治优先程度上重新对朝鲜进行排序。朝鲜这样做的主要方案是战术欺骗和军事冒险主义。

首先，朝鲜可以通过隐瞒其核图谋，在战术上欺骗中国。如前所述，中国在朝鲜问题上的政策目标是无核化及朝鲜稳定，两者同等重要，需要同时达成。因此，中国需要根据形势发展，谨慎调整对朝鲜施压的程度，以避免朝鲜国内可能出现的不稳定局面。然而，这绝非易事，因为中国既不能充分把握朝鲜的真实意图，也不能密切监控朝鲜核发展的进展。相比之下，朝鲜非常清楚中国对朝政策中的首要目标之一是维持该地区的稳定。通过隐瞒其对核武器的渴望，朝鲜可能误导中国相信朝鲜接受了中国的无核化要求。在这种情况下，中国可能认为有必要将对朝鲜的政策从施压改为安抚，这不仅是为了补偿朝鲜放弃其核愿望，也是为了恢复因施压政策而紧张的中朝友好关系。

第二，朝鲜与美国的冲突一直不断，通过将冲突推向军事对抗边缘，朝鲜可以使中国感觉到稳定朝鲜半岛的紧迫性。由于施加更多压力将进一步加剧不稳定的风险，中国选择施压政策的回报将远低于—1（a_{11}）。因此，中国对朝政策的两个目标中，维持稳定的首要性超过了无核化。其结果是，中国被迫安抚朝鲜而非向其施压。

通过以上的演示可以发现，中国在对朝战略利益的双重性以及朝鲜的战略灵活性使得中国很难完全控制朝鲜的核导开发计划。在与朝鲜的博弈过程中，中国的战略选择困境再次凸现，这也是中国未能在中朝双边博弈中完全胜出的基本原因。

第五节　结 论

通过以上的研究，可以发现：第一，中国对朝战略选择困境产生于中国对朝战略目标的不可或缺性及冲突性。中国在朝鲜半岛的战略最为重要的目标就是保持朝鲜半岛的稳定与和平。考虑到朝鲜半岛当前的形势，为了实现这一目标，中国在朝鲜问题上有两个次级目标，即朝鲜半岛无核化以及保持朝鲜国内政治经济基本稳定，两个目标对中国来说都十分重要、不可或缺。但同时各个目标之间又具有一定的冲突性，必须在两者进行权衡，这就决定了中国在朝鲜问题上不得不面临一种战略选择困境。

第二，中国对朝战略选择的困境决定了限制了中国的政策选择，也决定了中国对朝政策的基本范围。中国既不能选择封锁朝鲜或武力施压，也不能对朝鲜的挑衅行为进行持续的军事与经济支持，中国更倾向于通过多边机制或引导朝鲜经济开发的方式来处理朝鲜问题。

第三，中国在对朝战略选择的困境使得中国对朝战略效果有限，中国很难完全控制朝鲜的核导开发计划。

参考文献

Evan Resnick, "Defining Engagement," *Journal of International Affairs*, Vol. 54, No. 2 (Spring 2001), pp. 559-563.

Song Wenzhi and Lee Sangkeun, "China's Engagement Patterns Towards North Korea," *Pacific Focus*, Vol. XXXI, No. 1 (April 2016), pp. 5-30.

Song Wenzhi and Son Daekwon, "Who Restrains Who?: Sino-DPRK Strategic Interaction during the Second Nuclear Crisis," *The Korean Journal of Defense Analysis*, Vol. 30, No. 2, (June 2018), pp. 231-246.

金景一、金强一,"朝鲜半岛的地缘政治意义及其对我国的影响研究",《延边大学学报(社会科学版)》, 2008年第4期, 第5-12页。

沈丁立,"中国不妨向朝鲜重申安全承诺", http://www.aisixiang.com/data/61272.html

宋文志,"从政治主导到市场主导:中朝经济关系70年",《成均中国观察》2019年第4期, 第62-68页。

阎学通,"中韩结盟是否可能?",《成均中国观察》, 2014年第3期。

张沱生,"朝核问题与中国的政策",《国际安全研究》, 2013年第5期, 第52-61页。

第九章

中国的韩半岛政策和韩国的对华政策：以习近平第二任期 (2018~) 为中心

黄载皓 _ 韩国外国语大学国际学院教授

第一节 导 论

本文旨在对习近平第二任期（2018～）的韩半岛政策进行考察和分析，并在此基础上就韩国的对华政策提出一些建议。2017年10月，习近平主席在中国共产党第十九次全国代表大会上作了发言，由此，我们可以大致了解习近平第二任期外交政策的基调、原则和发展方向。2018年6月，习主席又在中央外事工作委员会会议上发表了“中国特色社会主义外交思想”的讲话，这次讲话让十九大提出的外交政策概念更加清晰明了。此外，通过2019年10月中华人民共和国成立70周年的阅兵式，我们也更能知道中国的外交崛起是与军事“力量”相结合展开的。

中国认为，中国梦和建设中国特色社会主义的新时代已经到来。[1] 为实现中国梦，中国正试图通过选择和集中有限的资源，来越过美日等竞争强国的牵制。[2] 2019年10月的第19届四中全会主要讨论了治理能力的现代化，中国政府希望通过改革治理能力来提高国家竞争力。[3] 为此，就需要一个安定的对外环境。[4] 所以就需要构建人类命运共同体、新型国际关系和新型周边关系，而“亲诚惠容”就是对周边政策的核心。

在这一系列的中国外交理论和实践中，韩半岛有关的内容虽然没有像人类命运共同体的愿景、新型国际关系的形式以及“一带一路”的手段一样，被直接提出。但是，韩半岛攸关中国周边安保环境，我们仍能从中国政策中找到其战略含义。[5] 面

1) 习近平的外交哲学以及对国际秩序的展望，参考 Kawashima，Shin，“Xi Jinping's Diplomatic Philosophy and Vision for International Order: Continuity and Change from the Hu Jintao Era”，Asia-Pacific Review. Vol. 26，No. 1，pp. 121-145，2019.

2) 美国的对中政策已从合作阶段进入到竞争阶段，相关研究参考楚树龙、陆军：《美国对华战略及中美关系进入新时期》，《现代国际关系》2019年第3期，第20-28页。

3) 洪向华，“十九届四中全会精神系列解读 （四）－从三方面认识推进国家治理体系和治理能力现代化”，2019年 11月 05日，来源：人民网－理论频道。http://theory.people.com.cn/n1/2019/1105/c40531-31439081.html

4) 王毅强调外交要主动服务国内改革发展， 王毅：《2018中国外交：乘风破浪砥砺前行》，《国际问题研究》，2019年第1期，第11页。

5) 韩半岛问题上，中美关系合作大于竞争的研究视角，参见Robert G. Sutter，Chapter 8.“Relations

对新型国际关系框架下的韩半岛，面对如同“苦果”般的中国安全利益框架内的韩半岛，中国的立场就是对于本国在半岛的核心利益绝不让步，同时又要改善同南北方的关系，稳定半岛局势。

实际上，在习近平的第一任期(2013～2017)内，中国同南北的关系都持续紧张。[6] 直到第二任期开始，才有所改善。从中北关系来看，习近平第一任期内的两国关系比任何时候都要差。金正恩在2012年年末成为北韩的领导人以后，就集中进行了核试验和导弹发射。习近平认为朝鲜在事前事后都没有同中国进行解释或协商，也没有考虑中国的国家利益，所以对此感到非常失望和愤怒。正因如此，中国不只是反对，甚至有时会积极参与到美国主导的联合国对北制裁中。直到2018年，习近平进入第二任期以后，双方的关系才迎来缓和。而且令谁都没有想到，中北领导人在一年半期间就进行了五次会晤。

至于中国的对韩关系，在习近平第一任期内与中北关系并无太大差异。2013年2月朴槿惠政府上台以后，韩中关系经历了相当长的蜜月期。是年9月朴总统访华，2014年习近平主席访韩，2015年9月朴总统又参加了抗战胜利阅兵式。可以说，韩中关系达到了自1992年建交以来的最高峰。尤其是在同年11月，中韩自由贸易协定（FTA）签署之后，两国在政治、经济方面真正走向了全面合作伙伴关系。但是，2016年1月在应对北韩核试验的过程中，由于对对方的期待过高，两国关系急转直下。韩国期待中国能立即参与到对北制裁中，而中国则希望韩国不要对中国有过度期待。韩国对此颇感失望，甚至开始考虑引入萨德（THAAD，末段高空区域防御系统）。2017年3月，在朴总统被弹劾之时，庆尚北道的星州部署了部分萨德系统，这使得韩中关系跌到建交以来的最低谷。同年5月，文在寅政府上台，开始着手改善两国关系。之后的10月，萨德矛盾得以被“缝合”。12月，文总统访华。[7]

---

with Japan and Korea", Chinese Foreign Policy-Power and Policy since the Cold War 2nd edition, Lanham, Boulder, New York, Toronto, Plymouth UK: Rowman &Littlefield, pp. 192-193, 2010.

6) 习近平第一任期的韩半岛政策分析，参见차창훈, 2013,「중국의 대(对) 한반도정책 : 책임대국과 시진핑의 대북정책 딜레마」,『한국과 국제정치』제29권 제1호, pp. 51-90.

7) 2017年10月30日，外交部长康京和在国会外交统一委员会上发表了有关“三不”的对华信息。“정부,

笔者认为，中国对南·北关系的改善是由本国核心利益和体系化的对外政策构想所决定。中北蜜月意味着两国至少已恢复到能随时随地会晤的“亲戚”关系，也意味着“新型中北关系”已经确立。因此，有人提议中韩之间也需要“新型韩中关系”。[8] 以2019年12月的中日韩领导人会议为契机，双方已经在北京举行了首脑会谈。如果习近平主席能在2020年访韩，那么“新型韩中关系”的可能性将进一步增加。即，新型韩中关系和新型中北关系的实现将有助于建立新型国际关系和新型周边关系。

在这种时间和空间的大背景下，本文的第2节将试图找出中国外交政策的整体框架和概念，以及近期变化对韩半岛政策的影响。第3节和第4节中，笔者将对近两年来中国与南·北关系的进展和变化，以及中国对南北的政策立场进行回顾。第5节中则主要叙述了韩国当下对中认识的两难困境。即，一方面希望中国能发挥对北日益增长的影响力，来帮助解决韩半岛问题；另一方面又担心过多的影响力会弱化韩国主权。对此，笔者将就如何有效地、建设性地运用中国对北影响力提出几条政策建议。

第二节　习近平第二任期的外交政策

习近平的外交政策，在进入第二任期以后才开始真正体现。十九大报告已经从多个方面表明了基于最高领导人性格和领导风格的外交特征及其倾向。[9] 紧接着，在

중국에 미국 전초기지 안 될 것'…사드 갈등 '봉합' ",『한겨레』(2017. 10. 30.), http://www.hani.co.kr/arti/politics/diplomacy/816737.html#csidx003eab6212ad56c9621133d64f5b783.

8) 中北同盟的理解对韩国对中政策方向的设定具有重大意义，有关论文可参考，이정남, 2011,「냉전기 중국의 대북정책과 북·중 동맹관계의 동학」,『평화연구』, 제19권 제1호, pp. 125-154.

9) 没有像毛泽东思想和邓小平理论一样称呼为习近平思想，是中国政治折衷和权力均衡的结果。与“新时代”和“中国特色社会主义”相并列，一方面既肯定了习近平的领导，另一方面也预防了消极情况的产生。可以预见，今后5年内，随着习近平权力的完全确立，这些并列词语将会有名无实。此一思想，在实际上将会简化为习近平思想。

2018年中央外事工作委员会上，习近平外交思想得到了更加明确的表述。之后，2019年建国70周年的阅兵式更是向世界传达了讯息—习近平外交思想是与军事“力量”相结合展开的。

一、十九大

中国的大国崛起是在习近平进入第二任期后正式开始的。习近平领导的核心词是“新时代”，相比于时间较短的“时期”而言，用了寓意数十年的“时代”一词。十九大的报告时间为三个半小时，由此可见，中国面临的国内外问题有多么严峻。“好吃的肉都吃掉了，剩下的都是硬骨头”，在这种情况下，脱胎换骨是唯一的选择。而只有习近平才能领导中国走向空前的新时代，也只有习近平才能实现中国特色社会主义。[10]

为此，就需要绝对稳定的对外环境。为实现中华民族的伟大复兴和建设有中国特色的社会主义，中国将前进道路分为2020年到2035年、2035年到2050年两个阶段。营造安定的安保环境，是实现习主席国家大改造目标的重要条件，这一点通过19大就可以知道。[11]

经济方面，中国的发展战略和经济体系建设不仅旨在增强自身产业结构的竞争力，同时也以改善本国经济结构为目标。中等收入陷阱是中国社会发展过程中不可避免的现实，中国正试图通过自我诊断和大胆创新的政策措施来改变这一现实。

外交方面，以构建国与国之间信赖为前提的新型国际关系和人类命运共同体为目标[12]，试图以“和而不同”和“兼收并蓄”为基础，做世界和平的建设者、世界发展的贡献者、国际秩序的维护者。

10) 中央政治局常委和中央军事委员会都设有纪委。由此可见，习近平并没有放松对政府与军队的改革，也表现出他要进行国家大改造的强烈意志。

11) 中国试图通过解决改革开放过程中出现的国内矛盾，来实现崛起和维持共产党一党体制的稳定。有关此方面的研究，参考 이희옥, 2007,『중국의 국가 대전략 연구』, 서울: 폴리테이아.

12) 有研究指出，习近平政权设立的目标过于抽象，而且过多的讲话反而给中国梦的实现带来了负面环境。研究参考，이동률, 2019. 10. 1,「중국 외교 70년의 역정과 미래 30년의 과제」,『성균 차이나 브리프』 Vol. 7, No. 4(통권 53호), pp. 85.

作为世界发展的贡献者，中国正积极推广“一带一路”战略。在2018年改革开放40周年之际，中国试图进行第二次改革开放[13]，以五通（政策沟通、设施联通、贸易畅通、资金融通、民心相通）为中心，以“一带一路”为媒介，为国际合作提供新的动力。[14] 同时作为G20国家，还致力于加大对发展中国家的援助力度，促进缩小南北发展差距，支持多边贸易体制，推动建设开放型世界经济。

作为国际秩序的守护者，中国倡导“新安全观”。没有哪个国家能够独自应对人类面临的各种挑战，也没有哪个国家能够退回到自我封闭的孤岛。坚持正确义利观，树立共同、综合、合作、可持续的新安全观，谋求开放创新、包容互惠的发展前景。中国表示将继续发挥负责任大国作用，积极参与全球治理体系改革和建设，不断贡献中国智慧和力量。[15]

作为世界和平的建设者，中国致力于建立新型国际关系。新型国际关系和新型大国关系是中国新型关系外交的两大轴心。维持与美国—世界上最重要的双边关系的稳定比什么都重要，因此要构建总体稳定、均衡发展的大国关系框架。同时，中国还积极发展全球伙伴关系，扩大同各国的利益交汇点，推动建设相互尊重、公平正义、合作共赢的国际关系。

另外，提到中国的外交原则，首先就是义利观。即，国与国交往既要讲利，更要重义。中国表示要和其他国家一道营造公平正义、互相尊重利益的国际关系。其次是亲诚惠容，要按照亲诚惠容理念和与邻为善、以邻为伴的周边外交方针，深化同周边国家关系，加强同发展中国家的团结合作。不过，尽管中国决不会以牺牲别国利益为代价来发展自己，但是也决不会放弃自己的正当权益。中国的立场是任何国家都不要幻想中国会吞下损害自身利益的苦果。

---

13) 양평섭 외, 2018, 『중국의 대외개방정책 40년 평가와 전망』, 대외경제정책연구원(KIEP) 중국종합연구 총서중국종합연구 총서 제18권 제8호.

14) Xue Li, “The China Watcher Review: Unexpected achievements, emerging challenges on sixth anniversary of BRI”, The Korea Times, 2019-11-09, http://www.koreatimes.co.kr/www/opinion/2020/01/734_278384.html.

15) Emine Akcadag Alagoz, 2019, “Creation of the Asian Infrastructure Investment Bank as a part of China's smart power strategy”, The Pacific Review. Vol. 32 No. 6, pp. 951-971.

二、中国特色社会主义外交思想

2017年10月24日，中国共产党第19次全国代表大会通过了关于《中国共产党章程(修正案)》的决议，习近平新时代中国特色社会主义思想写入党章。2018年6月22日至23日，中央外事工作会议召开。习主席在会议上阐明了今后外交政策的指导纲领和行动指南—中国特色社会主义外交思想的“十个坚持”，而这一外交思想就是对十九大后习近平外交的综合表述。习近平外交思想的10个坚持是：

① 坚持以维护党中央权威为统领加强党对对外工作的集中统一领导，② 坚持以实现中华民族伟大复兴为使命推进中国特色大国外交，③ 坚持以维护世界和平、促进共同发展为宗旨推动构建人类命运共同体，④ 坚持以中国特色社会主义为根本增强战略自信，⑤ 坚持以共商共建共享为原则推动“一带一路”建设，⑥ 坚持以相互尊重、合作共赢为基础走和平发展道路，⑦ 坚持以深化外交布局为依托打造全球伙伴关系，⑧ 坚持以公平正义为理念引领全球治理体系改革，⑨ 坚持以国家核心利益为底线维护国家主权、安全、发展利益，⑩ 坚持以对外工作优良传统和时代特征相结合为方向塑造中国外交独特风范。[16]

总的来说，当今世界，军备竞争、领土纷争等传统安全威胁和恐怖主义、网络安全、气候变化等非传统安全威胁相互交织，所有的国家都在谋求出路。中国也要适应新环境，同时需要担当作为。[17] 即，在以习近平为核心的党中央领导之下，用自信武装自己，开展有品格的外交，实现中国梦和人类命运共同体。同时，积极参与全球治理，通过共建“一带一路”和伙伴外交，推进有中国特色的大国外交。

三、2019年国庆阅兵式

中国外交的理论和政策立场没有单纯地停留在口号层面，而是基于“力量”来推进。2019年10月的阅兵式，正是用实际行动说明了这一点。阅兵式分为“建国创

16) “人民日报评论员：习近平外交思想是新时代中国特色大国外交的根本遵循和行动指南”，2018-06-23 22:02:31 来源：新华网，http://www.xinhuanet.com/politics/2018-06/23/c_1123026067.htm.

17) 左凤荣，“深刻理解和把握习近平外交思想”，2019年07月30日，来源：党建网微平台，http://www.qstheory.cn/llwx/2019-07/30/c_1124816545.htm.

业”、“改革开放”和“伟大复兴”三部分，参阅武器与装备的质量和数量均创历史之最。

70年前的1949年，中国依靠美国重返国际舞台。但2019年的中国，却全部以自己的力量在国际舞台上大放异彩。按照惯例，最高领导人是每10年举行一次阅兵。但是习近平执政期间，先后在2015年举行了抗战胜利阅兵，2019年举行了70周年国庆节阅兵。可以预料到，习近平外交，如有必要，将成为大有作为的外交。最新的武器和装备是此次阅兵式的高潮，它向我们展示了中国发达的国防产业和武器开发能力。人民解放军为新时代也展现出了新力量，同时也向外界传达了到2035年基本实现国防和军队现代化、到2049年全面建成世界一流军队的意志。[18] 强国的影响力源于其经济和军事实力，中国为了扩大在周边地区的影响，向世界展示了本国力量。

四、新型国际关系和韩半岛[19]

当前，中国正试图寻找一个新的位置和角色。其外交政策表现出如下几个特点：① 为了集中精力解决国内问题，把营造稳定的外部环境放在首位；② 在核心国家利益上绝不让步，但因为习近平的个人权力已经稳固，所以在其他问题上可以相对灵活一些；③ 虽然与特朗普领导的美国在进行竞争，但基本合作框架斗而不破。在习近平第一任期时，中国认为太平洋足够广阔，可以容纳中美两个大国的利益，因此想与美国建立新型大国关系。但是，这遭到了美国的拒绝。[20] 而且，继奥巴马政府的亚太再平衡战略之后，特朗普政府又通过印度太平洋战略继续向中国施压。[21] 对

18) 在今年上半年发行的《中国国防白皮书》中，中国强调了中国军队为建立人类命运共同体所发挥的作用。这给人留下了深刻印象。

19) 中国的崛起能否为韩半岛未来带来机遇，这是韩国学术界持续讨论的话题。서진영, 2006, 「제10장 중국과 한반도: 위협인가 기회인가」, 『21세기 중국 외교정책－'부강한 중국'과 한반도』, 서울: 폴리테이아, pp. 313-369.

20) 시진핑 "태평양은 中·美 두 大國 수용할 만큼 광활", 『조선일보』(2014. 7. 10), https://news.chosun.com/site/data/html_dir/2014/07/10/2014071000277.html; 박광득, 2015, 「중국의 시각에서 본 신형대국관계의 현황과 과제」, 『한국동북아논총』 제74호, pp. 35-24.

21) Jared Morgan McKinney, Nicholas Butts, 2019, "Bringing Balance to the Strategic Discourse on China's Rise", The Air Force Journal of Indo-Pacific Affairs, Vol. 2, No. 4 (Winter), pp.

此，中国表示一定要维护核心利益，但不会以新型大国关系，而是以新型国际关系来应对。中国的韩半岛政策正是处于这样的结构之中。

新型国际关系倡导国际关系民主化，坚持国家不分大小、强弱、贫富，支持联合国发挥积极作用，支持扩大发展中国家在国际事务中的代表性和发言权。中国已经与100多个国家建立了全球伙伴关系网络，在此基础之上，新型周边关系开始谋求质的提高一扩大同各国的利益交汇点，提升伙伴关系的含金量。所以在这样的大环境下，中国与南北关系的稳定将有助于建立新型国际关系和新型周边关系。

新型国际关系又分为多种新型大陆关系，即按大陆划分的新型亚洲关系、新型欧洲关系、新型非洲关系和新型美洲关系等。新型亚洲关系按周边关系又可分为新型东北亚关系、新型东南亚关系、新型南亚关系和新型中亚关系等。新型东北亚关系又细分为新型中北关系、新型韩中关系、新型中日关系、新型中蒙关系等多种新型双边关系。

韩国是中国“富邻”、“安邻”、“睦邻”三邻政策的最佳伙伴。所以，与韩国的新型韩中关系是中国新型国际关系、新型亚洲关系、新型东北亚关系的核心关系之一。而亚洲是走向世界的跳板，也是中国政治、安全、经济等全方位利益的集中地带。但是，中国虽然已经具备世界强国的面貌，却还不足以与美国平起平坐。所以，他们计划以渐进、阶段性的方式崛起。

在“不会吞下苦果”的表述中，“果”是指中国的核心利益，而“苦”则是指与本国利益背道而驰的状况。核心利益在中国国家利益中占据最上层。准确来说，中国国家利益除了核心利益外，还包括重要利益和一般利益。东海、南海、台湾、新疆·西藏和与印度的边界问题都是关乎主权和领土的核心利益，而与韩半岛有关的北核和萨德问题，虽然与中国主权无关，但也是十分重要之利益。因为它间接威胁到了中国的主权，对其国家利益的损害也并不亚于核心利益。

73-87; 김재관, 2018, 「미국과 중국의 “인도태평양 전략”과 패권 경쟁」, 『동북아연구』 제33권 제2호, pp. 265-300.

第三节　习近平第二任期的中北关系

短短一年半间，中国和北韩的最高领导人就进行了五次会晤。如此频繁的会面，不仅让世界震惊，同时也再次向全世界证明中国对北韩的影响力仍然存在。中国积极介入北韩问题的理由和背景虽然是因为众所周知的“三个对朝原则”和“三个对朝坚持”，但据笔者判断，也可以从“三个对朝追求”的角度进行解释。习近平和金正恩的5次会面意味着中国将回归2个韩国政策和南北等距离政策。在本节中，笔者将从新型中北关系的角度来考察中北关系和中国的对北政策。

一、习近平时期的中北关系：从极度不信任到蜜月期

1992年的中韩建交给北韩带来了巨大打击。此举让北韩最高领导人认识到，中国因为国家利益，随时可能会站在与其不同的立场上。[22] 结果就是，中北关系陷入僵局，金正日时隔八年才再次访华。之后，从2005年撕毁9·19共同声明到金正恩执政初期，在美国对北韩实施金融制裁的情况下，中国对北的经济援助又让两国紧密联系在一起。但是，2013年北韩进行第三次核试验后，中北关系再次冷却，而2016年的第六次核试验后，中国更是全面参与到对北制裁中，将中北关系推到了最低谷。

两国关系的缓和始于2018年。是年3月26日至28日，金正恩委员长对北京进行了闪电式访问。这是金正恩自2012年执政后的首次海外访问，也是自2011年金正日国防委员长访华后，北韩领导人时隔7年的再次访华。金正恩对习主席说：“出于同志情谊和道德责任感，我感觉到应该尽快访问中国，以便亲自向习主席通报情况。”习主席评价道，韩半岛发生了积极变化，并表示，“中方始终坚持致力于维护半岛和平稳定、实现半岛无核化，主张通过对话协商解决问题。”[23] 习主席和金委员长还就今后的高层交流、加强战略沟通等4项内容达成了协议。

---

22) 出于对北安保的忧虑，中北不顾长久以来的“同盟”关系，持续地相互算计。相关研究参考，최명해, 2009,『중국·북한 동맹관계: 불편한 동거의 역사』, 서울: 오름.

23) “시진핑·김정은 회담…김 “한반도 상황 변화, 직접 알리러 왔다””,『조선일보』(2018. 3. 28), http://news.chosun.com/site/data/html_dir/2018/03/28/2018032800797.html.

仅在40天后，也即当年的5月7日至8日，中北又在大连举行第二次首脑会晤。习主席向金正恩表示“中国党和政府致力于巩固发展中朝关系的坚定立场不会变，中国人民对朝鲜人民的友好情谊不会变，中国对社会主义朝鲜的支持不会变”，并评价金委员长的访华体现了北韩实现韩半岛无核化的坚定意志。对此，金正恩回应道，“两国之间的距离更加接近，两国关系不可分割”，并指出两党、两国之间紧密的高层往来和两国最高领导层之间的战略沟通达到了前所未有的水平。[24]

继第二次会谈后不久，同年6月19日至20日，双方在北京举行第三次会谈。习主席表示，“希望朝美双方落实好首脑会晤成果，有关各方形成合力，共同推进半岛和平进程。中方将一如既往发挥建设性作用。”对此，金正恩回应称，“如果双方能一步步扎实落实首脑会晤共识，朝鲜半岛无核化将打开新的重大局面。朝方感谢并高度评价中方在推动半岛无核化、维护半岛和平稳定方面发挥的重要作用。”[25]

第四次首脑会谈在第二年的1月7日—10日举行。[26] 两国首脑就第二次北美首脑会谈交换了意见，并讨论了两国的合作事宜。对于完全无核化和新道路，中国重申了和平解决韩半岛问题的原则。另外，在中北建交70周年之际，两国决定加强交流和战略沟通。

第五次首脑会谈于2019年6月20日至21日在北韩举行。此次访北是继前任国家主席胡锦涛之后时隔14年的国事访问，因此引起了国内外极大的关注。[27] 金委员长表示，在过去1年里，尽管美国没有做出回应，但北韩为缓和局势紧张采取了积极措施，北韩也将继续保持耐心。他还表示，希望学习中国经济发展和民生改善的经验。对此，习主席回应道，“中方支持推进半岛问题政治解决进程，愿为朝方解决自身合问题安全和发展关切提供力所能及的帮助。”

---

24) “北매체, 김정은 · 시진핑 회동 확인… 김여정 · 리수용 등 수행(종합2보)”, 연합뉴스(2018. 5. 8), https://www.yna.co.kr/view/AKR20180508179252014.

25) “김정은ㅡ시진핑 3차 회동… 북미회담 후속 조치 논의한 듯”, 연합뉴스(2018. 6. 19), https://www.yna.co.kr/view/MYH20180619020800038.

26) 话虽说是四天，但如果是乘坐飞机，就是两天一夜的行程。而如果是乘坐火车，则往返平壤北京就各需要一天，所以实际上在北京只停留了一夜。

27) 习主席访北的时间，是在6月28日~29日日本大阪G20峰会期间举行的中美首脑会谈之前。

习主席的回访让中北关系成为名副其实的“你来我往”。第一次中北会谈是在南北会谈之前，第二次又是在北美会谈之前。此举被理解为是在进一步展示中北蜜月关系，也是双方提高协商能力的举动。第三次是在北美会谈之后。6月12日至13日，北美在新加坡举行历史性的首次首脑会谈。而仅仅在一周内，中北双方就进行了领导会晤。第四次是在北美会谈之前，同时也是在北美无核化谈判陷入僵局之时举行。第五次则是习主席出席日本大阪G20峰会之前的突然访北。

两国领导人5次会晤的最大成果就是恢复了此前一直恶化的中北关系。在过去的2年里，两国在70年的中北交流历史上史无前例地紧密联系在一起。会晤本身就很重要，会晤本身就是成果，在需要会晤之时随时都可以举行会晤。这种对对方的特殊待遇，提高了彼此的价值。中北关系的密切是两国利益一致的结果。对于北韩来说，中国是对抗美对北施压的最好筹码。在北美对话之前提前同中国会晤，可以让北韩树立颜面，也能让后者更加安全地进行。另外，如果北美对话不顺利，美国又想要对北韩进行军事干预，中国就可以成为其坚实的后盾。或许，中国用北韩这张牌也是为了反击美国。[28]

二、习近平第二任期的对北政策：新型中北关系

通过过去两年的五次会面，我们可以推测出习近平第二任期的对北政策。中国政府的正式立场在王毅外长的公开发言中也可以确认。[29] 即，只要对话不停、方向不变，韩半岛无核化的目标最终一定会得以实现。解决问题的途径是共同制定出实现韩半岛无核化和建立韩半岛和平机制的总体路线图，在此基础上，再按照分阶段、同步走的思路推进。中北关系开启了新时代，中国称愿支持北韩发展经济、改善民生的有关努力。

28) 虽然中北已从过去的同盟关系逐渐过渡到一般的国家关系，但是中国会从中美关系的角度出发，关注并妥善利用中北关系的战略价值。此一主张参见，김재철, 2007,『중국의 외교전략과 국제질서』, 서울: 폴리테이아, p. 244.

29) “国务委员兼外交部长王毅回答中外记者提问－2019全国两会直播”，新华网，http://www.xinhuanet.com/politics/2019lh/zb/wzjzh61366/.

中国的积极干预，大致可从三个方面解释。第一，北韩至少已在中国的控制范围之内；第二，中北两国已是战略关系；第三，希望北韩进行即使不是中国式，也最少是北韩式的改革开放。

因此，可以说，中国对韩半岛已经回归到了“两个韩国政策”。即，稍微更加重视韩国，又保持对南北的均等距离。因为，比起不确定、不可预测的变化，中国认为稳定的韩半岛才更符合中国的战略利益。因此，中国的立场就是原则上要解决北核，但是在此之前，即便不能解决，也要冻结此问题。

综上所述，习近平的对北政策就是“三个原则”，即维护韩半岛的和平稳定，支持韩半岛无核化，主张通过对话解决问题。尽管中国会继续参与到联合国和国际社会的对北制裁中，但中国的制裁程度不会引起北韩发生混乱或崩溃。[30] 这也是习近平在金正恩第三次访华时做出的“三个不变”承诺一中国党和政府致力于巩固发展中朝关系的坚定立场不会变，中国人民对朝鲜人民的友好情谊不会变，中国对社会主义朝鲜的支持不会变。

这里还要加上“三个追求”。也就是，中国在韩半岛追求的无条件稳定、无条件参与和无条件和平。作为哈半岛事务的重要当事方和《停战协定》缔约方，中国表示有责任、也有义务在实现韩半岛停和机制转换进程中发挥应有作用，今后也将继续积极参与韩半岛和平进程，为实现韩半岛无核化、建立韩半岛和平机制、维护韩半岛和平稳定作出应有贡献。

第四节 习近平第二任期的韩中关系

习近平时期的韩中关系大致可分为朴槿惠政府（2013～2016）和文在寅政府

30) 这种预测实际上已在中国外交部高层官员的发言中得到了印证。2018年1月16日外交部长王毅在结束对非洲四国访问之际接受记者采访，并表明了中国解决热点问题三原则。即，反对干涉内政和强加于人，坚持客观态度和反对追求私人利益，坚持用政治解决反对使用武力。“外交部长王毅：探索有中国特色的解决热点问题之路”， 中央政府门户网站， 2015-01-17， http://www.gov.cn/xinwen/2015-01/17/content_2805685.htm.

(2017～）两个阶段。朴政府时期的韩中关系开局良好，结局惨淡，文政府时期的韩中关系虽然开头很难，但是正朝着好的方向发展。不过，文总统和习主席的6次首脑会谈，有5次是在多边首脑会议期间举行的。因此，准确地说，到目前为止，中韩双边首脑会谈只举行过一次。这是因为中北关系正处于新蜜月期，也是因为中国对韩国同盟优先政策的反感。尽管如此，中国还是希望能以某种方式对两国关系加以利用。本章中，笔者即从新型韩中关系的角度来考察韩中关系和中国的对韩政策。

一、习近平当选以后的韩中关系：从报复萨德部署到关系恢复的摸索

朴槿惠总统执政期间，韩中关系经历了最高峰，也经历了最低谷。因为萨德争端，我们切实体会到，两国关系不会因为经济上的相互依存而自动产生安保互信。反而，部署萨德引发了一连串的报复性后果，如经济制裁、限韩令和团体游客锐减等。2017年文在寅政府上台后，中国希望韩国立即撤回萨德，而韩国则期望中国立即撤回报复，但这都没有实现。

2017年7月，文在寅总统和习近平主席在德国汉堡举行的G20峰会期间举行了首次首脑会谈，双方就萨德部署及北韩核导开发等问题进行了讨论。同年11月，在越南举行的亚太经合组织（APEC）领导人会议上，两国首脑又进行了第二次会谈。

2017年12月，文总统对中国进行国事访问，双方举行了第三次会晤。但是因为央视主持人对总统的无礼采访、中国警卫员殴打韩国记者事件和总统“独饭”等问题，招致了中国“怠慢”韩国、总统“谒见”等批判。不过，为避免北韩最恶劣的情况发生，双方也进行了很多讨论。两位首脑就韩半岛和平稳定四项原则达成一致：一是决不允许韩半岛发生战乱；二是坚定坚持韩半岛无核化原则；三是通过对话与谈判的和平方式解决北韩无核化等所有问题；四是南北关系改善有利于最终和平解决韩半岛问题。

第四次会谈是在2018年11月的巴布亚新几内亚APEC峰会期间举行，两国首脑就推进韩半岛无核化进程和韩半岛和平机制建设做了讨论。第五次会谈是6月28日至29日双方在出席日本大阪的G20峰会期间进行的。

2019年12月23日，在出席第八次中日韩领导人会议之前，文在寅总统与中国国家

主席习近平举行了第6次首脑会谈。双方一致表示，要努力推动北美对话继续下去。[31]在北韩探索新道路之时，2019年的中韩首脑会谈取得了多项成果。

第一，以习主席响应文总统“天时地利人和”的提议为契机，无论是萨德还是限韩令问题，之前一直艰难的两国关系，借由两国首脑的会晤迎来缓和。第二，中国支持韩国成为韩半岛的推动者。习主席表示，韩国是维护韩半岛和平稳定的不可动摇的力量，中国支持韩国为改善南北关系所作的努力，并且把这种努力评价为韩半岛和平进程的推动力，也肯定了韩国的推动者角色。第三，加深了两国对彼此战略问题的相互理解。韩国尊重中国在萨德和中程导弹部署等重大问题上的立场，中国也尊重韩美同盟的特殊性。第四，双方决定加快中韩自由贸易协定（FTA）的第二阶段谈判，扩大环境保护、人文交流等合作领域。

二、习近平第二任期的对韩政策：新型韩中关系

中北首脑的随时会晤之所以能在国内外引起巨大反响，是因为中国影响力的扩大。虽然中北关系被感性地称为“一家亲”，但这是中国共产党对外联络部的作品，意在突出中北建交70周年。面对如此的亲密关系，韩国的内心变得十分两难。既希望中国能帮助解决韩半岛问题，又担心中国的正式介入会让问题变得更加复杂。

直至现在，韩中关系也都还没能让双方互相感到满意。萨德问题并没有得到解决，只是被“封存”起来。中国仍然对恢复关系持消极态度[32]，所以也没有加快解除经济报复的步伐。韩国也一样，在中国对萨德的报复上还留有“心结”。

对此，中国期待文在寅政府上台后，韩国能够在强国之间保持平衡。我们认为文政府也在逐渐朝这个方向发展，因此急于封存萨德问题。韩中关系的正常化源于对北政策的紧迫性。北韩持续的紧张局势使美国很难完全排除对北使用武力的可能性，在这种情况下，中国同韩国的合作就变得非常紧迫。虽然萨德也最终源于两国

31) “문재인－시진핑 “북미 대화의 동력 이어나가야” ”, 『한겨레』(2019. 12. 23.), http://www.hani.co.kr/arti/politics/bluehouse/921882.html#csidx79cdc20229ddeb4abee78d681bcd49a.

32) 2017年12月文在寅总统访华时，中国外交部在正式发表中只是表示“欢迎”。而对金正恩访华却使用了“热烈欢迎”的措辞。

对北韩问题的不同立场，但由于文政府没有意图让北韩崩溃或吸收统一，所以，从中国的立场来看，韩国带来的风险有所减少。而且实际上，中韩两国在对北政策上的立场几乎是一致的。

在这样的背景下，中国似乎对韩国抱有3个期待。[33] 第一，中国希望韩国在两国间的敏感问题上保持中立。希望韩方理解中国对萨德的关注和担心是从全球、地区的战略角度出发，而不是导弹防御的战术层面，也期待双方朝着解决问题的方向共同努力。[34] 同时，中方希望韩国在加强韩美日安全三角合作和引进其他美国战略资产的问题上，坚持“三不”(不加入美国MD系统，萨德不追加部署，不发展韩美日军事同盟）原则。

第二，中国希望自身在韩国的对外政策上能够有更大的影响力。在2017年的板门店宣言中，三方和四方的争论给中国带来了很大的疏远感。中国在《板门店宣言》的3方和4方争论中，受到了很大的感情伤害。中国误认为自己只是被“邀请”参加了和平协定的最终签字仪式，认为自己做了对北制裁的脏活，但到头来却是“用力气的是我，看景的是美国”。所以，就怀疑《板门店宣言》只是南北同美国做出的重要决定，而中国只是被当作了签字仪式的陪衬。

第三，中国期待在崛起之时，能够多角度地利用韩国。[35] 中国的中长期国家目标是“中国梦”。因文化大革命和“大跃进运动”而经历混乱的中国，在改革开放后取得了巨大成功，现在已然进入了新时代。中国希望成为世界和平的建设者，全球发展的贡献者，国际秩序的维护者。而“一带一路”就是手段，也是方法，中国期待韩国的积极参与。

33) 2018年10月，笔者在北京对中国主要智库进行了连续采访。此语即是根据采访结果所做的判断。

34) 中国对韩国的“萨德不是韩国的责任”，“只要北核问题得到解决，萨德问题就会解决”的现有立场表示排斥。此语亦是根据2018年10月的采访结果所做出的判断。

35) 이동률, 2008, 「제6장 한중 정치관계의 쟁점과 과제」, 전성흥, 이종화 편, 『중국의 부상－동아시아 및 한중관계에의 함의』, 서울: 오름, pp. 240-241.

第五节 结 论：韩国对华政策的一些建议

中国政府希望通过提出多种外交规划和口号，展现负责任大国的担当。同时，也希望新型韩中关系的建立能成为中国新型国际关系和新型周边关系的成功范例。本节中笔者将对今后的韩中关系，特别是在对北政策上如何运用中国，以及韩国在区域内安保上的作用提出一些政策性建议。[36]

一、新型韩中关系

到目前为止，两国关系还没有完全恢复。但是，中国内心还是期待着本国在韩国的外交比重能有所提高。韩国也是一样，希望建立新型的韩中关系。新型韩中关系的发展方向应该是降低过高期望值的关系，也应该是尽可能一步一步实现合作的关系。安保看美国、经济看中国的"安美经中"策略不符合现实，我们追求的应该是"求同化异"，而不是"求同存异"。鉴于两国已经宣布建立实质性战略合作伙伴关系，因此，笔者认为可以考虑如下几种"战略合作"。

第一，携手营造更安全的安保环境。即，为东北亚的和平与稳定，特别是为韩半岛的未来建设而共同努力。第二，携手营造更加良好的经济环境。即，在合理全面的可持续经济合作协议的基础之上，双方实现经济的共同发展。第三，携手营造更加良好的人类安全环境。即，在灾害、犯罪、环境、恐怖等超国家、非军事安保问题上共同努力。如果这些合作能得以实现，两国就有资格成为真正的战略合作伙伴。[37]

---

36) 在美国加强对华牵制的情况下，有关韩国的对华政策研究参照，Jaeho Hwang, 2016, "The US Strategic Rebalance and South Korea's Dilemma: Uncertain Future and Forced Decisions", in Huang, David Wei Feng ed, Asia Pacific Countries and the US Rebalancing Strategy, Palgrave, pp. 121-135.

37) 황재호, 2012, 「제4장 중국: 온중구진과 강온 양면전략」, 『2012 동북아 전략균형』, 한국전략문제연구소, p. 162.

二、对北合作

首先，中韩合作的开端是双暂停，也即韩国所称的双中断—同时中断北韩核导试验和韩美军事演习。双暂停是双轨并行的前提，也是两国纽带的最低要求。只有维持双暂停的局面，才能在双轨并行（无核化与和平协议同时进行）的过程中不断创出机会。为了让北韩发挥其无核化的诚意，为了让中国展示其巨大的构想，中韩两国要努力在和平体制、无核化原则和立场上取得共鸣。因此，应该以“全面双中断”，即“双全停”的共识为基础，引导中国做出有建设性的贡献。[38]

其次，即便是处于中美贸易大战之中，中国也不希望韩半岛局势恶化，也没有将贸易纠纷和北核问题直接联系起来的痕迹。就北核问题而言，虽然中国没有我们心急，但是中韩之间在有关北韩问题的利害关系上，很大程度是一致的。习主席曾强调，要创造“条件”来解决问题。所以，任何有创意的方案都有必要进行讨论。[39]

再者，既然不能排除中国，就应该加以利用。“越过”就是疏远，韩国即使能在形式上疏远中国，但在实际的力学关系、构思和情况上都很难做到。相反，中国会通过多种手段和方法阻碍和平体制的内容和速度。心气不顺的话，甚至可能会在背后把事情搞复杂。因此，“越过”中国的覆辙不能再重蹈，我们反而要警惕中国会有“歪心眼”。今后，如果把中国视为韩半岛问题的常数，那么有关韩半岛的讨论就会更加复杂。但是，如果越过中国，事情也就只能变得比回到原点或者重新开始好一点点。

在剩余任期内，现任政府应就两国之间可能达成的目标进行协商。特别是，要相互确认双方为缓解对北制裁而进行了何种努力。局势风起云涌，如果中国能够从多方面“推动”韩国在韩半岛问题上的“推动者”作用，韩中关系的未来将更加值得肯定。

38) 황재호, “[기고] 종전선언이 아니라면 비전선언을”, 『매일경제』(2018. 09. 04).

39) 今年6月19日，在美国华盛顿特区举行的大西洋会议和东亚财团战略对话中，美国国务院对北政策特别代表斯蒂芬 · 比根表示，需要就无核化的定义达成协议，而这正是中国的作用所在。“문정인 특보 “미국은 제제완화를 끝으로, 북한은 시작으로 본다” ”, 『한국경제』(2019. 06. 20.), https://www.hankyung.com/politics/article/201906207081i.

三、韩国的司机角色

虽然完全无核化仍存有很多争议，但是可以说，文政府的预期目标实际上已经实现。[40] 北美、南北之间实现了直接会面，韩半岛和平也迎来了曙光。但是，韩国在和平体制过程中的仲裁者作用可能会缩小。不过，与其说这是因为韩半岛状况变差，不如说是周边环境得到了改善。因为如果情况恶化，北韩可能会排斥韩国或者直接越过美韩。所以，尽管如此，韩国在这过程之中的仲裁者角色仍然是有分量的。

当下，北美关于无核化的矛盾越是接近临界点，分歧就越大。进展顺利的话，就是转折点，进展不顺利，就是爆发点。韩国当然要把它变成无核化和构建和平体制的转折点。但韩国要做的，不是会被周边国家误认的仲裁者，也不是贬低自己的中介者，而是能够正确展开全局、抓住方向和框架的设计者（designer）和计划者（planner)。

于文在寅总统而言，在必要的时间点和时间段内，仍有机会重掌方向盘，构建韩半岛和平。如果只是默默地安全运行，即使不华丽，国际社会也会认可韩国的作用。如果在必要时站出来，那么值得信赖的司机模样才是韩国新韩半岛司机的形象。毕竟韩半岛无核化还有很长的路要走，我们也还需要长时间的配合。所以，不应该超速，也不应该低速，而应该通过安全驾驶来实现韩半岛的巨大前进。

40) 对无核化的定义和立场，北美之间存在很大分歧，而南北中三国之间也存在着多个两难困境。有关研究参照，Nishino, Junya, 2019, “Assessment of the Second US-North Korea Summit and the Future Course of North Korea’s Denuclearization”, Asia-Pacific Review. Vol. 26 No. 1, pp. 146-161.

参考文献

김재관, 2018, 「미국과 중국의 "인도 - 태평양전략"과 패권경쟁」, 『동북아연구』, 제33권 제2호.

김재철, 2007, 『중국의 외교전략과 국제질서』, 서울: 폴리테이아. "문정인특보 "미국은 제제 완화를 끝으로, 북한은 시작으로 본다" ", 『한국경제』(2019.06.20), https://www.hankyung.com/politics/article/201906207081i.

"김정은 · 시진핑 3차회동… 북미회담 후속조치 논의한 듯", 『연합뉴스』(2018. 06. 19), https://www.yna.co.kr/view/MYH20180619020800038.

"문재인 · 시진핑 "북미대화의 동력 이어나가야" ", 『한겨레』(2019. 12. 23), http://www.hani.co.kr/arti/politics/bluehouse/921882.html#csidx79cdc20229ddeb4abee78d681bcd49a.

박광득, 2015, 「중국의 시각에서 본 신형대국관계의 현황과 과제」, 『한국동북아논총』, 제74호.

"北매체, 김정은 · 시진핑회동확인… 김여정 · 리수용 등 수행(종합 2보)", 연합뉴스(2018.05.08.), https://www.yna.co.kr/view/AKR20180508179252014.

서진영, 2006, 『21세기중국외교정책 - '부강한 중국'과 한반도』, 서울: 폴리테이아. "시진핑 · 김정은회담… 김 "한반도상황변화, 직접 알리러 왔다" ", 『조선일보』(2018. 3. 28), http://news.chosun.com/site/data/html_dir/2018/03/28/2018032800797.html.

"시진핑 "태평양은 中 · 美 두 大国 수용할 만큼 광활" ", 『조선일보』(2014. 07. 10), https://news.chosun.com/site/data/html_dir/2014/07/10/2014071000277.html.

양평섭 외, 2018, 『중국의 대외 개방정책 40년 평가와 전망』, 대외경제정책연구원[KIEP] 중국종합연구총서 중국종합연구 총서 제18권 제8호.

이동률, 2008, 「제6장 한중정치관계의 쟁점과 과제」, 전성흥 · 이종화 편, 『중국의 부상 - 동아시아 및 한중관계에의 함의』, 서울: 오름.

______, 2019, 「중국외교 70년의 역정과 미래 30년의 과제」, 『성균차이나브리프』, Vol. 7, No. 4 (통권 53호).

이정남, 2011, 「냉전기 중국의 대북정책과 북 · 중 동맹관계의 동학」, 『평화연구』, 제19권 제1호.

이희옥, 2007, 『중국의 국가 대전략연구』, 서울: 폴리테이아.

"정부, 중국에 '미국전초기지 안 될 것'… 사드갈등 '봉합' ", 『한겨레』(2017. 10. 30), http://www.hani.co.kr/arti/politics/diplomacy/816737.html#csidx003eab6212ad56c9621133d64f5b783.

한국전략문제연구소, 2012, 「제4장 중국: 온중구진과 강온 양면 전략」, 『2012 동북아전략균형』, 한국전략문제연구소.

차창훈, 2013, 「중국의 대(对)한반도정책: 책임대국과 시진핑의 대북정책 딜레마」, 『한국과 국제정치』, 제29권 제1호.

최명해, 2009, 『중국·북한동맹관계: 불편한 동거의 역사』, 서울: 오름.
황재호, "[기고] 종전선언이 아니라면 비전선언을", 『매일경제』(2018. 09. 04).

Akcadag Alagoz, Emine, 2019, "Creation of the Asian Infrastructure Investment Bank as a part of China's smart power strategy", *The Pacific Review*. Vol. 32 No. 6.

Hwang, Jaeho, 2016, "The US Strategic Rebalance and South Korea's Dilemma: Uncertain Future and Forced Decisions", in Huang, David Wei Feng ed., *Asia Pacific Countries and the US Rebalancing Strategy*, Palgrave.

Kawashima, Shin, 2019, "Xi Jinping's Diplomatic Philosophy and Vision for International Order: Continuity and Change from the Hu Jintao Era", *Asia-Pacific Review*, Vol. 26, No. 1.

McKinney, Jared Morgan & Butts, Nicholas, 2019, "Bringing Balance to the Strategic Discourse on China's Rise", *The Air Force Journal of Indo-Pacific Affairs*, Vol. 2, No. 4.

Nishino, Junya, 2019, "Assessment of the Second US-North Korea Summit and the Future Course of North Korea's Denuclearization", *Asia-Pacific Review*, Vol. 26 No. 1.

Sutter, Robert G., 2010, Chapter 8. "Relations with Japan and Korea", *Chinese Foreign Policy-Power and Policy since the Cold War* 2nd edition, (Lanham, Boulder, New York, Toronto, Plymouth UK: Rowman &Littlefield.

Xue, Li, "Review: Unexpected achievements, emerging challenges on sixth anniversary of BRI", *The Korea Times*(2019. 11. 09), http://www.koreatimes.co.kr/www/opinion/2020/01/734_278384.html.

"外交部长王毅：探索有中国特色的解决热点问题之路"。

"人民日报评论员：习近平外交思想是新时代中国特色大国外交的根本遵循和行动指南", 新华网(2018. 06. 23), http://www.xinhuanet.com/politics/2018-06/23/c_1123026067.htm。

国务委员兼外交部长王毅回答中外记者提问_2019全国两会直播_新华网, http://www.xinhuanet.com/politics/2019lh/zb/wzjzh61366。

王毅, 2019,《2018 中国外交：乘风破浪 砥砺前行》,《国际问题研究》, 1。

左凤荣, "深刻理解和把握习近平外交思想", 党建网微平台(2019. 07. 30), http://www.qstheory.cn/llwx/2019-07/30/c_1124816545.htm。

中央政府门户网站(2015.01.17.), http://www.gov.cn/xinwen/2015-01/17/content_2805685.htm.

楚树龙, 陆军, 2019,《美国对华战略及中美关系进入新时期》,《现代国际关系》, 3。

洪向华, "十九届四中全会精神系列解读（四）－从三方面认识推进国家治理体系和治理能力现代化", 人民网-理论频道(2019. 11. 15), http://theory.people.com.cn/n1/2019/1105/c40531-31439081.html。

第十章

习近平时期的中韩矛盾及探索正确的两国关系

车在福 _ 韩国东北亚历史财团研究委员

第一节 导 论

近现代，自甲午战争（又称“清日战争”1894～1895）爆发后，韩中关系隔绝。韩国战争（1950年～1953年）爆发后，中国派人民志愿军参战援助金日成入侵韩国，韩半岛问题再次浮出水面。韩国战争是以美国为中心的自由阵营韩国与以前苏联和中国为中心的共产阵营北韩间体制的抗衡。此战争超越了民族内战，是典型的美国苏联和中国三国之间的代理人战争。因此，中国签署了韩国战争的《停战协定》[1] 后，又与北韩签署了《中朝友好合作及互助条约》(1961年)[2]，彰显与北韩的同盟关系。近期，韩国学术研究机构和新闻媒体联合开展名为“2020年韩国身份认同调查”[3] 的调查，并针对韩国人对中国看法的变化开展一项问卷调查，耐人寻味。据调查结果显示，认为韩国战争责任在于北韩政府的比重仍维持在百分之七十左右。而认为其责任在于中国政府的比重在2005年、2010年、2015年、2020年依次为8.5%、23.10%、19.60%、33.4%，比重持续走高，可见韩国人对中国的认知在悄然变化。

2010年中国副主席习近平在韩国战争60周年参战纪念仪式中，发表讲话指出：“伟大的抗美援朝战争是保卫和平、反抗侵略的正义之战[4]”，显露出正义的历史观。2017年8月中共中央总书记、国家主席、军事委员会主席习近平以中国最高领导人的身份参加中国人民解放军建军90周年纪念大会，发表讲话指出：“(人民军队）胜利进行抗美援朝战争”，“打出了国威军威”[5]，对抗美战争中的人民志愿军进行高度评价。近期，中美矛盾加深，中国共产党机关报《人民日报》发文称，以中共中央、国务院、中央军委名义颁发“中国人民志愿军抗美援朝出国作战70周

1) 本协定是由联合国军总司令（美国陆军上将M.W.克拉克）为一方，朝鲜人民军最高司令（金日成）和中国人民志愿军司令员（彭德怀）为另一方签订的关于停止韩国战争作战行动的协定，并非和平协定。

2) 请参考对1961年签署的《中朝友好合作互助条约》和对2018年金正恩访中进行重新诠释的李成日：2019,《新时代的中朝关系变化：动因及影响》,《现代国际关系》第12期，第10-11页。

3) “2020 한국인 정체성 조사”,『중앙일보』(2020. 7. 6).

4) 《人民网》，http://politics.people.com.cn/GB/1024/13045860.html#(搜索日期：2012. 10. 2)。

5) 《新华网》，http://www.xinhuanet.com//politics/2017-08/01/c_1121416045.htm(搜索日期：2017. 12. 3)。

年”纪念章[6]。中国将抗美援朝参战称为战胜美国的代表之战。甚至在中国初中教材中赞誉中国因参加抗美援朝，极大的提高了中国的国际地位。可见，习近平政府在韩国战争70周年之际，表彰出国为抗美援朝服务的相关人员，是为了在中美矛盾不断激化的背景下，大力宣传中国抗美援朝的历史认知。

冷战时期，中国和北韩两国关系得以确立，被比作“唇齿关系”和“血盟关系”。然而在1978年，中国共产党11届中国委员会三中全会中，邓小平（1904年～1997年）开始实施“改革开放”政策，重点发展经济建设，调整与北韩的“血盟关系”。得益于邓小平总理提出的“改革开放”政策和韩国卢泰愚政府的“北方政策”，韩中两国在1992年8月正式建交。韩中两国以1992年韩国总统卢泰愚访华为契机，建立友好合作关系。1998年韩国总统金大中访华，建立面向21世纪的合作伙伴关系。2003年韩国卢武铉总统访华，建立韩中全面合作伙伴关系。2008年韩国总统李明博访华，建立韩中战略合作伙伴关系，两国关系进展顺利。2013年韩国总统朴槿惠访华，基于互信，提出未来愿景，大力推进战略合作伙伴关系。中国学术界将2008年至2016年韩国保守政权时期的韩中关系评价为韩中两国建立战略合作伙伴关系的重要时期，[7] 2017年出现“萨德”事件后，两国关系跌入冰点，暴露出两国关系不堪一击。

中国是韩国自2004年以来最大的贸易对象国，除香港之外，韩国是中国第三大贸易对象国。[8] 据中方统计显示，韩中两国贸易额从1992年的50.6亿美元，至2012年增至2563.3亿美元，至2014年增至2904.9亿美元，达到历史新高。以部署“萨德”之前的2016年为基准，双边贸易额达到2525.8亿美元。不仅如此，两国人员交流增速突飞猛进。1994年中国赴韩14万余人次，韩国访华23万余人次，截止至2016年发生“萨德”事件之前，中国赴韩突破800万人次。[9] 部署“萨德”使韩中两国人员往来每况愈下。

“萨德”事件发生之前，韩中矛盾主要集中于经贸纠纷和历史问题，只需双边协商即可达成协议。然而“萨德”问题属于军事问题，极为敏感，其问题的本质与北

6) 《人民网》，http://politics.people.com.cn/n1/2020/0703/c1001-31769239.html(搜索日期：2020. 7. 4)。

7) 李成日，2018，《中国对朝鲜半岛政策与新时代韩中关系的发展》，《当代韩国》，第1期，第76页。

8) 외교부, 2017, 《중국개황 2017》, pp. 128, 305.

9) 성균관대학교 중국연구소, 2017, 『한중수교 25년사』, 성균관대학교 출판부, pp. 341-349.

核问题密不可分。再加上冷战结束后，围绕韩半岛问题，中美间战略竞争日益激烈，步入“新冷战”，萨德问题不仅局限于韩中双边关系，极为错综复杂。2018年3月，美国总统特朗普对中国商品征收高额关税，中美贸易战开始发酵，围绕台湾问题、人权问题、香港示威事件，中美两国矛盾激化，两国体制全面对立。中美矛盾不断激化，韩国等亚洲国家被迫要求做出抉择。举例而言，美国主导的“印度太平洋战略”和“经济繁荣网络（Economic Prosperity Network）”与中国主导的“一带一路(Belt and Road)”战略在亚洲纵横交织，中美两国争先恐后要求亚洲国家站在自己这一边。

如今，东亚区域内矛盾也从过去的个别领域延伸到所有方面。举例而言，韩国和日本围绕历史问题（日本帝国主义强制动员）的分歧升级为日本政府限制对韩贸易（2019. 7），对此，韩国政府终止《军事情报保护协定》（GSOMIA）（后于2019.11宣布推迟终止）。北韩与美国的关系越发紧张。“萨德”事件爆发后，以2018年2月平昌冬奥会为契机，为了寻求北核问题的解决方案，分别在2018年4月27日于板门店举行南北峰会，6月12日在新加坡举行朝美峰会（2018年），2019年2月27日在河内举行朝美峰会，2019年6月在板门店再度举行朝美峰会，然而双边关系依旧持续陷入僵局，金正恩和特朗普互相称对方为“火箭人（rocket man）”、“老糊涂（dotard）”，全面进入对立状态。

东亚区域内朝美、中美、日韩矛盾长期发酵。2019年12月中国外交部部长王毅访问首尔对习近平访韩进行商议，积极探索韩中关系之路，欲求改善因“萨德”事件而遇冷的韩中关系。回顾过去，韩中建交直接影响朝美关系的变化。韩半岛和中国的关系，从冷战时期北韩与中国的血盟关系，转变为后冷战期中国和南北韩三方的“等距（即，韩中和北中关系等距）”关系。这样的结构为实现东亚区域内的和平发展做出巨大贡献。但是“萨德”事件爆发之后，中美之间的矛盾不断加深，朝中关系重新恢复为冷战时期的血盟关系。北韩对中国的贸易依存度在2005已达52.6%，此比重与日俱增。2014年之后，贸易依存度持续突破90%。

关于“萨德”事件对韩中关系的影响，李文基（音译）指出，韩国决定部署“萨德”后，韩中关系陷入危机，朴槿惠所施展的中美间均衡外交战略虽略见起色，但存在根本瓶颈。即，朴槿惠政府在“北韩问题解决入口战略”的失败就是根本瓶颈。[10] 对此，李章远（音译）指出，“萨德”危机揭露出韩中关系并非独立的双边关系，从属于中美两国霸权竞争格局之中，而这就是“瓶颈”之所在。[11] 中国学者将主要外部变数(美国因素)作为核心研究对象。[12]

简而言之，以往的研究将北韩和美国因素以及中美关系等至关重要的外部变数定为限制韩中关系发展的“瓶颈”。本论文主要探讨制约韩中关系的“北韩因素”和“美国因素”等外部因素和“中国因素”这一内部因素。本文中的“中国因素”是指，伴随着中国崛起，贯穿并融合中国21世纪战略中的中国梦之“新中华主义”，并聚焦于此，以现代视角讨论今后对韩中关系的影响。

第二节 中美战略竞争与韩中“萨德”矛盾

一、中美“战略”竞争

特朗普推行“美国优先主义”，引发中美矛盾。然而中美矛盾正从韩半岛北核问题、台湾问题、东海和南海领土纷争4大传统领域随着时间的流逝扩散至一切领域。[13] 2015年5月2日，美国总统特朗普在印第安纳州竞选集会上谈到中国对美贸易顺差时表示：“我们不能继续让中国强奸我们的国家”，并在2016年8月24日佛罗里达州参加竞选时批评中国为“汇率操纵国”，并提出要向美国法庭和世贸组织（WTO)[14] 起诉中国违反国际贸易法。不仅如此，2016年9月29日，特朗普在推特上发文称：“温

10) 이문기, 2016, 「박근혜 정부 시기 한중관계 평가와 바람직한 균형외교 모색」, 『현대중국연구』 제18집 2호, p. 113.

11) 이장원, 2017, 「시진핑 시대의 한중관계: 사드 위기의 본질과 과제」, 『현대중국연구』 제19집 3호, p. 47.

12) 张小明：2019,《地缘政治，历史记忆与有关朝鲜半岛的想象》,《世界经济与政治》, 第12期，第11-18页；郭锐，王箫轲：2009,《冷战后韩国国家战略的调整与评估》,《当代韩国》，冬季号，第29-30页，第35-36页。

13) 围绕东亚传统4大区域纠纷，中国学者对中美战略竞争进行分析，请参考以下内容：朱峰：2013,《中美战略竞争与东亚安全秩序的未来》,《世界经济与政治》, 第13期，第16-17页。

14) 2016年12月12日，美国和欧盟（EU）并不承认中国“市场经济的地位”，向世贸组织（WTO）起诉中国。4天后，美国向世贸组织（WTO）起诉中国非法限制进口美国大米和小麦。

室效应是因中国并为中国而产生的概念，其目的在于丧失美国制造业的竞争力”。特朗普语出惊人，预示中美贸易战的爆发。

特朗普当选为美国总统后，以台湾问题挑衅“一个中国原则”。2015年11月，台湾国民党主席马英九和习近平主席召开两岸峰会，共庆和解。一年后，2016年12月3日，美国总统特朗普与台湾民进党主席蔡英文，这是自1979年美国和台湾断交后双方首脑史无前例的长时间通话。蔡英文与特朗普的通话破坏习主席主张的“一个中国”原则，欲求与美国恢复关系，共同探索政治发展。特朗普在2016年12月11日接受福克斯新闻采访时表示，除非我们在贸易等其他事务与中国达成交易，否则我们为何要受制于“一个中国“政策，暗示会使用台湾这个筹码，应对中美贸易战。

特朗普自参加总统竞选时开始，针对“北核问题”，强调了中国的角色。2016年月10日，特朗普在接受CBS采访时表示，若本人当选为美国总统，(会对中国施压）使出浑身解数，让他（金正恩）尽快消失。并强调称，北韩完全在中国的管控之中。并在2016年9月6日弗吉尼亚海滩访谈中表示，这是中国的问题，需要中国来解决，并在2016年12月10日接受福克斯新闻采访中说到，北韩拥有核武器，中国完全可以解决问题，但却袖手旁观。

特朗普成功当选为美国总统后，以2016年12月15日[15] 在南海发生的“无人潜航器事件”为契机，开始打压中国（China Bashing)。对此，中国国防部试图以合理的方式将其送还美国，可特朗普却发文称：“被偷走的潜航器不要了”。

针对台独、藏独、疆独问题，中国一贯将领土不可分割视为核心利益。习近平将捍卫东海和南海领土完整定为核心利益。中国外交部发言人耿爽针对特朗普与蔡英文通话一事表示，台湾问题事关中国主权和领土完整，是中国国家核心利益所在，一个中国原则是中美关系的政治基础，一旦打破此原则，中美关系发展和主要事宜的合作将不复存在，并警告称，希望特朗普政府意识到问题的敏感程度，慎重处理台湾问题，否则会给中美关系带来重创。《环球时报》在特朗普和蔡英文通话当

15) 无人潜航器事件是指，美国海军舰艇鲍迪奇号在12月15日菲律宾苏比克湾西北50海里公海领域，试图回收2台无人潜航器。然而中方舰艇紧随其后，打捞1台无人潜航器，并未回复美国发来的无线电。

天刊登文章称，希望特朗普可以意识到一个中国原则无法动摇，若美国公开支持台独，向台湾出售武器，中国将支持美国的敌对国家，并为之提供武器。不仅如此，若美国放弃“一个中国”政策，那么中国将有可能以武力收复台湾，显露出对立决心。另外，当特朗普威胁一个中国原则、发生南海“无人潜航器事件”后，中国政府立即做出回应，建设人工岛并安装地对空导弹，采取武力示威。

东亚区域内正在上演新的中美关系和韩半岛局势。特朗普政府无视自1979年中美建交以来持续至今的“一个中国”原则，对中国采取强硬路线，挑衅中国，而遭到挑衅的中国也对韩半岛萨德事件做出敏感回应。韩中建交后，韩国陷入史无前例的安全环境。

二、韩中“萨德“矛盾

朴槿惠政府和习近平政府时期的韩中关系达到历史新高，深受好评。2015年9月3日，朴槿惠总统应邀参加中国战后最大规模的抗战胜利纪念日（抗日战争和反法西斯战争）70周年天安门阅兵式。朴槿惠总统和习主席并排坐在天安门楼阁上，一同观赏人民解放军阅兵。

〈图片1〉 图片摘选自「韩联社」(2015. 9. 3)

如左图所示，习近平主席、普京总统和朴槿惠总统并肩站在天安门楼阁，一同观看抗战胜利纪念阅兵式[16]。北韩委员长金正恩派遣劳动党秘书崔龙海坐在同排最边

16) 观看阅兵仪式时，以习主席为中心，左侧为中国前任领导及共产党领导和政府高官，右侧为外国首脑和海外使团。其顺序依次为俄罗斯总统普京、韩国总统朴槿惠、哈萨克斯坦总统努尔苏丹·纳扎尔巴耶夫、乌兹别克斯坦伊斯兰·卡里莫夫、联合国秘书长潘基文夫妇，而北韩劳动党秘书崔龙海坐

处，在镜头之外。如右图所示，1954年10月1日，北韩委员长金日成站在左侧与中国主席毛泽东并排观看阅兵式。右图体现冷战时期美日韩对中俄朝三角格局，与右图相比，金正恩执政时期的中北关系（中国北韩关系）要比韩中关系疏远的多。由于北韩首脑金正恩和中国关系越发疏远而对韩国深感嫉妒，在第二年，北韩接连实施第四、五次核试验，引发国际社会的关注。[17]

自2016年北韩实施第四、五次核试验，直至驻韩美军公布在韩半岛部署萨德，中国政府对北韩所做出的声明和评论，请见表1。

〈表1〉 2016年中国政府对北韩做出的声明和评论等

△ 北韩进行第四次核试验后的外交部声明 (2016. 1. 6.)："中国坚决坚持韩半岛无核化目标。"
△ 中国外交部发言人 (1.8) 发表声明："中国不是解决北核问题的核心。"
△ 外交部长王毅 (1.27) 针对美国要求中国高度制裁北核 (限制中国北韩跨境贸易) 发表声明称："不能让制裁成为目的。"
△ 中国外交部发言人 (4.13) 发表声明："会如期制裁北韩，但会与北韩维持正常关系。"
△ 中国外交部长王毅 (4.28) 发表声明："为了遏制追加开发北韩核导弹，会全面、完全、坚定不移的执行制裁北韩的决议案 (2207号)。"
△ 北韩劳动党副委员长李洙墉访中时 (5.31)，中国外交部发言人表示："北韩是中国的重要邻国，希望保持正常的双边合作关系。"
△ 习近平主席在杭州20国峰会上表示："实现半岛无核化，捍半岛和平和稳定，通过对话和协商解决问题。"
△ 北韩进行第五次核试验后，中国外交部发表声明称："北韩不顾国际社会的普遍反对，再次进行核试验，中国政府对此表示坚决反对。"
△ 中国外交部发言人 (9.30) 发表声明称："美国在半岛部署萨德，解决不了有关国家的安全关切，不利于实现半岛无核化目标。"

在右侧最边上，在镜头之外。习主席将普京总统安排在右手边是为了强调第二次世界大战战胜国和多年的血盟友谊，与此同时，显现出中俄对美日这一传统格局。中国通过本次活动，宣布开启依托"军事崛起"正式与美国进行"世界两大强国（G2)"的博弈时代。韩国总统朴槿惠被安排在普京总统右侧，向世人展现对于中国来说韩国是不亚于俄罗斯的重要伙伴。日本批评朴槿惠参加阅兵式，韩国已靠拢中国。(摘选自:《国民日报》(2015. 9. 4)

17) 北核进行核试验的日期如下：2006年10月进行第一次核试验，2009年5月进行第二次核试验，(金正恩掌权之后) 2013年2月进行第三次核试验，2016年1月进行第四次核试验，2016年9月进行第五次核试验，文在寅政府出台后，2017年9月进行第六次核试验。

在北韩进行第四次核试验后，中国始终一贯声明通过对话和协商解决北核问题，实现“半岛无核化。并对联合国制裁北韩决议案达成共识，可谓软硬兼施。与此同时，韩美两国在北韩进行第四次核试验之后，开始正式协商在韩半岛部署“萨德”，并于2016年7月8日，决定在驻韩美军领域内部署“萨德”。

韩半岛决定部署“萨德”让韩中两国关系迅速降至冰点。在几个月之前，习近平和朴槿惠还在天安门阁楼共赏战胜日阅兵式，彰显两国亲密无间的“蜜月关系”，却在一夜之间变为空中楼阁，不堪一击。朴槿惠总统被弹劾、文在寅总统上台后，2017年5月韩美同盟在韩半岛部署“萨德”。文在寅政府国家安保室室长郑义溶在6月9日发表声明称，北韩威胁愈演愈烈，为了保护韩国和驻韩美军的安全，决定部署萨德。

自韩国商讨在韩半岛部署“萨德”后，中国发动“限韩令”，即，禁止韩国籍歌手在中国演出，大力强化对韩国商品和文化内容的规制，拒买韩货，禁售旅行商品等施展中国特有的非绅士报复[18]。特别是，由于韩国乐天集团为‘萨德’提供部署地，中国内的乐天玛特超市接连停业，乐天集团退出中国市场。

中国采取强硬的经济报复措施，让韩国对中国的舆论态度迅速消极。同一时期，韩国的一些新闻媒体通过专家的集思广益，将中国强烈反对部署萨德的理由做出如下分析。首先，中国认为部署萨德的目的在于利用日本和韩国这两大美国友好同盟国，牵制中国，构建“亚洲版北大西洋公约组织（NATO)。第二，中国认为，部

18) 中国将维护国家统一和领土完整定为国家“核心利益“，一旦受到侵犯，将无一例外采取强硬报复措施，△2003年，基里巴斯共和国与台湾建交，中国政府随即中断对基里巴斯的一切支援，并将在基里巴斯安设的卫星追踪站炸毁。(中国彰显雄厚的经济水平，向台湾建交国施压，并与其建交，在外交方面孤立台湾。蔡英文总统上台后，萨尔瓦多、多米尼加共和国、布基纳法索、圣多美和普林西比、巴拿马、所罗门群岛、基里巴斯7个国家与台湾断交，2019年9月，只有15个国家与台湾保持外交关系。）△2008年法国总统萨科齐会见达赖喇嘛，中国随即取消进口150辆空中客车的协定，并在中国内抵制、突袭检查法国超市家乐福。△2010年发生“9.7钓鱼岛事件”（日本巡逻船在钓鱼岛附近扣押中国渔船，并逮捕船长）后，在对事件进行交涉过程中，中方宣布中断对日本出口稀土。△2010年，中国反体制人物刘晓波获得诺贝尔和平奖，中国（为刘晓波颁发奖项，被规定为动摇中国体制）随即禁止进口挪威产三文鱼。△2012年英国首相卡梅伦会见了达赖喇嘛，随即中国取消与英国的一切官方日程。中英两国关系跌入冰点。△菲律宾外长声称拥有南海领土主权后，2013年中国限制进口菲律宾农产品。△2016年达赖喇嘛窜访蒙古，中国立即采取报复措施，取消在“一带一路”（“丝绸之路经济带”和“21世纪海上丝绸之路”的简称）中占据核心地位的中蒙俄经济走廊计划，并对蒙古国境车辆征收通行费。上述与台湾断交国家的现状均参考韩联社（2019. 9. 20）报道。

署萨德会严重打破中美两国在东亚地区军事战略平衡。因为，中国面临南海领海纷争和东亚纷争，需要面对两大战线。因此，中国会始终一贯采取史无前例的强硬措施，坚决反对部署萨德。[19]

三、韩中就“萨德”协商及两国舆论

2017年10月31日，韩国青瓦台安保室第二次长南官杓和中国外交部副部长孔铉佑，通过就萨德事件进行协商，着手探讨改善韩中关系。[20] 根据两国外交部当天发布的协议书，以下3大内容值得关注：

〈表2〉(2017. 10. 31) 韩中“萨德“协商

韩文版：〈改善韩中关系交流沟通结果〉	中文版：〈韩中双方就韩中关系等进行沟通〉
1. 韩方认识到中方在“萨德“问题上的立场和担忧，明确表示在韩国部署“萨德”系统按照其本来的部署目的，不针对第三国，不损害中方的战略安全利益。	1. 韩方认识到中方在“萨德”问题上的立场和关切，明确表示在韩国部署的“萨德”系统按照其本来的部署目的，不针对第三国，不损害中方战略安全利益。
2. 中方为维护国家安全， 重申反对在韩国部署“萨德”系统。同时，中方注意到韩方表明的立场，希望韩方妥善解决有关问题。	2. 中方从维护国家安全的立场出发，重申反对在韩国部署“萨德”系统。同时，中方注意到韩方表明的立场，希望韩方妥善处理有关问题。
3. 中方就构建反导体系、 追加部署 “萨德”、韩美日军事合作等阐明了中国政府的立场和担忧。 韩方再次表明韩国政府此前公开阐述的立场。	3. 中方就构建反导体系、追加部署“萨德”、韩美日军事合作等阐明了中国政府的立场和关切。韩方再次表明韩国政府此前公开阐述的立场。

纵观“萨德“协商，首先韩文版和中文版的标题以及语感不同。中文版表现出“韩中双方就两国关系进行沟通”。而韩文版的标题为《改善韩中关系相关协商结果》，多了中文版没有提及的“改善关系”四个字眼。第二，细究文件的主要内容第1条至第3条，与其说是协商，不如说是一方（通过使用明确表示/重申/注意到/阐

19) https://cnbc.sbs.co.kr/article/10000840924?division=NAVER(搜索日期：2017. 5. 10).

20) 韩国外交部发布文件〈改善韩中关系交流沟通结果〉，中国外交部发表的中文内容为〈韩中双方就韩中关系等进行沟通〉（2017. 10. 31），参考中国外交部官网https://www.fmprc.gov.cn/web/wjbxw_673019/t1506044.shtml(搜索日期：2017. 11. 20)。

明）表达想法。第三，此次“萨德”协商，双方表达模糊不清，急于完成协商，为今后随时爆发“萨德”矛盾埋下隐患。

2017年10月，中国着手终止“萨德”矛盾，是因为当时考虑到当时中美关系下的“实际利益”。中方推断，撤回已经完成部署的“萨德”难度极大，再加上当时特朗普总统即将访中，因此中方主动要求与韩国对话。“三不”承诺是中方在“萨德”协商中极为重视的内容。中国外交部发言人华春莹在当天的例行记者会上阐明关注“三不”内容：“① 韩国不加入美国的反导体系（MD），② 韩美日合作不会发展成三边军事同盟，③ 不追加部署“萨德”系统，在韩部署的萨德不得威胁中国安全利益”。韩国的部分舆论媒体支持中方，并针对“三不”发表评论称，中国开具“停止萨德报复”的票据，并同时收下了韩国“三不承诺”巨额支票，达到了协商目的。[21]

> 如上文所述，为了让中国取消经济报复，韩国政府急于进行“萨德”协商。但事实是，当时韩国对中贸易状况较为乐观。2016年的对中贸易顺差达374亿美元，2017年达442亿美元，2018年达556亿美元，持续走高。只是由于半导体市场不景气，对中贸易额在2019年跌至230亿美元。韩国做出“三不”承诺实属过犹不及，意味着放弃安全主权[22]。那么中国为何如此重视“三不承诺”？这与中国以中美战略竞争的视角看待萨德问题息息相关。中国从始至今认为在韩国部署萨德是联合日本导弹防御系统强化美国正在构建的全球反导体系。[23]

可见，中国核心隐患并不是“萨德”本身，而是围绕“萨德”问题，展开的东北亚战略格局变化。即，通过强化韩美同盟，使韩国加入牵制中国的队伍之中，中国对此保持警惕。在21世纪，通过韩中关系显露出韩美同盟的变化。金大中政府和卢武铉政府时期，韩美两国之间的矛盾及同盟关系发生变化。李明博政府出台后，恢复并强化同盟关系，重新整顿前政府出现的变化，使中国对韩美同盟的看法发生改变。自2010年发生天安舰事件和延坪岛炮击事件后，中方目睹韩美军事演习，断

21) “사드갈등중단어음끊어주고, 3불약속거액수표챙긴중국”, 『중앙일보』(2017. 11. 1)

22) 이미숙, “한국의 중국化가 文 정부 꿈인가”, 『문화일보』(2020. 3. 4).

23) “동북아판 나토 막았다…‘3불’ 中 사드봉합 속셈은?”, 『중앙일보』(2017. 10. 31).

定韩美两国联合牵制中国，追究韩美同盟的性质。特别是，美国的国防战略将东亚视为重要选择，加强对中牵制，毋庸置疑这对韩国的对中外交也是一个新挑战[24]。因此，部署“萨德”后，韩美同盟成为韩中关系的最大变数。今后，韩中两国围绕韩美同盟出现矛盾将在所难免。

韩中萨德矛盾的根源（美国试图牵制中国崛起，中国试图弱化韩美同盟和美日同盟）在于日益激烈的中美战略竞争。因此，韩中建交后，韩国迎来前所未有的安保环境。今后随着中美关系恶化，韩中矛盾将会日益凸显。举例而言，2012年，日本钓鱼岛（中文名为钓鱼岛）国有化措施，将中日矛盾激化至最高点。随即美国宣称钓鱼岛适用于《日美安保条约》第五条，对此中国对强化日美同盟做出激烈反抗，宣布在东海划设中国防空识别区（CADIZ)。中国宣布在东海划设的防空识别区与韩国济州岛和离於岛领空有重叠，因此韩国对中国的单方面宣布表示强烈反对。2017年1月，正当就部署“萨德”商讨进行得如火如荼之际，中方10架军用飞机侵入韩国防空识别区（KADIZ)[25]。在2020年，中国和俄罗斯派遣军机侵入韩国防空识别区 (KADIZ)。

“萨德”问题并不局限于韩中两国，涉及北核问题、韩美同盟、日美同盟、中美战略竞争等外部因素。因此今后展望韩中关系，在考虑上述外部因素的同时，不得忽视在“习近平新时代”不断加强的“新中华主义”等中国因素。

第三节 “习近平新时代”，新中华主义与韩中关系

一、新中华主义的历史政策

第19次全国代表党大会宣布习近平第二任期的开始，贯彻“习近平新时代中国

24) 이희옥, 2012, 「한중수교 20년: 과거, 현재, 미래」, 『1992~2012 한중관계 어디까지 왔나』, 동북아역사재단, p. 25.

25) https://www.yna.co.kr/view/AKR20170110146700014?input=1195m(搜索日期 : 2018. 10. 2).

特色社会主义建设”为指导思想，取消对国家主席连续三届连任的限制，修改宪法，保障习主席长期职权。那么，“习主席新时代”具体指哪个时间段？中共中央党史和文献研究院院长曲青山指出，所谓“习近平新时代”，以时间概念来看，是指2012年至21世纪中期。以时代和历史意义来看，意味着“强国”和“复兴”。曲院长解释称，中国共产党的历史分为4大阶段，1921年7月至1949年10月，这28年的关键词为“革命”；1949年10月至1978年2月，这29年的关键词为“建设”；1978年12月至2012年11月，这34年的关键词为“改革”；2012年至21世纪中期的关键词为“复兴”。曲院长还指出，纵观中国共产党的历史，每个阶段的奋斗目标各不相同。在第一个阶段，至1949年奋斗目标为“救国”；第二个阶段，至1978年奋斗目标为“兴国”；第三个阶段，至2012年奋斗目标为“富国”；而在习近平时代的奋斗目标为“强国”。换句话说，通过“救国—兴国—富国—强国”四大阶段实现“中国梦”。“习近平新时代”具备五大特征，分别为社会主义的胜利、强国建设、共同致富、实现中国梦，为人类做贡献。[26]

如今，中国融合历史和文化大力推进“中国梦”、“一带一路”、“新型国际关系”，“人类文明共同体”等现代中国全球战略，并讲述立足中国的世界史，彰显中国在近现代世界史中扮演着举足轻重的角色。

首先，习主席在中共19大报告中“坚定文化自信、推动社会主义文化繁荣兴盛”部分中指出，“文化是一个国家、一个民族的灵魂”，“文运同国运相牵，文脉同国脉相连”，高度强调“社会主义文化强国”。2019年8月，习主席来到被誉为中国历史文化和丝绸之路摇篮的甘肃，考察敦煌研究院，并主持座谈会。习主席在座谈会中表示，敦煌文化体现中华民族的文化自信，应将传统文化传承和发展。在会上，习主席强调了优秀的中华文明，指出只有充满自信的文明，才会在保持自己民族特色的同时包容、借鉴，吸收各种不同文明，应大力推动敦煌文化研究，（面向一带一路沿线国家）传播好中国声音，共建人类文明共同体。

26) 曲青山，《新时代在党史，新中国史上的重要地位和意义》，《求是》2019/19，http://www.qstheory.cn/dukan/qs/2019-10/03/c_1125069251.htm（搜索日期：2020. 6. 29）。

第二，在历届国家领导人中，习主席对“历史和哲学”给予高度关注，多次参加高官会议，弘扬“马克思主义”。2016年5月17日（文化大革命爆发50周年到来之际），习主席在哲学社会科学工作座谈会上发表重要讲话指出，中国的快速发展离不开社会科学理论创新和马克思主义的发展，强调了马克思主义的正统性。习主席还指出，中国哲学社会科学的一项重要任务就是继续推进马克思主义中国化、时代化、大众化，继续发展21世纪马克思主义、当代中国马克思主义。习主席向出席座谈会的各位人文社会科学家强调，要结合中国特色社会主义伟大实践，加快构建中国特色哲学社会科学。[27]

习主席通过发表讲话向专家学者指明方向，强调在研究马克思主义的同时，要树立与时俱进、因地适宜的理论。2017年5月17日，习主席致信祝贺中国社会科学院成立40周年。中国国务院直属的社会科学院开展过东北工程项目（2002），并于2018年12月召开《中国历史学40周年（1978～2018）》图书出版座谈会，旨在将“习近平新时代中国特色社会主义思想”贯彻于中国历史研究政策之中。得益于习主席和中国社会科学院积极联络，中国社会科学院在2019年1月将中国社会科学院历史研究所等[28] 合并成立规模庞大的中国历史研究院。1月3日，习主席为“中国历史研究院”成立揭牌仪式致信祝贺。中国最高领导人为“中国历史研究院”成立揭牌仪式致信祝贺，具备政治历史意义，意义非凡。贺词内容包括“中国历史研究院”的成立宗旨、人文、职能，要求等信息。

首先，针对历史研究的宗旨和必要性，习近平在贺信中指出，历史是一面镜子，重视历史、研究历史、借鉴历史是中华民族5000多年文明史的一个优良传统。习主席强调，当代中国是历史中国的延续和发展，新时代坚持和发展中国特色社会主义，更加需要系统研究中国历史和文化，更加需要深刻把握人类发展历史规律。

第二，针对历史学家的任务，习近平强调，历史研究是一切社会科学的基础。

27) https://www.yna.co.kr/view/AKR20160518071600089?input=1195m（搜索日期：2018. 5. 10).

28) 并非指韩国大学各个专业的本科学院，而是指40多个研究所中与历史相关的6个研究所的集合体，被称为历史学部。这6大研究所分别为历史研究所、世界史研究所、现代史研究所、考古学研究所、边疆研究所、历史理论研究所。

希望我国广大历史研究工作者继承优良传统，整合中国历史、世界历史、考古等方面研究力量，着力提高研究水平和创新能力，推动相关历史学科融合发展，总结历史经验，揭示历史规律，把握历史趋势，加快构建中国特色历史学学科体系、学术体系、话语体系。

第三，针对研究方法，习近平主席希望中国历史研究院团结一心，凝聚全国广大历史研究工作者，坚持历史唯物主义立场、观点、方法，立足中国，放眼世界，立时代之潮头，通古今之变化，发思想之先声，大力开展立足中国的世界史研究。

对此，中国社会科学院、中国历史研究院院长高翔透露，揭牌仪式结束后第二天召开学习习总书记贺信精神座谈会，将会竭尽全力贯彻“习近平新时代中国特色社会主义思想”，推动中国历史科学深化与发展。[29] “中国历史研究院”作为国家顶级研究机构和举国体制研究机关，全面指导中国全国历史研究任务，制定研究大纲，讲述中国历史，传播中国文化。

“中国历史研究院”是在“习近平新时代”，旨在为历史政策奠定基础，实现“中国梦”，脱胎换骨全新成立的重要机构，今后将致力于谱写以中国为中心的世界史。高翔在《人民日报》发文称，本机构被赋予“习近平新时代”新使命，在历史领域符合中国崛起的盛世修史不可或缺[30]。中国因遵循盛世修史的传统而编纂史册，中国历代王朝在鼎盛时期，投入巨额编纂史册高歌太平盛世和王朝的正统性。之所以国家清史纂修工程可以顺利进行，是因为中国具有可与清朝康熙、雍正、乾隆太平盛世媲美的盛世意识和实现大国的自信[31]。

所谓“习近平新时代新中华主义”是指改革开放40年间，引进市场经济，实现突飞猛进的发展，今后通过贯彻“习近平新时代中国特色社会主义思想”，构建社会主义强国，实现中国民族复兴。然而，唯有在以习近平为核心的中国共产党的领导下，才能实现中华民族伟大复兴。2012年习近平执政后，推进“反腐”斗争，严格贯彻共产党理念和规定，强化党建设，高喊“中华民族伟大复兴”，提出“一带一

29)《人民日报》(2019. 1. 4), ‘新华社’(2019. 1. 4), ‘中国社会科学网’(2019. 1. 4)。

30) 高翔, “中国历史研究院院长：碎片化表面化片面化不应是历史研究主流”,《人民日报》(2019. 1. 16)。

31) 전인갑, 2008, 「현대 중국의 지식 구조 변동과 ‘역사공정’」, 『역사비평』 pp. 82, 269-298.

路”，推进“中国全球战略”。赵京蘭表示，习近平所强调的“反腐”、“党建设”、“中国梦”、“一带一路”看似毫无关联，其实归结于名为“天下主义[32]”的同一哲学理论，这是比胡锦涛时期的“东北工程”所蕴含的“组成中华民族大家庭”[33] 更加系统且面向世界的全新中华主义(Neo Sinocenteralism)。

二、“习近平新时代”与韩中关系

从韩中建交至“萨德”事件后，两国纠纷主要归咎于中国产螃蟹钠含量超标事件（2000)、东北工程（2002)、大蒜纷争（2004)、泡菜事件（2005)、江陵端午节归属纷争（2005)、北京奥运会圣火传递（2008)、天安舰和延坪岛事件（2010)。其中重大纷争大体集中在“东北工程”、天安舰和延坪岛事件和“萨德”问题。随着中国经济崛起，对外战略膨胀和以韩半岛为中心的中美战略竞争，是引发韩中矛盾的根本原因。

〈表3〉 1992年~2019年，中日韩三国国家经济能力和国民经济指标对比

	单位	国家	1992年	1997年	2002年	2007年	2012年	2019年
国内生产总值(GDP)	百万美元	韩国	359.116	571.942	627.247	1.172.614	1.278.428	1.642.184
		中国	493.137	961.601	1.470.557	3.550.327	8.532.186	14.342.934
		日本	3.908.808	4.414.734	4.115.116	4.515.263	6.203.213	5.081.770
人均GDP	美元	韩国	8.209	12.446	13.165	24.086	25.467	31.682
		中国	421	778	1.145	2.647	6.301	9.771 (*2018年)
		日本	31.379	35.035	32.301	35.281	48.633	40.287

[摘选自]：韩国银行经济统计 http://ecos.bok.or.kr/EIndex.jsp (搜索日期 2020.5.30)
*取整，小数忽略不计。因无法确认2019年中国人均GDP，选用韩国统计厅2018年资料

32) 조경란, “중국의 천하질서 속에서 살 것인가”, 『중앙일보』(2019. 3. 11).

33) 윤휘탁, 2006, 『新중화주의: 중화민족 대가정 만들기와 한반도』, 푸른역사.

首先，分析中国经济飞速发展和韩中矛盾的案例。一个国家的经济实力和军事实力是一个国家国力的核心。得益于改革开放，中国经济腾飞，投入巨额国防费用实现军事崛起。如〈表3〉所示，为了了解中国经济实力的提升与韩中矛盾的关系，特此分析比较1992年韩中建交后两国的GDP(国内生产总值)和人均GDP。值得参考的是，2010年中国超越日本成为两大强国（G2），表内添加了日本GDP规模和人均GDP，以进行精准对比。1992年，中国和韩国的GDP分别为4,931亿美元、3,591亿美元。1997年中国和韩国的GDP分别为9,616亿美元、5,719亿美元，看似差异甚微，考虑到人口规模，20世纪90年代的人均GDP水平呈“韩强中弱”结构。在2002年，中国GDP骤增至14,705亿美元，而韩国仅为6,272亿美元，中国超过韩国2倍以上。中国GDP超越韩国的倍数，在2007年达到3倍，2012年达到7倍，2019年达到9倍。据两国人均GDP情况统计显示，1992年，韩中两国人均GDP分别为421美元、8,209美元，韩国高出中国20倍。但截至2019年，这个数据缩至3倍。引人注目的是，1997年香港回归中国后，中国GDP水平从2002年至2007年再至2012年最后至2019年呈几何级数增长。1997年起，中国经济崛起成为热议焦点，西方国家提出“中国威胁论”牵制中国[34]。透过中国经济腾飞，分析韩中关系（纠纷），可以总结为2002年至2007年东北工程、2010年天安舰延坪岛事件、2017年以后因部署萨德中国施行经济报复和攻势外交。

第二，习近平主席对韩半岛（历史）的认知具有影响力。新中国成立后，历届中国共产党领导人的哲学、历史认知、指导思想（理论）对中国，对韩半岛乃至国际社会都起到深远影响。中国共产党以马克思列宁主义为思想基础，秉持毛泽东思想、邓小平理论、江泽民三个代表理论、胡锦涛科学发展观和“习近平新时代中国特色社会主义思想”为行动指南。2017年4月，特朗普总统与习主席进行中美首脑会谈，通过《华尔街日报》主页公布的特朗普语录，可以了解到出习主席对韩半岛的

34) 自20世纪90年代起，外界对中国经济崛起议论纷纷。Ross Munro, Gerald Segal, Denny Roy在1992年至1993年首次提出“中国威胁论”。在发生台湾海峡危机的1995年至1996年提出第二次“中国威胁论”。自1997年起，在美国内出现第三次“威胁论”。在2002年以后，多个国家机构在报告中提及“中国威胁论。

历史认知。“习近平提到并非北韩而是韩国（KOREA)和中国的历史。提及了数千年的历史和无以计数的战争，映射出韩国曾经从属于中国”的历史认知。中国通过推进历史工程（西北工程、西南工程、东北工程）将邻国的历史纳入中国史。中国的“东北工程”将高句丽与渤海历史写入中国史中，因此很多中国人认为自古韩半岛从属于中国。前文概述了习近平对“韩国战争”的认识以及发言，如“伟大的抗美援朝战争是保卫和平、反抗侵略的正义之战”，“人民军队胜利进行抗美援朝战争，打出了国威军威”，助长中国战胜美国的历史认知。

第三，中美两国围绕韩半岛（北韩问题）展开战略竞争，激化韩中矛盾。“萨德”事件前（2015年）和“萨德”事件之后（2020年)，韩国人对中国的看法大变。韩国东亚研究院从2005年起每5年进行一次“韩国人身份认同调查”。此项调查将韩国人对周边国的敌意、韩美同盟、单独外交的认知进行详细总结。“2015年韩国人身份认同调查”结果显示，中国以72.1%的比重被选为对韩国影响最大的国家，紧随其后依次为美国(13.3%)、日本(7.6%)、北韩(6.3%)。与2005年的调查结果(中国为40.7%，美国为31.3%）相比，中国比重骤增，而美国却有所下降。42.9%的受访者表示出于对中国影响力提升的担忧，应加强韩美同盟，以牵制中国。值得注意的是，支持加强韩美同盟，并非意味着支持追随美国优先政策，而旨在提高对北韩的遏制力，牵制中国在韩半岛的影响力不断扩大。其原因在于，64.2%的受访者表示应在中美竞争结构中，推进均衡外交，不偏袒任何一方[35]。“萨德”事件后，据“2020年韩国人身份认同调查”结果显示，虽然韩国人对周边国持有不同的敌意态度，但总体呈上升趋势。尤其是，对中国的敌意在5年间剧增（从16.1%增至40.1%)。据2015年调查结果显示，当时对中国持友好态度的韩国人达50%左右，然而截止至2020年这一比重跌至20.4%。也就是说，每五个韩国人中只有一人对中国持有好感。[36]

总而言之，20世纪90年代韩中两国经济结构相差甚微。而在21世纪随着中国经济的飞速发展，两国经济结构呈现出非对称关系。在这样大背景下，韩中两国间出

35) 동아시아연구원 등, '2015년 한국 국가 정체성 조사', https://news.joins.com/article/18622115(搜索日期：2015. 9. 26).

36) 동아시아연구원 등, “2020 한국인 정체성 조사”, 「중앙일보」(2020. 7. 6).

现历史纠纷。21世纪10年代，中国超越日本，列入两大强国（G2）的行列，与周边国家频繁出现东海、南海历史和领土纠纷，且矛盾日益激化[37]。特别是，习近平执政后(2012年起)，将与周边国家的领土纷争规定为核心利益，划设界限，开展攻势外交。

韩中建交后，中美两国在韩半岛问题上出现矛盾和对立，韩国面临新的安全环境。特朗普总统强力“打压”中国是为了本人再次当选美国总统，还是施展对中战略以应对中国“膨胀”，仍有待观察。对于韩国来说，中美战略竞争将会日益加剧和激烈，亟待制定相应政策和战略。“萨德”事件证实中美战略竞争对韩中关系起到直接影响。在出现“萨德”问题之前，韩国付诸切实努力摆脱对中国经济的过分依存，谋求贸易多样化。“萨德”事件后，文在寅政府一边遭遇来自中国的贸易报复，一边力推新南方政策，面向包括越南在内的东盟地区和印度，扩展经济外交范围。然而“新北方”政策畅想面向北韩、蒙古、俄罗斯，乃至欧洲，扩展韩国经济空间，但却因北核问题所阻挡，步履维艰，需要实际和现实的措施。[38] 在发生“萨德”事件之前，韩中两国在非军事领域保持友好关系，在短期内，迅速发展成为“全面战略合作伙伴关系”。可围绕韩半岛问题中美矛盾愈演愈烈，让韩国面临新的安全环境，“萨德”矛盾随时可能重演。韩国亟需摆脱在美国和中国选边站的二分法思考模式，发挥外交想象力。

第四节　结 语

首先，应正视这一事实，即“习近平新时代”新中华主义比历届领导人倡导的

37) 探讨的内容并非为矛盾出自哪个国家，而是矛盾的频度和深度。日本引发中日、日韩历史矛盾。只不过在过去日韩和中日的国力（这里指经济实力）存在巨大鸿沟，因此考虑到经济问题，韩国和中国并未正面提及历史问题。因此，随着日韩国力差距不断缩小，两国矛盾的频度和深度则不断加剧。

38) 中国学术界的“新东方”政策的评价和展望，请参考以下内容：郭锐，孙天宇，2020，韩国“新北方政策“下的北极战略：进程与限度”，『国际关系研究』第3期。

中华主义理念蕴含更强烈的国家主义、爱国主义、民族主义。自邓小平时期以来，中国共产党由共产党常务委员会组成的传统集体领导制，治理国家。然而，习近平政府与毛泽东时期越发相似，强化一人专权，在第19次全国代表大会上，将“习近平新时代”写入党章，习主席主张的“新中华主义”思想和理念渗透至一切领域和方方面面。去年，在习主席提议下成立的中国历史研究院被赋予使命，致力于树立“习近平新时代新中华主义”理论，讲述以中华民族为中心的世界史。2019年10月，中国共产党19届4中全会上强调中国史，意味着各民族交流融合的多元一体中华民族历史，将竭力实现以中华民族共同体为中心的“中国梦”[39]。与此同时，2019年11月，习主席的《开放合作、命运与共》单行本正式出版，(通过“一带一路”）大力弘扬中华民族共同体意识和人类文明共同体意识。中国社会科学院在2020年1月16日召开业务会议，并将开幕式主题选定为“繁荣中国学术、发展中国理论、传播中国思想”[40]。中国社会科学院企划和推进习近平思想，打造新中华主义。然而新中华主义会引发历史政治化和理念化，导致潜在于韩中两国间的历史纠纷重新上演。

第二，针对中国和韩半岛的关系，习主席主导的“一带一路”战略打着北韩基础设施建设的旗号，进入北韩。习近平的对北战略依托中国东北振兴战略，循序渐进渗透至北韩和中国边境地区的点线面，最终将北韩纳入“东北四省”，对此应时刻保持警惕。如上文所述，中国因签订韩国战争的“停战协议”，要求参与签订韩半岛终战宣言与和平协议。对于中国和北韩的关系来说，涵盖军事自动介入条款的军事同盟协议仍然有效。因此，在北韩出乎意料发生突发事件（如金正恩离世）时，这为中国介入其中而提供了理由。反之，南北韩均以其他国家的名义加入联合国，双方间也没有类似的协议，因此韩国难以获得合理理由直接介入北韩内部局势。

第三，为了避免韩中两国间发生矛盾，应注重互惠主义。中国在改革开放后，经济增速突飞猛进，以两位数的增长率成功成为经济强国。韩国战争后，韩国经历工业化和民主化，成功发展成为经济大国。目前，新型冠状病毒疫情肆虐，韩国成

39)《铸牢中华民族共同体意识》,《人民日报》(2019. 11. 14)。

40)《繁荣中国学术 发展中国理论 传播中国思想》，中国社会科学院2020年度工作会议(2020. 1. 16)。

为很多国家的学习对象，在国际社会地位稳步提高。韩中两国建交后，两国在政治、经济、社会方面密不可分、相互依赖。对于相互依赖的关系来说，相互信任尤为重要。互信要求双方在平等关系下，相互坚守承诺，承担责任。韩国对中国察言观色，而中国对韩国（互为兄弟）如同对待小弟一般，这只能助长矛盾，阻碍目标的实现。应铭记，在国际关系中，只有遵守互惠主义，具备均衡视角，才能创下交流合作成果。

最后，为了成功实现“习近平新时代”中国主张的“一带一路”，实现东北亚和平共处，韩中两国是密不可分的重要伙伴。为了避免韩中两国矛盾重演，两国专家学者应积极进行学术沟通，树立正确认识，提高相互理解，以免被狭隘的爱国主义蒙住双眼，陷入民族主义。

[附录]

新华社北京 1 月 3 日电

习近平致中国社会科学院中国历史研究院成立的贺信

值此中国社会科学院中国历史研究院成立之际，我代表党中央，向你们表示热烈的祝贺！向全国广大历史研究工作者致以诚挚的问候！

历史是一面镜子，鉴古知今，学史明智。重视历史，研究历史，借鉴历史是中华民族5000多年文明史的一个优良传统。当代中国是历史中国的延续和发展。新时代坚持和发展中国特色社会主义，更加需要系统研究中国历史和文化，更加需要深刻把握人类发展历史规律，在对历史的深入思考中汲取智慧，走向未来。

历史研究是一切社会科学的基础。长期以来，在党的领导下，我国史学界人才辈出，成果丰硕，爲党和国家事业发展作出了积极贡献。希望我国广大历史研究工作者继承优良传统，整合中国历史，世界历史，考古等方面研究力量，着力提高研究水平和创新能力，推动相关历史学科融合发展，总结历史经验，揭示历史规律，把握历史趋势，加快构建中国特色历史学学科体系，学术体系，话语体系。

希望中国历史研究院团结凝聚全国广大历史研究工作者，坚持历史唯物主义立场，观点，方法，立足中国，放眼世界，立时代之潮头，通古今之变化，发思想之先声，推出一批有思想穿透力的精品力作，培养一批学贯中西的历史学家，充分髮挥知古鉴今，资政育人作用，爲推动中国历史研究发展，加强中国史学研究国际交流合作作出贡献。

习近平

2019年1月2日

参考文献

김흥규, 2011,「한중수교 20년과 한중관계평가: 미래 한중관계를 위한 방향과 더불어」,『세계지역연구논총』, 제29집 3호.
마이클필스버리, 한정은 옮김, 2016,『백년의 마라톤』, 영림카디널.
성균관대학교 중국연구소엮고 옮김, 고상희 옮김, 2018,『신시대, 제19차 중국공산당전국대표대회 보고』, 지식공작소.
성균관대학교중국연구소, 2017,『한중수교 25년사』, 성균관대학교출판부.
옌쉐통, 고상희 옮김, 2014,『2023년 세계사불변의 법칙』, 글항아리.
외교부,『중국개황 2017』.
윤휘탁, 2006,『新중화주의: 중화민족 대가정 만들기와 한반도』, 푸른역사.
이문기, 2016,「박근혜정부 시기 한중관계 평가와 바람직한 균형외교 모색」,『현대중국연구』, 제18집 2호.
이장원, 2017,「시진핑 시대의 한중관계: 사드 위기의 본질과 과제」,『현대중국연구』, 제19집 3호.
이정남, 2018,「중미 경쟁시대 중일관계의 재정립: 중국내 국제정치학자의 인식을 중심으로」,『현대중국연구』, 제20집 2호.
이희옥외, 2012,『1992~2012 한중관계 어디까지 왔나』, 동북아역사재단.
전인갑, 2008,「현대 중국의 지식 구조 변동과 '역사공정'」,『역사비평』, 82.

曲青山, 2019,《新时代在党史、新中国史上的重要地位和意义》,《求是》, 19。
郭锐, 王箫轲, 2009,《冷战后韩国国家战略的调整与评估》,《当代韩国》, 冬季号。
郭锐, 孙天宇, 2020,《韩国"新北方政策"下的北极战略：进程与限度》,《国际关系研究》, 第3期。
李成日, 2018,《中国对朝鲜半岛政策与新时代韩中关系的发展》,《当代韩国》, 第1期。
李成日, 2019,《新时代的中朝关系：变化、动因及影响》,《现代国际关系》, 第12期。
张小明, 2019,《地缘政治、历史记忆与有关朝鲜半岛的想象》,《世界经济与政治》, 第12期。
朱锋, 2013,《中美战略免争与东亚安全秩序的未来》,《世界经济与政治》, 第13期。
Chengri, Li, 2020, "China-DPRK Relations in the New Era", CIR, Vol. 30, No. 1

〈新闻、网络资料〉

"2020 한국인 정체성 조사",『중앙일보』(2020. 7. 6).
"동북아 판나토 막았다… '3불' 中 사드봉합 속셈은?",『중앙일보』(2017. 10. 31).

“사드갈등중단 어음 끊어주고, 3불 약속 거액 수표 챙긴 중국”, 『중앙일보』(2017. 11. 1)
동아시아연구원 등, “2015년 한국 국가정체성 조사”, 『중앙일보』(2015. 9. 9), https://news.joins.com/article/18622115(搜索日期 2015. 9. 26).
동아시아연구원등, “2020 한국인정체성조사”, 『중앙일보』(2020. 7. 6).
이미숙, “한국의 중국化가 文정부꿈인가”, 『문화일보』(2020. 3. 4).
《新华网》, http://www.xinhuanet.com//politics/2017-08/01/c_1121416045.htm(搜索日期 : 2017. 12. 3)。
《人民网》, http://politics.people.com.cn/GB/1024/13045860.html#(搜索日期 : 2012.10. 2)。
《人民网》, http://politics.people.com.cn/n1/2020/0703/c1001-31769239.html(搜索日期 : 2020. 7. 4)。
http://www.qstheory.cn/dukan/qs/2019-10/03/c_1125069251.htm(搜索日期 : 2020. 6. 29).
https://cn.nytimes.com/usa/20161203/trump-speaks-with-taiwans-leader-apossible-affront-to-china(搜索日期 : 2017.1.2)。
https://cnbc.sbs.co.kr/article/10000840924?division=NAVER(搜索日期 : 2017.5.10)。
https://www.yna.co.kr/view/AKR20160518071600089?input=1195m(搜索日期 : 2018.5.10)。
https://www.yna.co.kr/view/AKR20170110146700014?input=1195m(搜索日期 : 2018.10.2)。
https://www.yna.co.kr/view/AKR20190920116500074?input=1195m(搜索日期 : 2019.12.6)。
〈韩中双方就韩中关系等进行沟通〉(2017. 10. 31), 中国外交部官网, https://www.fmprc.gov.cn/web/wjbxw_673019/t1506044.shtml(搜索日期 : 2017. 11. 20)。
高翔, “中国历史研究院院长 : 碎片化表面化片面化不应是历史研究主流”, 《人民日报》(2019. 1. 16)。
《铸牢中华民族共同体意识》, 《人民日报》(2019. 11. 14)。
《繁荣中国学术 发展中国理论 传播中国思想》, 中国社会科学院2020年度工作会议(2020. 1. 16)。
韩国央行经济统计, http://ecos.bok.or.kr/EIndex.jsp (搜索日期 : 2020. 5. 30)。https://cn.nytimes.com/usa/20161203/trump-speaks-with-taiwans-leader-apossible-affront-to-china/(搜索日期 : 2017.1.2)。

第十一章

和平再建：
韩半岛无核化和平体制与北韩体制之发展

金勇炫 _ 韩国东国大学北韩学研究所所长

第一节　前 言：和平再建，为什么是现在？

虽然受新冠肺炎疫情影响严重，但自全世界范围内的冷战解体后，打破国家界限的国际合作与共生从未间断过。在此期间，东北亚地区的冷战体制早已解体。唯有韩半岛仍在基本维持冷战格局，保留着诸多未解的遗留问题，如韩半岛无核化、和平体制构建等课题。想要实现南北韩的共存共赢以及东北亚地区的稳定与发展，亟需克服韩半岛层面上的冷战体制。

有关韩半岛局势的核心问题就是韩半岛冷战模式的根本改变与彻底解体。可以说，构建无战争、无核化、和平韩半岛的征程是韩半岛所有成员走向幸福生活的源泉。此三大目标的实现过程，即韩半岛局势的变化与“无核化·和平”之路不仅是终结韩半岛冷战格局的过程，还能催生面向东北亚经济共同体和东北亚安全共同体的新模式。而2018平昌冬奥会可堪称这种变化的开始，也是韩半岛冷战体制之解体，即“韩半岛版马耳他”的开始。

当务之急是构建韩半岛的一种良性循环机制—韩半岛和平是实现韩半岛繁荣的基础，反过来，韩半岛繁荣将夯实韩半岛和平。2018年达成的《9月平壤共同宣言》与《南北韩军事协议》是南北韩军事当局为解除非武装地带(DMZ)和西海北方界限(NLL)上的军事紧张状态以及为实现消除了偶发·突发性状况等的无战争韩半岛建设而积极努力的结果。这是实现韩半岛无核化及和平与繁荣的重要基础，也是需要我们长期面对且紧紧抓住的课题。

本论文围绕韩半岛核心议题—构建韩半岛无核化和平体制的主要相关论点及历史进行探讨，并提出韩半岛和平体制建设所需的几点建议。最后，展望韩半岛无核化和平体制下的北韩体制变化与发展。

第二节　韩半岛无核化课题的展开与理解

韩半岛无核化是韩半岛实现和平的前提条件。为理解韩半岛无核化问题，有必要先分析北核问题的演变过程。[1] 这是因为，只有先了解北韩选择核开发的原因，从韩半岛无核化努力与挫折中吸取历史教训，才能不会重蹈过去失败的覆辙并取得成果。

在战略层面上，核武器属于有望一次性扭转军事劣势的非对称性战略资产。一直以来，北韩对外明确声称的拥核理由是为了保护本国不受来自美国的敌对政策威胁。换言之，唯一有能力对抗美国的即为核武器。北韩认为，在与美国的军事对峙局势下，核武器是唯一合理的可选项。

北韩作出核武器开发决定的起源是1950年11月30日韩国战争时美国杜鲁门总统曾威胁称将考虑使用核武器。于是，战争一结束，北韩在苏联的帮助下开始了基于科学实验层面的核研究。1952年，北韩创立北韩科学院下属核能研究所，到1954年，在北韩人民军人民武装力量部下设“核武器防卫部”。

1955年，北韩在被称为科学技术摇篮的科学院第二次大会上决定设立“原子核物理研究所”。继1962年成立宁边原子能研究所之后，于1963年从苏联引进了用于研究的原子炉“IRT-2000”。至此，北韩已完成了进行国家层面核研究的基本准备工作。之后，1974年加入国际原子能机构（IAEA），1977年与IAEA签署有关研究用原子炉的“部分安全措施协定”并同意接受其核检查，1985年加入《防止核扩散条约》(NPT）等，北韩在这些国际核秩序框架内展开了核运营。

但从1987年开始，北韩的态度发生了转变。这一年，IAEA向北韩当局转交了《核安全措施协定》，但作为签署条件，北韩要求明确表示美国对北韩不使用核武器且不进行核威胁。而1990年，以接受IAEA的核检查为条件，提出同时视察驻韩美军所拥有的核武器。随着北韩在1991年批准《核安全措施协定》，美国与北韩通过双方高级别官员在华盛顿的会晤达成了附条件协议。

1991年11月8日时任韩国总统卢泰愚发表了“韩半岛无核化与和平宣言”，并于同年12月8日宣布“韩国领土上没有核武器”。鉴于此，北韩决定接受核安全协定及

1) 有关此内容的详细论述，参考조민 · 김진하，2014，『북핵일지 1955~2014』. 통일연구원; 왕선택，2013，『북핵위기 20년 또는 60년』，선인.

IAEA的核视察。之后，南北韩双方经过三次核谈判高级别会议实质性接触，终于在1991年12月31日通过了“韩半岛无核化共同宣言”。为呼应这一宣言，1992年美国决定中断团队精神联合军演，并于1月22日，由北韩劳动党秘书金容淳和美国国务次卿阿诺德·坎特 (Arnold Kantor) 作为双方代表在纽约进行了首次高级别会晤。之后，北韩和IAEA于同年1月30日签订了《核安全措施协定》并于4月10日起生效。

但是，IAEA通过1992年5月25日～1993年2月6日进行的6次临时核检查发现，北韩实际钚提取量高于申报量。虽然IAEA提出访问有关保管再处理后核废弃物的未申报可疑设施，但是遭到了北韩方面的拒绝。1993年2月25日，IAEA通过了对北特别视察决议案，对此，北韩宣布进入准战时状态并向联合国安全理事会提交了NPT退出公函。最终，北韩发射了芦洞1号（火星）中程弹道导弹。

为扭转危局，1993年6月2日北韩外交部副部长姜锡柱和美国国务院北核特使罗伯特·L·加卢奇(Robert L. Gallucci)分别代表北韩和美国在纽约进行了第一次高级别谈判。其结果是，北韩暂时保留NPT退出决定，并协议召开后续会谈。同年7月14日在日内瓦举行的第二次会晤中，围绕用轻水反应堆替代石墨减速反应堆的方法进行了讨论。之后的12月29日，双方在纽约进行实务性接触时发表了接受核视察协议。

于是，从1994年3月3日至14日，IAEA开始实施了针对可疑核设施的视察。但因北韩拒绝IAEA的采样要求，所以只有增建再处理设施的事实得到了证实。对此，IAEA理事会审核通过了对北制裁决议案，北韩宣布正式退出IAEA。为解决相关问题，1994年6月15日至18日美国前任总统吉米·卡特 (Jimmy Carter) 对北韩进行了访问。之后，美国和北韩又召开了两次第三次高级别会议。[2] 1994年10月21日，美国和北韩签署了“日内瓦协议”，协议规定，以美国向北韩提供重油和建设轻水反应堆为条件，冻结石墨减速反应堆及相关核设施。为履行协议事项，1995年3月9日韩半岛能源开发组织（KEDO）成立。

签订日内外协议后，美国与北韩关系重复着改善与恶化的交替。当时对金昌里

2) 第一次会议因1994年7月8日金日成去世而暂时中断，约一个月后的8月5日重新召开。第二次会议在1994年9月23日至10月17日举行。

地下核设施的怀疑与接受视察，轻水反应堆置换延期导致日内瓦协议撤销警告及轻水反应堆主体工程开工，由于对北制裁放宽措施而推迟导弹试射等，这些都使美国和北韩当局如履薄冰。即便如此，2000年7月27日美国—北韩外长会议及北韩人民军总政治局局长赵明禄访美促使双方在2000年10月12日发表了“美国—朝鲜共同公报”等，两国之间的对话从未间断过，由此可见，两国谈判取得了相当大的进展。

然而，2001年1月21日就任美国总统的乔治·沃克·布什对北采取强硬措施，导致形成“强对强”对峙局面。2002年布什总统指控北韩为邪恶轴心，美国国防部在《核态势评估报告》中将北韩纳入可先发制人使用核武器的对象国之列。而且，将北韩指定为恐怖主义资助国。同年10月16日，美国对北特使、助理国务卿凯利在与北韩外务省第一副相姜锡柱进行会晤后不久称，北韩已承认利用浓缩铀（HEU）秘密进行核武器开发的事实。至此，双方关系急速恶化至冰点。

2002年11月13日，美国国家安全委员会宣布中断对北重油援助，12月12日北韩即刻对此做出反击，发表了《解除核活动冻结宣言》，从12月22日开始落实核活动冻结解除措施。12月31日，北韩将IAEA核查团成员驱逐出境，并于2003年1月10日再次宣布退出NPT。结果，布什总统于2003年2月7日宣称可能会对北韩采取军事行动。

为了阻止不断恶化的局面，中国政府通过积极调解，促成了一种新形式会议即六方会谈的召开。在2003年8月21日召开的第一轮六方会谈中，美国要求北韩先实现无核化，而北韩则主张“同时行动”原则下的一揽子解决方案。在2004年2月25日第二轮六方会谈中，虽然双方都表达出了和平解决核问题的意愿，但是在同年6月23日进行的第三轮六方会谈中，“口头对口头”、“行动对行动”成了会议主基调。7月2日，在印尼雅加达举行了美国—北韩外长会议，然而随着7月9日北韩拒绝美国特使赖斯所提出的利比亚模式弃核方案，会议最终无果而终。

2005年1月20日布什政府进入第二任期，然而局面并未好转。2月10日北韩发表“拥核”宣言并宣布无限期中止参加六方会谈。对此，6月29日美国以涉嫌大规模杀伤性武器扩散为由冻结了北韩企业在美国的活动资产。为谋求对话，美国—北韩六方会谈首席代表金桂冠和克里斯托弗·希尔(Christopher Hill)通过积极接触，宣布7月9日重启六方会谈。

第四轮六方会谈分两阶段会议，即2005年7月26日～8月7日进行的第一阶段会议和9月13日～19日进行的第二阶段会议，此阶段会议通过了具有重要意义的9·19共同声明。9·19共同声明的核心内容是，北韩放弃所有核武器与核开发项目，回归NPT·IAEA，作为相应的补偿，同意北韩重启轻水反应堆及协商和平协议签署事宜。然而，就在声明发表的第二天即9月20日，美国将汇业银行(BDA)指定为帮助北韩洗钱的优先怀疑对象，于是BDA宣布停止与北韩的所有银行交易，这使得北核问题仍悬而未决。

在2005年11月9日召开的第五轮六方会谈第一阶段会议上，北韩强烈反对美国强迫BDA所做出的对北韩交易禁止措施。双方为解决这一问题，同意进行双边会晤，并于2006年3月7日针对假币及违法金融交易问题展开了实务性接触。然而，随着5月31日美国宣布正式终止KEDO轻水反应堆项目，北韩便在7月5日即美国独立日之际进行了导弹试射。作为对此事件的应对策略，7月15日联合国安全理事会通过了对北制裁第1695号方案。

美国与北韩之间的心理战并未到此为止。2005年10月3日北韩外务省正式发布了核试验计划，并在6日后实施了核试验。对此，联合国安理会在10月14日通过了第1718号对北制裁案。一方面，同年11月18日在河内召开的韩美领导人会晤中，美方称“北韩弃核之时，便是宣布韩国战争结束之时”，而这一发言成为了当下正在协商中的终战宣言之起点。

2007年12月8日～12日，美国与北韩重启对话机制，召开了第五轮六方会谈的第二阶段会议。会上，北韩要求美国解除金融制裁，其结果，双方召开了BDA实务会议。2008年1月16日～18日，金桂冠与克里斯托弗·希尔通过会晤达成了有关解决BDA问题的协议。之后，在2月8日～13日进行的第五轮六方会谈第三阶段会议中，根据已达成的协议，美国同意解冻北韩存入BDA的1100万美元资金。此次会议非常成功，会上还发表了与9·19共同声明初期履行措施相关的所谓2·13协议。此时，北韩同意履行为期60天的阶段性核设施去功能化措施。

然而，在2008年3月19日～22日举行的第六轮六方会谈的第一阶段会议上，上次会议时已达成的BDA资金汇款日期一被推迟，金桂冠便即刻决定回国。直到6月25日被冻结的资金入账后，北韩才在7月15日关闭了宁边核反应堆。之后，两国在9月27日～ 10月3日召开的第六轮六方会谈第二阶段会议上发表了有关履行9·19共同声明的第二阶段措施，即10·3协议。协议内容包括，北韩需对所有核项目进行申报，禁止核物质及相关技术向海外转移，重新确认美国与北韩的双边关系改善公约等。根据此次协议，从2008年11月开始，北核去功能化工作组多次访问了北韩。

2008年2月26日，纽约爱乐乐团在平壤成功进行了具有历史性意义的公演。这是美国国歌在北韩土地上奏响的激动瞬间。之后，北核无核化过程进行得非常顺利。同年5月8日，北韩提交了宁边核反应堆启动日志，作为补偿，美国向北韩援助了50万吨粮食。6月27日，北韩按照约定提交了核申报清单，并通过媒体向全世界公开了宁边核反应堆冷却塔引爆场面。

但由于2008年7月11日发生的金刚山游客遭枪击死亡事件，美国在8月11日宣布推迟解除对北实施的恐怖主义资助国处置措施。为表抗议，北韩在8月26日发布了宁边核设施去功能化措施中断决定。10月11日，美国最终还是决定实施针对北韩的恐怖主义资助国解除措施，同时，北韩也于翌日即10月12日重启了核设施去功能化工作。然而，双方围绕核采样问题发生了分歧，12月12日美国中断了对北韩的重油援助。

因此，2009年4月5日北韩发射了远程火箭光明星2号，5月25日进行了2次核试验。作为应对性措施，联合国安全理事会于6月12日通过了对北制裁第1874号文件。翌日即6月13日，北韩宣称，他们将通过钚武器化、铀浓缩工程等手段来应对经济制裁，至此，双方陷入对峙局面。之后，为解决北核问题，六方会谈参与国之间虽有过多种接触，但迄今为止都未能使北韩重回六方会谈。

2010年4月6日，奥巴马政府发布了核态势评估报告（NPR），称“将降低核武器在美国安全战略中的作用，但对北韩除外”，这暗示存在对北使用核武器的可能性。在此之后，美国著名核科学家西格弗里德·赫克（Siegfried Hecker）博士在11月9日至13日访问宁边核设施后所写的报告中指出，北韩“有实力生产2吨低浓缩铀和40公斤高浓缩铀”，如今“相当于核扩散危险加大了”，因此，他认为北韩的核实力已达到不容忽视的程度。

为摸索北韩核问题的解决方法，美国前总统卡特在2011年4月25日～28日期间访问了北韩。此后，7月28日在纽约、10月24日在日内瓦分别重启了第一次和第二次美国—北韩高级别对话。但由于12月17日金正日委员长去世，使得对话暂时被推迟，直到第二年即2012年2月29日方才继续双方高级别会议，并签署了“2·29协议”。2.29协议的主要内容是履行9.19共同声明、遵守停战协定、双方关系正常化等。

在执政初期，金正恩委员长为巩固其体制而使用了核武器。在2012年3月16日金日成主席诞辰100周年之际，北韩公布了发射光明星3号的计划，并在4月13日发射了导弹。5月30日，北韩在新修订的宪法中明确表示北韩是“拥核国家”，12月12日又一次发射了远程火箭“银河3号”。

2013年1月23日，联合国安理会通过第2087号对北制裁决议后，北韩不顾这一决议，于2月12日进行了第三次核试验，3月7日联合国安理会通过第2094号对北制裁决议予以回应。为应对这一制裁决议，北韩在3月31日采纳了“经济与核武并进路线”。此后，奥巴马政府一直贯彻落实“战略忍耐”政策，北韩则不断提升核导能力，其实力已经达到可以威胁美国本土的水平。

2016年1月6日，北韩进行了第4次核试验，并于2月7日发射了光明星4号，为此，联合国安理会于3月3日通过了对北制裁第2270号案。同年6月23日北韩宣布成功发射火星10号，8月25日金正恩委员长参观潜射弹道导弹（SLBM）试射，加上9月9日进行的第5次核试验和11月30日联合国安理会采纳的对北制裁第2321号案等，促使形成了北韩和美国“强对强”博弈的局面。

2016年11月9日，唐纳德·特朗普（Donald Trump）当选为第45届美国总统，当时有不少人预测两国关系将会陷入更加艰难的境地。但实际上，特朗普总统于2017年4月11日发布的对北政策总基调是“最大施压和干预”。同年7月，北韩先后两次发射火星14号，8月8日特朗普总统发表了“火焰与愤怒”言论。接着，作为对9月3日北韩进行第六次核试验的报复，9月11日联合国安理会通过了对北制裁第2375号决议。之后，11月29日北韩发射火星15号，并宣布“已实现国家核力量”。对此，联合国安理会在12月22日再次通过了对北制裁第2397号决议，两国关系跌入谷底。

然而，2018年平昌冬季奥运会为相关国家关系大逆转提供了契机。金正恩委员长试图改善与韩国的关系，3月5日还表达了与美国对话意愿。同年3月9日发布了史上首次美国—北韩首脑会晤的消息，美国国务卿蓬佩奥（Michael R. Pompeo）为协调此事，于3月31日和5月10日两次对北韩进行了访问。5月24日，北韩采取措施废弃丰溪里核试验场。

2018年6月12日，北韩领导人金正恩和美国总统特朗普之间的首次历史性会晤在新加坡圣淘沙岛卡佩拉酒店举行。在此次首脑会谈中，美国与北韩的最高领导人达成了新加坡协议，但围绕终战宣言问题展开了激烈较量。7月5日，美国国务卿蓬佩奥第三次访问北韩。虽然第四次访问计划已经成形，但鉴于成果甚微的预判，特朗普总统取消了访问北韩的计划。但通过金正恩委员长的亲笔书信外交，10月7日美国国务卿蓬佩奥成功实现了对北韩的第四次访问。

继2019年1月17日北韩统战部部长金永哲访美之后，1月19日瑞典实务协商、2月6日平壤实务协商相继举行。之后，经过河内实务协商，第二次美国—北韩首脑会晤于2月27日～28日在河内举行。然而，此次会晤因双方未能达成共识而以失败告终。虽然试图通过6月30日在板门店举行的韩国、美国、北韩三国首脑会晤来扭转局势，但由于北韩和美国在完全无核化方式上存在分歧，使得双方协商再次陷入僵局。此外，10月5日在瑞典举行的美国—北韩实务会谈也未能取得积极成果。

截至2019年12月，北韩重启并进行了13次短程弹道导弹的试射。但在金正恩和特朗普两国首脑之间的个人友谊以及不愿放弃两国对话的意志使然下，直到现在，韩半岛上还未出现北韩核试验或ICBM发射等高强度战略层面上的武力示威，处于所谓的“双暂停”状态。

第三节　有关韩半岛和平体制构建的讨论史

随着1950年爆发的韩国战争长期化、胶着化的趋势突显，认为应终结战争的国际舆论日益扩散。1951年7月10日进行了首次停战谈判，直到1953年7月27日才签署停战协定，这意味着漫长的战争暂时落下帷幕。所谓停战协定只是暂时停止战争，并非完全终止战争。

联合国军方面与中国、北韩协商并制定了《停战协定》的第四条第六十款，将战争终止问题推迟到了日后。本协定第四条第六十款规定，“在停战协定签字并生效后的3个月内，分派代表开展政治会议，协商外国军队撤离及和平解决韩国问题等。”根据此条款，从1953年10月26日开始在板门店举行了预备会议，但由于在遣返战俘问题上出现分歧，此次会议没有取得任何成果。1954年在柏林举行的美、英、法、苏四国外长会议上，通过了召开以解决韩国问题等为主要议题的日内瓦会议的决定，根据这一决定，从1954年4月26日至6月15日举行了日内外会议。[3]

日内瓦会谈的核心议题是韩国的统一，当时会议争论的焦点是外国军队撤离和选举方式。虽然南北韩双方在各自立场上均作出了一定让步，但仍难以达成共识。韩方主张中共军单独撤离并按人口比例进行大选，而北韩则主张联合国军与中共军同时撤离并进行同数大选。最终，日内瓦会议在未取得任何成果的情况下发表了将韩半岛问题移交给联合国的共同声明。[4] 由此，旨在“通过统一实现和平”的日内瓦会议以失败告终，而韩半岛问题则被划分为统一问题与和平问题。

1962年10月23日，北韩提议在日内瓦会议后签订和平协定。这一协定并不是代替停战协定的新协定，而是涉及南北韩互不侵犯、美军撤离、裁军提议等内容的协议。而可代替停战协定的和平协定相关提议是金日成首相在1972年1月10日接受日本《读卖新闻》采访时提出的。[5] 到那时为止，北韩所提出的和平协定具有秉持“南北韩当事者主义”、以韩国为对象的特征。

1973年6月23日，金日成主席发表《祖国统一五大纲领》，并直接向美国提出撤军要求，从而促成了“美国、北韩当事者主义”。1974年3月25日出台的美国—北韩和平协定方针是基于韩国并非停战协定签署当事者这一逻辑之上的，换言之，南北韩和平协定被美国—北韩和平协定所替代，这是北韩一直坚持的主张。[6]

---

3) 김보영, 2015,「1954년 제네바정치회담과 외국군 철수 의제」,『군사』95호, pp. 66-72.

4) 심지연, 2001,『남북한 통일방안의 전개와 수렴』, 돌베개, pp. 40-44.

5) 임수호, 2009,「한반도 평화체제 논의의 역사적 경험과 쟁점」,『한국정치연구』제18집 제2호, p. 56.

1977年卡特政府上台后，为履行大选时承诺，试图分阶段撤回驻韩美军，然而此决定一经传出，便引发了与重新评估北韩军事实力相关的争议。在美国国内反对撤军的呼声高涨的情况下，卡特总统选择了通过推进南北韩对话来稳定管理韩半岛问题的方法。为此，美国说服韩国向北韩提议于1979年7月1日举行韩国、美国、北韩三方会谈。[7]

因为北韩不承认韩国作为协定当事者的资格，所以拒绝了该提议，但在1984年，北韩以签订美国—北韩和平协定和南北韩互不侵犯宣言为议题，反过来主动向韩国和美国提出举行三方会谈的建议。不过，从韩国被排除在和平协定签署对象之外的事实来判断，将韩国拉入三方会谈的谈判桌只不过是为促成与美对话而采取的手段而已。美国对此持怀疑态度，于是主张举行以南北韩为主、中美为辅的四方会谈。[8]在1975年和1976年的联合国大会上，美国国务卿基辛格（Henry A. Kissinger）也曾提议过四方会谈。[9]

北韩意识到，想要促成与美对话，就需要让韩国也参与进来，于是在1987年7月23日提出了“先南北韩裁军，后美国撤军”(南北韩裁军和美军撤军并行）的建议，调整了之前的立场。这相当于承认了韩国政府在构建和平体制上的作用，这对卢泰愚总统在1988年10月18日举行的第43届联合国大会演说中首次代表韩国政府向北韩提议和平协定产生了积极影响。而后，北韩在11月7日发表和平保障四原则，对此积极予以响应。[10]

另外，社会主义国家从20世纪80年代末开始衰落，韩国认为这是机会，北韩则认为是危机，因此，北韩开始积极探索南北韩对话。1991年签署的《南北韩基本协议》就是在这样的国际背景下诞生的。北韩决定“在现在的停战状态转变成稳固的

6) 임수호, 2009, 同上文, p. 66.

7) 엄정식, 2013, 「1979년 카터 대통령의 남북미 3자회담 추진과 박정희 정부의 인식」, 『한국정치학회보』 제47집 제1호, p. 255.

8) 신욱희, 2012, 「북미관계와 한반도 평화체제: 역사적 고찰」, 『한국정치외교사논총』 제33권 제2호, pp. 43-45.

9) 김연철, 2013, 「동아시아 질서와 한반도 평화체제 전망」, 『경제와 사회』 제99호, p. 25.

10) 임수호, 2009, 同前文, pp. 72-73.

和平状态之前，遵守现行停战协定”，这在北韩承认韩国为和平协定当事国层面上具有深远意义。[11]

从20世纪90年代初开始，随着北核问题浮出水面，局面发生了转变。这是因为北韩想要通过核开发来提高对美协商能力，从而与美国签订和平协定。北韩制定这一战略的决定性因素是韩苏建交与韩中建交。在中国、北韩、苏联北方三角同盟关系解体的情况下，韩美日南方三角同盟却仍存续。虽然北韩一直坚持要求与美国对话，但是与美国接触的可能性甚是渺茫，于是北韩便亮出了“核牌”。

北韩利用通过日内瓦协议解决第一次北核危机时所建立的与美对话渠道，要求签署和平协定。继1994年4月28日建议美国构建新的和平保障体系之后，1996年2月22日又主张在签订和平协定之前先签订临时协定。[12] 2000年10月12日，北韩总政治局局长赵明禄访问华盛顿，发表了包括全面改善美国北韩关系、用和平保障体系代替停战协定等内容在内的《美国与北韩联合公报》，双方关系取得了积极进展。

但是，2001年对北强硬派布什政府上台后，北韩和美国围绕核问题不断持续着对立与协商。根据2005年发表的9·19共同声明，美国同意“就韩半岛永久和平体制问题进行协商”，次年在河内举行的APEC峰会上，美国首次提及以北韩弃核为前提的终战宣言成为现实的可能性。[13] 2007年签署的《10·4宣言》也涉及以构建和平体制为目的的三方乃至四方终战宣言等内容，终战宣言成为了重要议题。

第四节　韩半岛无核化和平体制构建进程

以2018年平昌冬奥会为契机，2018年南北韩关系、美国与北韩关系迎来了大转变。2018年4月27日南北韩首脑联合发表的《板门店宣言》和在新加坡首脑会晤上签

11) 이종석, 2012, 『한반도 평화통일론』, 한울, pp. 115-116.

12) 박영호, 1998, 『미 · 북관계의 변화와 한국의 대북정책 방향』, 민족통일연구원, p. 34.

13) 조민, 2007, 『한반도 평화체제와 통일전망』, 해남, pp. 54-55.

署的《美国与北韩联合声明》均包含构建韩半岛无核化和平体制的内容。板门店宣言之时，文在寅总统和金正恩委员长一致同意在韩国、美国、北韩三方或韩国、美国、北韩、中国四方会谈中讨论和平体制构建问题，可见，围绕是否承认韩国作为当事国的资格问题所产生的双方分歧已然消失。

其实，北韩的关切是在美国和中国的保障下维持国家体制。而这里所谓的“保障”具体包括哪些行为，多少存在一些不够明确的地方。因此，当美国和中国发挥保障者作用时，有必要事先就维持北韩体制的认可程度和方法做充分地探讨。

签订韩半岛和平协定的核心课题是解决北核问题，从这一点上来看，美国与北韩达成协议是最为重要的。因为想要达成与美国的协议，首先得打开南北韩协议这一缺口。可以说，《4 · 27板门店宣言》和《9月平壤共同宣言》属于这一范畴。其中，值得关注的是，作为2018年第三次南北韩首脑会晤的结果，《9月平壤共同宣言》与现存的其他南北韩协议存在很大差异。

《平壤共同宣言》的特点是，围绕韩半岛无核化议题，讨论的是北韩和韩国之间的无核化问题。此前，北韩一直都将北核问题视为与美国之间的问题，不承认韩国作为无核化谈判对象的资格。然而在平壤宣言中，包含了“在相关国家专家的见证下，永久废弃东仓里导弹发射台和发动机试验场”，“如果美国采取相应措施，北韩有意持续采取永久废弃宁边核设施等追加措施”等无核化具体方案。[14]

在2018年9月第三次南北韩首脑会晤上，签署了《履行板门店宣言的军事领域协议书》，并作为平壤共同宣言的附属协议而被采纳。《平壤共同宣言》第一条便涉及到军事领域相关内容，可见，军事领域是平壤首脑会晤的核心议题。宣言第一条规定，“南北韩双方决定，终止对峙地区的军事敌对关系，实质性解除韩半岛全域的战争威胁，从根本上消除敌对关系”。从这一点上来看，《平壤共同宣言》至少在南北韩之间堪称事实上的终战宣言。

宣言第一条第二款中规定，“尽快启动南北韩军事共同委员会，检查军事领域协

14) 김갑식, 2019, 「9 · 19 평양공동선언의 의의」, 『9 · 19 평양공동선언 1주년 평가: 성과와 과제』, pp. 57-58.

议履行情况，并为防止偶发性武装冲突进行实时沟通和紧密协商”。[15] 1991年南北韩发表基本协议书时，虽然双方曾一致同意启动南北韩军事共同委员会，但至今未能实现，而此次重提启动，可谓是双方领导人表达出了实施军事互信具体构建措施的坚定意志。

根据上述内容，虽然可以说南北韩之间已达成了“事实上”的终战宣言，但是包括美国和中国在内的四国之间的终战宣言现阶段还处于可视范围之外。终战宣言之于美国，是对无核化的补偿措施，而之于北韩，则是先于无核化的建立互信的措施。换言之，北韩将终战宣言当作中止核试验和导弹发射试验，以及拆除东仓里导弹发射场等的对应措施，而美国并不将其视为无核化过程。因此，难以消除双方在此问题上的分歧。

由于在无核化时机和方法上存在不同意见，导致南北韩关系及美国—北韩关系至今未能取得预期的突破性进展，仍停留在激烈较量的阶段。自2019年第二次河内美国—北韩首脑会晤之后，双方矛盾再次浮出水面。北韩向美国提议将2019年底定为协商期限，如果美国不拿出新的解决方法，北韩不排除探索“新路”的可能性。2019年10月，北韩在斯德哥尔摩实务工作协商会谈中再次强调过期限问题，但美国未能拿出新的解决方法，错过了时限。[16]

2020年1月，金正恩委员长一反常态地用劳动党全体会议决定相关报道代替了每年依例进行的新年致辞。所幸的是，从2019年开始常被提及的“新路”走得比想象的更为稳健，不像初期所担忧的那样。其实，当时预测的最坏结果是，北韩在2018年之前甚至有可能重回核导弹政策，但并未对此作出直接表态，而是留下了与美国对话的余地。“新路”的核心关键词是“正面突破”，其意思是，如果出现对北经济制裁持续的局面，那么将通过“长期战”坚持到美国取消对北敌对政策为止。如今，因受到对北制裁持续、新冠肺炎疫情严重、水灾及台风灾害等三重影响，北韩正面临着重重困难。如果这些困境长期持续且得不到解决，那么哪怕不是即刻，

15) 박주화 · 윤혜령 편집, 2018, 『한반도 평화체제 및 비핵화 관련 자료집 1』, 통일연구원, pp. 28-29.

16) 전봉근, 2020, 「북핵위기의 데자뷰와 ‘북핵협상 악순환’ 차단 전략」, 『주요국제문제분석』 2020-01, pp. 4-5.

未来也会成为威胁体制稳定性的要因。

特朗普总统对韩半岛无核化的立场依然是现状管理与维持。即，在遏制北韩进行进一步的核试验、洲际弹道导弹(ICBM)与潜射弹道导弹(SLBM)发射等高强度武力示威的同时，对北核问题进行适当管理。也就是说，在美国总统选举之前，不会举行第三次两国首脑会谈，也不会急于解决北核问题，而是维持现状。[17]

韩美当局有必要用非政治话题维持与北韩的关系。目前，有必要支援北韩抗击新冠肺炎疫情并使之成为维持关系的适宜契机。此外，与北韩的医疗合作乃至医疗支援属于人道主义范畴，既少有政治负担，又行之有效。其实在2020年3月22日，北韩中央通讯社以北韩劳动党中央委员会第一副部长金与正发表谈话的形式公开了特朗普总统给金正恩发来亲笔信的事实。[18] 特朗普总统通过亲笔信表达出与北韩共同防控新冠肺炎疫情的合作意愿。

再列举一个类似的例子。1984年北韩向韩国发出水灾援助提议时，韩国之所以选择接受并提供援助，是因为有必要改善南北韩关系。根据2018年签署的《9.19平壤共同宣言》协议规定，南北韩当局为预防传染性疾病的流入及扩散，有必要加强包括紧急措施在内的防疫及保健、医疗领域的合作。[19] 因此，韩国也应亟需考虑与北韩的防疫合作、保健合作等。

第五节　韩半岛无核化和平体制构建与北韩体制发展

在构建韩半岛无核化和平体制之后，或者在此过程中，我们应该探究北韩体制的变化与发展。在构建韩半岛无核化和平体制的过程中，或许会产生北韩体制框架下的政治与经济发展新模式。社会主义体制下的改革开放模式可以参考曾引发过诸

17) 이무철, 2020,『KINU 한반도 동향 2020년 2월』, 통일연구원, p. 12.

18) 김여정 당중앙위원회 제1부 부부장 담화, 2020. 3. 22, "미국 대통령이 보내온 친서는 조미 두 수뇌분들 사이의 특별한 개인적 친분관계를 잘 보여주었다", 조선중앙통신.

19) 황나미, 2020,「북측의 감염병 대응실태와 남북협력」,『KDI북한경제리뷰』제22권 제2호, p. 32.

多讨论的越南模式和中国模式。这些借鉴有助于探索北韩式改革开放的路径与方向。

和平体制的构建涉及诸多方面，其中，对外关系领域的课题是恢复与敌对国家的正常关系。在构建韩半岛和平体制和北韩改革开放过程中，最重要的课题就是改善美国与北韩的关系。众所周知，越南和中国都是在实现与美国关系正常化的过程中推进改革开放政策的，因此，他们的成功案例为北韩式改革开放方向的探索提供了诸多启示。

越南的经济革新（doimoi）政策之所以能够在1986年之后得以持续推进，是因为越南与美国关系改善趋势从上个世纪80年代初开始一直持续到了90年代。[20] 作为恢复与越南关系正常化的条件，美国在1981年提出了越南军队撤出柬埔寨、送还美军遗骸等要求。此后，双方协议及其相关条款的履行促成了1989年越南军队撤离柬埔寨、1991年协议设立越南一美国遗骸送还相关的调查事务所等。1993年美国放宽了美国企业对越南的投资限制。1995年1月两国就互设联络事务所达成了共识，同年7月，对外宣布了外交关系正常化。

通过改善与主导国际经济及金融秩序的美国之间的关系，越南获得了更多来自美国的海外投资。从20世纪90年代初开始，政府开发援助（ODA）和外商直接投资（FDI）开始流入越南。同时，在90年代中期，越南实现了扩大出口、加入亚太经合组织（APEC）、享受贸易最惠国待遇等。之后，越南终于在2006年加入了世界贸易组织（WTO），成功挤进了名副其实的国际经济体之列。

一方面，越南改革开放的历史给美国与北韩关系及北韩体制改革开放带来几点启示。首先，敌对国家之间的关系正常化和构建和平的过程是长期工程，不可一蹴而就。对改善越美关系的探索，从20世纪80年代初开始到1995年宣布外交关系正常化为止，历经了长达约15年的时间。自2018年以来，召开两次的美国与北韩首脑会谈可以说是两国关系改善的开始。虽然不会像越南一样需要那么长的时间，但仍亟需

20) 越美关系改善及越南改革开放相关内容参考이교덕，1998，『미국의 대중 · 대베트남 관계정상화 과정 비교: 북 · 미관계 개선에 대한 함의』，민족통일연구원; 권경희，1996，「베트남－미국 관계정상화 과정에 관한 연구」，『국제정치논총』 36권 1호等。

有关实现两国关系正常化的中长期计划。

其次，有关双方需要在安全及经济资产方面均作出让步和妥协。从20世纪80年代后期到90年代初期，越南军队撤离柬埔寨和美国放宽本国企业对越投资的管制等都是促进两国关系改善的重要因素。从安全资产层面上，将越南驻军撤离与北韩弃核不能等同视之。但重要的是，越南撤军与美国解除制裁的过程是分阶段协议并执行的。同理，有关韩半岛无核化和解除对北制裁的一揽子协议及阶段性履行行为将推动美国与北韩关系的改善乃至北韩体制的开放，而在此过程中，韩国的作用将会愈发重要。

最后，越南当局对改革开放的意志积极坚定，且持续贯彻落实了相关政策。除了致力于改善两国关系之外，越南政府对于改革开放的一贯立场成为了世界银行或亚洲开发银行等对越加大ODA资金投入的“利好”因素。基于此，跨国企业对越南的FDI有所增加。得益于这些因素，从1991年至2006年间，越南的GDP增长了7倍。近来，金正恩委员长正逐步推进“分组管理制”、“经济开发区”等改革开放政策。但是，要想使该政策转变为实质性成果，不仅要确保一贯性，还要并行推进安全危机的解决和与美国关系的改善。

另一方面，中国的改革开放过程和越南相似，也是在恢复与敌对国家美国关系的同时并行推进的。[21] 始于1970年的中美高层接触在1971年出现了良好势头，如美国人访问中国、美国乒乓球代表队访问中国、解除经济制裁，年末中国加入联合国等。1972年2月，美国总统尼克松访华促成了两国首脑会谈，两国还就开设联络事务所达成了协议。中美当局之间所积累的相互信任成为了始于1978年的中美建交谈判的催化剂，同年12月中美建交，1979年初两国互设大使馆。

中国的改革开放始于1976年。当时，邓小平在谈话中强调，“社会主义制度优越性的根本表现，就是能够允许社会生产力以旧社会所没有的速度迅速发展，使人民不断增长的物质文化生活需要能够逐步得到满足”[22]，即通过发展生产力来实现经济

21) 有关中美关系改善及中国改革开放的内容参考서보혁，2008，「북한과 미국의 관계정상화에 관한 비교연구」，『국제정치논총』48권 2호；이교덕，1998，『미국의 대중·대베트남 관계정상화 과정 비교：북·미 관계 개선에 대한 함의』，민족통일연구원 等。

增长，这一经济发展基调一直延续至今。1987年，赵紫阳认为中国的社会主义体制正处在“社会主义初级阶段”，并反复强调要发展落后生产力。20世纪90年代之后，邓小平在南巡讲话中强调的“生产力决定论”逐渐发展成了“市场决定论”，从而进一步扩大了最初所推进的改革开放论范畴。

中国改革开放模式给北韩体制变化以重要借鉴。例如，对外关系层面的对美外交及与美国关系正常化、基于经济改革层面的劳动力市场灵活化、国有企业所有权与经营权分离等诸多方面，中国的相关经验对北韩的启示意义重大深远。

首先，中国共产党为了推进宏大的改革开放政策，果断地对共产党进行了改革。直到邓小平时代，党总书记的权力和地位具有垄断性，后来才转变成中央与地方分权结构。此外，因为各机构和主要负责人之间的权限被分配出去，使得党总书记不能再轻易干涉全国人民代表大会委员长和国务院总理的工作。[23] 也就是说，虽然没有动摇中国共产党在整个国家—社会关系中的统治地位，但是在党内部“一人统治的体制”宣告终结。为了满足体制改革开放过程中出现的需求、确保改革开放的灵活性，北韩当局应该考虑修改劳动党内部指导原则和集体主义指导原则。

其次，中国的改革开放在初期阶段带有浓厚的以政府为核心的自上而下（top down）性质，但越是往90年代后期走，自下而上（bottom up）倾向即一般国民参与性就越发明显，出现了经济与社会领域改革与一般国民的选择范围不断扩展的现象。同样，北韩当局也有必要将改革开放范围扩大至社会基层，为了确保稳定性和可持续性，不仅需要以当局为中心，还需要扩大可以让居民作为主体进行自下而上式参与的幅度。

北韩的未来蓝图就是发展成为基于第四次工业革[24] 飞跃战略、智慧城市、智慧电网等的一种新的全球模范创新型国家。所谓第四次工业革命是指基于电子技术和IT技术的第三次工业革命产物与经济实现融合的一种技术革命。[25] 因此，有必要通过

22) 이희옥, 2009, 「중국의 이데올로기: 이념과 현실」, 『현대 중국정치론』, 박영사, pp. 78-79.

23) 조영남, 2012, 『용과 춤을 추자: 한국의 눈으로 중국 읽기』, 민음사, pp. 219-227.

24) 北韩将第四次工业革命称为“新世纪工业革命”。

25) 第四次工业革命标相关内容参考임을출, 2019, 「북한의 4차 산업혁명: 대응전략, 추진방식과 성과」, 『동

探索实现发展与变化，帮助北韩实现将目前产业部门的发展水平跨越至一两个阶段，从而迎接第四次工业革命时代的到来。

金正恩委员长在塑造年轻有为的领导人形象的同时，为了发展北韩的落后经济，对第四次工业革命给予了高度重视。金正恩时代的北韩正在试图实现从现阶段到工业4.0的一次性飞跃。为推动经济发展，北韩有必要高效利用有限的资源，并为此必须掌握尖端技术。

北韩当局重点关注的尖端技术涉及信息（IT）、纳米（NT）、生物产业（BT）等领域。金正恩委员长曾多次强调要把北韩建设成为科学技术强国。目前，北韩通过融合被称为第三次工业革命基础的信息通信技术（ICT）与基础工业、轻工业、农水产业、金融等各产业部门的方式，积极推进第四次工业革命。现阶段，"第四次工业革命"的提法在北韩还未得到普及，而是由机械与计算技术结合而成的智能化机床，即CNC成为了代表北韩第四次工业革命的用语。

如果和平体制得以构建，北韩的改革开放如愿正式启动，那么韩国与北韩之间的经济合作模式也将发生质的变化。如果说之前南北经济合作侧重于劳动密集型委托加工行业，那么今后应主要促进技术密集型产业上的合作。当然，这并不意味着将劳动密集型产业排除在南北经济合作领域之外，而是意在通过分析北韩方面所强调的尖端技术、CNC等的重要作用以及如火如荼进行中的第四次工业革命现状，并据此开展有针对性的经济合作。

作为北韩的另一个发展战略而备受瞩目的是智慧城市建设。所谓智慧城市是指，为提高城市竞争力和生活质量，利用建设、信息通信等的融复合技术来构建城市基础设施，并以此为基础提供多种城市服务的可持续发展城市。作为问题解决方案的智慧城市，它的提出是为了解决在传统城市化过程中伴随出现的环境污染、交通堵塞等问题。简单来说，智慧城市建设包括数字化→网络化→管理实时化→一体化→智慧化五个阶段。智慧城市建设是不仅在发达国家，在很多发展中国家也在推进的课题。[26] 可以说，智慧城市与第四次工业革命密切相关，因此，北韩若能同时实施

아연구』 38권 2호.

这两个战略，将会产生协同效应。

北韩具有利于实现城市智慧化的巨大优势。第一，作为智慧城市建设前提的现有基础设施拆除费用低。由于现有基础设施的建设水平低，有利于构建新的基础设施。第二，基于劳动党的政策执行能力迅速且有效。第三，土地补偿费用低，使得建设费用也相对较低。第四，不拘泥于项目短期性，可以立足长远来构建理想城市模式。第五，几乎不存在市场及产业既得利益主体的抵抗。[27]

与第四次工业革命一样，韩国与北韩合作推进智慧城市建设才是明智之举。这是因为韩国已经掌握了建设智慧城市所需的所有技术。北韩之前所指定的5个经济特区及22个经济开发区[28]具备诸多智慧城市开发的便利条件。因此，韩国应积极参与其中并主导北韩的改革开放，同时，通过引导美、中、日、俄等国际社会参与，助力北韩迈向拥有国际水准的模范智慧城市化建设。

第六节　结 语

随着美中霸权竞争加剧，东北亚局势动荡不安。而韩半岛正处于其直接影响范围之内。维护韩半岛和平之所以迫切，是因为存在这样一个不稳定的外部环境。可以说，2018年～2019年堪称韩半岛活力被载入世界史册的重要时刻。在此期间，长期处于敌对关系的北韩和美国领导人举行了两次首脑会谈，同时，韩国与北韩领导人之间的会晤也多达四次。在构建韩半岛无核化和平体制的征程上，仍存在诸多亟待

26) 사진환, 2019,「북한 스마트시티 관련 기술 동향과 전망」,『북한포커스』, p. 7.

27) 민경태, 2018,「남북경협의 새로운 방향 모색: 스마트시티 광역경제권 구상」,『KDI북한경제리뷰』2018년 10월호, pp. 32-33.

28) 目前，经济特区包括开城工业园区、元山－金刚山国际旅游区、黄金坪－威化岛经济区、罗先经济贸易区、新义州国际经济区共5个。经济开发区共22个，包括恩情尖端技术开发区、江南经济开发区、鸭绿江经济开发区、清水旅游开发区、青南工业开发区、肃川农业开发区、满浦经济开发区、渭原工业开发区、新坪旅游开发区、松林出口加工区、康翎国际绿色示范区、现洞工业开发区、惠山经济开发区、茂峰国际旅游特区、兴南工业开发区、北青农业开发区、清津经济开发区、渔郎农业开发区、稳城岛屿旅游开发区、庆源郡经济开发区、卧牛岛出口加工区、镇岛出口加工区。

解决的课题。

我们在前面共同回顾了韩半岛无核化和平体制问题的发展历程。北韩为应对与美国僵持不下的敌对关系、社会主义圈的崩溃以及经济状况严重恶化等国内外环境恶化的情况，一直致力于开发核武器。于是，北韩与美国、北韩与韩国关系因北核问题进一步恶化，形成了恶性循环。反过来，正是由于北核问题，才使得北韩、美国两国首脑重回谈判桌，面对面探讨和平体制问题。

1953年签订的停战协定至今仍界定着北韩与韩国、美国的关系。有关停战协定升级到和平协定的尝试，也已有过数次。实际上，和平协定谈判涉及当事者问题，虽然北韩要求与美国直接进行谈判，但美国并不愿意承认北韩为谈判对象。直到双方为解决北核问题而在谈判桌上相见时，才得以面对面地讨论和平体制问题。

韩半岛无核化与和平协定的签署是密不可分的，相当于硬币的两面。美国和北韩在无核化与和平体制建立形式、性质、顺序等问题上存在分歧，为此，双方的较量从未停止，而且仍在蔓延。即便美国主导的严厉的对北制裁至今仍在强力实施中，北韩的核力量仍具威胁性。

就重要性而言，南北韩关系排在美国—北韩关系之后，如果后者没有进展，那么前者便很难推进。一直以来，堪称汽车前轮的美国—北韩关系止步不前，导致相当于后轮的南北韩关系也几乎难以改善。即便如此，也不能被动地等待美国与北韩关系的发展，而是应该积极探索不违反对北制裁规定的人道主义合作、有关应对新冠肺炎疫情的公共卫生领域合作、预防性合作以及人道主义层面的多种合作。

曾与美国发生过战争的越南和中国通过改善对美关系和实行改革开放，取得了令人瞩目的发展成就。不可否认，如今北韩的状况和当时的越南、中国并不相同。而且，强调主体地位的北韩不会照搬越南和中国走过的老路子，而是会摸索出所谓的“北韩模式”。但也不排除创造北韩特色鲜明的改革开放模式的可能性。

目前，金正恩委员长正在积极推进科学技术重点发展政策。通过北韩版第四次工业革命，试图领先时代潮流发展步伐。韩国志在引领全球第四次工业革命，也具备这种能力。因此，在这种背景下，南北韩当局应该积极准备在基于北韩式改革开放模式的第四次工业革命领域的合作，并努力取得实质性成果，实现双方关系质的飞跃。

参考文献

권경희, 1996, 「베트남-미국 관계정상화과정에 관한 연구」, 『국제정치논총』, 36권 1호.

민경태, 2018, 「남북경협의 새로운 방향 모색: 스마트시티 광역경제권 구상」, 『KDI 북한경제리뷰』, 2018년 10월호.

조영남, 2012, 『용과 춤을 추자: 한국의 눈으로 중국 읽기』, 민음사.

김갑식, 2019, 「9 · 19 평양공동선언의 의의」, 『9 · 19 평양공동선언 1주년 평가: 성과와 과제』.

김보영, 2015, 「1954년 제네바정치회담과 외국군 철수 의제」, 『군사』, 95호.

김여정 당중앙위원회 제1부부부장 담화, 2020. 3. 22, 「미국 대통령이 보내온 친서는 조미 두 수뇌분들 사이의 특별한 개인적 친분 관계를 잘 보여주었다」, 조선중앙통신.

김연철, 2013, 「동아시아 질서와 한반도 평화체제 전망」, 『경제와 사회』, 제99호.

박영호, 1998, 『미 · 북관계의 변화와 한국의 대북정책 방향』, 민족통일연구원.

박주화 · 윤혜령편집, 2018, 『한반도 평화체제 및 비핵화 관련 자료집 1』, 통일연구원.

사진환, 2019, 「북한 스마트시티 관련 기술 동향과 전망」, 『북한포커스』, KDB미래전략연구소.

서보혁, 2008, 「북한과 미국의 관계정상화에 관한 비교연구」, 『국제정치논총』, 48권 2호.

신욱희, 2012, 「북미관계와 한반도 평화체제: 역사적 고찰」, 『한국정치외교사논총』, 제33권 제2호.

심지연, 2001, 『남북한 통일방안의 전개와 수렴』, 돌베개.

엄정식, 2013, 「1979년 카터 대통령의 남북미 3자회담 추진과 박정희 정부의 인식」, 『한국정치학회보』, 제47집 제1호.

왕선택, 2013, 『북핵위기 20년 또는 60년』, 선인.

이교덕, 1998, 『미국의 대중 · 대베트남 관계정상화 과정 비교: 북 · 미관계 개선에 대한 함의』, 민족통일연구원.

이무철, 2020, 『KINU 한반도 동향 2020년 2월』, 통일연구원.

이종석, 2012, 『한반도 평화통일론』, 한울.

이희옥, 2009, 「중국의 이데올로기: 이념과 현실」, 『현대 중국정치론』, 박영사.

임수호, 2009, 「한반도 평화체제 논의의 역사적 경험과 쟁점」, 『한국정치연구』, 제18집제2호.

임을출, 2019, 「북한의 4차 산업혁명: 대응전략, 추진방식과 성과」, 『동아연구』, 38권 2호.

전봉근, 2020, 「북핵위기의 데자뷰와 '북핵협상 악순환' 차단 전략」, 『주요국제문제분석』, 01.

조민, 2007, 『한반도 평화체제와 통일전망』, 해남.

조민 · 김진하, 2014, 『북핵일지 1955~2014』, 통일연구원.

황나미, 2020, 「북측의 감염병 대응실태와 남북협력」, 『KDI북한경제리뷰』, 제22권 제2호.

第十二章

北韩与中国边界：合作与管制交融的空间

朴钟哲 _ 韩国庆尚大学社会教育学系教授

第一节 导论

边界研究是边界政治学（border politics）的核心主题。所谓边界政治是指与多个主权国家相关的各种行为者围绕边界（即边境）或以此为媒介所发生的所有行为和相互关系。传统意义上的边界政治主要议题包括因移民、观光、领土纷争和战争等的差异而产生的分裂、对立及冲突。然而，经过不断发展与演变，如今的边界政治学早已超越这些传统领域，开始研究其对异质化的生活方式、文化、制度及交流等的变化所产生的影响。由此可见，边界这一概念既表示“象征地区划分的国界”，也代表“具有合作共存桥梁作用的边境”。[1]

在边界地区，时常弥漫着基于相互关系的正常接触与对差异的过度反应（over-reaction）；当遭遇矛盾冲突时，它会升级为“憎恨”心理下的“仇恨犯罪（Hate Crime）”；有时不顾“基于友谊的盛情”，形成一个对边界另一边存在的差异推断为敌对关系的“我们的一体化假想共同体”。曾受外来势力侵略的韩半岛和中国大陆的人们对现代国民国家衍生出的边界概念的理解是基于“战争与仇恨”这一历史记忆的。对韩国人而言，非军事区(DMZ)是韩国光复后因民族分裂和战争而人为设置的具有军事目的的、全世界最大的重武装地带。此外，DMZ由外国军队驻扎管辖，因此，不可靠近之地的意识在韩国人当中可谓是根深蒂固。在开城和金刚山作为旅游区对外开放之前，南北韩之间的连接渠道仅限于航空和船舶，使得韩国人缺乏对陆上边界概念的理解。随着进入现代国民国家时代，边界的概念变得更加清晰明确，国家与国家之间也人为设定界线，形成了国家边界。此时，国家关系越恶劣，边界管控就会越严格，越强调断绝关系；国家之间越友好，就会越倾向于灵活的边界管理，越注重交流。例如，根据以欧盟（EU）国家为主要成员的《申根协定》，外国人一旦获准进入“申根领土”内，即可在协定签字国领土上自由通行。曾爆发过战争的中越、中俄边界虽长期被封锁，但现在却大幅简化了出入境办理手续。[2] 笔

1) 이종석, 2017,『북한ー중국국경: 역사와 현장』, 세종연구소, pp. 150-16.

2) 笔者在调查北韩与中国、中国与越南边境的同时，于2018年8月、2019年11月分别访问了越南谅山省

者接触第一次跨越欧洲、东南亚、北韩与中国等多个陆地国境线的韩国人后了解到，他们当中的大部分人觉得“原来韩国如同一座孤岛”，在中国眺望北韩之地的韩国人伤感噙泪的画面，也经常可以看到。

众所周知，中国与14个国家接壤，是世界上邻国最多的国家。[3] 中国陆地边界线总长度为2.2万多公里，迄今仍存在不少有边界争议的谈判。而中国边境居民主要是少数民族，因此，这里还是一个民族矛盾涌动的区域。新中国成立以后，在不断追求所谓“中华”、“汉族”等新的国家认同感的同时，边境地区却频发政治暴乱，在中国人心里打上了敏感地区的烙印。中国东北地区与韩半岛边界由鸭绿江、白头山（中国称长白山）、图们江组成，总长为1334公里。其中，鸭绿江是与辽宁省丹东市相连的敏感地区。而图们江则位于中国朝鲜族主要聚集地—延边朝鲜族自治州，与北韩、中国、俄罗斯相连，其下游约15公里是北韩与俄罗斯边界。[4]

虽然朝鲜和满洲相互接壤，但受到地形、气候因素的影响，即鸭绿江、图们江以及地势险峻的白头山阻碍了双方交流，使他们在自然、文化、历史、经济等领域呈现出不同的发展轨迹。从朝鲜后期开始，朝鲜—清朝边境方才得以开发，而日本帝国主义开发边境的目的则是为了侵略中国大陆并更有效地掠夺。虽然满洲边境是被清朝封禁的偏远地区，但却出现了区域一体化现象。鸭绿江地区的道路、铁桥及港口等建设，水丰水电站等电力资源，被用作枕木的丰富的林产资源、茂山铁矿及阿吾地煤矿所产的煤炭等，都有利促进了当地工业化进程。当时，这一地区还出现了频繁的边境移民现象，除了侵略目的之外，朝鲜平安道和咸镜道的农民为了生计，还有朝鲜南部的商人、农民以及抗日战士等也跨越国境移居到了满洲地区。在此背景下，满洲与朝鲜北部成为了战备工业基地。甚至在解放后，此工业区在中国国共内战和韩国战争过程中发挥了重要作用。如今，北韩 · 中国边境在金正恩时代

和中国广西省一边的“凭祥－同登－谅山经济合作区”。

3) 中国认为不丹是西藏的一部分，并不承认它是一个国家，并从1959年开始不标记不丹。因此，中国将陆上边境国家标记为14个。

4) 北韩 · 中国边境设有14个由桥梁连接的河流通商口岸与1个陆路通商口岸（吉林省安图县双目峰－两江道三池渊市新武城），北韩与俄罗斯边境设有1个河流通商口岸。

的对外关系中发挥着“生命线”作用，尤其是在平昌冬奥会结束以后，南北韩关系的改善为双方重启贸易与观光领域交流注入了活力。因此，在当前国际采取对北制裁的局势下，此边境地区作为了解北韩内部情况的核心议题而备受关注。基于这一问题意识，本研究将以解放后的北韩 · 中国边境地区的居民交流和贸易等为主线，着重阐释交流与管制方面的变化。换言之，从解放至今，北韩与中国边境其实经历了紧张、对峙、断绝往来或交流等复杂过程，但本论文将重点选择双方交流、移动最为频繁的时期进行相关研究。

第二节　民族矛盾引发的移民潮：反右派斗争与文化大革命[5]

新中国成立以后，中国边界并不明确，西藏、乌苏里江、新疆等地的边境冲突持续不断。1956年2月，新疆中苏边界附近、北韩、缅甸等均发生了边境冲突。1962年4月至5月，新疆塔城、伊犁接连发生暴乱事件，约5.6万名当地居民越过哈萨克斯坦国境到达了苏联境内。对此，毛泽东认为，这是赫鲁晓夫利用大跃进运动时期的经济困难和大饥荒意图加剧中国内部混乱局面的一种阴谋。[6] 而且，在西藏十四世达赖喇嘛逃亡到印度后，中印关系变得扑朔迷离。终于在1962年10月20日，两国军队在边境上发生了武力冲突，中国人民解放军甚至占领了印度控制下的拉达克(Ladakh）地区。同年12月，中国政府单方面宣布停战并撤回了军队。在此过程中，赫鲁晓夫提出和平解决此次事件，明显维护印度的立场。而金日成则批判印度尼赫鲁政府为侵略者，表示支持中国对印度的军事行动。[7] 因此，对中国而言，边界问题不仅涉及与苏联、与其他周边国家的关系，还与中国内部的民族问题密切相关。

一方面，1962年签订的《北韩与中国边界条约》和1964年签订的《北韩与中

5) 笔者修改完善了「문화대혁명 초기 북중관계와 연변 조선족」,『민족문제』, 63호와「중국의 민족정풍운동과 조선족의 북한으로의 이주」,『한중사회과학연구』36。

6) 박종철, 2011,「중소분쟁과 북중관계(1961~1964年)」,『한중사회과학연구』, 제9권 제2호, 통권 20호.

7) 조선중앙통신사, 1963,『조선중앙연감』, pp. 193-194.

国边界协定书》的核心内容是，长白山天池的归属问题及与之相关的图们江发源地确认问题。[8] 围绕实地考察相关问题，双方决定根据边界条约的协议内容设立中国 · 北韩边界联合委员会，并于1963年1月初在平壤举行了第一次会议。[9]

同一时期，社会主义国家之间的矛盾与内部斗争加速促成了边界条约的签署，也因此出现了民族迁移潮流。此外，中国人民志愿军撤离所产生的影响也不容小觑。中国撤军导致北韩国家安全出现空白，战后重建人员大幅减少。于是，北韩政府开始积极鼓励在日本、中国、苏联、东欧和蒙古等国的北韩留学生、孤儿乃至已适应当地生活的朝鲜人归国。在此过程中，北韩与各国政府、红十字会等国际组织进行了国际协商，从20世纪50年后期到60年代初，回归北韩的在外同胞人数累计达数万名。

另一方面，中国政府在20世纪50年代后期与60年代后期分别发动了反右运动和文化大革命，因受到当时民族矛盾的影响，在华朝鲜族大规模迁徙回到了北韩。然而从20世纪60年初期到中期，他们当中的一部分人再次迁回了中国东北。中国为了牵制苏联，与北韩维持友好关系，即便是在大跃进背景下的三年困难时期和文化大革命初期国力衰退的情况下，仍向北韩提供了大规模的经济援助。在同一时期开展的整风运动过程中，中国政府针对在华朝鲜族出台了有关自由选择中国国籍的措施。而北韩也在1956年八月宗派事件前后，在朝鲜劳动党内部掀起了要求持有苏联党和朝鲜党双重党籍的人士整理党籍的整风运动。于是，两国所面临的经济困难和整风运动致使人口大规模迁移和再迁移。1956年宗派事件之后，北韩 · 中国关系恶化，北韩要求中国撤回中国人民志愿军，使得北韩国家重建人力短缺。为解决这一问题，北韩便开始开展千里马运动以及鼓励在日本、中国、苏联和东欧等国家或地区的侨民、留学生、战争孤儿等回国的归国事业。[10] 简言之，在韩国战争之后，在

8) 中国 · 北韩边境会晤和协议签订过程虽然比较明确，但目前在中国可查的所有资料中，还没有提及边境会晤具体内容和结果的资料。边境相关条约签署内容参考 沈志华，2012，「중 · 북 국경문제 해결'에 대한 역사적 고찰(1950~1964)」，『아태연구』，제9권 제1호.

9) 1962 年外交部同朝鲜驻华使馆交涉情况简报(1962年外交部与驻华北韩大使馆交涉情况简报)，外交部档案馆，106-00644-02，第61-63页；“国务院办公厅大事记编写组”，1991，《中华人民共和国中央人民政府大事记》第8卷(未刊)，第169页。

边界概念仍模糊不清的情况下，大规模中国人民志愿军撤离北韩回国，加上居民大规模往复流动，促使两国在边境地区的交流越发活跃。

1959年3月3日，新华社《内部参考》报道了北韩在跃进（千里马运动）过程中所显现出的劳动力不足问题。当时，北韩报道称，“推进机械化，广泛动员妇女。重组城市机构，下放干部到农村，平壤一些机构转移劳动力的最高比竟达50%”。[11]

1958年11月，金日成访问北京，与毛泽东、周恩来等中国主要领导人进行了会晤。苏联驻平壤大使普扎诺夫的日记中记载，1958年11月末至12月初，两国就第一批中国朝鲜族迁移回北韩问题在金日成的提议下达成了协议。同时，双方还进行了与韩国战争期间由中国抚养的两万多名战争孤儿归国事宜相关的谈判。1958年5月3日，北韩对外文化联络协会委员长许贞琡率领代表团访华，双方就1958年6月至9月战争孤儿回国事宜达成了一致意见。[12]

这一时期，从中国向北韩的迁移行为加剧了边境地区的混乱局面。1960年至1962年期间，在两国边境地区甚至开始横行走私等非法行为。

1961年1月至1962年5月，非法越境进入北韩的朝鲜族约为5.5万名，相当于朝鲜族人口总数的5%。其中，吉林省约达2.6万名，辽宁省达2.2万多名，黑龙江省约有7000名。[13] 另据其它资料显示，从1961年3月到1962年3月20日大概一年期间里，入境北韩的延边地区朝鲜族多达2.5435万人，占延边自治州总人口的4.3%。[14] 同一时期，累计共有1.297万户，即5.2014万朝鲜族人口迁移到了北韩。其中，有1/3人口分别前往北韩的黄海南道、黄海北道和平安南道农村居住，剩下的2/3则被安排到了工厂。[15] 当时，在社会主义国家中具备经济建设参与能力的熟练工严重匮乏，如若迁移

10) 박종철, 2015,「문화대혁명 초기 북중관계와 연변조선족」,『민족문제』.

11) 1959년 3월 3일, “1959년에 조선의 약진(跃进) 규모,”『内部参考』2719기, pp. 19-20.

12) 1958年10月29日，“毛泽东主席接见志愿军代表团”，刘金质、杨准生主编(1994, 927-956); 中共辽宁省委党史研究室，丹东抗美援朝纪念馆(2000, 352-379)。

13) 中国外交部档案，118-01026-01，第13-20页；이상숙，宋文志，2012，「1950~1960年대 조선족의 북한 이주와 북중 협력」. 再次引用『북한연구학회보』제16권 1호。

14) 中国外交部档案，118-01028-04，第76-85页；이상숙，宋文志，2012，再次引用上文。

15) 中国外交部档案，118-00777-01，第43-48页；이상숙，宋文志，2012，再次引用上文。

至北韩的中国朝鲜族人数中的2/3确实被安排到了工厂，那么不难推断，大多数移民不是农民，而是工人等。

1961年春天也曾出现过东北朝鲜族大规模非法越境行为。北韩在其边境各地设立接待站，鼓励中国朝鲜族非法越境，并为他们提供了工作岗位。

1961年5月，中国公安部和外交部将此等事实上报给了中共中央外交部，并建议为确保边境地区的社会稳定，应根据“中国与北韩关于处理非法越境人员的协议”规定与北韩进行谈判，中方计划先由中国驻北韩大使乔晓光与北韩外相协商，要求北韩对此采取相应措施。6月6日，中方向乔晓光下达了如下指示：“针对朝鲜族偷越边境之事，理应在内部另作详细报告，然而我们的基本立场是先不采取外交手段，而是在中国内部稳住他们。朝鲜为越境者设立接待所是无可厚非的。加上如今我们与朝鲜的关系还算融洽，因此，没必要过分执着于朝鲜族越境问题，也不用去吉林调查相关情况。”[16]

针对堪称知识分子和熟练工的大学生越境北韩之事，文化大革命初期的延边农学院（现更名为延边大学农学院）战斗队主张，“从1949年到1964年，延边三所高校（相当于韩国的大学）所培养的3200多名毕业生中，已有1640人‘背叛祖国’，去往北朝鲜。尤其是在大跃进运动失败导致严重经济困难之时，逃亡现象极为严重。而1961年至1965年期间，从延边各地叛逃至外国的人数竟多达2.8万人。1961年，整个自治州仅三个月就有400多名党员和党员干部逃离”。以位于鸭绿江区域的辽宁省丹东地区为例，1957至1966年期间，非法越境到新义州的人数达2.5589万，其中，被发现后返回丹东的人数有1.1044万之多，而从北韩移交到中国的人数也有4198人。[17]

毛泽东时期的整风运动以中苏社会主义路线为斗争背景，在中国国内具体表现为政治上的左倾化和经济上的大跃进运动。这一时期的北韩与中国关系虽因1956年八月宗派事件走向了对立，但随着1957年中苏矛盾浮出水面而得以恢复。[18] 在此过

16) 沈志华, 2012, 「중·북 국경문제 해결에 대한 역사적고찰(1950~1964)」, 『아태연구』.

17) 堀田幸裕, 2011, 「中朝関係の緊密化とその突態」, 『北朝鮮體制への多層的アプローチ : 政治·經濟·外交·社會』, 日本國際問題研究所, p. 59.

程中，北韩、中国和苏联就撤回中国人民志愿军事宜达成协议，但北韩内部战后重建人力资源短缺的问题随之涌现出来。为缓解人力短板，北韩推行了千里马运动和海外同胞归国事业这两大人力资源动员举措。至此，与国际共产主义运动一道，中国和北韩内部的民族主义氛围分别被推向了高潮。不幸的是，北韩强迫海外归国人员甚至在华朝鲜族选择民族归属。对此，在朝鲜族社会开始兴起“多祖国论”，将北朝鲜视为民族母国、第一祖国。对此，中国当局加强了对朝鲜族的区别对待。在反右派斗争氛围下，表现为地方民族主义的朝鲜族民族意识成为了被批评的对象。于是，向北韩迁移成为了中国朝鲜族社会体现民族主义的一种运动、一种热潮。

在这种局势下，《内部参考》从民族整风运动层面持续报道批判了朝鲜族的地方民族主义。中国、苏联和北韩经过协商达成一致，从1959年开始朝鲜族正式迁往北韩，同时，还有不少非法入境北韩的朝鲜族。1959年至1962年正是北韩鼓励在日朝鲜人等海外同胞归国的时期，也是强制要求在苏联和东欧的北韩留学学生及战争孤儿等集中归国的时期。而朝鲜族的向北韩迁移潮也主要集中在这一时期。新华社内参与中国外交部档案资料分析结果显示，“中国内部的民族整风运动和朝鲜族的民族意识是导致朝鲜族向北韩迁移的诱因之一”。

1963年，中国共产党中央委员会对朝鲜族的迁移政策作出了修改，其背后是中国政府对中苏冲突、北韩 · 苏联矛盾及其相关的北韩 · 中国关系变化等诸多因素的考虑。同时，在全国范围内整顿整风运动和反右派斗争所留混乱局面的过程中，中国共产党对北韩和朝鲜族的政策发生了改变。虽然中国当局鼓励朝鲜族迁往北韩，但迁移趋势却有所下滑。[19]

有史以来，延边地区本就存在汉族、朝鲜族和满族之间的潜在民族矛盾，20世纪50年代后期的整风运动和文化大革命使得这一矛盾爆发出来。延边朝鲜族自治州以朱德海、赵南起等朝鲜族领导人为核心，在周恩来等领导人的支持与协助下，一直维持着良好社会秩序。但随着毛远新直接介入延边文化大革命，民族矛盾在红色

18) 이종석, 2010, 「중소의 북한 내정간섭 연구: 8月 종파사건」, 『세종정책연구』 제6권 2호.

19) 박종철, 2015, 「중국의 민족정풍운동과 조선족의 북한으로의 이주」, 『한중사회과학연구』.

恐怖下一触即发，演变成了武力冲突。从此，北韩与中国边境线上的民族迁移与再迁移行为接连发生、不断发酵。从中国回到北韩后，有不少人看到北韩恶劣的经济、政治形势，便又迁移北韩，重回中国。[20]

在北韩与中国之间发生人口移动的过程中，在日朝鲜人归国事业间接催生了中国东北和日本之间的物资交流。归国在日朝鲜人所携带的日本帝国主义时期先进物品通过北韩清津、元山等主要的东海岸港口流入北韩各地。不仅如此，朝鲜族和华侨将各种日本二手物品通过北韩·中国边境带入境，在吉林省和辽宁省地区销售。而曾经历过满洲国生活的边境地区居民恰好熟知日本帝国主义时期的优质产品。[21] 因此，东北边境甚至成为了日帝信息和物品通过北韩进入中国的空间。

第三节　基于边境贸易的南北韩、中国合作

一、假借探亲名义的走私贸易

中国改革开放以后，在北韩边境地区也开设了不少集市。1981年9月，经国务院批准，开始发展北韩·中国小规模贸易，1983年还重启了通过鸭绿江“中朝友谊桥”的平壤—北京国际列车。1984年，中国国务院发布“边境小额贸易暂行管理办法”以后，北韩华侨以及在华有亲朋关系之人的走私贸易越来越活跃。以边境小额贸易为例，一般居住在距离边境20公里以内的居民经两国政府批准，可在开放地区或集市上进行基于规定范围内金额或数量的交易。据估算，1970年北韩华侨约达7000多人，主要居住在平壤、新义州等地。[22] 反右派斗争和文化大革命初期，北韩居民歧视华侨及那些与中国沾亲带故之人，称他们为“东北家”。鉴于严重的歧视行

20) 박종철, 2015,「문화대혁명초기북중관계와 연변조선족」,『민족문제』.

21) 정은이, 2009,「재日 조선인 귀국자의 삶을 통해서 본 북한 체제의 재조명: 재日 탈북자의 증언을 중심으로」,『아세아연구』, 통권 137호.

22) 中国中央民族大学的“211工程边境贸易研究”中引用了非公开资料，内容显示，北韩华侨为8000名以上，居住在丹东的华侨达7000多名。

为，拥有中国亲友的北韩人自认为是被歧视对象，便自行隐藏了身份。然而在改革开放之后，他们却产生了优于北韩居民的自我意识。从1984年开始，向中国审批探访亲友正式程序的北韩人明显增加。1986年8月12日，北韩国家安全保卫部和中国公安部签署了“关于在边境地区维护国家安全和社会秩序的工作中相互合作的议定书”。中国边民以包袱商、农民、探亲及小企业等相关贸易与边民互市贸易形式开始了与周边国家的贸易交流并实现了快速发展。在两国边境上，地区居民凭借探亲名义进行小规模贸易，而朝鲜族、华侨、北韩人等包袱商则从事基于物物交换形式的小规模贸易。居住在北韩的华侨通过小规模贸易，不仅具备了经济实力，还提高了曾被视为歧视对象的华侨和“东北家”的地位。而且，他们中的相当一部分人从北韩迁回了中国。改革开放以后，不仅是华侨，就连北韩边民也因经济原因涌入了中国朝鲜族聚居地。[23] 1991年12月，北韩当局设立罗先经济贸易区，为边境地区开放作了积极准备。

二、韩中建交以及南北韩、中国三方合作桥梁

韩中建交前后，韩国贸易商、游客、传教士、民间团体和信息交易者等对延边、丹东、白头山等边境一带的访问日益频繁，呈现出繁荣景象。韩国人雇佣多数懂韩语的朝鲜族和少数汉族，开展三方贸易。在此过程中，北韩 · 中国贸易中心从延边转移到了丹东。1996年中国国务院发布了边民互市贸易优惠政策，对外贸易经济合作部赋予丹东的部分企业对北韩小额贸易经营权，使丹东边境贸易实现了25%的年增长。而韩国贸易商则以中国为媒介，实现了南北韩贸易在水产业、林加工业、林产业等领域的蓬勃发展。而后，得益于金大中政府出台的“阳光政策”，加速促进了从事南北韩贸易的韩国贸易商进军丹东的速度。[24] 尽管北韩发展缓慢，但并未阻碍北韩 · 中国边境发展成为南北韩和中国三国贸易交流的重要空间。直到20世纪

23) 박종철, 2009, 10,「중국과 북한수교 60년: 긴장과 관계회복의 역학」, 성균관대 동아시아학술원,『동아시아브리프』.

24) 박종철, 정은이, 2014, 12,「국경도시 단동의 건설과 발전에 관한 연구」,『사회과학연구』, 경상대사회과학연구원. 32집.

90年代中期，中国对北韩民间贸易仍集中在与北韩有亲朋关系的有限的“少数人”，且其规模与包袱商走私贸易相差无几。然而一方面，始于民间的包袱商贸易长期以来所经历的反复失败与困难，反而成为了相关亲戚朋友们掌握对北韩贸易信息、网络、经验教训等的良好契机。进入90年代中后期，韩国人与汉族在对北韩贸易中举足轻重的作用开始凸显出来。即便他们在资本或技术方面比探亲访友式贸易商更具优势，但因语言等高贸易壁垒，难以轻易涉足对北韩贸易。因此，他们雇佣中国朝鲜族或北韩华侨等“亲朋”相关人或与这些人合伙经营。这时，所谓的“亲朋”相关人不局限于简单的口译工作，还充当人脉、信息及经验等的提供者和联络北韩的桥梁作用。另一方面，20世纪90年代中期以后，丹东地区的水上、海上走私贸易开始横行蔓延，这时，汉族鹊起成为了对北韩贸易的主体。然而，随着90年代后期韩国的对北韩贸易商涌进丹东，北韩 · 中国贸易发展成为所谓的三国贸易新模式。尤其是，韩国人充分利用进口北韩产产品可免征关税的制度优惠，在对北韩贸易领域占得优势。[25]

20世纪90年代苦难行军时期，北韩工业运转率估计值仅为20%左右，约达20～30万名的大规模脱北者（大部分为经济难民）徘徊于边境地区。其中，只有少数人得以移居到韩国或西方国家。若从边界范畴来评价，可以说苦难行军是移民、贸易重组与发展的过程。他们在中国东北地区，尤其在延边朝鲜族自治州流浪，成为了引起地区社会混乱的诱因，也成为中国外交的一大难题。此外，毒品等诸多非法交易给边境地区的社会稳定造成了相当程度的威胁。

苦难行军后，朝鲜族、华侨等以丹东、新义州和平壤为中心积极从事贸易活动，为北韩市场注入了活力与生机。当时的新义州对丹东经济的依赖程度日益加深。据悉，中国产物品在北韩市场销售物品中的占比竟高达90%。中朝友谊桥对两国陆路贸易的贡献率也高达70%～80%。苦难行军后，两国贸易额持续增加，从2000年至2009年，约增加了七倍。北韩对华贸易依存度也从1999年的22.4%增加到了2009年

25) 박종철, 정은이, 2014 하반기, 「중국의 대북한무역에 관한 연구」, 『통일문제연구』, 제26권 2호, 통권 제62호.

的52.6%，除去韩国的贸易贡献率，则高达78.5%。21世纪初期，北韩通过与丹东地区的正式和非正式贸易交流，摆脱了饥饿。同时，在活跃北韩市场的过程中，通过提供商品，为北韩市场化进程做出了积极贡献。[26] 如前所述，两国民间贸易在20世纪90年代中后期出现了从水上、海上贸易到走私贸易的扩展性变化。众所周知，丹东不仅与北韩陆地接壤，还隔江海相望，因此，具备良好水上运输条件的丹东成为了走私贸易盛行之地。[27] 在中国，国务院所指定的一类口岸（口岸：边境枢纽）有辽宁丹东、吉林图们和珲春等50多个，此外，还有由各省和自治州指定的二类口岸。

其实，在边境居民流动过程中，常常还混杂着脱北者，不仅如此，因为人权团体或宗教团体等的介入导致出现了利用在华西方外交设施集体脱北的现象。此过程被播出以后，北韩和中国受到了国际人权团体的强烈谴责。于是，中国政府对激发此等矛盾的罪魁祸首一边境地区和脱北者加强了管制力度。经历韩中建交和苦难行军后，北韩与中国的边境局势从交流转变为管制，不仅在部分区段设置了铁丝网，还在边境地区驻扎了边防部队。

进入到21世纪，中国的边境贸易额仅为总贸易规模的1%左右。中国主要出口生活用品等工业制品，并从贸易对象国中进口煤炭、铁矿石、农水产品等初级商品。由于之前的边境贸易属于小额贸易，所以主要结算方式是人民币现金交易或物物交换，但2005年以后，随着边境贸易规模的扩大，银行结算比例不断增加。于是在2004年，中国与北韩签订了“关于边境地区相互贸易的银行结算协定”。[28] 随着中国边境贸易人民币结算的发展，出现了人民币经济区规模化现象，在北韩边境地区也出现了同样的现象。当时在平壤，美元、日元和欧元等虽仍为强势货币，但新义州、满浦和惠山等边境地区加入了人民币经济区。

进入21世纪后，随着苦难行军的艰难局面得到缓解，边境也在一定程度上趋于

26) 박종철, 정은이, 2014. 12,「국경도시단동의 건설과 발전에 관한 연구」,『사회과학연구』, 경상대사회과학연구원.

27) 박종철, 정은이, 2014 하반기(제26권 2호, 통권 제62호),「중국의 대북한무역에 관한 연구」,『통일문제연구』, 평화문제연구소.

28) 베이징사무소, 2006,「중국의 국경무역 현황 및 향후 전망」,『해외경제포커스』, 제2006-15호, 4월.

稳定。丹东的经贸中心区从日帝时期开始开发的鸭绿江铁桥延伸到了东港地区，高层建筑以鸭绿江畔为中心拔地而起。相反，新义州虽曾发展成为北韩最大贸易城市，但从苦难行军之后到2005年前后，除了市中心酒店、商场、新义州青年站等极少部分城市建筑之外，夜间可见灯光的地方少之又少。为破解新东北现象，相关部门积极推进了作为东北振兴计划和长吉图开发规划一环的交通基础设施建设，截至2010年，中国交通欠发达的两国边境地区已实现交通设施全覆盖。2002年和2005年分别开通了丹东—沈阳、丹东—大连的高速公路，2004年则新设了丹东—平壤国际长途大巴专线。

三、“5·24措施”后，汉族掌控韩国、中国、北韩贸易

金正恩在继任北韩领导人过程中采取的核试验等军事冒险主义和韩国保守政党坚持的对北韩强硬路线，对北韩 · 中国边境产生了一定影响。2010年出台的“5·24措施”也不例外，促使韩国、北韩、中国贸易被重组洗牌。“5·24措施”是李明博政府为中断除开城工业园区以外的所有南北经济合作而出台的措施，导致投资北韩内陆的许多韩国企业破产。这些企业将其经营管理中心设在了丹东、延边、北京等地，但因受到“5·24措施”的限制，无法开展南、北韩与中国三方贸易。南北经济合作一被中断，中国企业，尤其是北韩华侨开始掌控相关经济活动。其中，崭露头角的大多是在韩国企业已熟悉掌握三国贸易机制的朝鲜族、汉族和北韩华侨等。出台“5·24措施”之前还多达数千名的丹东韩国城内韩国企业家开始减少，到2015年左右已降至100名以下。

2010年以后，来自浙江等地区的南方企业家替代韩中建交后从事贸易行业的华侨、朝鲜族等，成为了韩国、中国、北韩三国贸易活动的主体。事实上，居住在丹东的大多数朝鲜族、北韩华侨都是以贸易为目的移居到丹东的，因此，他们并没有强大的人脉关系网。虽然可以说他们是在丹东开拓对北韩贸易的先驱者，但不论是人际关系还是资金实力，都远不及辽宁省或丹东本地土生土长的汉族。换言之，他们总归难以摆脱利用与北韩语言和文化上的同质性来为南北韩贸易或者汉族与北韩人之间的贸易牵线搭桥的中间人人设。

南北韩关系在金大中政府出台以后得到了活跃发展，在丹东的韩国人得益于北韩产商品可免税出口韩国的关税优惠政策，在对北韩贸易中占得先机。但在2010年施行“5·24措施”以后，不仅取消了制度优惠，而且还进一步加强了针对南北经济合作的限制，促使从事对北韩贸易活动的韩国人和贸易规模大幅缩减，韩国人在对北韩贸易中的作用几乎消失。韩国人在其所开拓的北韩 · 中国贸易和南北韩贸易中的地位逐渐被汉族所替代。[29]

从地区上来看，辽宁省丹东主导对北韩贸易。2011年丹东统计年鉴显示，2010年丹东贸易总额为30亿美元[30]，其中对北韩贸易占三分一以上。根据2011年辽宁省年鉴，这一规模相当于对北韩贸易的60%。[31] 鉴于丹东地区非正式贸易高达正式贸易数倍的事实，北韩对丹东的依存度高于统计值。[32]

北韩经济通过21世纪初的调整期，在金正恩政府上台后迎来了经济复苏局面。得益于此，即便是在核试验引发北韩与中国矛盾的背景下，两国边境地区的北韩企业家、劳务人员、餐厅从业人员等的规模仍得以快速增长。此外，赴新义州、满浦、南阳、罗津等地旅游的中国跨境游客也有所增加。随着北韩建设业、运输业、通信、畜牧业、农业及林业等领域的创新发展，相关物品在丹东海关周边大型商店里的销售产生了直接影响。在苦难行军时期，两国边境作为威胁国家体制的空间而受到了监视与管制，而金正恩执政初期，边境则变成了交流与管制并存的空间。例如，曾被中国边防军粘贴禁止拍照与观光标志牌的受管制地区，如今开放成为观光、贸易之地，是中国商人拍照留念和运营游艇的交流空间。在2015年以后，新义州一带15层以上的高层建筑多达数十座，夜间也明显明亮了起来。同时，在新义州、满浦、元汀里、南阳等边境城市新设建了海关、公路和铁路等基础设施。[33] 图

29) 박종철, 정은이, 2013, 「중국의 대북한무역에 관한 연구」, 『통日문제연구』

30) 同年丹东贸易总额为29.2581亿美元，对北贸易约占丹东贸易总额的三分之一。(《丹东年鉴》，2011，第308页。)

31) 2011年，出口额为6亿美元，进口额为4亿美元。

32) 当地人对非正式贸易和正式贸易的立场，单纯取决于“是否记入海关账簿”的问题。外人对走私的认识和当地人对作为当地手段的非正式交易的认识有很大差别。

33) 中国 · 北韩产业基础设施相关研究参考以下内容。小川雄平，2019，「國境と東北アジアの地域協力」，

们江地区在经历2016年洪灾以后进行了住宅楼、公共行政机关建设等大规模重建工作。丹东和延边地区的交通基础设施也在不断得到完善，不仅在2015年开通了丹东一沈阳、丹东一大连的高铁，而且新鸭绿江大桥也已于2014年下半年竣工（预计2020年下半年开通）。此外，第一届中国 · 北韩商品展览会于2012年在丹东召开。

如前所述，“5·24 措施”以后，韩国不仅取消了南北韩间接贸易过程中对韩国人的优惠政策，而且加强了相关管制，导致对北韩贸易商规模大幅减少。在2005年前后，浙江等中国南方地区的汉族以大规模资本投入的方式开始参与对北韩贸易，并快速掌握了韩国人所开拓的贸易渠道。换言之，“5·24 措施”导致韩国贸易商在南北韩贸易中没落，却为中国汉族企业家开拓北韩贸易与投资这一处女地奠定了基础。值得一提的是，汉族企业家并不局限于单纯地向北韩进出口商品的一般贸易形式，而是通过企业对企业贸易模式，直接投资对北贸易伙伴所掌握的北韩党政军内部创外汇生产基地。2001年至2010年期间，中国的大企业投资大规模资本涉足桥梁、港口、茂山矿产等基础设施建设，却出现了大规模亏损。尽管如此，仍根据中国政府方针持续投资。他们甚至还投资北韩房地产和金融（图们江开发银行）领域。图们、珲春、和龙、丹东等边境地区的国际开发园区内劳务人员在以数千名的规模增加。[34]

北韩在2017年进行第六次核试验并发射火星15号导弹以后，联合国安理会加强了对北制裁力度，而中国作为联合国常任理事国，也积极参与了制裁活动。不仅是中国政府，就连普通民众也对北韩的行为表示愤怒，北韩形象因此严重受损。然而，随着2018年北韩与中国、韩国和美国的双方首脑会晤的成功实现，北韩在中国国内的形象有所改善。得益于此，两国边境地区的房地产价格上涨，北韩观光和产业考察也有所增加，边境地区变成了交流的空间。

改革开放以后的20世纪和21世纪初期，东北地区的落后局面，即“新东北现象”一直未曾得到改变。不仅如此，与北韩接壤的中国边境城市也处于落后状态。

『福岡大學商業論叢』.

34) 박종철, 정은이, 2014,「중국의 대북한 무역에 관한 연구」,『통일문제연구』.

为加快落后地区的开发进程，在少数民族聚居的边境地区设立了政治经济开发区，即边境经济合作区，并在此地区推进基础设施建设，向入驻企业提供税收优惠政策等。与北韩接壤的边境城市中，辽宁省丹东市、吉林省珲春市与和龙市三地设有国家级边境经济合作区。除此之外，还设立了地方级经济开发区，丹东—新义州的新鸭绿江大桥、罗先—圈河的新图们江大桥、集安—满浦大桥、长白—惠山的长惠大桥等八座桥也在整修当中。这些举措的目的是活跃落后边境地区经济、提高对北韩的影响力等。

第四节　韩半岛和平进程以后，旅游业合作与正式贸易的缩减[35]

一、平昌冬奥会后所采取的与对北制裁相悖的解决方法

从金正恩接班人时期开始，习近平就对金正恩给予了亲切关怀与帮助。在2009年第二次核试验以后，胡锦涛—习近平领导班子对接班人时期金正恩的援助从未停止过。然而，2014年至2017年进行的第三次～第六次核试验导致两国关系的对立程度达到了极限。而2018年平昌冬奥会以来，金正恩四次访华与习近平一次访北使两国关系进入了历史最好时期。即便如此，在北韩与美国进行无核化谈判过程中，安理会的对北决议案仍然有效。围绕此问题，双方提出了相悖的对北制裁缓解方案，而两国关系在2018年新加坡会晤之后仍处于僵持状态。尤其是在2月河内会谈破裂之后，习近平不动声色的干预态度备受瞩目。尽管国家安全事务助理博尔顿已于9月被解雇，但美国依然坚持博尔顿在新加坡会晤时提出的利比亚模式，还强调“先弃核后补偿”的立场。与此相反，正如崔善姬副相在接受采访时所说的那样，朝鲜提出无核化谈判与缓解制裁并行，即主张减少相互威胁因素。然而，解决方案难以达成一致意见，致使韩国·北韩、美国·北韩关系僵局陷入了长期化的泥淖。在中美

35) 박종철, 2019,「책임 대국의 품격과 동맹에 대한 인도주의적 협력 사이의 딜레마: 시진핑의 '관광교류'라는 새로운 접근법」,『성균차이나브리프』, 7권 4호.

摩擦因贸易摩擦、香港示威等而不断升级的情况下，习近平既坚持作为负责任大国应遵守安理会决议并维护美国与地球村秩序的立场，同时又表现出理解“先缓和制裁，后无核化”的北韩态度。即，习近平大胆采取了表面上看起来自相矛盾的政策—赞同美国加强制裁力度，也认同北韩要求缓和制裁的主张。在贸易摩擦、香港示威等中美经济摩擦逐渐演变成政治、军事对立的情况下，北韩的地缘政治地位再次受到关注。对习近平而言，若北核协商陷入僵局，北韩如同冷战、中苏冲突时期的“烫手山芋”，咽也不是，吐也不是。河内会谈破裂之后，为推进北韩与美国的核谈判进程，习近平克服负责任大国与同盟国之间的两难抉择，提出了从贸易制裁向强化非贸易领域合作方向倾斜的新的解决方案，对北韩·中国边境产生了重大影响。

“5·24措施”和国际社会加强对北制裁后，中国占据对北贸易总量的90%。与2017年相比，2018年北韩·中国贸易约减少了80%，可见，安理会决议案对参与正式活动领域的制裁效果非常显著。2017年的出口额与进口额各约为3.5亿美元，到2018年分别减少至7000万美元以下。但问题是，贸易统计数据并不能体现出非贸易收支和北韩内部自主生产增量。不仅如此，非正式贸易额通常比中国海关发布的贸易收支额高出好几倍。

美中两国就对北贸易制裁是否成为无核化动力的问题各持己见。以博尔顿为代表的保守派认为，贸易制裁能迫使北韩进行对话，成为无核化动力，因此，只有加强制裁力度，才能促使对话取得进一步进展。中方认为，一旦开启对话，就必须要建立互信基础，像炸毁丰溪里这样的无核化措施，应从一定程度上相应地放宽制裁。这一点可以用中国外交部部长王毅的“双暂停”和“双轨并行”来概括。中俄认为，美国强硬派所坚持的立场将会加重北韩经济危机，进而引发其体制危机，同时，美国强硬派的战略还会引发北韩安全危机，而这些反而会成为北韩开发核武器的诱因。

二、北韩·中国个别观光现状

在中国举办的学术会议上，笔者曾有过几次与北韩学者交流北韩与中国、北韩与俄罗斯经济合作相关内容的宝贵机会。他们强调，无核化、安全保障、解除制裁和相应经济措施之于北韩、中国、俄罗斯经济合作，既是挑战，也是机会。朝鲜社会科学院经济研究所经济学者们称，“最根本的经济问题是国际制裁，若不解决制裁问题，又如何恢复互信”。中俄相关人士主张，“我们无法相信金正恩委员长和特朗普总统的无核化意志。因此，为了使韩国、朝鲜、美国三方实现完全无核化，中国与俄罗斯在竭力营造氛围。”在边境所遇见的边民们认为，习近平主席和普京总统所主张的旅游合作方案是解决美国与北韩之间矛盾的折中方案。也就是说，这一中俄战略的目的是，在维持联合国安理会贸易制裁的同时，通过非贸易领域的交流，为金正恩坚持无核化注入动力。

联合国安理会的对北决议案着眼于“贸易中心”地位，而中俄领导班子则从经济领域出发，提出了所谓非贸易交流的新的解决方案。在国际收支中，除了最具代表性的贸易领域之外，劳务人员汇款业务和旅游业都是其重要领域。俄罗斯沿海州和中国东北劳动力短缺导致相关地区经济衰退，但在与北韩劳务输出需求的互补作用下，该地区反而出现了劳动力增加的现象。据悉，当召开首脑会晤等可传递和平信息的重大事件时，劳动力增加趋势更为显著。此外，赴北韩的中国游客也大幅增加。北韩人士表示，目前为止，北韩旅游业仍以自然景观为主，因此，相关部门在研究借鉴韩国的人文旅游和具有故事性的旅游产品。

以平昌冬奥会为契机，韩半岛出现了戏剧性变化。在金正恩访问北京后，中国人改变了对北韩的认识。“2017年，金正恩是威胁中国和全球安全的金三胖形象。但如今看来，他只是为对抗美国霸凌而不得不开发核武器的弱国年轻领导人而已。中国领导班子高度评价了金正恩的无核化意志。金正恩访华的前提条件是无核化意志，而他的成功访华正体现了这种意志。

如今，中国责任是对北制裁的重要一环。2017年以后，中国政府未曾明确表示过限制两国人员往来，但却产生了等同于中国政府独立制裁的效果。在河内会晤谈崩后，习近平下达了农业、观光、教育、卫生、体育、媒体、青年、地方等八大领域的交流方针。2020年1月，与笔者交谈的相关人士表示，2019年在华北韩人员多达10万余人，其中有数千名赴华进修人员。北韩人的进修特点是，完成在华进修任务后，中国高级技术人员访问北韩相关机构，对已进修人员进行重新指导。

其实，对大国而言，旅游领域合作如同水龙头，是一种容易向弱国施压的手段。如果一旦判定金正恩缺乏无核化意志，中国政府可以随时关掉水龙头向北韩施压。此外，旅游业不同于贸易领域，主要进行现金交易，因此，其波及效应立竿见影，具有战略武器性质。

三、首脑会晤的大会效应与中国企业的忖度文化

同时，中国企业家在接受采访时表示，正在加大对北韩产业的考察。可以说，这是一种大会效应。我们可以用忖度文化来说明日本政府与企业的关系，即企业事先揣摩政府意图，再主动干预事业活动。据分析，北韩·中国首脑会晤后，为抢占北韩新的潜在商机，尽管当局没有出台正式方针或文件，但企业仍主动研究政府外交政策，积极践行忖度文化。他们还表示，不论制裁与否，与美国有交易往来的企业家均未访问北韩，而以内需为主的中国企业家们则积极考察北韩产业，在制裁局面下虽然无法投资，但仍与北韩各地签署了投资谅解备忘录（MOU）。像新义州—平壤区域，除了北韩和中国以外的第三国进军受限的可能性很大。对此，中国驻平壤外交官们给出了自相矛盾的建议，在向考察平壤的中国企业家们说明“严格限制投资”这一安理会决议案内容的同时，又让他们关注北韩这一充满商机的土地。

他们预测，无核化谈判一旦进入正轨，北韩当局在铁路和公路领域与韩国合作的可能性不大。因为中国政府基于未来潜在价值的判断，才在偏僻的珲春开通了高铁，而政府的最终目标就是实现与北韩的交通连通。图们市负责人表示，期待国家级东北振兴规划在未来实现与一带一路的战略对接，他还补充道，丹东—新义州—平壤、图们—清津区间的高铁建设很有可能参考中国标准。通过这些信息可以感受到，围绕北韩无核化与开放可能性，中国各大边境城市都在暗流涌动，开展实力较量。

在人员往来方面，重点大学、研究机构间的学术交流不断增加。不仅包括平壤的主要大学与北京大学、复旦大学、延边大学（朝鲜半岛论坛、图们江论坛等）等之间的交流，还有许多研究机构积极举办学术会议，推进教授交换、交换生等人才交换项目。察哈尔学会等民间研究所也在主动引进北韩人才。此外，中朝国际电影节、残疾人电影节、《劳动新闻》海外进修等各种社会文化交流也愈发频繁。

北韩·中国首脑会晤以后，出现了房地产价格上涨、游客增加、在华北韩劳动力增加、非正式贸易增加等现象。尤其是在平昌冬奥会以后，赴北韩的火车票、机票曾一度短缺，出现了长时间等待的现象，而且，随着对北韩改革开放的期待值上升，中国企业家们对北韩产业的考察规模也随之增大。不仅在北韩，在中国边境地区也出现了特殊旅游需求。除了中国游客的边境旅游需求之外，北韩·中国边境地区自古以来对韩国游客颇具吸引力。

图们—清津铁路旅游线路很久以前就已开通，北韩铁路当局为了吸引中国游客，在图们—南阳—清津区间运营中国列车。此外，清津军事区也逐渐向民间开放，为解决当地酒店客房严重不足的问题，当地相关部门允许将一定水平以上的住宅改成民宿提供给外国游客，或者可以选择在中国列车上住宿。鉴于这些局限性，清津和七宝山旅游路线虽然备受欢迎，但外国游客在清津的消费量相较于游客数量相差甚远。据悉，有不少图们企业家在罗津开发酒店，但连开放程度最大的罗津也没有针对外国人的房地产所有权与租赁合同相关的明确规定等措施，因此，存在一定投资风险。图们市政府、企业家与北韩中央政府在协商韩国、中国、北韩三方旅游合作计划。为此，于2020年6月，新图们大桥已竣工且完成了沥青路面铺设工程。目前，访问图们的年均游客数量高达100万人次，相关部门也积极探讨行之有效的旅游方案，以吸引游客在图们—南阳滞留更长时间，进而刺激旅游消费、增加旅游收入。作为北韩·中国唯一的陆上边境，安图县双目峰—三池渊市新武城从2018年上半年开始便对游客间歇性开放。这有望为白头山南坡和三池渊市旅游业发展注入巨大活力。2020年6月29日，图们江三角洲地区的货物铁路开始运营。当天下午四点，宽轨铁路从珲春国际火车站出发，经由俄罗斯沿海州，将货物运送到了图们江站。此次，吉林省东北亚海运公司调用了40尺的集装箱和6个集装箱货物列车。

四、受全球新肺炎冠疫情影响，暂停边境业务

笔者在2020年1月访问了丹东、延吉等边境城市。2019年底，金正恩委员长用强硬的语气提到了圣诞礼物，并对韩美协议履行问题表示遗憾。笔者会见的中方相关人士称，“就在年末，即举办韩中日首脑会谈的12月，丹东向北韩提供了大量的粮

食、种子、肥料、农药等物资。在特朗普对北强硬施压的同时，习近平则采取了礼物外交，受此影响，当初既定的商业援助和韩国民间团体的部分对北粮食（玉米）援助均被迫延缓。而且在年底的时候，北韩农业机构还进口了大量物资。”在中国，种子、肥料、农药价格年底最低，但为了应对3～5月播种时节，政府常会临时提高相关物资的价格。在金正日时代，不论农场的需求情况如何，贸易公司都将农业物资以送礼的形式免费提供给农场。然而，到了金正恩时代，个别合作农场可直接前往丹东进口所需物品。

2019年12月22日，北韩劳务人员最终因签证到期（UNSC 2375）而不得不回国，而雇佣他们的不少餐厅也只能暂停营业。然而，对北韩贸易商预测，哪怕是在实施对北贸易制裁的情况下，2020年北韩经济有望实现增长。每到春节期间就会关闭两国边境，但在2020年，1月22日便暂停了边境业务。到了2月，由于新冠肺炎从武汉开始扩散，北韩选择继续关闭边境，并计划3月再重新开放，但因北韩流感肆虐，中国推迟了开放时间。笔者再次采访了1月面见过的对北贸易商及其相关人士（3月28日），与1月时的乐观预期相反，他们担心北韩经济可能会恶化。北韩不仅谢绝了中国政府提供的防疫物资，还拒绝接受来自美国、无国界医生组织等的正式援助。北韩当局禁止了一切正式、非正式国际贸易，甚至宣布将射击接近北韩边境的所有物体。根据卫星观察，北韩的许多船舶停靠在清津、南浦等地，说明物流和交通已中断。新义州与丹东之间的交流活动，除外交官和国际机构等的外交邮袋外，大部分都已被切断。

原计划4月初重新开放边境，但由于中国政府宣布从3月28日起暂时停止所有外国人入境，于是，中国 · 北韩边境继续处于关闭状态。尽管如此，从4月1日起，重启了每天运营十辆以下货车的小规模贸易。从4月15日太阳节开始，金正恩委员长10多天没有公开露面，各国便纷纷猜测金正恩已罹患重病，但中国 · 北韩边境、北京地区等的北韩餐厅（中国人持股）重新开始营业，新鸭绿江大桥等两国产业基础设施建设也在进行之中。北韩 · 中国边境曾因两国政治矛盾被关闭过多次，但因传染病而采取封闭措施的情况极少见，加上地球村经济停滞局面，都会对北韩经济产生一定影响。

第五节 结 论

进入国民国家时代以后，边界概念变得清晰明确。国家与国家之间通过人为设定分界线，划定了国家边界。越是恶劣的国家关系，就越会加强边界管控，越主张断绝关系。反之，国家关系越是友好，就越有利于在柔和的氛围中进行交流。以欧盟（EU）国家为主要成员的《申根协定》规定，外国人一旦获准进入“申根领土”内，即可在协定签字国领土上自由通行。曾爆发过战争的中越、中俄边境虽长期被封锁，但如今已大幅简化了出入境手续。

直到朝鲜后期，朝鲜—清朝边境方得以开发，日帝以侵略满洲为目的开发了北韩·中国边境。鸭绿江地区的道路、铁桥及港口等建设，水丰水电站等电力资源，被用作枕木的丰富的林产资源、茂山铁矿及阿吾地煤矿所产的煤炭等，都有利促进了当地工业化进程。在此过程中，满洲与朝鲜北部成为了支援战争的工业基地，而在解放后，仍属于北韩和中国工业最发达地区。

1949年建交以后，作为社会主义友好国家，北韩人和中国人开始自由往来于两国边境。在国共内战时期，共产党军队人员和物资被转移到两国边境地区，主要公共行政机关和工厂甚至迁到了北韩境内。韩国战争时期也是如此。韩国战争以后，中国通过边境撤回了大量的人力和物资，朝鲜族与华侨也实现了自由通行。20世纪50年代后期发起的反右派斗争和20世纪60年代后期爆发的文化大革命初期，朝鲜族大规模迁移到了北韩，后来又出现了迁回中国现象。1956年8月宗派事件前后，朝鲜劳动党在党内部进行了要求苏联党、朝鲜党双重身份人士整理党籍的整风运动，而且还出台了要求中国朝鲜族选择国籍的相关政策。

韩国战争以来，中国一直都向北韩提供了大规模援助，也积极促进了双方经济合作，即便是在大跃进运动、三年自然灾害和文化大革命初期等困难萧条的情况下，为牵制苏联、维持与北韩友好关系，中国政府还是进行了大规模援助。1959年至1984年，随着在日朝鲜人归国事业（返回北韩）的推进，归国人员所携带的日帝先进物品主要从清津、元山等东海岸港口入境北韩，再由朝鲜族和华侨通过北韩与中国边境将物品带入吉林省和辽宁省销售。在满洲国生活过的人们都非常了解优质的日帝时期物品。

20世纪80年代后期之前，两国边民往来相对自由，朝鲜族、华侨、北韩人等以探亲为由，通过包袱方式进行了物物交换。韩中建交前后，韩国贸易商、传教士、民间团体、情报信息交易者等在延边、丹东一带的往来活动非常活跃。韩国人雇佣懂韩语的朝鲜族和一部分汉族，开展了三国贸易。后来，随着韩中建交，北韩·中国贸易中心从延边转移到了丹东。这一时期，韩国贸易商在水产业、林加工业、林产业等领域实现了繁荣发展。

20世纪90年代中后期，苦难行军导致北韩诸多产业崩溃，据预测，只有约205家正常运转。此外，约有20万～30万大规模脱北者（大多数为经济难民）徘徊于边境地带，但只有其中的少数人有幸逃到韩国和西方国家。在此过程中，还有人权团体或宗教团体等利用外交空间设施帮助他们集体脱北，而国际人权团体则强烈谴责北韩和中国。因此，中国政府加强了对边境和脱北者的管制。经历韩中建交和苦难行军之后，两国边境局势从交流变成了管制，甚至在部分区间设置铁丝网，派遣边防部队在边境驻扎。

进入21世纪后，苦难行军大动乱开始趋于安定。随着2010年“5·24措施”的出台，在边境地区出现了韩国、中国及北韩贸易结构重组现象。除了开城工业园区以外，其它的南北经济合作均受到了制裁，这导致在北韩内陆投资的许多韩国企业面临破产，此外，以丹东、延边、北京为中心进行三国贸易的韩国企业也未能幸免于难。此时，中国企业掌控了南北经济合作中断的部分。换言之，韩中建交以后，韩国企业所开拓的三国贸易成果被中国企业获取，而在韩国企业掌握三国贸易机制的大多数朝鲜族、汉族、华侨等也开始崭露头角。丹东韩国城的韩国企业家在“5·24措施”出台之前多达数千名，如今却减少至100名以下。

经过2010年之后近十年的调整期，金正恩时代的北韩经济迎来了复苏局面，使得两国边境的北韩企业家、劳务人员，餐厅工作人员等大幅增加。随着北韩当局鼓励旅游，丹东—新义州、集安—满浦、图们—南阳、珲春—罗津元汀里等开通公路与铁路的地方，其物流和人员交往规模都在持续增加。北韩建筑业、运输业、通信、畜牧业、农业、林业等领域的创新发展对相关物品在丹东海关周边大型商店里的销售产生了直接影响。在苦难行军时期以管制为主的两国边境在金正恩时代变成了交流与管制并存的空间。令人匪夷所思的是，曾经被禁止拍照和观光的严格管制区域，如今却允许中国商人经营拍照与游船业务。

自2017年进行第六次核试验并发射火星15号以后，不仅是中国政府，就连普通民众也对北韩做法表示愤怒，而北韩形象也大打折扣，甚至公然指责金三胖“闯祸”了的文章在网上泛滥成灾。然而，在2018年平昌冬奥会以后，北韩形象有所改善。两国边境地区的房地产价格暴涨，赴北韩旅游和进行产业考察的规模大幅增加，使该地区成为了交流的空间。中国领导班子在遵守联合国决议案的同时，为了使北韩坚持无核化，通过非贸易领域合作，尤其通过旅游领域合作，为北韩经济发展做出了巨大贡献。2020年，北韩·中国边境因新冠肺炎疫情全球性大流行而被封锁。在此背景下，北韩·中国边境不仅是北韩和中国的陆上连接区域，甚至演变成了连接南北韩、连接北韩与其他国家的空间。

参考文献

박종철, 2009, 10,「중국과 북한수교 60년: 긴장과 관계회복의 역학」, 성균관대 동아시아학술원, 『동아시아브리프』.

_____, 2011,「중소분쟁과 북중관계(1961~1964년)」,『한중사회과학연구』, 제9권 제2호, 통권 20호.

_____, 2015,「문화대혁명 초기 북중관계와 연변조선족」,『민족문제』, 63호.

_____, 2015,「중국의 민족정풍운동과 조선족의 북한으로의 이주」,『한중사회과학연구』, 36호.

_____, 2019,「책임대국의 품격과 동맹에 대한 인도주의적 협력 사이의 딜레마: 시진핑의 '관광교류'라는 새로운 접근법」,『성균 차이나브리프』, 7권 4호.

朴钟喆, 林志豪, 2019,「日據時期韓半島北部地區鐵路」,『高大人文學報』, 4호.

박종철, 정은이, 2014 하반기,「중국의 대북한 무역에 관한 연구」,『통日문제연구』, 평화문제연구소, 제26권 2호, 통권 제62호.

___________, 2014,「국경도시 단동의 건설과 발전에 관한 연구」,『사회과학연구』, 경상대사회과학연구원, 32집.

베이징사무소, 2006,「중국의 국경무역 현황 및 향후 전망」,『해외경제포커스』, 제2006-15호, 4월.

사정원(Xie Dingyuan), 최소영역, 2017,「한국전쟁시기 중국의 대북한 철도지원－전쟁지원에서 건설지원까지」,『대동문화연구』 98권, 성균관대학교 동문화연구원.

이종석, 2000,『북한－중국관계: 1945~2000』, 중심.

_____, 2010,「중소의 북한 내정간섭연구: 8月 종파사건」,『세종정책연구』, 제6권 2호.

_____, 2017,『북한－중국국경: 역사와 현장』, 세종연구소.

정은이, 2009,「재日조선인 귀국자의 삶을 통해서 본 북한 체제의 재조명: 재日탈북자의 증언을 중심으로」,『아세아연구』, 통권 137호.

정은이, 2019,「정상회담의 '컨벤션 효과'와 '무역외수지'」,『온라인시리즈』.

沈志华, 2012,「중·북국경문제 해결'에 대한 역사적 고찰(1950~1964)」,『아태연구』, 제19권 제1호.

과학백과사전출판사, 2008,『중국 동북해방전쟁을 도와』, 평양: 과학백과사전출판사.

조선중앙통신사, 1963,『조선중앙연감』.

堀田幸裕, 2011,「中朝闔係の緊密化とその突態」,『北朝鮮體制への多層的アプローチ：政治·經濟·外交·社會』, 日本國際問題研究所.

小川雄平, 2019,「國境と東北アジアの地域協力」,『福岡大學商業論叢』.

"国务院办公厅大事记编写组", 1991,《中华人民共和国中央人民政府大事记》第8卷(未刊)。

1962年外交部同朝鲜驻华使馆交涉情况简报，外交部档案馆，106-00644-02。
丹东市地方志办公室编，2012,《丹东手册》，丹东市地方志办公室出版。
吕明辉，2013,《朝鲜支援中国东北解放战争纪实》，中国：吉林白山出版社。
刘少奇，"周恩来接见朴成哲谈话记录"，1964年 3月20日，外交部档案馆，109-03909-07。
沉志华，2012,《试论朝鲜战争期间的中朝同盟关系》,《历史教学问题》，第2期。
中共辽宁省委党史研究室，2000，丹东抗美援朝纪念馆。

1959年3月3日，"1959年朝鲜跃进规模",《内部参考》，第2719期。
1958年10月29日，"毛泽东主席接见志愿军代表团"，刘金质、杨准生主编(1994，927-956)。
1959年3月8日，"一个中国国籍朝鲜族小组为了参加朝鲜建设将赴朝鲜朝鲜赴",《内部参考》，2724期。
1961年5月24日，"关于朝鲜族居民越境去朝问题的报告"，中国外交部档案，118-01026-03。
1961年6月10日，"外交部吉林省外办(外3处)秘书裴仁德的《朝鲜族外流情况》报告"，中国外交部档案，118-01026-06。
1961年8月12日，有关中国居民越境去朝鲜问题的外交部回信，中国外交部档案，118-01026-07。
1961年12月2日，"中国国籍朝鲜公民非法越境去朝鲜的情况"，中国外交部档案，18-01026-07。
1959. 03. 27, SD20631, 년 3월 3일 푸자노프일기, АВПРФ, ф. 0102, оп. 14, д. 6, л. 26-64. 조선 57-60. АВПРФ는(Архив Внешней Политики Российской Федерации(러시아외교정책문서보관소).

东北亚和平与韩中关系

历史演变与经验

2021年 12月 20日 第1版 印刷
2021年 12月 20日 第1版 发行

作 者 李熙玉、李成日
发行人 李荣昊
发 行 东北亚历史财团

注 册 第312-2004-050 (2004年 10月 18日)
地 址 韩国首尔市西大门区统一路81 NH农协生命大厦
电 话 02-2012-6065
传 真 02-2012-6189
网 站 www.nahf.or.kr
制作·印刷 东国文化

ISBN 978-89-6187-712-1 93910